M

HISTOIRE
D'ATTILA

ET

DE SES SUCCESSEURS

II

PARIS. — IMPRIMERIE DE J. CLAYE,
RUE SAINT-BENOIT, 7

HISTOIRE
D'ATTILA

ET

DE SES SUCCESSEURS

JUSQU'A L'ÉTABLISSEMENT DES HONGROIS EN EUROPE

SUIVIE

DES LÉGENDES ET TRADITIONS

PAR

M. AMÉDÉE THIERRY

MEMBRE DE L'INSTITUT

TOME SECOND

PARIS

DIDIER ET Cⁱᵉ, LIBRAIRES-ÉDITEURS

QUAI DES AUGUSTINS, 35

1856

TROISIÈME PARTIE.

HISTOIRE

DES

SUCCESSEURS D'ATTILA

EMPIRE DES AVARS

HISTOIRE
DES
SUCCESSEURS D'ATTILA

EMPIRE DES AVARS

CHAPITRE PREMIER

Second empire hunnique : Domination des Avars sur le Danube.—Mœurs de ce peuple; son organisation politique.—Goût de Baïan pour le luxe.—Les Francks-austrasiens vaincus par les enchantements des Avars.—Baïan épargne la ville d'Augusta sur la demande de ses femmes.—Déclamation imprudente de l'ambassadeur Commentiole; Baïan le fait mettre aux fers.—Irruption des Slovènes jusqu'à la longue muraille.—Intrigue d'un Bocolabras avec une femme du kha-kan; il fuit sur le territoire romain; ses révélations à l'empereur Maurice.—Baïan ravage la rive droite du Danube et les vallées de l'Hémus.—Spécimen de la langue parlée en Pannonie au vi[e] siècle. — Hallucination de Baïan devant les murs de Drizipère. — Trompé par une ruse de Maurice, il fait la paix. — Campagne des Romains contre les Slaves; Baïan veut s'y opposer; discours de l'ambassadeur Kokh.— Le roi slave Ardagaste surpris par Priscus. — Histoire d'un transfuge gépide. — Le roi Musok est massacré avec son peuple.—Amitié de Baïan et de Priscus.—Conseils du médecin Théodore au kha-kan. — Baïan déclare que la rive gauche du Danube est sa province. — Nouvelle guerre; férocité de Baïan; profanation des os de S. Alexandre à Drizipère.—La peste éclate dans son armée; sept de ses fils périssent. — Il est battu plusieurs fois au nord du Danube; il perd quatre autres fils dans un marais. — Les Romains pénètrent au delà de la Theïsse; massacre d'une bourgade gépide. — Mort de Baïan et de l'empereur Maurice.

582—602.

Le second empire des Huns était fondé, et il l'était dans des proportions d'étendue et de force que le premier n'aurait pas dédaignées. Il y eut là pour l'Europe tout entière, soit civilisée, soit barbare, soit romaine, soit germanique ou slave, un événement d'une grande importance. Tous les États, tous les peuples durent compter avec le nouvel empire. Un intervalle d'un siècle et quart le séparait du premier : qu'était-ce qu'une pareille interruption pour de pareils souvenirs? Encore l'intervalle avait-il été rempli par des guerres où le nom des Huns figurait. La tradition pouvait donc se relier aisément, naturellement, aux faits présents, et c'est ce qui arriva : l'empire fondé par Baïan ne parut pas autre chose qu'une seconde époque de celui d'Attila.

Les noms de Hunnie et d'Avarie[1] furent employés indistinctement pour désigner le siége de la nouvelle domination, et même chez les peuples de l'Europe occidentale, moins au courant des différences de détail, le mot de Huns prévalut pour désigner les Avars : c'est ce qu'on peut voir dans la plupart des écrivains latins. Par suite de la même confusion, les premiers Huns devinrent des Avars, et la synonymie des deux noms fut complète dans le passé comme dans le présent. De là ces formules très-bizarres au point de vue de l'exactitude historique, mais admissibles pourtant dans l'hypothèse où se plaçaient les contemporains : savoir qu'Attila était un roi des Avars, que les Avars avaient envahi la Gaule et menacé Rome, dont ils s'étaient ensuite éloignés à la prière du pape saint Léon[2]. Ce ne sont pas seulement des poëtes qui s'expriment ainsi, mais de graves historiens instruits des faits, et qui se pliaient sciemment

---

1. *Hunnia... Avaria.*
2. On peut consulter sur la synonymie des noms *Hunni, Avari, Hungri* ou *Hungari,* Murat., *Rer. Ital. Script.,* t. II, p. 393, 394.

à l'idée populaire [1]. La politique tenait aussi le même langage, et nous la verrons dans une circonstance importante, où l'épée gallo-franke sortit du fourreau, faire payer rudement aux kha-kans avars la dette de leur prédécesseur Attila [2]. Telle fut l'opinion qui s'établit dans l'Europe civilisée, et qui tendait à rejoindre et à ressouder les deux tronçons de l'empire hunnique. Quant aux Ouar-Khouni, ils semblent avoir compris à merveille le rôle qu'ils étaient appelés à jouer. Ce peuple, qui avait usurpé en Orient un nom étranger, parce que ce nom était redouté, et qui s'affublait de la gloire des Avars, ses anciens maîtres, aurait-il répudié celle des premiers Huns ses frères et la puissance morale attachée au nom d'Attila? Cela n'est pas croyable. On le voit au contraire s'étudier à ranimer des souvenirs traditionnels qui étaient une force et un honneur pour lui. Baïan place son camp royal entre la Theïsse et le Danube, aux lieux où s'élevait le palais du conquérant; c'est de là qu'il domine les Slaves, les Bulgares et le reste des Huns, qu'il provoque les Franks austrasiens, et qu'il fait entendre à Justin II le langage d'Attila aux fils de Théodose.

Ce fut une bonne fortune pour les nouveaux Huns d'avoir à leur tête un homme tel que Baïan. Sans le génie de ce fondateur d'empire, ils auraient peut-être flotté un demi-siècle ou un quart de siècle dans les plaines du Danube, comme les sujets de Balamir avant de prendre une assiette solide et de faire des conquêtes durables. Baïan les fixa dans une position

---

1. Constant. Porphyr., *De Adm. Imp.* c. 29.
2. Voir ci-dessous la guerre de Charlemagne contre les Avars.

formidable, qui entamait l'empire romain sur deux points, dominait la Slavie, et laissait leurs communications libres avec les tribus de leur race sur le Caucase, la mer Caspienne et le Volga. Les Slaves, après quelques résistances, finirent par se reconnaître leurs tributaires. Les Bulgares conclurent avec eux des alliances qui ressemblaient fort à un servage, et les kha-kans les traitèrent effectivement comme des sujets. Ces deux peuples, les Bulgares et les Slaves, furent d'utiles instruments de conquête pour les Avars, non pas seulement par les soldats qu'ils pouvaient fournir, mais encore par les colonies qu'ils fondèrent au profit de leurs maîtres dans les provinces du Danube et dans celles de l'Adriatique. Les Coutrigours furent employés aussi à cet usage, ainsi qu'on l'a vu plus haut, et voici comment s'opérait cette colonisation forcée. Les Avars prenaient dix ou quinze mille Slaves par exemple et les poussaient devant eux sur un point du territoire romain, où ils devaient se défendre et s'établir sous peine d'extermination. Ce premier noyau, quand il réussissait à vivre, se grossissait successivement, et devenait en définitive une colonie dépendante du kha-kan, qui lui donnait des chefs. Grâce à ces alluvions humaines, si je puis ainsi parler, les Avars remplirent la Mésie, surtout le voisinage du Danube, de points d'occupation et de repère pour leur extension future. Des Bulgares prirent racine de cette façon sur quelques cantons de la Basse-Mésie. Les dix mille Coutrigours jetés par Baïan dans la Dalmatie s'y firent place et n'en sortirent plus. Tel fut le barbare procédé de conquête ajouté par les Avars à la puissance de leurs armes. Les Romains reculaient devant l'idée d'anéantir des myriades d'êtres humains souvent sans armes, des vieillards, des enfants, des femmes ; ils les toléraient sur des terres incultes qu'ils finissaient par leur abandonner, puis le kha-kan venait revendiquer les hommes comme ses sujets, et le territoire comme son domaine.

Les mœurs des Avars étaient un mélange de grossièreté et de luxe ; ils recherchaient les beaux habits, la vaisselle d'argent et d'or, et leurs kha-kans s'étendaient sur des lits d'or ciselé garnis d'étoffes de soie et qui leur servaient de couche et de trône ; au-dessus de ces lits ou divans étaient placés quelquefois des dais ou pavillons étincelants de pierreries. Ils avaient soin, dans les capitulations, de se faire livrer par les villes des étoffes précieuses pour leurs vêtements ; Baïan poussait même la recherche de l'élégance jusqu'à se faire remettre des vêtements tout faits ou en demander à l'empereur : il fallait qu'un habit *à la scythique*, pour être à son goût, fût fabriqué d'étoffe romaine et sortît des ciseaux d'un tailleur romain. Le même kha-kan jugeait assez impertinemment les arts de la Grèce, et les riches cadeaux de l'empereur attirèrent parfois sa critique et son dédain. Les historiens racontent qu'ayant demandé avec importunité à l'empereur Tibère un lit travaillé par les orfévres de Constantinople, l'empereur en fit fabriquer un en or massif qui passa près de tous les connaisseurs pour une merveille de richesse et de goût, et le lui offrit en présent par les mains d'un ambassadeur [1]. Le kha-kan le reçut avec tous les signes

---

1. Usque eo Cæsari molestus fuit, ut ad se lectum ex auro artificiose

de la mauvaise humeur, faisant la moue et grondant entre ses dents; et après l'avoir examiné avec une attention dérisoire, il le déclara laid, pauvre et tout à fait indigne de lui; puis il le renvoya à l'empereur [1]. Ce barbare vaniteux qui ne trouvait rien d'assez magnifique pour lui, eut l'idée de posséder, à l'instar des augustes de Constantinople, des éléphants dressés qui pussent l'amuser et amuser son peuple dans les jours de réjouissances. Sur sa demande, l'empereur lui en envoya un d'une taille prodigieuse, le plus beau et le mieux instruit qu'il eût dans ses ménageries [2]; mais le kha-kan jeta à peine un regard sur l'énorme bête et la fit reconduire aussitôt à Constantinople, soit frayeur, soit mépris affecté pour les plaisirs qui tenaient une si grande place dans la civilisation des Romains [3].

L'ivrognerie, la débauche, le vol, étaient les vices ordinaires des Avars. Leurs femmes semblent avoir été peu retenues, à en juger par celles du kha-kan, dont les aventures occupent un petit coin de cette histoire; et quant aux femmes de leurs vassaux ou serfs, elles étaient censées leur appartenir par droit de souveraineté.

---

elaboratum mittere impelleret... Imperator donum regaliter fabreficii curat, æque regio apparatu et magnificentia... Menand., *Exc. leg.*, p. 117.

1. At ille fastidio et arrogantia præceps, vultum contrahere, multo magis fremere, ut qui muneris indignitate, contumeliam accepisset, lectumque illum aureum, ut rem vilem et inelegantem remisit. *Id., ibid.*—Theophan., p. 214. — Cedren., t. I, p. 394 — Zouar., t. II, p. 74.

2. Is (Imperator) ejus desiderio celeriter gratificandum ratus, elephantûm, quos habebat, præstantissimum pro spectaculo ad eum misit. Menand, p. 117. — Elephantem, ex India ductum... maximum eorum quos habebat... Theophan., p. 214.

3. Qui, ubi ipsum vidit, statim ad imperatorem remisit. *Id., ub. sup.* — Utrum quia admiratione, ac novitate animalis percelleretur, an quia contemneret, dicere non habeo. Menand, *loc. cit.*

Quand des Avars allaient en quartier d'hiver dans un village slave, ils en chassaient les hommes, s'établissaient dans les maisons, prenaient les provisions et le bétail, et abusaient des femmes et des filles : il en résulta un peuple de métis qu'ils voulurent traiter de la même façon, et qui finirent par se révolter contre leurs pères. Une brutalité cruelle s'unissait chez eux à la débauche. Une tradition encore en vigueur au temps de Nestor, le plus ancien historien russe, rapporte qu'ils attelaient les femmes slaves comme des bêtes de somme à leurs chariots. L'histoire ne nous donne guère de lumière sur le gouvernement de ce peuple, lequel était fort simple, comme celui de tous les peuples pasteurs. On remarque cependant que le pouvoir du kha-kan n'était pas unique et absolu, et qu'à côté de ce chef de l'armée et des relations politiques se trouvait un autre chef représentant le gouvernement de la nation sous certains points de vue, et dont les fonctions pouvaient être analogues à celles du grand juge chez les tribus hongroises. Ce second magistrat prenait chez les Avars le titre de *ouigour* ou *iougour*, qui reporte naturellement notre pensée à l'origine ougourienne des Ouar-Khouni [1]. Produite vraisemblablement par un mélange d'Ougours et de Huns occidentaux, la fédération des Ouar-Khouni aura voulu, dans le principe, garantir chacun de ces éléments par une représentation distincte, en leur donnant des chefs séparés. L'historien Théophylacte nous dit en effet que

---

1. *Vigurrus, Jugurrus.* Eginhard., *Vit. Carol. Magn.*, apud D. Bouquet. Script. rer. Gallic., t v, p. 54. — Regino., *ibid.*, ann. 782. — Annal. Berlin. — Jugurgus. Poeta Saxo, *De Gest. Car. Magn.*

de son temps, c'est-à-dire au vi⁰ siècle, on distinguait dans la nation avare, les Ouar et les Khouni. Plus tard, quand la fusion se fut opérée, et que les deux races n'eurent plus besoin d'une protection particulière, la dignité de *ouigour* changea de caractère; elle resta comme une haute magistrature placée au-dessous et près du kha-kan chef suprême de toute la nation.

Le premier soin de Baïan quand il se vit solidement établi entre la Theïsse et le Danube, fut de relier en un seul faisceau toutes les branches éparses des Ouar-Khouni. La portion qu'il commandait comptait à son arrivée en Europe environ deux cent mille têtes[1] : il en était mort beaucoup depuis vingt ans, par suite des guerres continuelles soit avec les Romains, soit avec les Barbares; et le nombre des survivants n'était pas en rapport avec la domination que Baïan venait de fonder, et surtout avec celle qu'il convoitait. J'ai dit que trois grandes tribus des Ouar-Khouni, les Tarniakhs, les Cotzaghers et les Zabenders avaient refusé de suivre dans sa fuite la horde qui était venue en Europe et avait adopté le nom d'Avars; ces trois tribus occupaient encore en Asie les campements que leur avaient assignés les Turks. Des émissaires de Baïan vinrent les solliciter de briser aussi leur joug et de rejoindre leurs frères au pied des Carpathes; elles le firent prudemment, passèrent en Europe et se fondirent dans la horde de Baïan, dont elles accrurent considérablement

---

[1]. C'est l'évaluation que faisaient les Turks eux-mêmes. Justin II ayant demandé à un de leurs ambassadeurs quelle était la force de la nation des Ouar-Khouni, celui-ci répondit : Sunt quidam qui adhuc nostra colunt : qui vero a nobis defecerunt, arbitror esse viginti myriadas... Menand., *Exc. leg.*, p. 108.

l'importance [1]. Après cette adjonction, Baïan se mit à sonder la force de tous ses voisins, et particulièrement de ses voisins du côté de l'ouest, les Franks austrasiens, dont les possessions s'étendaient jusque dans le Norique, qui commençait alors à porter le nom de Bavière.

Les Franks austrasiens avaient, comme on se le rappelle, battu les Avars cinq ou six ans auparavant dans les montagnes de la Thuringe; impatient de prendre une revanche, Baïan entra sur leur territoire, où il se trouva face à face avec ce même Sigebert qui avait vaincu son prédécesseur. Les deux armées se mesurèrent encore une fois, mais avec un résultat tout différent du premier : ce furent les Franks qui s'enfuirent après avoir jeté bas leurs armes, et le roi Sigebert, un instant prisonnier, n'échappa à ceux qui le tenaient qu'en leur distribuant les trésors renfermés dans ses chariots. On expliqua cet événement par des raisons puisées dans les préjugés du temps, c'est-à-dire par la sorcellerie dont on accusait les Avars comme tous les peuples asiatiques. « Au moment d'en venir aux mains, nous dit l'historien des Franks, Grégoire de Tours, les Huns, experts en magie, fascinèrent leurs ennemis par des apparitions fantastiques, et remportèrent aisément la victoire [2]. Sigebert, ravi d'en être quitte malgré sa

---

1. Per idem tempus et Tarniach et Cotzageri (hi populi etiam ex Var et Chunni gentibus erant) a Turcis profugi Europam immigrant, et Avaribus Chagano subjectis se admiscent. Traditum est etiam, Zabender ex Var et Chunni propagatos. Qui ad Avares accesserunt, eos ad decem millia fuisse plane compertum est. Theophylact., vii, 8.

2. Cum confligere deberent, isti magicis artibus instructi, diversas eis phantasias ostendunt, et eos valde superant. Greg. Tur., *Hist. Franc.*, p. 62.

défaite, envoya des présents au roi des Huns, qui lui rendit la pareille. « Ce roi se nommait Gaganus[1], nous dit encore Grégoire de Tours, et c'était là le nom de tous les rois de ce peuple. Les deux ennemis firent la paix et jurèrent de ne se plus livrer bataille pendant toute la durée de leur vie[2]. » Quelque temps après, les Avars et leur kha-kan revinrent sur les terres de la France austrasienne, mais ce fut cette fois sans hostilité contre les Franks, et probablement en poursuivant avec trop d'ardeur des tribus slaves auxquelles Baïan donnait la chasse. Là les subsistances lui manquèrent, mais il n'hésita pas à en demander à son nouvel ami Sigebert, lui faisant dire qu'un roi tel que lui devait assistance à un allié, et promettant au reste de vider le pays sous trois jours s'il recevait des vivres. Sigebert fit conduire immédiatement dans le camp avar des légumes, des moutons et des bœufs : pouvait-on faire moins pour des sorciers[3] ?

Affermi sur sa frontière de l'ouest par ce traité avec les Franks, Baïan put diriger tous ses efforts du côté de l'empire romain. Sur ces entrefaites, Tibère mourut, dans l'année 582, laissant le trône impérial à son gendre Maurice, qu'il s'était déjà associé en qualité de césar. Généralement les traités des empereurs avec les Barbares étaient considérés, sinon comme personnels,

---

1. Vocabatur autem Gaganus; omnes enim reges gentis illius hoc appellantur nomine. Greg. Tur., *Hist. Franc.*, p. 62.

2. Datis muneribus, fœdus cum rege iniit, ut omnibus diebus vitæ suæ nulla inter se prælia commoverent. Greg. Tur., *loc. cit.*

3. Baïanus, Avarorum dux, significavit Sigeberto... suum exercitum commeatus inopia laborare : ille statim legumina, oves et boves ad Avaros misit. Menand., *Exc. leg.*, p. 110.

au moins comme ne liant pas absolument leur successeur, et l'on en négociait la continuation à chaque avénement. C'est ce que nous avons vu se pratiquer de la part des Avars à la mort de Justinien, et ce qu'ils firent encore à la mort de Tibère, en exigeant que leur pension annuelle, qui montait déjà à quatre-vingt mille pièces d'or, fût portée désormais à cent mille. Ce n'est pas que Baïan crût au succès de sa demande, car Maurice, prince d'ailleurs ferme et vigilant, avait une réputation assez méritée de dureté et d'excessive économie; mais Baïan voulait un prétexte de rupture avec l'empire romain, qu'il était en mesure d'attaquer. Il avait une forte armée dans la presqu'île sirmienne, et Sirmium, bien approvisionné, devait lui servir de base d'opérations au delà de sa frontière. Au refus de l'empereur, il cerna à l'improviste la place de Singidon par un beau jour d'été, pendant que les habitants, occupés à leur moisson[1], étaient dispersés dans la campagne. Quoique la ville fût presque déserte et la garnison prise au dépourvu, on se battit bien, et avec l'aide des habitants accourus de tous côtés, la garnison fit un grand carnage des Avars; mais les Avars restèrent maîtres de la place.

De Singidon, Baïan descendit, en suivant le Danube jusqu'à Viminacium, qu'il enleva de vive force; puis il se jeta sur une petite ville nommée Augusta, célèbre par les eaux minérales qui décoraient son voisinage, et pour l'usage desquelles les habitants avaient construit des thermes magnifiques. Baïan, pour répandre la ter-

---

[1]. Quod civium plurimi, ut in messe, foris manentes,... fruges sibi demetendo colligerent. Theophylact., I, 4, p. 14.

reur, démolissait et incendiait en vrai barbare tout ce qui tombait sous sa main, et il allait en faire autant des thermes d'Augusta, lorsque ses femmes, qui s'y étaient retirées pendant le siége et s'étaient mises bien vite à se baigner, demandèrent merci pour l'édifice qui leur avait procuré du plaisir [1]. Le kha-kan ne sut pas leur résister, et les bains d'Augusta demeurèrent debout. Tout le pays sur une partie du Danube ressentit ainsi sa fureur; puis, traçant dans sa marche une diagonale qui traversait la Basse-Mésie, il alla s'abattre sur la côte de la mer Noire, dont les riches cités, entrepôt du commerce maritime entre l'Asie et les pays du Danube, avaient été jusqu'alors exemptes de la guerre. Mésembrie et Odyssus, aujourd'hui Varna, échappèrent, à ce qu'il paraît, au sac qu'il leur réservait; mais il prit Anchiale et y séjourna. C'est là qu'il reçut la visite de deux personnages éminents que lui avait députés l'empereur pour lui demander en quoi les Romains l'avaient offensé et lui faire sentir la déloyauté de sa conduite. « Vous voulez savoir ce que j'ai le dessein de faire, répondit durement Baïan; j'ai dessein d'aller détruire la longue muraille derrière laquelle vous vous cachez.[2] »

Cette brutale explication frappa les députés de stupeur. Elpidius, l'un d'eux, ancien préteur de Sicile et versé dans la pratique des affaires, se taisait dans l'at-

---

1. Thermarum ædificiis pepercisse audivimus, quod ejus concubinæ ibi laterent istamque commercii cum eo sui gratiam peterent. Theophyact. I, 4, p. 14. — Cf. Theophan., p. 214; Anast., p. 71; Cedren., t. I, p. 394 et 395. Zonar., t. II, p. 74.

2. Se longum murum qui nominatur, disjecturum... Theophylact, I, 5, p. 14. — Zonar., t. II, p. 74.

titude d'une profonde consternation [1], méditant probablement quelque réponse qui n'irritât point par trop ce barbare intraitable, quand son compagnon prit la parole. C'était un officier supérieur de la garde palatine, nommé Commentiolus, orateur prétentieux, infatué de son mérite, et qui avait gagné son grade de général par le cliquetis de son éloquence verbeuse plus que par celui de son épée. Trouvant là matière à un beau plaidoyer sur la majesté romaine, il adressa au kha-kan cette solennelle allocution : « Kha-kan, lui dit-il, les Romains avaient cru que tu honorais les dieux de tes pères, et que tu craignais les autres dont tu as invoqué le nom en garantie de tes serments [2]. Ils pensaient aussi que tu te souvenais de l'hospitalité que tes pères errants et fugitifs ont reçue chez nous, et que tu ne rendrais pas le mal pour le bien. Voilà pourtant que tu fais le contraire : tu violes le droit des gens, et tu nous attaques en pleine paix; mais la modération de notre empereur est telle qu'il oublie ta conduite, et qu'il t'offre encore le bien pour le mal. Pourtant, crois-moi, ne lasse pas notre patience; crains d'armer contre toi cette liberté romaine, mère de tant de prodiges dans tous les temps, et, par ton insolence excessive, ne nous force pas à nous rappeler ce que nous sommes et ce que furent nos pères. Les Romains sont grands, ils renferment dans leur empire de puissantes nations, des richesses, des armes, et quand ils veulent récompenser

---

1. Elpidius imperialis senator, Siciliæ prætura functus... cum ei tacens concederet... Theophylact.; 1, 5, p. 14.

2. Credebant Romani, Chagane, te patrios deos colere, et alios item jurisjurandi præsides revereri. Theophylact., ub. sup.

ou châtier, ils récompensent ou châtient. Que te faut-il? De l'argent? Les Romains te prodiguent le leur. Un pays grand et riche? Tel est celui que les Romains t'ont donné. Vous vous trouvâtes heureux dans votre exil, ô Avars, de n'être point rejetés de nos frontières. Vaincu, banni, sans asile, ce peuple roulait vers l'Occident comme le débris d'un édifice renversé, quand nous lui avons ouvert un refuge et donné une place pour s'y asseoir et y mener une vie commode et abondante [1]. Qu'il n'en sorte pas, qu'il n'empiète pas sur nos frontières! L'empire romain est un grand arbre, au front sublime, aux rameaux immenses, au tronc robuste, à la racine vivace et qui se rit de toutes les tempêtes. Les eaux du ciel l'abreuvent, et une terre féconde le nourrit. Malheur à qui l'attaque, il ne le fera pas longtemps impunément! [2] »

Pendant ce discours, récité probablement d'un ton déclamatoire, et dans l'agencement duquel Commentiole ne songea qu'à la rondeur des périodes, Baïan avait peine à se contenir. Les historiens nous le peignent dans un paroxysme effrayant de colère, le teint enflammé, les sourcils tendus, les yeux écarquillés, la prunelle étincelante [3] : on eût dit qu'il allait se précipi-

---

1. Hoc (solum romanum) tibi salutare fuit; exulem complexum est, peregrinumque et advenam sedibus recepit, quando ab oriente et a primigenia gente vestra, portio tua, ut fragmentum divulsum, jactata est... Theophylact., 1, 6, p. 16.
2. Nihil enim ventorum impetus incommodabit arbori robustæ, excelsæ, frondosæ cujus truncus validus, vivida radix, ampla inumbratio... Id., ibid.
3. Chagano sanguis effervescere, et magnos irarum fluctus in pectore excitare, vultus totus rubescere, oculisque præ furore scintillantibus, et immodice arrectis, ac propemodum supra frontem sublatis superciliis... Id., ut sup.

ter sur le Romain pour le dévorer. Il se contenta pourtant de l'envoyer en prison avec les fers aux mains et les ceps aux pieds; puis il fit mettre en pièces sa tente, ce qui était chez les Avars un arrêt de mort [1]. La nuit ne calma point sa fureur, mais le lendemain matin plusieurs chefs importants vinrent le supplier de ne point faire mourir un homme qui avait le caractère d'ambassadeur; « il était, disaient-ils, assez puni d'avoir été mis à la chaîne [2]. » Le kha-kan céda par condescendance pour les siens, et les députés rentrèrent à Constantinople, tout épouvantés de ce qu'ils avaient vu. Rien n'était disposé pour faire une campagne à l'intérieur et encore moins à l'extérieur de la longue muraille, car Maurice avait toutes ses troupes dans les provinces voisines de la Perse, et la brusque attaque des Avars le déconcertait au dernier point. Mais Baïan n'alla pas plus loin cette année : l'hiver qui commençait à sévir le ramena chez lui avec son armée gorgée de butin. Au commencement de l'année suivante, il reçut l'avis que l'empereur augmentait sa pension de vingt mille pièces d'or, et par réciprocité il jura une nouvelle paix.

Le traité était à peine conclu, qu'on vit fondre sur le Bas-Danube une nuée de Slovènes, qui traversa la Mésie et la Thrace jusqu'à la longue muraille au pied de laquelle elle s'arrêta [3]. Ces barbares demi nus ne

---

[1]. In carcerem abduci, pedes ejus cippo constringi, tabernaculumque discindi jussit : quo indicio cuipiam pœna mortis, lege provinciali, exspectanda intelligitur... Theophylact, I, 6, p. 16.

[2]. Legatos in vincula duntaxat traditos, satis ei pœnarum persolvisse... *Id. ub. sup.*

[3]. Sclavini ab ipsis (Avaribus) submissi, impressione facta, usque ad

présentaient pas la résistance des Avars, qui apprenaient la guerre en la faisant chaque jour contre des armées régulières, et les mêmes troupes qu'on n'avait pas osé commettre avec le kha-kan balayèrent cette tourbe sans beaucoup de peine jusqu'au delà du Danube. Les Slovènes étaient tributaires des Avars, tributaires fort indisciplinés sans doute, et qui ne reconnaissaient guère leur maître quand ils n'étaient pas sous sa main; toutefois, en songeant que Baïan était possesseur de la petite Scythie, par où les Slaves étaient entrés, on se demandait comment il n'avait pas fermé le passage à ces pillards, lui qui venait de prendre avec l'empire de nouveaux engagements d'amitié. Mais une aventure fort peu attendue fournit toute la clé de ce mystère.

Chez les Avars vivait à cette époque un certain prêtre ou mage, comme dit l'historien grec à qui nous empruntons ceci, un *bocolabras*, comme disaient les Avars dans leur langue[1]. Personnage distingué et important dans sa caste, ce bocolabras avait ses entrées libres près du kha-kan, et parfois même près du harem royal, car, s'étant épris violemment d'une des femmes de Baïan, il entretint avec elle un commerce criminel. Le premier enivrement de la passion une fois dissipé, le prêtre ne vit plus que l'image de la mort à laquelle il était infailliblement réservé, et ne pensa

---

murum longum confertim prosilientes, grassantesque... Theophylact., I, 7, p. 17. — Theophan., p. 215. — Anast., p. 71. — Zonar., II, p. 74. — Cedren., t. I, p. 395.

[1]. Fuit homo Scytha *Bocolabras* vulgo dictus : cujus vocabuli planissimam significationem si quis requirit, sciat id, græca lingua, *sacerdotem magum* sonare. Theophylact., I, 8, p. 18.

plus qu'aux moyens de s'en mettre promptement à couvert. Comme grand seigneur avar, il avait des Gépides à son service ou dans sa clientèle ; il persuada à sept d'entre eux de le suivre jusqu'au pays de la Haute-Asie d'où il tirait son origine[1]. Ces Gépides, résolus à partager le sort de leur maître, préparèrent secrètement leur départ. Le territoire romain devait leur procurer d'abord un refuge, et en effet ils passèrent tous ensemble le Danube ; mais le bocolabras tomba dans un des postes romains préposés à la garde du fleuve. Conduit devant l'officier, il n'hésita point à avouer quelle était sa naissance, quel avait été son état, et comment l'attrait du plaisir l'avait poussé dans une aventure dont il avait reconnu plus tard les dangers[2]. Son récit n'ayant rien que de vraisemblable, l'officier jugea à propos de le faire conduire à Constantinople, pour qu'il répétât ses confidences à l'empereur ; mais le bocolabras ne se borna pas devant Maurice à ses révélations amoureuses, il lui en fit aussi de politiques : il lui dépeignit la mauvaise foi du khakan, sa duplicité dans tous les traités de paix, et affirma qu'il était non-seulement le complice, mais le provocateur de la dernière irruption des Slaves. Baïan avait imaginé effectivement une double façon de faire la guerre à l'empire : en état d'hostilité

---

1. Cum una amicarum Chagani stuprum fecit, brevique voluptate inescatus, in magna mortis retia se inseruit : ac metuens, ne rescitum flagitium crudele sibi supplicium pareret, persuasis septem de subjectis sibi Gepidis, cum iis in fugam, ad gentem avitam sese tradidit. Theophylact., 1, 8, p. 18.

2. Ducibus ad Istri custodiam constitutis, interceptus, genus et vetus studium suum, voluptatemque, ob quam fugeret, indicavit. *Id., ub. sup.*

déclarée, il la faisait lui-même avec ses troupes; en état de paix et d'amitié, il la faisait par les Slaves ou les Bulgares, ses tributaires, avec lesquels il partageait le butin. L'empereur était encore sous l'impression de colère et d'indignation que cette découverte lui avait causée, quand arriva Targite, l'ambassadeur privilégié des Avars, qui venait toucher les arrérages de la pension du kha-kan. Maurice, naturellement violent, le menaça de lui faire trancher la tête comme à un espion et à un traître placé en dehors du droit des gens, puis il réfléchit et se contenta de le reléguer dans une île de la Propontide, où on le soumit pendant six mois au plus rude traitement [1]. Le kha-kan démasqué ne ménagea plus rien. Attaquant comme un furieux toutes les villes du Danube, Ratiaria, Bononia, Durostorum, Marcianopolis et les autres, il détruisit tout ce qu'il put détruire, et à la fin de l'année 586, quand on jetait les yeux sur la vallée du Danube, on pouvait croire que tous les fléaux de la nature avaient passé par là.

C'était un défi jeté aux Romains pour l'année suivante; mais quelques généraux distingués, placés à la tête du peu de troupes dont on disposait dans ces provinces, se chargèrent de la défense de l'Hémus. Des levées faites de tous côtés grossirent la petite armée, et, bien conduites, finirent par donner de bons soldats. Baïan, soit nécessité de faire vivre ses gens, soit tactique des voleurs qui se disséminent pour faire

---

1. Relegatur itaque in Chalcitidem insulam Targitius, et ad menses omnino sex durius tractatur, eo usque imperatoris ira fervebat in legatum. Theophylact., I, 8, p. 18.

plus de coups à la fois, divisait son armée en corps détachés qui battaient le pays et n'avaient pas soin de s'appuyer mutuellement, de sorte qu'on pouvait, par des marches habiles, les attaquer isolément. C'est ce que fit l'armée romaine. Avec sa parfaite connaissance du pays et la solidité de son infanterie, elle détruisit les uns après les autres beaucoup de détachements de cette cavalerie errante. On put voir là les prodiges de la tactique contre des masses inorganisées. La guerre se promena ainsi de l'Hémus au Danube et du Danube à l'Hémus, le Balkan des modernes, dont les fraîches et riantes vallées ont été si souvent souillées de sang humain [1]. Les historiens sont pleins d'incidents curieux qui signalèrent cette campagne, mais qu'il serait trop long de reproduire ici. J'en rapporterai cependant un qui, dénué d'importance sous le point de vue de l'histoire proprement dite, en a beaucoup sous le point de vue de la philologie, parce qu'il nous fournit un spécimen des altérations qu'avait reçues la langue latine au VIe siècle dans les provinces du Danube. Les deux armées occupaient en Thrace un des cantons voisins de l'Hémus, et les Romains, que Baïan ne soupçonnait pas si près, tentèrent un coup de main nocturne sur le camp des Avars, où tout le monde dormait dans une profonde sécurité [2].

Déjà ils n'étaient plus séparés de l'ennemi que par un sentier étroit qui débouchait sur son campe-

---

[1]. Nous ne faisons que répéter ici la triste réflexion de Théophylacte Simocatta, historien des guerres que nous décrivons.
[2]. Prima noctis vigilia, adversus eum contendit. Theophan., *Chronogr.*, p. 218. — Theophylact., II, 15. — Anast., p. 73.

ment, et dans lequel les soldats marchaient avec précaution sur deux files entre lesquelles on avait rangé les chevaux et les mulets de bagages. Un de ces mulets s'abattit sous sa charge et embarrassa tellement le chemin, que ceux qui suivaient ne purent plus avancer [1]. Cependant le conducteur des bagages, ignorant ce qui venait d'arriver, continuait sa marche en tête du convoi. Les soldats lui crièrent d'arrêter afin de venir relever sa bête : *Torna, torna, fratre,* lui disaient-ils dans leur jargon, ce qui signifiait : « Retourne, retourne, frère [2]. » Ces mots, passant de bouche en bouche, furent interprétés dans les derniers rangs comme un avertissement de ne pas aller plus avant; des peureux y virent un cri de sauve qui peut, et au bout de quelques hésitations la troupe tout entière s'enfuit à la débandade. Ce qu'il y a de curieux, c'est que les Avars, réveillés en sursaut par le bruit, en firent autant d'un autre côté avec Baïan à leur tête [3]. L'intérêt de cette anecdote, donnée par les historiens byzantins, est de savoir que dans les provinces pannoniennes et mésiennes, où la petite armée dont il est question avait été très-probablement recrutée, on par-

---

1. Jumentum, nescio quod, imposita impedimenta excussit. Theophylact., ii, 15. — Théophan., p. 218.

2. Forte dominus bestiæ præcedebat, quem qui sequebantur, ut reverteretur, peccatumque corrigeret, acclamantes hortabantur. Theophylact., *ub sup.* — Cum jumenti dominum alter patria voce inclamaret, ut sublapsum onus erigeret : *Torna, Torna, fratre*, inquiens... Τόρνα, Τόρνα φράτρε. Theophan., p. 218.

3. Alius alium patria voce ad reditum impellere, *retorna, retorna,* tumultuosissime vociferando, ac si de improviso nocturna pugna illis ingruisset. Theophylact., ii, 15.—*Torna, torna,* magnis vocibus clamitantes, in fugam effusi sunt. Theophan., p. 218. — Sed et Chaganus in maximum timorem conjectus, præcipitem pariter abripuit fugam. *Id., ub. sup.*

lait le latin vulgaire, déjà fortement altéré, soit quant aux radicaux, soit quant aux désinences, et touchant de près aux langues romanes. La phrase des soldats pannoniens, *torna, torna, fratre*, et suivant une autre version, *retorna, retórna, fratre*, est déjà de l'italien ou du provençal. Pour en revenir à Baïan, il perdit beaucoup de monde dans cette campagne, fut vaincu dans une grande bataille près d'Andrinople en 587, et se vit enlever l'une après l'autre toutes les places du Danube qu'il avait si traîtreusement occupées. Quand la fortune lui devenait contraire, il demandait la paix, et c'est ce qu'il fit.

Cette paix ne fut qu'une trêve de cinq années pendant laquelle les deux partis se préparèrent à recommencer la guerre sur une plus vaste échelle. Maurice, ayant terminé heureusement la guerre de Perse, eut une bonne armée disponible et un bon général à mettre à sa tête, Priscus, à qui étaient dus en grande partie les succès obtenus contre Chosroès. Il fit venir partiellement cette armée, dont il assigna le rendez-vous sous les murs d'Anchiale, et il voulut l'y installer lui-même pour témoigner de la part qu'il prenait aux malheurs des provinces danubiennes. Baïan, de son côté, remuait tous les barbares du nord jusqu'aux glaces polaires, et Maurice en acquit personnellement la preuve par suite d'une rencontre fort singulière qui lui advint pendant son voyage. Il se trouvait à environ quatre journées d'Héraclée, quand les soldats de son cortége aperçurent trois voyageurs qui suivaient la même route en sens contraire, et dont la taille gigantesque et l'accoutrement étrange éveillaient tout d'abord l'attention. Ils ne portaient ni casque, ni épée, ni armes d'aucune sorte, mais une cithare suspendue à leur cou [1]. Amenés à l'empereur, qui les interrogea sur leur nation, leur état, et ce qu'ils venaient faire dans l'empire, ces hommes répondirent en langue slave qu'ils appartenaient à la nation slavonne, et aux dernières tribus de cette nation vers l'Océan occidental [2]. « Le kha-kan des Avars avait, disaient-ils, envoyé à leurs rois des ambassadeurs avec des présents pour les engager à lui fournir des soldats; les rois avaient reçu les présents, mais ils s'étaient excusés de fournir les troupes sur le trop grand éloignement de leur pays et sur la difficulté des chemins. C'étaient eux qui avaient été chargés de porter au kha-kan ces excuses, et ils n'étaient pas restés moins de quinze mois en route [3]; mais le kha-kan irrité les avait retenus prisonniers au mépris du droit des ambassadeurs. Ayant appris par les récits qui leur étaient parvenus combien les Romains avaient de puissance et d'humanité, ils avaient saisi la première occasion de passer en Thrace [4]. « Ces cithares

---

1. Viri tres, nec gladiis accincti, nec ullo genere armorum præditi, tantummodo cytharas gestantes, a satellitibus imperatoris capiuntur. Theophylact., VI, 2, p. 144.

2. Quærit ex iis imperator, qua gente oriundi, qua regione, quibus de causis romana loca obeant; respondent se Sclavos esse, ad Oceanum occidentalem habere sedes. *Id.*, *ub. sup.*

3. Menses quindecim in itinere peragendo consumpsisse. *Id.*, *ibid.* — Octodecim mensium. Theophan., p. 226. — Anast., p. 77.

4. Audiisse Romanos potentia et humanitate summam, quod dicere liceat, adeptos claritudinem... Theophylact., *loc. cit.* —Théophylacte Simocatta fait dire à ses aventuriers slaves qu'ils ne portaient que des harpes parce que leur pays ne produisait point de fer pour forger des armes, et qu'on y vivait dans une paix perpétuelle : Théophylacte, grand déclamateur, comme on sait, nous a donné là une réminiscence des récits merveilleux de l'antiquité sur les hyperboréens.

qu'ils portaient, ajoutèrent-ils, étaient les seules armes qu'ils sussent manier : étrangers au tumulte des guerres et des séditions, ils remplissaient chez les peuples un ministère de paix. » On reconnaît aisément dans les trois interlocuteurs de Maurice trois de ces poëtes ou chanteurs qui servaient d'ambassadeurs chez presque toutes les nations du Nord, auxquels les Scandinaves avaient donné le nom de scaldes, et que les anciens Gaulois appelaient bardes. Maurice les traita bien, admira leur haute stature et leurs membres nerveux, et les envoya séjourner à Héraclée [1]. Lui-même, après avoir présidé à la concentration d'une partie de ses troupes, retourna à Constantinople.

Le kha-kan ne lui laissa pas le temps de les réunir toutes, et marcha hardiment sur Anchiale avec une armée nombreuse et pleine d'ardeur. En trois jours, il força les défilés qui couvrent à l'ouest la côte de la mer Noire, puis il s'empara d'Anchiale, qu'il saccagea de fond en comble, Priscus, qui ne voulait pas s'y laisser enfermer, ayant fait retraite vers le midi, afin de garantir les avenues de la longue muraille. D'Anchiale, Baïan marcha sur Drizipère [2]. Cette ville, suffisamment fortifiée, fut bien défendue par les habitants. Baïan en commença le siége avec un formidable appareil de machines de toute sorte (car les transfuges et les prisonniers romains enseignaient aux Avars les procédés

---

[1]. Imperator eorum magna corpora et magnos artus membrorum admiratus, Heraclæam misit. Theophylact., vi, 2. — Hominum staturam miratus. Theophan., p. 226. — Anast., p. 77.

[2]. Πρὸς τὰ Δριζίπερα. Theophylact., vi, 5. — Cette ville est placée par les itinéraires à 68 milles au S.-E. d'Andrinople.

de l'art des siéges); les habitants troublaient ses travaux par de fréquentes sorties dirigées hardiment : pourtant il n'était plus possible qu'ils tinssent longtemps, quand un incident bien imprévu vint les délivrer. Ces Avars, si experts en magie pour fasciner les autres, avaient aussi des hallucinations auxquelles ils se laissaient prendre tous les premiers, et c'est ce qui arriva au kha-kan pendant les travaux du siége. Un jour qu'il observait en plein midi les murailles de Drizipère, il vit les portes s'ouvrir et bientôt s'élancer de la place, enseignes déployées, des légions innombrables de soldats qui accouraient sur lui[1] : il apercevait le scintillement des armes; il entendait le pas des chevaux, le cri des hommes, le bruit de la trompette. La peur le prit, et il se sauva, donnant ordre à son armée de plier bagage et de le suivre. Ces légions n'étaient que des fantômes de son imagination[2]; mais sa peur fut très-réelle et ne se calma que lorsqu'il se trouva à plusieurs journées de la place. L'armée romaine manœuvrait alors entre Héraclée et Tzurulle, à l'ouest de la longue muraille; Baïan la refoula et força Priscus à s'enfermer dans cette dernière ville, qui précédait immédiatement le grand rempart, et, craignant de s'aventurer plus loin avant d'être maître d'un point si important, il en commença l'attaque régulière. Une aventure qui rappelle un peu celle de Drizipère

---

1. Visus est Chaganus, medio die, videre innumeras Romanorum phalanges, una frementes ex oppido procedere... Theophylact., vi, 6.

2. Hinc se in fugam subito conjicit, tametsi, quos viderat, adversarii nihil essent, nisi vana opinio, terriculamentum oculorum, et consternatio animi. *Id., ibid.*

lui fit lever ce siége plus vite qu'il ne se l'était proposé.

Les avant-postes avars se saisirent un jour d'un espion qui rôdait autour des murailles; on le fouilla, et on le trouva porteur d'une lettre de l'empereur Maurice, que le kha-kan se fit expliquer par ses interprètes [1]. Elle était adressée à Priscus, auquel le porteur, qui venait de Constantinople, devait la remettre. L'empereur y suppliait Priscus de tenir ferme et d'avoir confiance, attendu qu'il se préparait, disait-il, un coup décisif : une flotte considérable entrait en ce moment dans le Danube, avec mission de remonter le fleuve, de mettre la Hunnie à feu et à sang, d'enlever les enfants et les femmes du kha-kan [2], et de les amener pieds et poings liés à Constantinople, où le kha-kan viendrait bientôt demander la paix à genoux. Tel était le contenu de la lettre saisie sur l'espion. Elle jeta la plus vive inquiétude dans le cœur de Baïan, qui vit ses enfants et ses femmes outragés, traînés en servitude et son pays envahi : il n'eut plus d'autre pensée que d'aller à leur secours en se retirant honorablement. Des ouvertures adressées par lui à Priscus furent bien accueillies; il s'ensuivit encore une paix. La nouvelle était fausse [3], et la lettre, fabriquée à dessein, n'avait

---

1. Personatus ille tabellarius intercipitur : litteras imperatorias libens tradit; quibus Chaganus patria lingua per interpretem cognitis... Theophylact., vi, 7. — Theophan., p. 226, 227. — Anast., p. 77.

2. Missis in ejus regionem triremibus, domibus eorum direptis, uxores et liberos captivos abduci... Zonar., t. ii, p. 76. — Theophylact., vi, 6. — Theophan., p. 227.

3. Chaganus astu deluditur. Theophylact., vi, 6. — Pactis cum Prisco conditionibus, composuit pacem, et maxima qua potuit fuga, se subripuit. Theophan., *loc. cit.*

d'autre but que de donner le change au kha-kan : la ruse était bonne et réussit. Si le sorcier avait été ensorcelé à Drizipère, le trompeur fut trompé à Tzurulle.

L'hiver amena d'autres soins. Les Slaves attardés commençaient à se rendre par grandes masses à l'appel du kha-kan ; chaque jour, les vedettes romaines signalaient de nouveaux mouvements dans les plaines pontiques : l'empereur envoya Priscus garder les passages du Danube, et prendre, s'il y avait lieu, l'offensive contre les Barbares. Au printemps de l'année 593, le général établit ses quartiers à Durostorum, et se prépara à la double éventualité d'une guerre de défense et d'une guerre d'attaque. Il était absorbé dans ces préparatifs, lorsqu'il vit arriver dans son camp une ambassade avare qui avait pour orateur un certain Kokh [1], déclamateur barbare, espèce de Commentiole sauvage, dont la mission sans doute était d'effrayer les Romains par la virulence de ses discours. Priscus le reçut au milieu de ses officiers, et le Barbare commença de cette façon : « Dieux ! qu'est ceci? Ceux qui faisaient profession de respecter la sainteté des serments les violent sans scrupule ; les Romains foulent aux pieds les engagements de la paix ; ils jettent au vent le sel des traités ; ils ne respectent pas plus leur parole que leurs dieux [2]. En vérité, le Danube voit un beau spectacle : ce même Priscus, qui signait hier la paix, Priscus, à qui nous

---

1. Cochus, Κόχ. Theophylact., VI, 6.
2. Quid hoc rei est? ô dii immortales! Quibus proprium erat religiones colere, iis nunc facile ac promptum est impie agere. Pacem Romani violarunt, fœderis lex violata est, sal pactionis infatuatus... *Id., ibid.*

avons accordé la vie, est ici en armes contre nous[1]! Chef Priscus, imite donc l'humanité avec laquelle nous nous sommes conduits envers toi, et songe que nous avons voulu épargner un ami futur et non pas un ennemi... Oh! c'est bien vous, Romains, qui avez formé les Barbares à la méchanceté! Nous n'aurions jamais enfreint les traités, si vous n'aviez pas été nos maîtres dans l'art du mensonge. Quand vous faites la guerre, c'est avec injustice; quand vous faites la paix, c'est pour la rendre incertaine et amère[2]; mais attendez l'heure de la vengeance : ceux qui nous ont dû merci, apprendront ce qu'on gagne à nous attaquer témérairement... » Puis, apostrophant par une sorte de prosopopée l'empereur absent, le Barbare continua : « Et toi, césar, tu es injuste quand tu emploies la fraude pour tes préparatifs de guerre; c'est un attentat exécrable, l'œuvre d'un brigand et non d'un prince. Il faut que tu déposes la couronne ou que tu cesses de la déshonorer[3]. » Cette déclamation avait tout simplement pour but d'expliquer que les Slaves devaient être couverts par le traité de paix juré entre les Romains et les Avars, vu que les seconds étaient les maîtres des premiers, et que par conséquent faire la guerre aux Slovènes et aux Antes, c'était la faire au kha-kan. Dix fois pendant le discours de l'orateur, les officiers romains furent tentés de se jeter sur lui et de le châtier d'im-

---

1. Ister hostile spectaculum, videt... Theophylact., VI, 6.
2. Dum bellum geris injustus es : dum fœdus percutis, mœrorem ac dolorem affers. *Id., ibid.*
3. Non est imperatorium, quod moliris : non sunt ab auctoritate isti spiritus : consilium istud est prædatorium. *Id., ub. sup.*

portance; mais Priscus les arrêta : « Laissez, dit-il, c'est du style et de l'insolence barbares [1]. » Puis il signifia froidement à l'ambassadeur que ce qu'il faisait ne regardait point les Avars, que les Slaves n'avaient été compris dans aucun traité, et que la paix avec les Avars n'empêcherait pas les Romains de faire la guerre à qui bon leur semblerait. Kokh s'en alla, éclatant en menaces, et Priscus se mit en mesure d'ouvrir aussitôt la guerre offensive, car les Slaves paraissaient faire un temps d'arrêt. Au fond, le kha-kan et lui se comprenaient parfaitement, et Priscus savait bien que battre les Slaves, c'était affaiblir les Avars.

Les grandes plaines qui bordent le Danube au nord, et qui portent aujourd'hui les noms de Valachie et de Moldavie, recélaient alors un des principaux repaires des Slaves, situé, suivant toute probabilité, dans la zone qu'arrose le Sereth, et défendu par des marais et de grands bois presque impraticables. Ils y avaient déposé le butin de leurs dernières expéditions, la déplorable dépouille des provinces de Mésie, de Dalmatie et de Thrace. Un chef important, nommé Ardagaste, en avait la garde avec une assez forte armée. Priscus projeta de s'en emparer, et une marche nocturne l'amena à travers la forêt jusqu'au milieu du camp barbare. Ardagaste n'eut que le temps de se jeter tout nu sur un cheval sans selle, n'ayant d'autre arme que son épée. Tombé dans un parti de Romains, il met pied à terre, lâche son cheval, et fait face seul

---

[1]. Priscus, audaciæ et loquentiæ barbaræ, veniam impertivit... Theophylact., VI, 6.

contre tous [1] ; mais, près de succomber sous le nombre, il s'enfuit encore et gagne à toutes jambes les chemins les plus escarpés. Un tronc d'arbre qui se trouve sur son passage le fait choir, et il était perdu sans le voisinage d'une rivière qu'il aperçoit; il y court, la franchit à la nage [2], et laisse bien loin derrière lui les Romains étonnés de sa vigueur. Il se sauva, mais sa peuplade et son armée furent presque anéanties. Alléchés par l'immense butin tombé en leur possession, les soldats romains demandèrent à grands cris de marcher plus loin, et Priscus, répondant à leur désir, envoya un détachement d'hommes déterminés, sonder les bois sous la conduite du tribun Alexandre. Ces hommes découvrirent un bivac de Slaves non loin de leur route, ils voulurent l'atteindre, mais, ayant affaire à des chemins brisés et croisés de vingt façons, ils s'égarèrent et allèrent se perdre dans un marais, où ils seraient restés sans l'assistance d'un Gépide qui se trouvait là [3].

Ce Gépide était un ancien chrétien, longtemps serf ou esclave des Avars, qui, ennuyé de sa dure servitude, l'avait secouée un beau jour et s'était donné la liberté des bois [4]. Depuis ce temps, il vivait parmi les tribus slaves, errant de village en village, connaissant

---

1. Ardagastus, strepitus magnitudine expergefactus, equum nudum conscendens, fuga saluti consulit : porro in Romanos incidens, equo relicto, pugna stataria se defendit. Theophylact., vi, 6.
2. Fortuna porro quadam sinistra, inter fugiendum, in magnæ arboris truncum offendit... Theophylact., *loc. cit.*
3. Periisset universum agmen, nisi... Theophan., *Chronogr.*, p. 229.
4. Gepida porro quidam, olim Christianus, a barbaris ad Romanos transfugiens... Theophylact., vi, 8. — Theophan., p. 229.

tous les chefs ; et il s'était fait païen pour exciter plus de confiance et de sympathie. Il paraît pourtant que, à l'aspect des drapeaux d'un peuple chrétien, le renégat sentit son cœur ému, et que le remords l'amena vers les Romains, qui l'accueillirent comme transfuge. Le Gépide, retirant Alexandre du mauvais pas où celui-ci s'était engagé, le conduisit par un chemin parfaitement sec jusqu'au bivac, et lui indiqua les moyens de cerner les Slaves, qui furent tous pris comme dans un piége et attachés ensuite avec des cordes ou des chaînes. Alexandre voulut les interroger lui-même, pour savoir ce qu'ils faisaient là et de quelle nation ils étaient, mais tous refusèrent de répondre. Il les fit frapper avec des fouets et n'en obtint pas davantage ; seulement, quand leurs chairs étaient entamées par les coups et que le sang ruisselait sur tout leur corps, les malheureux disaient : « Tuez-nous ! [1] » Force fut donc au tribun Alexandre de se fier au seul Gépide pour tous les renseignements dont il avait besoin. Celui-ci exposa que ces Slaves étaient des soldats d'un roi voisin appelé Musok ou Mousoki, lequel, ayant appris la défaite du roi Ardagaste et le sac de son camp, les avait envoyés pour observer le mouvement de l'armée romaine. Si l'on marchait sur-le-champ, en surmontant quelques difficultés, ajouta le Gépide, on pourrait surprendre Musok dans sa ville, dont il ne bougera pas qu'il n'ait reçu les informations de ses éclaireurs. Il y a bien une large et profonde rivière à

---

1. Vesana subnixi confidentia, cruciatus et mortem nihili faciebant, doloresque flagellorum velut in alienis corporibus patiebantur... Theophylact., vi, 8, 9.

passer pour y arriver, mais je me fais fort de procurer le passage aux Romains par les soins de Musok lui-même. » Ainsi parla le Gépide. Alexandre accepta son offre, et pour que rien ne transpirât de son expédition, il fit, avant de partir, égorger tous ses prisonniers.

Le grand village, résidence du roi Musok, était situé à quarante lieues de là; le Gépide fit diligence pour y arriver ; Alexandre et son détachement, composé de trois mille hommes, le suivirent à distance, et Priscus, qui approuva tout, se mit aussi en route pour appuyer le détachement au besoin. Le renégat, très au fait des lieux, traversa sans peine la rivière, et alla trouver Musok dans sa cabane. Il lui raconta que les malheureux sujets d'Ardagaste échappés à l'extermination étaient en marche dans la forêt pour venir lui demander asile, qu'ils étaient trois mille environ, et que, sachant la parfaite connaissance que lui, le Gépide, avait du pays et du roi, ils l'avaient dépêché en avant pour leur obtenir des barques [1]. Musok, en ce moment préoccupé d'autres soins, n'en demanda pas plus long, et mit à la disposition du renégat cent cinquante barques et trois cents rameurs que celui-ci conduisit à l'opposite du village, sur une plage ouverte et facile [2]. Les soins qui préoccupaient Musok étaient ceux des funérailles de son frère, lesquelles avaient été célébrées dans la journée. Le repas des morts avait été magnifique; le vin avait coulé à flots, à tel point que

---

[1] Gepida Musocium adit... monoxylorum seu lintrium copiam, ad calamitosos Ardagasti subditos transvehendos, petit. Theophylact., VI, 9.

[2] Actuariolis igitur centum quinquaginta cum remigibus trecentis acceptis, in ulteriorem fluminis ripam, trajicit... *Id., ibid.*

le roi, vers le soir, resta étendu ivre-mort dans son palais [1]. Aussi les rameurs, qui avaient eu leur part du festin, n'eurent rien de plus pressé, arrivés sur l'autre rive, que de se coucher par terre et de dormir à côté de leurs canots amarrés [2].

Ils dormaient encore lorsqu'au point du jour Alexandre arriva. Ses soldats tuèrent sans bruit ces hommes endormis, les roulèrent dans le fleuve, et montant vingt dans chaque bateau, eurent bientôt atteint le village. Musok, qui cuvait son vin [3], se réveilla prisonnier. Son village fut saccagé comme celui d'Ardagaste ; les Romains gardèrent pourtant un grand nombre d'hommes et de femmes choisis pour être vendus dans les marchés à esclaves de la Mésie. Mais la guerre a des retours bien imprévus. Le soir de ce même jour les Romains se trouvèrent dans l'état où ils avaient surpris les Slaves. Ayant du vin en abondance, ils s'enivrèrent et ne se gardèrent plus ; les sentinelles elles-mêmes dormaient. Les prisonniers profitèrent de cette bonne occasion pour rompre leurs liens, saisir des armes et fondre sur les Romains comme des furieux. C'en était fait d'Alexandre et de son détachement sans Priscus, qui se montra fort à propos. Invoquant les lois de la vieille discipline romaine, le général irrité fit pendre les officiers qui avaient été de garde dans cette

---

1. Musugium (Anast. *Musocium*) vino plane obrutum comperit, funebrem etenim solemnitatem proprio fratri sacraverat. Theophan., *Chronogr.*, p. 229.
2. Somno vinoque sepulti, somniis suis detinentur. Theophylact., VI, 9.
3. Barbarus præ ebrietate mentem amiserat. *Id., ibid.*

nuit funeste et passer par les verges tout soldat qui n'avait plus ses armes [1].

Des expéditions du même genre eurent lieu pendant les années 594 et 595 contre les tribus slaves, cette arrière-garde de la Hunnie, et Baïan intimidé ne dit rien; il redoutait Priscus, dont les talents militaires se révélaient assez hautement, et qui, joignant aux qualités du guerrier celles du politique, savait opposer la ruse à la ruse aussi bien que les armes aux armes. Le chef avar, tout en le détestant comme adversaire, ressentait un secret attrait pour lui ; c'était à lui personnellement qu'il faisait remonter ou les faveurs ou les déboires qui lui venaient du gouvernement romain; c'est lui qu'il cherchait à flatter ou qu'il provoquait suivant l'occasion. Priscus, de son côté, ne le traitait pas comme un barbare ordinaire ; il appréciait son génie ; il eût voulu le voir, tranquille dans l'empire qu'il avait fondé si glorieusement, se plier aux idées de justice et de bon voisinage. Il savait que plus d'un noble avar, corrompu dans sa barbarie par un avant-goût de civilisation, ne demandait pas mieux que de jouir en paix à la manière des Romains de l'opulence qu'il avait acquise à leurs dépens. Aussi Priscus s'était-il fait des intelligences jusque dans le conseil du kha-kan, où des personnages considérables osaient soutenir le bon droit de l'empire et gourmander la haine opiniâtre de Baïan. Targite lui-même, le négociateur indispensable des grandes affaires, se faisait le champion de

---

[1] Mane Priscus custodiæ præfectos palis suffixit, et quosdam de exercitu durum in modum flagellavit. Theophylact., vi, 9. — Theophan., p. 229.

ces sentiments nouveaux [1]. Priscus eût désiré qu'ils rappassent l'intelligence de Baïan à défaut de son cœur, et il employait à cet effet un intermédiaire habile, le médecin Théodore, dont nous avons déjà parlé dans cette histoire.

Si l'on se rappelle le personnage qui, lors de la première attaque de Sirmium par les Avars, vint ingénieusement au secours de la ville en mettant le duc Bonus sur pied; ce personnage, c'était lui. Après la cession de Sirmium, sa patrie, au kha-kan des Avars, Théodore s'était retiré dans quelque ville voisine pour rester Romain, et Priscus, qui connaissait son esprit et son patriotisme, le chargea de plusieurs missions près du chef barbare. Théodore était un homme instruit, adroit, insinuant, qui mêlait une grande séduction à une grande liberté de langage [2] : le kha-kan l'aimait pour sa gaieté, et peut-être un peu aussi pour ses bons conseils. Leur conversation, dans le laisser-aller de la vie intime, roulait assez ordinairement sur des points de morale qui ne devaient pas être plus étrangers aux barbares qu'aux hommes civilisés, et il assaisonnait ses leçons de traits d'histoire que le kha-kan écoutait avec le vif intérêt qu'apportent à tout ce qui est récit les hommes de l'Orient. Théodore le surprenait-il dans ses bouffées d'orgueil, exaltant les grandes choses qu'il avait accomplies, et prétendant

---

1. Cæterum Targitius et nobilitas arma dissuadentes, ipsum Romanis immerito irasci affirmabant. Theophylact., vi, 11.

2. Magno igitur animo, Priscus oratorem ad Chaganum mittit, Theodorum nomine, hominem ingenio dexterum et sagacem, professione medicum, linguis liberum, qui velut firmo cinctus præsidio, ad Chaganum veniebat. *Id., ibid.*

qu'il n'existait personne sous le soleil qui eût la force de lui résister [1]? Le médecin arrivait timidement avec une anecdote, tirée de l'histoire grecque ou romaine, dont il savait à propos adoucir ou acérer le trait [2].

Un jour que la conversation prenait son cours habituel après une discussion sur Priscus et sur l'injustice des Romains dans la guerre des Slaves, Théodore captiva l'attention de son hôte par un récit dont le héros était le grand Sésostris, roi d'Égypte. Le monarque égyptien, dans un enivrement impie de sa puissance, dressait les rois des peuples qu'il avait vaincus, à le traîner dans son char, le mors aux dents et la selle sur le dos. « Sésostris remarqua, disait le narrateur, qu'un des rois attelés tournait souvent la tête en arrière et semblait observer avec attention la roue qui se déplaçait sous son effort. — Que regardes-tu là? lui demanda Sésostris [3]. — Je regarde, répondit le roi vaincu, comment le haut de cette roue descend en bas, et comment le bas remonte en haut [4]. — Sésostris tressaillit, et depuis ce moment, ajoutait Théodore, il ne se servit plus d'attelages humains, respectant dans les hommes l'inconstance et la fragilité de la fortune. »

1. Barbarus propter res secundas, conceptis spiritibus, non parum superbiebat, seque omnium gentium dominum gloriabatur, nec reperiri sub sole, qui sibi posset resistere. Theophylact., vi, 11, p. 159. — Cf. Theophan., p. 230.— Anast., p. 79.
2. Legatus, antiquitatis bene peritus, hominis insolentiam atque fastidium exemplo quodam compescebat... Dicebat ergo: audi, Chagane, priscam quamdam et sapientiæ plenam historiam... *Id., ibid.*
3. Quid est, inquit, bone vir, quod oculos in tergum toties retorques? Quid ita rotas aspectas? Theophylact., vi, 11, p. 160.
4. Tum ille cordate: Miror, ait, tam varios rotarum motus; earum quippe partes in altum sublatæ, rursus in humum descendunt, iterumque ascendunt, quæ descenderant. *Id., ub. sup.*

Baïan avait écouté un peu triste et pensif; il se prit ensuite à dire : « Crois-le, Théodore; je sais me maîtriser moi-même et combattre mes emportements, mais cela dépend des circonstances. Tiens, je n'en veux plus à Priscus[1]; je désire être son ami, s'il lui plaît d'être le mien. Qu'il me donne la moitié des dépouilles qu'il a enlevées aux Slaves; il les a conquises par ses armes, mais dans un pays de mon obéissance et sur mes sujets; n'est-il pas juste que nous partagions? » Ainsi le barbare reparaissait, et la moralité, qui allait jusqu'à l'ambitieux, ne pénétrait pas jusqu'au voleur.

Les intrigues de Constantinople rompirent brusquement ces relations qui pouvaient conduire à un rapprochement des deux peuples. Priscus, sur le compte duquel on inspira des ombrages à l'empereur, fut privé de son commandement, remplacé par un frère même de Maurice, puis renvoyé à son armée, compromise par l'incapacité du nouveau général. Ces tergiversations rendirent de l'audace au kha-kan. D'ailleurs, pendant l'absence de Priscus il s'était passé une chose grave. Un corps de cavalerie bulgare, appelé des rives du Volga par Baïan, était arrivé dans les plaines pontiques, et prenait, par la rive gauche du Danube, le chemin qui conduisait en Hunnie, n'attaquant point, ne menaçant point les Romains, lorsqu'un corps de cavalerie romaine, en observation dans ces parages, fit pleuvoir sur lui une grêle de traits. Les Bulgares s'arrêtent, se retranchent, font valoir leur attitude et

---

1. Novi imperare animo meo, cum limites egreditur : novi iram debellare, sed in tempore. Desino Prisco irasci... Theophylact., vi, 11, p. 160.

leurs intentions pacifiques, ainsi que la paix qui existe entre les Romains et les Avars ; mais le général romain (c'était le frère de l'empereur) vient de la rive gauche avec des renforts, charge les barbares, et est lui-même mis en déroute.

Nouvelles réclamations du kha-kan, nouvelles explications hautaines de part et d'autre. Baïan soutint que les Romains n'avaient pas le droit de mettre le pied sur la rive gauche du Danube, qui lui appartenait en totalité, qui était sa province à lui[1]. Priscus, rentré sur ces entrefaites dans son commandement, n'accueillit pas sans une violente colère cette nouvelle prétention, plus insolente encore que les autres. « Et depuis quand, s'écria-t-il tout hors de lui, depuis quand un fugitif[2], reçu par grâce chez nous, ose-t-il fixer les limites de notre empire? » Ce mot blessa Baïan au cœur. Il s'approcha de Singidon sans rien dire, enleva la ville, la démantela, et en transporta les habitants en Pannonie. Accouru trop tard avec son armée, Priscus occupa une des îles du Danube, près de cette malheureuse cité, et les deux chefs se trouvèrent en présence, séparés seulement par un bras du fleuve. Il paraît qu'en ce moment leurs anciennes relations, peut-être leur ancien penchant l'un pour l'autre, leur revinrent à l'esprit, et ils désirèrent se voir. Le kha-kan vint à cheval et descendit sur le bord, Priscus s'avança dans une barque jusqu'à la portée de la voix; mais l'entrevue se passa en récriminations et en repro-

---

1. Quid vobis, Romani, cum provincia mea?... Theophylact., VII, 10 p. 177. — Theophan., p. 233. — Anast., p. 80.
2. Theophylact., *ub. sup.*

ches mutuels [1]. Il ne restait plus que la guerre, et Priscus s'y préparait activement sur le Danube, quand il apprend que le kha-kan était en Dalmatie, où il mettait tout à feu et à sang.

Furieux, il court vers la Haute-Pannonie, attend l'armée des Avars, la bat et lui enlève tout son butin. La même fureur animait le kha-kan ; il appelle à lui toutes ses bandes, et s'élance avec elles vers la Thrace, ne laissant derrière lui qu'un fleuve de sang. Baïan n'était plus un homme, c'était une bête féroce ; il sévissait contre les pierres, il déclarait la guerre aux morts. A Drizipère, où il entra cette fois, et dont il fit un monceau de débris, il brûla l'église dédiée à saint Alexandre, qui était en grande vénération dans le pays, dépouilla la sépulture du martyr, toute revêtue de lames d'argent, et dispersa ses ossements [2] ; puis, comme pour célébrer ce beau triomphe, disent les historiens, il alla s'attabler avec ses officiers et passer la nuit en débauches [3]. Ce fut la vie que menèrent aussi ses soldats dans ces tristes journées de pillage et d'égorgement ; mais bientôt la peste se déclara parmi eux [4]. Dans une seule nuit, Baïan vit mourir sept de

---

[1]. Cum Chagano super ripa fluminis considente, in colloquium venit. Priscus e navi verba faciebat. Theophylact., vii, 10.

[2]. Monumentum argento ornatissimum nefarie spolianti; quin etiam corpus inde indignissime ejiciunt. Theophylact., vii, 13. — Cum sepulcri thecam argento ornatam reperissent, illusis prius et contemptis martyris reliquiis, ornamentum omne sacrilege spoliavere. Theophan., *Chronogr.*, p. 235.

[3]. Mirifice victoria elati, ad convivandum toris discumbunt. Theophylact., *loc. cit.*

[4]. Passim immissa pestilentia Barbaros delevit. Theophylact., vii, 15, p. 183.

ses fils, atteints de bubons pestilentiels dans l'aine [1]. Ce barbare aimait tendrement ses enfants, et faillit devenir fou de douleur. « Il fallait voir, dit un écrivain du temps, comment la joie triomphale, les chants et le *pæan* de la victoire firent place tout à coup au deuil, aux larmes, aux interminables gémissements [2]. » Dans son égarement, le kha-kan s'écriait sans cesse : « Que Dieu juge entre Maurice et moi, entre les Romains et les Avars; il sait ceux qui ont violé la paix [3] ! » L'occasion était favorable pour l'aborder, et des négociateurs romains lui demandèrent une entrevue ; mais Baïan resta douze jours sans vouloir les entendre. Enfin, il conclut la paix avec une facilité qui prouvait son profond abattement.

L'année suivante, 600 de notre ère, la guerre reprit, non pas précisément sur l'initiative du kha-kan, mais parce qu'il vit que Priscus, s'emparant de la rive gauche du Danube, le traquait peu à peu dans ses frontières, et pourrait pénétrer quelque jour jusqu'au cœur de la Hunnie. Il sentit qu'il y allait de sa vie et de l'existence de son peuple, et qu'il devait tout épuiser pour reconquérir sa position au nord du fleuve. Priscus, posté dans Viminacium et dans l'île du Danube située en face, paraissait vouloir opérer le débar-

---

1. Septem ejus filii bubone, seu peste inguinali corripiuntur. *Id., ibid.*
2. Adeo ut triumphalis lætitiæ, victoriæ pæanum, cantuumque vice, luctus, lacrymas atque planctus prorsus inconsolabilis receperit... Theophan., *Chronogr.*, p. 235. — Immenso dolore prosequitur... Erat quippe dolor vehemens : nec levandæ calamitati ulla via apparebat... Theophylact., vii, 15.
3. Judicet Deus inter Mauricium et Chaganum, inter Avaros et Romanos... Theophylact., vii, 15.—Sedeat Deus, æquus judex, inter me et Mauricium imperatorem : ipse paci violandæ ansam dedit. Theophan., p. 236.

quement d'une forte armée destinée à agir au printemps : Baïan envoya quatre de ses fils défendre le passage [1], tandis qu'avec une partie de ses troupes, il irait prendre les Romains à dos ; mais ses fils furent battus, le passage livré, et lui-même fut obligé de revenir au nord du Danube pour y défendre son propre territoire. Cinq batailles terribles se donnèrent coup sur coup, où Baïan combattit avec désespoir, mais où Priscus, formant son infanterie en carrés impénétrables et variant à propos ses manœuvres, déploya toutes les ressources de la tactique la plus savante. Les quatre fils de Baïan périrent dans un marais, culbutés et noyés avec leurs corps d'armée [2]; Baïan lui-même n'eut que le temps de traverser la Theisse, sur le point d'être tué ou pris [3].

Enfin les Romains passèrent cette rivière fameuse, interdite à leurs aigles depuis deux cents ans, non loin de laquelle s'était élevée la demeure d'Attila et où s'élevait encore celle de Baïan ; mais ils ne la passèrent qu'en petit nombre et pour observer l'ennemi. Ce détachement tomba au milieu de trois bourgades habitées par des Gépides, et dans lesquelles ces serfs des Avars célébraient par des festins une de leurs fêtes nationales [4]. Chose incroyable, ils ignoraient

---

1. Quatuor e filiis copias attribuit, quibus transitum Istri custodiant. Theophylact., viii, 2.
2. Quoniam stagnum locis illis suberat, in undas eos adigebat... Plurimis igitur et simul Chagani filiis tali modo submersis... Theophylact., viii, 3.
3. Chaganus non sine periculo salvus, ad Tissum fluvium evasit. *Id.*, *ub. sup.*
4. Transeunt et offendunt Gepidarum villas tres qui, considentes et compotantes, festum patrium magna frequentia celebrabant. *Id. ibid.*

qu'il se fût livré la veille une grande bataille dans leur voisinage, tant leurs maîtres les tenaient isolés et étrangers à tout intérêt public! Les Romains tombèrent sur cette tourbe de serfs désarmés et endormis pour la plupart, comme ils étaient tombés sur la peuplade du roi Musok, et la traitèrent de même. Baïan n'avait fui que pour revenir, avec le dernier débris de sa puissance, livrer une dernière bataille, qu'il perdit. Pourtant les Romains n'allèrent pas plus avant, ils évacuèrent même bientôt la rive septentrionale du Danube pour rentrer dans leurs quartiers.

Baïan ne mourut pas dans cette bataille, mais il y survécut peu, car son nom disparaît presque aussitôt de l'histoire. Élevé au commandement de son peuple vers 565 et fort jeune encore, il l'avait gouverné pendant trente-six ans. La fortune, qui se retire des vieillards, lui fit payer cher dans ses dernières années les faveurs trop éclatantes dont elle l'avait comblé à son début. Ce fondateur du second empire hunnique, qui de prime-saut l'avait égalé presque au premier, le laissa en mourant humilié et compromis. Cet amer retour du sort lui remit peut-être en mémoire les roues du char de Sésostris, et les autres moralités dont le médecin Théodore l'amusait autrefois : la perte de ses onze fils, tombés sous ses yeux victimes de son insatiable ambition, l'avait atteint d'une blessure qui ne se ferma plus. Comme s'il eût toujours senti sur sa tête la main du Dieu des chrétiens, dont il s'était joué par ses parjures, il répéta plus d'une fois, comme à Drizipère, « que Dieu jugerait entre Maurice et lui. » Maurice périt la même année ou l'année suivante, 602, décapité par les ordres du centurion Phocas, à la suite d'une révolte de soldats venue à propos de la dernière guerre contre les Avars. Le kha-kan put aller rendre ses comptes en face de son adversaire, devant le juge qu'il avait choisi.

———

CHAPITRE DEUXIÈME

Avénement d'Héraclius au trône des Romains. — Épuisement de l'empire sous Phocas; corruption de l'armée; guerre civile. — Phocas veut faire baptiser tous les Juifs; ceux-ci appellent les Perses à leur secours. — Tentative d'Héraclius pour rétablir la paix avec Chosroès; insolence du roi de Perse; invasion de la Galilée. — Les Juifs rachètent les captifs chrétiens pour les égorger. — Prise de Jérusalem par les Perses; enlèvement de la sainte croix, qui est emmenée d'abord en Arménie, puis au fond de la Perse. — La sainte lance et l'éponge sont apportées à Constantinople. — Deuil général des chrétiens; Héraclius jure d'aller reconquérir la croix en Perse ou de mourir; enthousiasme du peuple et du sénat. — Situation de l'empire du côté de l'Europe. — Résumé des affaires de la Hunnie jusqu'en l'année 610; les Avars envahissent le Frioul. — Le duc Ghisulf est tué; sa veuve Romhilde livre au kha-kan la ville de Forum-Julii.— Halte de l'armée hunnique au Champ-Sacré; les fils de Ghisulf s'enfuient; aventure du jeune Grimoald; massacre des prisonniers; châtiment de Romhilde. — Bonnes dispositions apparentes du kha-kan envers l'empire; il propose de venir trouver l'empereur dans Héraclée. — Héraclius prépare une grande fête pour le recevoir. —Trahison du kha-kan; il veut enlever l'empereur, qui s'échappe en laissant à terre son manteau impérial. — Course des Huns jusqu'au mur de Constantinople. —Explications du kha-kan. — Reprise des négociations; la paix est jurée.—L'empereur se prépare par la retraite et le jeûne à sa campagne contre les Perses; il règle le gouvernement de l'empire pendant son absence; sa noble conduite vis-à-vis du kha-kan des Avars.— La flotte impériale met à la voile.

602 — 622

Après le féroce et grossier Phocas, devenu empereur par un assassinat, on voit apparaître sur le trône des Romains d'Orient la noble et mélancolique figure d'Héraclius. Il s'attache à ce nom je ne sais quoi de mystérieux et de fatal qui trouble l'historien dans ses jugements, et le fait hésiter incertain entre l'admiration et la pitié. Héraclius destructeur de l'empire des Perses, Alexandre chrétien, libérateur des saintes reliques du Calvaire avant Godefroy de Bouillon, aurait été réputé grand entre les plus grands des Césars ; Héraclius aux prises avec le mahométisme naissant, emporté par lui comme par une tempête, perdant tout dans ce naufrage, sa gloire de chrétien et de Romain, la moitié de ses provinces, son génie et presque sa raison, peut être proclamé sans contredit le plus malheureux de tous. Cette seconde partie de sa vie n'offre plus à l'historien qu'un douloureux spectacle, celui de l'héroïsme humain sous le poids de la fatalité, se débattant vainement contre des puissances qui ne semblent point de ce monde. La postérité, oublieuse d'une gloire effacée, ne connut plus d'Héraclius que les revers, et l'homme que ses contemporains crurent un instant ne pouvoir comparer qu'à Dieu[1], le vengeur de Crassus et de Valérien, mieux encore le vengeur de Jésus-Christ, tombé du haut de tant de renommée au rang des empereurs néfastes, alla servir de pendant à l'imbécile Honorius dans l'histoire des démembrements de l'empire romain.

Je ne le suivrai point au début de ses aventures, quand, délégué par l'armée d'Afrique pour tuer le tyran Phocas, il faisait voile de Carthage à Constantinople, avec une petite flotte, sous les images de la vierge Marie, pieusement clouées au haut de ses

---

1. Voir *l'Hexameron* de Georges Pisidès.

mâts[1]. Les peuples qui le voyaient passer le saluaient du rivage comme un sauveur, les prêtres accouraient le bénir, et l'évêque de Cyzique vint le couronner sur son navire, d'un diadème emprunté aux autels de la mère de Dieu[2]. C'était comme une conspiration publique où tout le monde était dans le secret, excepté la victime qu'on allait immoler avec la solennité d'un sacrifice. Sa terrible mission accomplie, Héraclius se trouva empereur, mais empereur sans argent, sans armée et presque sans empire. Phocas avait épuisé le trésor public en folles ou honteuses prodigalités ; l'armée, corrompue, avilie, sans discipline ni orgueil militaire, se dissolvait dans la licence des camps, tandis que l'Asie-Mineure et la Syrie, occupées chaque printemps par les généraux de Chosroès II, ressemblaient moins à des provinces romaines qu'à des satrapies persanes. Les villes fermées du littoral, faciles à défendre par mer, obéissaient seules en réalité à l'empereur de Byzance ; encore étaient-elles perpétuellement assiégées, et Constantinople eut l'humiliation d'avoir en face de ses murs Chalcédoine bloquée et presque prise. On eût dit qu'une providence vengeresse s'était appesantie sur ces belles légions de Mésie que Maurice avait formées, et qui trempèrent leurs mains dans son sang : lorsque Héraclius voulut les voir, il n'en restait plus que deux soldats[3].

1. Navibus turritis in quarum malis arculæ et Dei matris imagines appensæ... Theophan., *Chronogr.*, p. 250.
2. Stephanus autem Cyzicenus metropolita, coronam ex ecclesia sanctæ Dei genitricis depromptam, ad Heraclium attulit... *Id., ibid.*
3. Exercitu omni perlustrato, num aliqui ex iis, qui cum Phoca, tyran-

Ce n'était pas tout : comme si la guerre étrangère n'eût pas suffi pour ruiner l'empire, Phocas avait encore déchaîné sur lui le fléau des guerres civiles. Ce soldat grossier ressentait parfois des remords, et le sang qu'il versait le jour venait l'effrayer dans les insomnies de la nuit : il éprouvait alors des accès d'une dévotion grossière comme sa nature. Dans un de ces courts moments de repentir, il eut l'idée de faire baptiser tous les Juifs en expiation de ses crimes [1]. Les Juifs, on le sait, nombreux dans toute l'Asie romaine, occupaient de vastes quartiers au sein des cités commerçantes, et peuplaient seuls des contrées entières sur le continent et quelques îles sur la mer Égée. Phocas les convoqua tous à Jérusalem pour l'accomplissement de son dessein secret, et à mesure qu'ils arrivaient, des soldats, préfet en tête, les conduisaient à l'évêque, qui les baptisait [2]. Ils eussent plutôt noyé les néophytes dans la piscine que de les laisser partir sans baptême. Ces apôtres d'une nouvelle espèce parcoururent ainsi, pour le salut de l'âme de Phocas, tous les lieux de l'Égypte et de la Syrie habités par des Juifs, pourchassant et ressaisissant l'un après l'autre ceux qui leur avaient d'abord échappé. L'Asie romaine fut en combustion : les Juifs, répondant à la violence par des trahisons, s'entendirent pour sur-

---

nidis ejus fautores, adversus Mauricium præliati, inter vivos superessent perscrutatus, per legiones cunctas rimatus duos solos invenit residuos. Theophan. *Chronogr.*, p. 251.

1. *Chron. Alex.*, p. 382. — Zonar., XIV, t. II, p. 80.
. Theophan., *Chronogr.*, p. 248.—Cedren., t. I, p. 406.—Niceph. Call., 44.

prendre la ville de Tyr pendant la fête de Pâques et y égorger les chrétiens [1]; le complot découvert fit tomber sur eux de dures représailles qui n'amenèrent que de nouveaux complots. Ils s'adressèrent à Chosroès, lui promettant de livrer à ses troupes toutes les villes romaines de la Palestine, s'il voulait les assister et les venger. Ainsi guerre étrangère, guerre civile et religieuse, trahisons, violences, Héraclius avait tout à conjurer au début de son règne.

Il essaya de le faire, et tout lui manqua à la fois. La guerre lui réussit mal avec des soldats indisciplinés et lâches; quand il parla de paix, Chosroès, avant toute négociation, lui proposa de renier Jésus-Christ et d'adorer le dieu Soleil [2]. Ses efforts pour apaiser les Juifs par des traitements meilleurs et des promesses tournèrent contre lui : les Juifs n'en devinrent que plus insolents et plus hardis dans leurs menées, pensant qu'il avait peur. Le mauvais succès de toutes ces tentatives porta le découragement dans le cœur des Romains; les provinces asiatiques cessèrent de résister à une destinée qui semblait irrévocable, tandis que les provinces européennes, que rien de pareil ne menaçait, détournaient les yeux et s'endormaient dans un égoïsme cruel. L'empire romain glissait avec rapidité vers sa ruine, lorsqu'une secousse heureuse l'arrêta sur la pente et lui rendit l'énergie qu'il ne possédait plus : ce fut la religion qui opéra ce miracle.

---

1. Theophan., *Chronogr.*, p. 251. — Cedren., t. I, p. 408. — Hotting., *Hist. Orient.*, t. I, p. 3.
2. Vobis minime parcam, donec crucifixum, quem vos prædicatis Deum, solem adoraturi, abnegaveritis. Theophan., *Chronogr.*, p. 253.

L'année 615 avait été marquée par les Perses et les Juifs pour être la dernière des chrétiens sur toute la surface de la Palestine. En effet, vers la fin du mois de mai, une armée formidable, que commandait Roumizan, surnommé Schaharbarz, c'est-à-dire *le sanglier royal*, général habile, mais cruel, et l'allié du roi Chosroès[1], vint fondre sur la Galilée et parcourut les deux rives du Jourdain, depuis sa source jusqu'à son embouchure, en n'y laissant que des ruines. Une nombreuse population chrétienne se pressait dans ces lieux sanctifiés par la prédication de l'Évangile. Le Sanglier royal la traita comme les généraux de Salmanazar et de Nabuchodonosor traitaient jadis le peuple d'Israël. Après le sac et l'incendie des maisons, les habitants, enchaînés les uns aux autres, étaient traînés en esclavage pour aller coloniser sous le fouet des Perses les marécages de l'Euphrate ou du Tigre. Des marchands juifs, munis de bourses pleines d'or, marchaient en troupe derrière l'armée, rachetant le plus qu'ils pouvaient de captifs chrétiens, non pour les sauver, mais pour les égorger eux-mêmes, et leur préférence s'adressait aux personnages d'importance, aux magistrats des villes, à des femmes belles et riches, à des religieuses, à des prêtres[2]. L'argent qu'ils payaient aux

---

1. Les historiens grecs l'appellent communément *Romizanes* et *Sarbar*, Σάρβαρος. On trouve aussi *Rasmizas*, *Sarbarazas* et *Sarbanazas*. Les Arméniens donnent à ce personnage le nom de Khorem-Razman-Schaharbarz. V. Saint-Martin, Éd. Lebeau. *Hist. Bas-Emp.*, t. xi, p. 14. Note 1.

2. Judæi quidem ementes Christianos, occidebant eos... Theophan., *Chronogr.*, p. 252.—Clericis, monachis, sacris virginibus occisis. *Chron. Pasch.*

soldats persans pour avoir des chrétiens à mutiler provenait de cotisations auxquelles tous les Juifs s'étaient imposés, chacun en proportion de sa fortune [1], dans l'intention de cette œuvre abominable qu'ils croyaient méritoire devant Dieu. L'histoire affirme qu'il périt ainsi quatre-vingt-dix mille chrétiens sous le couteau de ces fanatiques [2]. Non moins féroces que les Juifs, les mages de l'armée de Schaharbarz leur prêtaient la main et poussaient à l'extermination de ceux qu'ils appelaient dans leurs blasphèmes *les adorateurs du bois*. Si grandes que fussent pour les chrétiens ces tribulations, Dieu leur en réservait de plus amères : Jérusalem prise, le saint sépulcre brûlé, les églises livrées au pillage et aux profanations, les reliques de la passion dispersées. Schaharbarz força l'église de la Résurrection, bâtie par l'empereur Constantin sur le Calvaire, où l'on conservait, comme le plus précieux de tous les trésors, la croix qui avait servi au supplice du Christ [3].

La vraie croix, suivant la description que nous en donnent les historiens, était renfermée dans un étui d'argent ciselé, garni d'une serrure dont le patriarche de Jérusalem avait seul la clef, et qui, pour surcroît de précaution, était scellé de son sceau épiscopal [4]. Soit

---

1. Pro suis quisque facultatibus... Theophan., *Chronogr.*, p. 252.
2. Ad nonaginta videlicet millia trucidarunt. *Id., ibid.*
3. Capto Hierosolymo..., pretioso etiam et vivifico crucis ligno locis illis erepto... Theophan., *l. c.* — Una cum sacris vasis quorum innumerus fuit numerus. *Chron. Pasch.*
4. Théophane nous dit qu'Hélène, après la découverte de la sainte croix, en envoya une partie à son fils, et remit l'autre aux mains de l'évêque de Jérusalem : Aliam (partem) argenteo loculo inclusam, Macario episcopo tradidit, secuturæ deinceps posteritati monumentum. Theophan. *Chronogr.*, p. 21. — Cf. Bolland., *Invent. Cruc.* 8 Maii.

réserve respectueuse vis-à-vis de son maître, à qui il voulait envoyer *le bois* que les Perses supposaient être l'objet du culte des chrétiens, soit plutôt sentiment de frayeur involontaire, Schaharbarz s'abstint de toucher à la croix ; il ne brisa point les sceaux, il ne demanda pas même la clef, qui resta en la possession de l'évêque. La sainte croix, portée à Chosroès en l'état où on l'avait prise, fut déposée d'abord en Arménie, dans un château voisin de Gandzac, la ville actuelle de Tauris, château ruiné aujourd'hui, mais que la tradition montrait encore debout pendant le moyen âge [1]. Lorsque Gandzac se trouva menacé par les armes d'Héraclius, comme nous le dirons plus tard, la croix, transportée de place en place suivant le caprice de Chosroès, fut enfin reléguée au fond de la Perse. Deux autres reliques de la passion, l'éponge où le Christ avait bu le fiel et le vinaigre, et la lance qui lui avait ouvert le flanc, étaient tombées dans les mains d'un officier perse, qui consentit à les vendre, mais au poids de l'or [2]. Un chrétien les racheta. Transportées à Constantinople, elles y furent exposées pendant quatre jours à la pieuse curiosité des fidèles, et pendant ces quatre jours, le lieu où on les avait placées ne désemplit pas : chacun voulait contempler ces instruments vénérables du salut du

---

1. Cette indication est tirée des voyages de Chardin, t. II, p. 326. — Il paraît qu'il resta, à cette époque, des parcelles du bois de la vraie croix dans l'Arménie, car il est souvent question de croix miraculeuses qui se rapportent à cette origine, dans les légendes des Arméniens. Saint-Martin, Éd. Lebeau, *Hist. du Bas-Emp.*, t. XI, p. 12. *Note 4.*

2. Sacra spongia... veneranda lancea e sacris Hierosolymarum locis allata est, quam quidam familiaris execrabilis Sarbaræ, acceptam a barbaris, dedit Nicetæ. **Chron. Pasch.**

monde, les toucher avec respect et les baigner de ses larmes[1].

L'émotion fut générale et le deuil profond[2], non-seulement dans l'empire, mais encore dans tout le monde chrétien. La chrétienté ne pouvait-elle pas demander compte aux Romains de la profanation des saints lieux dont ils avaient la garde et de la perte de la croix qu'ils n'avaient pas su protéger? Ce malheur, le plus poignant qui pût atteindre des âmes chrétiennes, n'était-il pas un châtiment d'en haut attiré par leur lâcheté? Les Romains s'avouèrent tout cela et commencèrent à rougir d'eux-mêmes. Profitant de ce réveil de son peuple, troublé d'ailleurs jusque dans sa conscience, Héraclius jura qu'il irait chercher la sainte croix en Perse, confondre dans une même vengeance les injures de l'empire romain et celles du Christ, ou mourir sous les murs de Ctésiphon avec tout ce qui conservait encore un cœur chrétien et romain. Un tel dessein, qu'on eût taxé d'absurdité quelques semaines auparavant, parut, dans les circonstances présentes, simple et naturel : on y applaudit, et l'on voulut s'y associer. Les vides de l'armée se comblèrent rapidement par des enrôlements spontanés, ceux du fisc impérial par les trésors des églises, que le clergé s'empressa d'offrir. Les évêques apportaient l'argenterie de leur métropole et vendaient même leurs meubles pré-

---

1. Niceph., p. 11. — Theophan., p. 252. — *Chron. Alex.*, p. 385. — Cedren., t. I, p. 408. — Zonar., xiv, t. ii, p. 83.
2. Beaucoup de chrétiens crurent le christianisme perdu et se firent juifs. — Pusillo animo homines, quasi victa cruce, extinctum sit christianitatis robur... Ubi est Deus eorum? Bolland., *Invent. Cruc.* 3 Maii.

cieux pour en verser le produit dans les caisses de l'État, et quand ils tardèrent trop, l'empereur put mettre la main sur leurs biens sans exciter ni étonnement ni murmure [1]. Ces ressources permirent de réorganiser l'armée et d'équiper une flotte. Des prédications répandues en tous lieux entretenaient la ferveur dans le peuple ; les églises et les monastères, ouverts jour et nuit comme dans les temps de grandes calamités, retentissaient incessamment du chant des litanies et des psaumes. Malheur à qui se serait avisé de combattre l'entraînement public, auquel cédaient les plus hauts personnages, les magistrats, le sénat lui-même! Il eût payé cher son scepticisme et ses moqueries. Un homme d'un rang élevé, jaloux d'Héraclius, ayant traité l'empereur d'aventurier et son idée de folie, fut dégradé par le sénat, et le châtiment eût été plus loin sans l'intervention du prince. On se contenta de faire tonsurer le critique malencontreux [2], puis on l'envoya au fond d'un cloître méditer sur le danger des oppositions impopulaires, et devenir meilleur chrétien, s'il pouvait.

Tels étaient les symptômes d'une résurrection morale du monde romain ; toutefois, avant de se jeter dans une entreprise si lointaine, si longue, et qui présentait tant d'imprévu, il fallait pourvoir à la sûreté de

---

1. Sanctarum ædium facultates tulit, cudendisque numismatibus, et minutis milisiariis conflandis, multifida magnæ ecclesiæ candelabra, aliaque ejusmodi sacri ministerii vasa, usurpavit. Theophan. *Chronogr.*, p. 254.

2. Statim in clerici formam tonderi jussit, patriarcha solemnem orationem recitante... Niceph., p. 5.

Constantinople et au maintien de la paix dans les provinces européennes. On savait bien que dès qu'une attaque directe s'effectuerait sur la Perse, on verrait l'Asie-Mineure et la Syrie évacuées aussitôt par les armées de Chosroès, qui courraient à la défense de leur propre territoire, et qu'ainsi l'orient de l'empire se trouverait dégagé; mais qu'adviendrait-il des provinces d'Europe? C'est ce qui occupa mûrement l'empereur et son conseil. En jetant les yeux du côté de l'Italie, Héraclius se rassurait : les exarques de Ravenne entretenaient depuis longtemps déjà des rapports presque amicaux avec les rois lombards; ils pouvaient les maintenir encore aux mêmes conditions, c'est-à-dire à prix d'or. Il ne fallait rien changer à cette situation pour l'instant. Quant aux Franks qui avoisinaient l'empire romain du côté de la Bavière, leur roi Clotaire II, qui venait de réunir dans sa main toutes les portions de cette vaste monarchie, n'était rien moins qu'hostile à Héraclius; et les évêques, si puissants à sa cour, favoriseraient sans doute de tout leur pouvoir une expédition qui avait pour but de recouvrer la croix de Jésus-Christ.

Voilà ce que pouvaient se dire avec raison l'empereur et son conseil; mais quand leurs regards se portaient du côté du Danube sur ces Avars dont la cupidité, la turbulence et la mauvaise foi étaient proverbiales, leur sécurité diminuait. Rien, il est vrai, n'annonçait un mouvement prochain ni dans les plaines pontiques, ni dans les steppes de l'Asie occidentale, et la trêve qui existait entre les Avars et l'empire romain durait déjà depuis quatorze ans; pourtant on n'osait compter sur une paix sincère, tant le souvenir de Baïan était présent à tous les esprits ! Le caractère du kha-kan nouveau n'était guère fait non plus pour inspirer confiance. Afin d'observer les choses de plus près et d'amener ce kha-kan, s'il était possible, à des engagements solides et durables, Héraclius envoya en Hunnie deux personnages de haut rang, chargés de négocier avec lui un traité d'alliance sur de nouvelles bases : c'étaient deux hommes qui passaient pour clairvoyants et expérimentés, le patrice Athanase, honoré souvent de ces sortes de missions, et Cosmas, questeur du palais impérial [1]. Avant de les suivre dans leur ambassade, je ferai une halte de quelques moments, et je reprendrai le fil de l'histoire des Avars où je l'ai quittée, c'est-à-dire à l'année 602, époque de la mort du kha-kan Baïan et de l'empereur Maurice.

On se rappelle l'état de détresse auquel le second empire hunnique était réduit au moment de cette double mort : Baïan vaincu cinq fois au delà du Danube, ses quatre fils tués, et la Theisse franchie par les armées romaines. Une ou deux campagnes pareilles à celles-là auraient suffi pour expulser les Avars d'Europe ou du moins pour les cantonner dans quelque coin où il ne leur eût plus été permis de remuer : le meurtre de l'empereur Maurice les sauva. Parmi les accusations que les séditieux, et le centenier Phocas à leur tête, débitaient aux légions de Mésie pour les exciter contre ce prince et les entraîner à la rébellion, avaient figuré

---

[1]. Heraclius ad Chaganum legatos destinat, Athanasium patricium et Cosmam quæstorem, qui voluntatem suam renuntiarent. Theophan., *Chronogr.*, p. 254.

au premier rang les dangers, les fatigues, les privations de toute espèce qui accompagnaient les guerres faites au nord du Danube, et qu'on transformait en crimes contre les soldats. Quand la révolte eut réussi et que son chef eut revêtu la pourpre impériale, Phocas césar ne voulut point démentir Phocas centenier. Il retira les troupes de la Dacie pour les rendre à leurs cantonnements de Mésie et de Thrace, et offrit la paix aux Avars. La pension énorme dont Baïan jouissait autrefois, et que Maurice lui avait retirée à cause de ses méfaits, fut promise au nouveau kha-kan, avec une augmentation notable[1]. Les Avars, qui se croyaient perdus, s'empressèrent d'accepter une pareille paix, qui leur permettait de réparer leurs désastres et ne leur enlevait que la faculté de nuire, dont ils étaient incapables d'user. Ils se relevèrent donc de leur ruine, mais lentement; il fallut qu'une nouvelle génération fût arrivée à l'âge d'homme pour qu'ils osassent se risquer encore contre les Romains, tant la blessure qu'ils avaient reçue était profonde ! Évitant donc toute collision avec l'empire, du moins toute collision grave, ils prirent pour but de leurs courses les pays qui les avoisinaient au nord et à l'ouest. Leurs anciens amis les Lombards poursuivaient alors assez péniblement la conquête de la Haute-Italie, et eurent besoin de leur secours : ce fut un débouché ouvert à leur activité turbulente. Le kha-kan leur envoya à plusieurs reprises des auxiliaires de race hunnique ou slave. Ainsi l'on

---

1. Auctis ex fœderis pacto faciendis Chagano donis... Theophan., *Chronogr.*, p. 245. — Cf. Anast., p. 86. — Cedren., t. I, p. 405. — Chagano pactis additis... Paul. Diac., IV, 27.

voit figurer en 609 dans l'armée du roi lombard Aghilulf dix mille Slovènes tributaires des Avars, qui prirent part au siége de Crémone et se signalèrent par leur férocité lors du sac de cette ville tant de fois désolée[1].

En 610, la scène change : ce n'est plus pour assister les Lombards que le kha-kan des Avars descend en Italie, mais pour les surprendre et les piller. A la tête d'une armée formidable, il se jette sur le Frioul, qui faisait partie du royaume lombard sous des ducs héréditaires de la famille d'Alboïn. L'irruption avait été si vive, que le duc régnant, nommé Ghisulf, se trouva hors d'état d'y résister ; les troupes qu'il avait rassemblées à la hâte furent battues ; lui-même fut tué, et ses capitaines coururent se renfermer dans les châteaux voisins avec les soldats qui survivaient[2]. L'ancienne ville romaine de Forum-Julii, forte d'assiette et ceinte de bonnes murailles, était la citadelle du duché en même temps que sa métropole : la veuve et les enfants de Ghisulf s'y réfugièrent ainsi que les plus qualifiés des seigneurs lombards et la meilleure partie des troupes. Cette veuve de Ghisulf, nommée Romhilde, était une femme d'un caractère viril et résolu, mais impudique et livrée à des passions sans frein. Il lui restait de son mari huit enfants, savoir quatre filles et quatre fils, dont le plus jeune était encore en bas âge, tandis que l'aîné

---

1. Agilulfus rex... obsedit civitatem Cremonensem cum Sclavis, quos ei Chaganus rex Avarorum in solatium miserat, et cepit eam et ad solum usque destruxit. Paul. Diac., IV, 29.

2. In reliquis castellis, ne Hunnis, hoc est, Avaribus, præda fierent, se communiverant... Paul. Diac., IV, 38.

entrait dans la puberté. Sa double qualité de veuve et de mère de ducs lui donnant part au gouvernement des affaires suivant la coutume germanique, Romhilde s'occupait avec sollicitude de tout ce qui regardait la défense de la place, dont les Avars n'avaient pas tardé à faire le siége. Leurs attaques furent d'abord sans aucun succès, grâce à la bonne contenance des Lombards : repoussés dans leurs escalades, déjoués dans leurs surprises et peu faits pour les travaux patients qu'exigent les siéges, ils se découragèrent, et songeaient déjà à partir quand une aventure romanesque les retint.

Un matin que le kha-kan, voulant examiner par lui-même l'état des murs, en faisait le tour avec une escorte de cavaliers, Romhilde, embusquée sur le rempart, l'aperçut et le suivit longtemps des yeux [1]. Il paraît que le successeur de Baïan était jeune et beau et que sa tournure martiale se dessinait bien sous le costume éclatant de sa nation, car Romhilde fut séduite [2]. Tant qu'il fut là, son regard ne put le quitter, et quand il eut disparu, elle le voyait encore; enfin il laissa dans l'âme de la Germaine un désir indomptable qu'elle résolut de satisfaire à tout prix. Dès le lendemain, elle lui faisait offrir par un message de lui livrer Forum-Julii, s'il s'engageait à la prendre pour femme. Aux yeux d'un kha-kan des Avars, l'engagement

---

1. Horum rex, id est Chaganus, dum circa muros armatus cum magno equitatu perambularet, ut qua ex parte urbem facilius expugnare posset, inquireret... Paul. Diac., IV, 38.
2. Hunc Romhilda de muris prospiciens, cum cerneret eum juvenili ætate florentem, meretrix nefaria, concupivit... *Id., ibid.*

n'avait rien de bien grave, et celui-ci n'était pas homme à refuser une ville pour si peu. Il fit donc bon accueil au messager, s'entretint avec lui des moyens d'exécution, et après quelques allées et venues le marché fut conclu. Une porte laissée ouverte pendant la nuit par les soins de Romhilde donna passage aux assiégeants, qui se précipitèrent dans les rues le fer et la flamme à la main [1]. La veuve de Ghisulf était là ivre d'amour; elle aborde le kha-kan, l'entraîne avec elle dans son palais, et l'incendie qui dévorait déjà la ville fut le flambeau de leur hyménée. La nuit finie, le kha-kan, qui put se croire loyalement dégagé de sa parole, puisqu'il avait mis Romhilde au nombre de ses femmes, la chassa de son lit, et après l'avoir livrée aux outrages de douze de ses gardes [2], il la relégua dans les derniers rangs de ses esclaves.

La ville fut pillée de fond en comble, et quand il n'y resta plus rien à emporter, le kha-kan fit ranger le butin dans ses chariots et partit pour regagner la Pannonie, satisfait du fruit de sa campagne. Outre un butin immense, il emmenait avec lui tous les habitants qui n'avaient pas été tués, des hommes, des femmes, des enfants en nombre considérable, à qui il avait promis de bonnes terres au delà des Alpes, sur les bords de la Drave et du Danube [3], mais qu'au fond du

---

1. Illa vero nihil morata, portas Forojuliensis castri, aperuit... Ingressi vero Avares, urbem flammis concremantes... Paul. Diac., IV, 38.

2. Rex Avarum propter jusjurandum sicut ei spoponderat, nocte una quasi in matrimonio habuit : novissime vero duodecim Avaribus tradidit... *Id.*, *ibid.*

3. Promittentes quod eos, unde digressi fuerant, Pannoniæ in finibus collocarent. *Id.*, *ub. sup.*

cœur il destinait à figurer dans les marchés à esclaves de la Mésie et de la Thrace. Chemin faisant, il s'aperçut que cette multitude confuse embarrassait sa marche, qu'elle n'était pas même sans danger, vu le grand nombre d'hommes valides qui s'y trouvaient, et il fit halte à quelque distance de Forum-Julii, dans un lieu appelé *Champ Sacré*[1], pour réunir en conseil les chefs de l'armée et délibérer avec eux sur le parti à prendre à l'égard des captifs. Le conseil, à l'unanimité, décida qu'il fallait sans plus de retard se défaire des hommes et partager les femmes et les enfants par lots entre les soldats.

Pendant cette délibération, dont les malheureux captifs ne devinaient que trop bien l'issue, les fils de Ghisulf, qui jouissaient d'un peu plus de liberté que les autres à cause de leur jeunesse, échappant à l'œil de leurs gardiens, s'approchèrent de quelques chevaux qui paissaient sur la lisière du camp, à l'aventure et sans maître. Enfourcher chacun une monture et s'éloigner à toute vitesse n'était qu'un jeu pour les trois aînés, déjà grands et cavaliers experts; mais le plus jeune, appelé Grimoald, n'était encore capable ni de monter seul à cheval, ni de s'y tenir solidement. C'était pour ses frères une inquiétude poignante, la seule qui les troublât dans leur projet de fuite; désespérant même de pouvoir emmener cet enfant avec eux, ils résolurent de le tuer, afin de le soustraire du moins à l'humiliation de la servitude. Déjà l'un d'eux, mettant sa lance en arrêt, se préparait à le percer, quand Gri-

---

1. Qui cum... ad Campum quem sacrum nominant, pervenissent... Paul. Diac., IV, 38.

moald lui dit en sanglotant : « Ne me tue pas, frère! mais aide-moi à me placer sur ce cheval, et je m'y tiendrai bien [1]. » Ému de compassion, le fils de Ghisulf souleva son frère dans ses bras, le plaça à cru sur la monture [2], et, après lui avoir donné quelques conseils, il s'élança lui-même sur la sienne et partit au grand galop. Malheureusement ils avaient été vus, et un gros de cavaliers ennemis se mit à leur poursuite sans perdre un moment. Les trois aînés, inébranlables sur leurs bêtes et profitant de l'avance qu'ils avaient, gagnèrent les bois voisins, où ils disparurent à tous les regards ; mais Grimoald fut atteint par celui des Avars qui chevauchait en tête de la troupe.

Le pauvre enfant, au dire des historiens, était gracieux et beau ; sa chevelure, d'un blond pâle, tombait en boucles épaisses sur ses épaules, et son œil bleu était plein de flammes [3]. Le Barbare en eut pitié ; baissant sa lance déjà dressée pour le frapper, il résolut d'en faire plutôt son esclave. S'approchant donc de l'enfant avec douceur, il lui prit la bride des mains et retourna sur ses pas, ramenant en laisse derrière lui le captif et le cheval, et tout fier de sa conquête, car il avait pour lot le fils d'un prince [4]. Grimoald suivait, honteux et pen-

---

1. Cum igitur ut eum percuteret lanceam elevasset, puer lacrymans exclamavit dicens : Noli me pungere, quia possum me tenere. Paul. Diac., IV, 38.
2. Qui, injecta manu, eum per brachium apprehendens, super nudum equi dorsum posuit, eumdemque ut se contineret, hortatus est... Puer vero frenum equi arripiens... *Id., ub. sup.*
3. Erat ipse puerulus eleganti forma, micantibus oculis, lacteo crine perfusus. Paul. Diac. *l. cit.*
4. Cumque eum, ad castra revertens, apprehenso ejusdem equi freno reduceret, deque tam nobili præda exultaret... *Id., ibid.*

sif, jetant des regards à la dérobée vers les bois où ses frères avaient fui. « Il était petit, nous dit le vieil auteur, Lombard de naissance, où nous avons puisé notre récit ; mais dans ce petit corps s'agitait une grande âme [1]. Tout en cheminant, il tira du fourreau avec précaution la courte épée qui pendait à son côté suivant l'usage des enfants germains de noble origine, et la levant à deux mains, il l'abattit de toute sa force sur le crâne de l'Avar qui n'avait point de casque [2]. Quoique parti d'un faible bras, le coup fut assez rude pour que le Barbare en restât étourdi : il lâcha les rênes du cheval et alla lui-même rouler par terre. Grimoald alors, ressaisissant le frein de sa monture, fit volte-face, prit le galop, et, se cramponnant comme il put, parvint à rejoindre ses frères [3]. Les cavaliers avars, déjà rentrés dans leur camp, ne songèrent pas même à le poursuivre.

Cette aventure hâta probablement le massacre des prisonniers, car on put craindre que, les enfants de Ghisulf donnant l'éveil aux Lombards, il n'en résultât quelque attaque de vive force ou quelque embuscade dans la montagne : tous les hommes furent passés par les armes. En si bon train d'exécutions, le kha-kan ne voulut point quitter le Champ-Sacré sans avoir accompli un grand acte de justice barbare. Il fit dresser

---

1. Ingentes animos angusto in pectore versans... Paul. Diac., IV, 38.
2. Cum se captivum trahi doleret, ensem qualem in illa ætate habere poterat, vagina exemit, seque trahentem Avarum quantulo annisu valuit, capitis in vertice percussit... Paul. Diac. *Ibid.*
3. Moxque ad cerebrum ictus perveniens, hostis ab equo dejectus est... Puer vero Grimoaldus, verso equo, fugam lætabundus arripiens... *Id., loc. cit.*

au milieu de la plaine un pieu aiguisé par le bout, puis il ordonna qu'on lui amenât Romhilde : « Misérable femme, lui dit-il, voilà le seul mari dont tu sois digne [1] ! » Quatre vigoureux soldats la saisissent à ces mots, la placent sur le pal malgré ses pleurs, et l'armée avare décampe, la laissant se débattre dans les convulsions de l'agonie.

De pareilles prouesses ne donnaient, il faut l'avouer, une idée bien rassurante ni de la bonne foi des Avars ni du caractère particulier de leur kha-kan, et pouvaient justifier les appréhensions d'Héraclius. Toutefois l'ambassade romaine reçut en Hunnie un accueil si empressé, les protestations d'amitié du kha-kan furent si vives, et son air de franchise si parfait, que le patrice Athanase et son compagnon sentirent leurs soupçons se dissiper. Le kha-kan se plaignait amicalement qu'on eût pu le mal juger, lui qui ne respectait rien tant au monde que l'empereur Héraclius, et n'avait pas d'autre d'ambition que d'être un serviteur fidèle des Romains. « Il voulait, disait-il, aller discuter en personne avec leur prince les bases de l'alliance nouvelle dont on lui parlait, et que pour son compte il désirait rendre éternelle [2]. » Cette proposition remplit de joie les ambassadeurs, et sur leur rapport la cour de Constantinople ; on s'occupa de fixer un lieu convenable

---

[1]. Post modum quoque palum in medio campo configi præcipiens, eumdem in ejus acumine inseri mandavit, hæc insuper exprobrando inquiens : Solum te dignum est maritum habere. Paul. Diac., IV, 38.

[2]. Romanorum se amicum esse persuasit, et ad imperatorem, ineundi fœderis gratia, venturum esse promisit. Niceph., p. 9. — Cf. Theophan., p. 252. — Anast., p. 89. — Cedren., t. I, p. 408. — Zonar., t. II, p. 82.

pour les conférences ; le kha-kan poussa les bons procédés jusqu'à proposer lui-même Héraclée [1], qui, n'étant qu'à quatre lieues de la longue muraille et à dix-sept de Constantinople, n'exigerait pas de l'empereur un grand déplacement.

L'attention du Barbare à venir ainsi au-devant de tous les vœux des Romains parut d'un excellent augure, et on s'habitua à considérer l'alliance, une alliance ferme et durable, comme déjà conclue. Aussi l'empereur s'ingénia-t-il à recevoir dignement son hôte et à faire du temps des négociations un temps de plaisirs ; il ordonna en conséquence la préparation de courses de chars et de jeux scéniques extraordinaires qui seraient célébrés dans Héraclée [2]. Lui-même, voulant rendre au kha-kan tous les honneurs dus à un roi ami, alla attendre à Sélymbrie, quelques milles en deçà de la longue muraille, la nouvelle de son approche, pour se porter à sa rencontre entre cette ville et Héraclée. Peu de soldats l'accompagnaient dans ce voyage, qui promettait d'être tout pacifique ; mais le cortège abondait en hauts personnages et fonctionnaires de tout grade vêtus de leur costume officiel. A la queue marchaient des voitures pleines de riches présents destinés aux chefs avars, puis l'attirail complet d'un théâtre, ainsi que les chars, les chevaux, les cochers de l'hippodrome, qui voyageaient parmi les bagages sous la protection de l'escorte. Pendant trois jours que

---

1. Quibus plurimum delectatus (Heraclius) ad Heracleam urbem, quemadmodum inter eos convenerat, regi Avarorum occurrere decrevit. Niceph., p. 10.
2. Equestre certamen ad eum suscipiendum paratum. *Id. ibid.*—Quod Heracleæ ludi circenses celebrandi essent. *Chron. Pasch.*

l'empereur demeura à Sélymbrie, les routes furent incessamment couvertes de curieux accourus de tous côtés, mais surtout de Constantinople, pour assister aux réjouissances. « C'était, nous dit un vieux récit, une foule innombrable, compacte, mélangée de toute sorte de gens : le clerc y coudoyait le laïque, l'ouvrier le magistrat, et le campagnard y cheminait à côté du citadin [1]. » Il n'y eut pas jusqu'aux factions du cirque [2] qui ne tinssent à honneur de venir représenter devant les hôtes sauvages d'Héraclée leur rivalité turbulente, comme le couronnement obligé de tout divertissement romain.

Le kha-kan s'était mis en marche de son côté non avec des histrions et des cochers du cirque, mais avec de braves soldats, l'élite de son armée, car il méditait la trahison la plus noire dont on eût jamais entendu parler dans les annales des nations; il n'avait même proposé la ville d'Héraclée que pour la commodité de son projet. Déjà, depuis qu'il était question de la conférence, il avait fait filer sur le territoire romain, en petits détachements et par des routes différentes, une troupe beaucoup plus nombreuse que celle qu'il emmenait à sa suite, lui recommandant de traverser de préférence les cantons déserts ou peu fréquentés, et de se rallier dans la chaîne de collines boisées qui couvrait la longue muraille à l'occident [3], et se prolongeait entre

---

1. Multis proceribus et civibus, clericis atque opificibus ac plebe infinita... *Chron. Pasch.*
2. Plurimis etiam ex utraque factione... *Id., ibid.*
3. Parte suorum delecta, quidquid roboris erat, per saltus ac sylvas quæ longis muris imminent, clam dissipari, et per condensa montium pergere jubet... Niceph., p. 10.

Héraclée et Sélymbrie. Malheureusement les cantons déserts n'étaient pas rares dans la Haute-Mésie et la Thrace, si cruellement dévastées par la guerre : on pouvait parcourir de grandes étendues de pays presque sans être aperçu, et d'ailleurs dans la circonstance présente, quand les populations romaines encombraient les chemins pour arriver à Héraclée, des détachements d'Avars marchant dans la même direction ne pouvaient exciter ni étonnement ni alarme. Ces troupes, qui servaient d'avant-garde au kha-kan, avaient pour mission d'occuper la longue muraille dès que l'empereur l'aurait dépassée, et de lui couper la retraite sur Constantinople, tandis que l'escorte du kha-kan l'attaquerait de front, le ferait prisonnier et s'emparerait de ses bagages [1]. Une fois l'empereur enlevé et le désarroi jeté parmi les Romains, les deux fractions de la petite armée avare devaient se réunir au long mur et pousser sur Constantinople, dont elles comptaient avoir bon marché au milieu de la consternation qu'y causerait la mort ou la captivité d'Héraclius. « C'était là un coup infaillible, dit un contemporain, si le ciel lui-même ne se fût chargé de le déjouer [2]. »

Le kha-kan avait ainsi tendu ses rets, lorsque Héraclius, sur la nouvelle de son approche, quitta Sélymbrie, passa la longue muraille et s'avança à sa rencontre. Il marchait sans défiance, monté sur un cheval de parade, avec la couronne impériale au front et le

---

1. Ut, Imperatore a tergo circumvento, medium ipsum ejusque comitatum omnem, in potestatem haberent. Niceph., p. 10.
2. Quod sane accidisset, nisi illud prohibuisset Deus. *Chron. Pasch*

manteau de pourpre sur les épaules [1], quand des paysans, à qui les mouvements des Avars du côté du long mur n'avaient point échappé, se firent jour à travers son entourage de gardes et de fonctionnaires, et lui racontant ce qu'ils avaient vu, l'avertirent de songer à lui. Il était temps, car déjà la troupe du kha-kan paraissait à l'horizon dans une attitude qui n'était rien moins que pacifique. Sauter de cheval aussitôt, jeter bas le manteau qui l'eût fait reconnaître, ôter de sa tête la couronne, qu'il passa à son bras gauche, et s'enfuir à toute vitesse sur la monture et sous la casaque d'un paysan, ce fut une affaire aisée pour un homme habitué comme Héraclius à la prompte décision et à l'action rapide du soldat [2]. Tandis qu'il s'éloignait à bride abattue, la troupe du kha-kan arrivait de même, et il put entendre les premiers cris de son escorte, sur laquelle les Barbares fondaient à grands coups de lances. Ce fut bientôt du côté des Romains un sauve-qui-peut général. L'empereur, qui avait de l'avance, parvint à gagner la longue muraille, qu'il franchit sans beaucoup de peine à la faveur de son déguisement et par des sentiers qu'il connaissait; mais ses bagages furent pillés, l'attirail scénique enlevé, les fonctionnaires dépouillés et mis aux fers [3]. Le kha-kan demandait instamment qu'on lui amenât l'empe-

---

1. Cum regia magnificentia et comitatu... Zonar., t. ii, p. 82.
2. Inopinata re nec mediocriter perculsus, purpuram exuit, ac vili detritoque habitu, quo privatus esse videretur, indutus, et coronam regiam cubito alligans... Niceph., p. 10, et seqq.
3. Universo imperatoris apparatu capto... Theophan., *Chronogr.*, p. 251.

reur : on ne put lui livrer que le manteau de pourpre [1] ramassé à terre et tout souillé de boue ; il vit alors que son coup était manqué. Une chance lui restait, celle d'arriver assez promptement à Constantinople pour en trouver l'entrée sans défense, et quoique l'évasion de l'empereur lui laissât bien des doutes à ce sujet, il commanda à ses cavaliers, qui pillaient, de se rallier et de le suivre vers ce grand rempart, où ils devaient rejoindre leurs compagnons. Cet événement se passa le samedi 16 juillet de l'année 616.

Le lendemain dimanche, au point du jour, le kha-kan arriva sinon tout à fait seul, du moins peu accompagné, une grande partie de ses gens, entraînés par l'ardeur du pillage ou attardés sur la route, manquant au rendez-vous. Malgré ce contre-temps, il se montra confiant et gai. « Sitôt que je paraîtrai, disait-il, Constantinople sera à moi [2]. » Il déclara pourtant qu'il ne partirait point de sa personne sans avoir rallié les traînards. Au fond, il ne se souciait point de franchir la longue muraille et de figurer dans une expédition de plus en plus incertaine à mesure que le temps s'écoulait. En restant en deçà, il se réservait le droit de désavouer ses soldats, de transformer au besoin son infâme guet-apens en un acte d'indiscipline qu'il n'avait pu maîtriser, et d'invoquer son abstention comme une preuve d'innocence. Ces ruses grossières étaient dans le caractère du kha-kan. Vers la cinquième heure du

---

1. Imperatoria vestis in potestatem hostium redacta... *Niceph.*, p. 10.
2. Dixisse fertur simul atque murum ingressus esset, urbem se facile occupaturum... *Chron. Pasch.*

jour, qui répondrait chez nous à dix heures du matin, il donna le signal du départ en agitant le fouet qu'il tenait à la main, et la légère cavalerie avare s'élança à toute bride sur la route de Constantinople[1] : au coucher du soleil, elle atteignait le bourg de Mélanthiade, distant de quatre lieues de la ville. Elle y fit halte, tandis que ses éclaireurs allèrent rôder dans la campagne et observer l'état des lieux. Ayant poussé jusqu'à Constantinople, ils la trouvèrent sur ses gardes, les portes fermées, les créneaux garnis de soldats, en un mot, dans l'attitude d'une place décidée à se bien défendre. Les Avars reconnurent là l'ouvrage d'Héraclius, qui en effet était rentré assez à temps pour garantir sa capitale d'un coup de main. Ils ne se hasardèrent point à l'attaquer, mais, tournant à gauche l'enceinte murée et le golfe de Céras, ils se jetèrent sur les riches faubourgs de Sykes, de Blakhernes et de Promotus qui flanquaient la grande cité au nord, et les traitèrent sans miséricorde. La chapelle des saints Côme et Damien, dans le faubourg de Blakhernes, fut réduite en cendres, et dans celui de Promotus la basilique de l'Archange eut sa sainte table brisée et ces ciboires enlevés[2]. Quelques sorties firent cesser ces ravages, puis les pillards reprirent le chemin de la Thrace, non sans piller encore, tuer, brûler sur leur passage, et

---

1. Circa horam V ipsius Dominicæ, Avarum Chaganus flagello suo signum dedit, statimque omnes, qui cum illo erant, longum murum impetu facto ingressi sunt, ipso extra murum cum aliquot familiaribus manente. *Chron. Pasch.*

2. In iis non ciboria duntaxat et alia vasa, sed ipsam etiam sacram mensam ecclesiæ Archangeli confregerunt... *Id., ub. sup.* — Cf. Theophan. *Chronogr.*, p. 253.

traîner avec eux les habitants captifs[1]. Le kha-kan les ayant rejoints au delà du long mur, ils regagnèrent ensemble les bords de la Save.

Cet acte de brigand, si odieusement prémédité, eût exigé le plus rude et le plus prompt châtiment; mais ce châtiment, c'était la guerre, la guerre en Europe, c'est-à-dire, l'abandon du grand projet qui passionnait l'empereur et l'empire. Le sentiment chrétien frémissait au fond des âmes à une pareille pensée. Les excuses du kha-kan et ses protestations d'innocence vinrent fort à propos tirer les Romains d'embarras. Son absence, calculée avec tant d'astuce, lui servit de justification; il n'épargna pas à ses soldats les reproches d'indiscipline et de cupidité, offrit de restituer le butin et les prisonniers, et accumula serment sur serment pour rendre le ciel garant de sa bonne foi[2]. Que faire, si l'on ne voulait pas la guerre? Agréer des excuses auxquelles on ne demandait pas mieux que de croire, se montrer convaincu de l'innocence du kha-kan, et reprendre les négociations interrompues. C'est ce qu'on fit en effet par l'intermédiaire du patrice Athanase et du questeur impérial Cosmas, rendus moins confiants par l'expérience. Au reste, le traité d'alliance fut aisé à conclure, tant le kha-kan se montra doux et facile sur les conditions; il semblait n'avoir plus qu'un désir, celui d'effacer de la mémoire des Romains l'impression laissée par les derniers événe-

1. Omnes cum præda captivos secum trans Danubium, abduxerunt... *Chron. Pasch.*
2. Chaganus... pristina se reparaturum, et cultorem se pacis futurum, promisit... Theophan. *Chronogr.*, p. 253.

ments. La paix fut donc jurée de part et d'autre [1]. L'esprit des Romains se rassérénant peu à peu, on reprit les armements de la guerre d'Asie, avec moins de précipitation toutefois ; puis, quand toute crainte à l'égard du kha-kan se fut à peu près dissipée, on fixa aux fêtes de Pâques de l'année 622 le départ de l'expédition.

On touchait donc au moment tant désiré : l'empereur s'y prépara comme on se prépare à un acte solennel de religion, par la retraite, la prière et le jeûne. Il alla passer l'hiver de 621 à 622 hors de la ville, dans une solitude toute monacale, ne s'occupant que d'affaires, de pratiques dévotes et des derniers soins à donner à sa famille, qu'il aimait tendrement. Là, quand il réfléchissait, dans la méditation et le silence, aux chances de cette grande aventure où il jetait sa vie et la fortune du monde romain, et que la prescience de Dieu pouvait seule calculer, des doutes venaient parfois l'assaillir ; mais il les repoussait comme des tentations du démon. Parfois aussi les critiques du dehors, les moqueries des esprits sceptiques, arrivant jusqu'à lui, passaient sur son âme comme un fer chaud [2] ; il se réfugiait alors à l'église, et, prosterné au pied de l'autel le front dans la poussière, il récitait avec larmes ces paroles du psalmiste : « Ne nous livre pas, ô mon Dieu, en risée à nos ennemis, et que l'infidèle n'insulte pas ton héritage ! » Il régla tout ce qui concernait le gouvernement de l'État pendant son absence ; son fils

---

1. Renovatis iterum pactis et probe firmatis fœderibus... Pace ex voto cum Avaribus composita... Theophan., *Chronogr.*, p. 253-254.

2. Nonnulli... sophistice dicebant oportere et domi manere, et consilio in certamina accurrere... Alii contra insurgebant, dimicantes sermonibus. Georg. Pisid. Exc., I, p. 115 et seqq.

aîné, Héraclius-Constantin, fut établi régent sous la tutelle d'un conseil formé des hommes les plus éminents de Constantinople, et dont les principaux étaient le patrice Bonus, grand-maître des milices, et le patriarche Sergius, connus tous deux pour leur énergie et leur prudence. Avant de partir, il n'oublia point le kha-kan des Avars. Essayant d'élever ce barbare aux sentiments d'honneur dont lui-même était plein, il lui adressa une lettre touchante par laquelle il lui recommandait le jeune Héraclius-Constantin, le priant de se considérer comme le tuteur de ce cher fils, de le conseiller, de l'aider, de le protéger au besoin[1]. « Les services que recevraient de lui à cette occasion la famille impériale et l'empire ne resteraient point sans récompense », lui disait-il. Héraclius s'engageait à lui payer, lors de son retour, deux cent mille pièces d'or, et il appuya cet engagement par l'envoi d'otages choisis dans sa famille et dans celle du patrice Bonus [2]. L'armée et la flotte étant prêtes, l'embarquement fut arrêté pour le 4 avril. Après avoir communié en grande pompe à l'église de Sainte-Sophie, l'empereur se rendit au port directement, tenant avec respect dans ses bras une image de Jésus-Christ que l'on croyait avoir été apportée du ciel par les anges, et qui, disait-on, reproduisait les traits véritables du Dieu fait homme ;

---

1. Ad Chaganum quoque Avarum principem, cui procuratoris in filium nomen et dignitatem indidit, quique secum amicitiam ex pactis firmaverat, ut afflictis rebus romanis opem ferret, litteras cum precibus misit. Theophan., *Chronogr.*, p. 254.

2. Atque insuper ducenta nummorum millia promiserat obsidesque dederat. Niceph., p. 12.

cette image miraculeuse[1] devait être le labarum de la guerre sainte. Lorsque Héraclius, franchissant le pont mobile jeté sur la rive, toucha du pied le navire qui allait l'emporter, une immense acclamation, sortie de la foule qui couvrait les quais, les rues et le toit des maisons, fit trembler la ville et le port; puis la flotte, au lieu de cingler, comme beaucoup s'y attendaient, par la Propontide vers les côtes de la Cilicie, entra à pleines voiles dans la mer Noire, se dirigeant vers les embouchures du Phase[2].

[1]. On montrait pendant le moyen âge, soit en Grèce, soit en Italie, plusieurs de ces portraits de Jésus-Christ que l'on prétendait n'avoir point été faits de main d'homme. C'était, croyait-on, la représentation réelle et directe du Sauveur qui s'était imprimée d'elle-même sur une étoffe ou sur un panneau de bois sans le secours du pinceau, ni des couleurs, ni d'un artiste même céleste. Les poëtes théologiens de Byzance avaient trouvé la théorie de cette étrange peinture : « De même que le Verbe fait chair est devenu homme en dehors des conditions des naissances humaines et par son énergie propre, ainsi, disaient-ils, son image s'est reflétée sur un objet matériel avec sa forme et sa couleur par une puissance particulière, étrangère aux conditions mécaniques des arts. » Cette explication, que nous lisons dans George Pisidès, contemporain d'Héraclius et le chantre de sa gloire, parut alors si convaincante, que les historiens, même les plus graves, se sont empressés de la reproduire.

[2]. Hinc Euxino mari navigans per Lazorum provinciam... Niceph., p. 11.

CHAPITRE TROISIÈME

Expédition d'Héraclius contre les Perses; il débarque en Colchide; les tribus du Caucase se joignent à lui. — Invasion de l'Atropatène; Héraclius détruit les Pyrées des mages et éteint le feu consacré. — La guerre se porte dans les hautes chaînes du Caucase et du Taurus; héroïsme d'Héraclius et de son armée.—Schaharbarz se concerte avec le kha-kan des Avars pour assiéger Constantinople par terre et par mer. — Le patrice Athanase député au kha-kan pour sonder ses intentions est retenu prisonnier. — Plan hardi d'Héraclius pour déjouer la coalition formée contre lui; il partage son armée en trois corps, fortifie la garnison de Constantinople, et marche lui-même près de Tiflis au-devant des Khazars. — Entrevue du chef khazar Zihébil et de l'empereur romain; leur alliance; quarante mille Khazars auxiliaires entrent au service d'Héraclius. — Siége de Constantinople par les Perses et les Avars; Schaharbarz occupe la rive orientale du Bosphore, l'avant-garde avare arrive à Mélanthiade. — Le kha-kan renvoie Athanase à Constantinople pour la sommer de se rendre; Athanase mal accueilli par le sénat justifie sa démarche. — Arrivée du kha-kan devant la ville. — Ses troupes; son matériel; sa flotte. — Description de Constantinople. — Belle défense des assiégés; machine inventée par un matelot. — Ambassadeurs perses à l'armée du kha-kan; celui-ci demande à conférer avec quelques députés romains; singularités de cette conférence. — La flotte avare veut traverser le Bosphore à Chelæ; elle est dispersée par des galères romaines. — Colère du kha-kan; attaque nocturne de la ville par terre et par mer; sages dispositions du patrice Bonus. — Bataille navale gagnée par les Romains. — Déroute de l'armée avare. — Retraite du kha-kan. — Constantinople fête sa délivrance.

622 — 626

Le plan de campagne d'Héraclius, tenu secret jusqu'alors, fut révélé par la direction que suivit la flotte en quittant le Bosphore. Il consistait à prendre la Perse à revers par le Caucase et la mer Caspienne, tandis que les armées de Chosroès s'échelonnaient entre la mer Égée et l'Euphrate, dans la prévision d'un débarquement sur la côte de Cilicie ou de Syrie. La présence des légions romaines dans les contrées du Caucase devait entraîner à leur suite les peuplades demi-barbares de ces montagnes, Lasges, Abasges, Ibères, Albaniens, et décider l'Arménie, incertaine entre l'empire romain et la Perse. Héraclius voulait plus encore : il entrevoyait la possibilité de faire appel aux tribus hunniques et turkes de la mer Caspienne et du Volga, toujours disposées à piller, ennemies naturelles de la Perse, dont elles étaient limitrophes. C'était assurément le plus hardi projet qu'eût imaginé aucun des généraux de Rome et de Byzance pendant leurs guerres de sept cents ans contre le grand-roi, et nul d'entre eux peut-être n'aurait possédé au même degré que celui-ci les conditions nécessaires du succès, savoir : la foi en son œuvre, l'esprit de ressource et d'aventure, et le parti désespéré de mourir ou de vaincre.

Les premiers mois qui suivirent le débarquement de l'armée romaine en Colchide furent employés utilement à l'acclimater, à l'exercer, à lui donner l'unité qui lui manquait, à lui inspirer enfin l'esprit d'exaltation religieuse où son chef puisait confiance en lui-même et autorité sur les autres[1]. L'enrôlement des tribus du Caucase, opéré pendant ce temps-là, vint doubler la force numérique des légions. Aux approches de l'hiver, Héraclius entra dans l'Arménie, qui se

---

1. Theophan., *Chronogr.*, p. 253-256. — Cedren., t. I, p. 409, 410. — Niceph., p. 12.

déclara tout entière pour lui : sûr alors de sa retraite, il descendit dans l'Atropatène (l'Aderbaïdjan des modernes), dont les habitants, pris au dépourvu, n'essayèrent pas même de résister. On les voyait, disent les historiens, déserter leurs maisons et s'enfuir dans leurs rochers comme des troupeaux de chèvres sauvages[1]. Chosroès, surpris lui-même, répondit à sa manière aux succès de son ennemi, en faisant assommer des ambassadeurs romains qu'il tenait en prison depuis six ans. Une pareille indignité mit l'armée romaine hors d'elle-même, et l'Atropatène fut traitée comme une terre vouée à la destruction. Cette province, patrie de Zoroastre et berceau du culte institué par ce premier des mages, en était toujours le siége le plus vénéré ; c'est là que s'élevaient les *Pyrées* les plus magnifiques et les plus nombreux, là que le culte du feu se célébrait avec le plus de pompe et de dévotion. Héraclius ruina les temples, chassa ou massacra les prêtres, et supprima partout le feu perpétuel : le dieu fut éteint dans le sang de ses adorateurs[2]. Ainsi les profanations de Jérusalem furent vengées ; mais la croix n'était plus ni là, ni en Arménie, les Perses, à l'approche des Romains, l'ayant enlevée pour la mettre en sûreté dans les parties centrales de leur empire.

Chosroès enfin accourut défendre le sanctuaire de

---

[1]. Per asperas etiam illas et salebrosas rupes, caprarum sylvestrium more, desilientes Persas venantur et capiunt vivos. Theophan., *Chronogr.*, p. 256.

[2]. Oppida subvertit atque igne delubra prosternit. Niceph., p. 12. — Ignis templum cum universa civitate igne consumpsit... Theophan., p. 258.

sa religion, et l'année 623 se passa en combats, toujours gagnés par les Romains : trois armées perses furent défaites, et Chosroès deux fois vaincu prit la fuite. Des froids excessifs, qui faillirent les emporter, forcèrent les Romains à évacuer cette année l'Aderbaïdjan pour aller hiverner sous le climat plus doux de l'Albanie ; mais en 624 la guerre recommença ; et se continua en 625 dans les hautes chaînes du Caucase et du Taurus. La manœuvre hardie d'Héraclius avait eu pour effet de dégager les provinces romaines d'Asie en attirant les armées persanes après lui : elles arrivaient toutes successivement, et cherchaient à l'enfermer dans les défilés des montagnes où la lutte s'était transportée ; mais Héraclius déjouait toutes les combinaisons de leurs généraux : il les devançait dans les passages, les coupait par des marches rapides, les battait l'un après l'autre. On croyait le traquer dans le Taurus, il parcourait déjà les plaines du Tigre, et quand on le cherchait de ce côté, il surprenait et mettait en cendres les villes de l'Atropatène ou de l'Assyrie. Son armée, infatigable comme lui, ne laissait pas échapper un signe de mécontentement : presque gelée dans les neiges du Caucase, elle faillit mourir de soif dans les déserts de sable qui entourent l'Euphrate[1].

La vie d'Héraclius, pendant ces rudes campagnes, n'était pas seulement celle d'un général, mais d'un soldat toujours occupé ou à frapper le premier coup dans la bataille, ou à soutenir l'assaut d'une masse d'en-

---

1. Theophan., p. 256, 257, 258, 259. — Niceph., p. 12. — Cedren., t. I, p. 411, 412, 413, 414. — Epist. Heracl., ap. *Chron. Pasch.*, p. 400. — Zonar., l. 14, t. II, p. 84.

nemis acharnés sur sa personne. Il livra nombre de combats singuliers, força tout seul le passage d'un pont à travers les cavaliers qui le gardaient, fut blessé bien des fois et eut plusieurs chevaux tués sous lui. On le reconnaissait dans la mêlée à ses bottines de pourpre [1], devenues pour l'ennemi un objet d'effroi : « Vois là-bas ton empereur, disait Schaharbarz à un transfuge romain ; c'est devant lui que nous fuyons [2] ! » Les alliés de l'empereur ne lui donnaient guère moins d'embarras que ses ennemis : c'étaient toujours de la part des tribus du Caucase, que lassait une guerre fatigante et sans profit, des murmures qu'il fallait apaiser, ou des menaces d'abandon qu'il fallait prévenir. Un jour enfin vingt mille de ces amis incertains voulurent partir à la veille d'une bataille. Héraclius les congédia en présence des légions romaines sous les armes, sans que son visage en fût altéré : « Frères, dit-il à ses soldats, car c'est ainsi qu'il les appelait dans ses harangues, Dieu réserve le triomphe pour nous seuls [3]. »

Cependant le kha-kan des Avars, attentif aux péripéties de la guerre de Perse, tramait sur les bords du Danube de nouvelles perfidies ; il n'avait pas tardé à se mettre d'intelligence avec Chosroës par l'intermédiaire du Sanglier royal. Les propositions de Chosroës furent celles-ci : le roi de Perse offrait au kha-kan le pillage de Constantinople, s'il voulait assiéger

---

[1]. Ex propriis ejus ocreis dignosci poterat. Theophan., *Chronogr.*, p. 262.

[2]. Vides Cæsarem, quanta audacia pugnam conserat, solusque adversus tantam multitudinem decertet ? *Id., loc. cit.*

[3]. Videte, fratres, ut nullus, belli societatem init nobiscum, quam Deus solus... Theophan., *Chronogr.*, p. 265.

cette ville de concert avec lui; une forte division de l'armée persane, conduite par Schaharbarz, se rendrait alors sur le Bosphore, près de Chalcédoine; et comme les Perses manquaient de vaisseaux, les Avars amèneraient avec eux la flottille de barques qu'ils entretenaient sur le Danube, au moyen de quoi les troupes combinées pourraient, soit attaquer Constantinople par terre et par mer, soit opérer leur jonction sur la côte d'Europe. Quand on fut d'accord des principales conditions, on fixa le rendez-vous sur l'une et l'autre rive du détroit au mois de juin de l'année 626. Du reste, ces négociations furent entourées d'un grand mystère, le kha-kan ne voulant pas démasquer ses plans avant d'être prêt à agir, et les préparatifs nécessaires pour une telle entreprise exigeant de très-longs délais; mais quelque profond que fût le mystère, le gouvernement de Constantinople conçut des soupçons, et députa au kha-kan le patrice Athanase pour le raffermir dans l'alliance romaine, soit par le sentiment de la foi jurée, soit par la crainte de l'avenir. Athanase n'eut pas occasion de déployer son éloquence, car à peine eut-il touché le sol de la Hunnie qu'il fut pris, placé sous bonne garde, et sevré de toute communication avec le territoire romain. C'était de la part du kha-kan une réponse assez claire pour que le conseil de régence pourvût en toute hâte à la sûreté de la ville et informât Héraclius de ce qui se passait. Les relations de la métropole avec l'empereur étaient régulièrement établies au moyen de la flotte qui stationnait dans un des ports de la mer Noire, à Héraclée, Sinope ou Trébizonde, suivant la position de l'armée et les nécessités de la campagne. Probablement Héraclius, de son côté, avait eu vent des intelligences qui se pratiquaient entre les Avars et les Perses; en tout cas, les dispositions stratégiques adoptées par ces derniers au commencement de l'année 626 lui disaient assez clairement qu'un grand coup était machiné contre son empire, et principalement contre sa capitale.

L'armée romaine, victorieuse en toute rencontre, se trouvait alors campée dans les plaines de l'Euphrate, en face des troupes persanes, réunies et bien plus considérables en nombre. Comme si Chosroès eût renoncé à combattre, il divisa ses forces en trois corps, dont le premier, sous le commandement de Schaharbarz, se dirigea vers l'Asie-Mineure, les deux autres restant en observation dans la Mésopotamie. De ces derniers, l'un devait manœuvrer sur les flancs de l'armée romaine pour l'inquiéter et la retenir, tandis que l'autre, s'échelonnant à l'intérieur, couvrirait les abords de Ctésiphon. Le corps chargé de la garde de l'intérieur se composait de l'élite des troupes persanes, des *bataillons d'or*[1], comme on les appelait parce que la pointe de leurs lances était dorée. Héraclius d'un coup d'œil saisit l'intention de ces mesures, et avec sa hardiesse accoutumée il leur en opposa d'autres pour les déjouer. Divisant aussi sa petite armée en trois corps, il laissa le plus nombreux sur l'Euphrate, dans une position fortifiée, et sous le commandement de son frère Théodore, dont il connaissait l'énergie. Il envoya le second par l'Arménie gagner la côte du Pont-Euxin, où la

---

1. Milites auri hastatos... adversus imperatorem misit... Theophan., *Chronogr.*, p. 263.

flotte devait le transporter à Constantinople, et partit avec le troisième pour les contrées du Caucase, où l'appelaient un nouvel intérêt, de nouvelles aventures à courir. Il avait appris en effet qu'une horde de Khazars avait fait irruption par les portes caspiennes dans l'Aderbaïdjan, qu'elle pillait; et l'idée lui était venue de l'enrôler sous son drapeau pour opérer, de concert avec elle, une diversion terrible contre la capitale de la Perse [1]. Le projet fut exécuté aussitôt que conçu, et il accourait avec quelques légions, sur le passage de cette horde, lui porter des paroles d'amitié et offrir des présents à son chef.

Ces Khazars n'étaient autres que les Khatzires ou Acatzires du Ve siècle, qui appartenaient alors à la ligue des Huns blancs. Attila les avait soumis par la force des armes, et leur avait imposé pour roi son fils Ellak [2]; après sa mort, Denghizikh les avait comptés parmi ses sujets. Les désordres de tout genre, invasions, guerres, déplacements de peuples, qui signalèrent parmi les nomades de l'Asie occidentale la fin du Ve siècle et la première moitié du VIe, rendirent la liberté aux Acatzires, mais pour les jeter dans une longue suite de péripéties, et on les vit à cette époque, ballottés de steppe en steppe, errer des Palus-Méotides au Volga et d'une rive à l'autre de la mer Caspienne. Tombés enfin sous une de ces dominations turkes qui se rapprochaient de plus en plus de l'Europe, ils acceptèrent sa suprématie sans perdre leur individualité comme na-

---

1. Imperator e Lazica solvens, illis se adjungere et occurrere statuit. Theophan., *Chronogr.*, p. 264.
2. Voir ci-dessus *Hist. d'Attila*, t. I, c. 4.

tion. L'étoile des Huns était alors à son déclin, l'étoile des Turks à son lever, et suivant l'usage constant des nomades, qui ne recherchent et ne prisent que la force, les Acatzires répudièrent leur nom de Huns pour prendre celui de Turks, et adopter avec ses coutumes et ses lois l'orgueil de la race qui les dominait. Cette transformation sembla leur donner une nouvelle vie. Les Turks-Khazars rentrèrent en maîtres dans le pays d'où les Huns-Acatzires avaient été chassés. Placés là dans le voisinage de la Perse, qui n'était séparée d'eux que par le détroit de Derbend, ils y faisaient souvent des incursions, et profitaient en ce moment de l'absence des armées persanes pour venir ramasser dans l'Atropatène le butin qui avait pu échapper aux Romains. Tel était le nouvel allié qu'Héraclius se flattait d'acquérir.

Il arriva avec sa petite armée juste à l'instant où les Khazars, chargés de dépouilles, sortaient de l'Atropatène pour regagner leur pays. La rencontre eut lieu sous les murs de Tiflis, à la vue de la garnison perse renfermée dans la ville [1]. Du plus loin que le chef des Khazars aperçut l'empereur romain, qui s'avançait couronne en tête, il sauta de cheval et se prosterna le front contre terre. La horde suivit son exemple, et on remarqua que les officiers et autres personnages importants grimpèrent sur les rochers et les tertres pour y faire leurs génuflexions [2]. Héraclius accourant vers

---

[1]. Persis ex urbe Tiphili spectantibus. Theophan., *Chronogr.*, p. 264. — Anast., p. 95.

[2]. Exercitus præfecti super saxo ascendentes, eodem corporis habitu procubuerunt. Theophan., *ub. sup.*

celui qui paraissait le chef principal (c'était le second magistrat de toute la nation, et il se nommait Zihébil[1]), le releva, l'embrassa, et lui posa sa couronne sur la tête en l'appelant son fils[2] ; Zihébil, en signe de dévouement respectueux, le baisa au cou. L'entrevue fut suivie d'un festin après lequel Héraclius abandonna aux officiers khazars, à titre de cadeau, toute l'argenterie servie sur la table. Zihébil reçut en outre de riches habits de soie brochés d'or et des pendants d'oreilles du plus grand prix [3].

La parole d'Héraclius, lorsque quelque grande pensée l'animait, était vive, pénétrante, et ceux qui l'entendaient avaient peine à lui résister : c'est ce qu'avaient éprouvé plus d'une fois les Romains, et ce qu'éprouvèrent à leur tour les sauvages enfants des steppes. Que leur dit-il? Se plut-il à leur peindre le spectacle magnifique de la civilisation opposé aux misères de la vie nomade? Leur montra-t-il les biens qui rejailliraient sur eux d'une association avec cet empire où l'équité des lois, l'ordre constant, le commerce, les arts, rendaient l'existence de tous assurée et heureuse? Fit-il apparaître dans un horizon lointain, comme le but vers lequel marchaient tous les peuples, grands ou petits, civilisés ou barbares, sédentaires ou nomades, la croix de Jésus-Christ, ce gage de rédemption qu'il allait

---

1. Zihebil, Ζιεϐήλ, Ζεϐεήλ.

2. Detractam sibi coronam, Turci capiti imposuit... filium eumdem appellans. Niceph., p. 11, 12.

3. Cumque hunc ad convivium invitasset, omnia convivii vasa atque utensilia, cum regia veste et inauribus ex margaritis ei donavit. Niceph., p. 15.

reconquérir au fond de la Perse, avec une poignée d'hommes, sans hésitation et sans peur? On ne sait; mais l'histoire nous raconte que les Barbares restèrent ébahis et muets sous le charme de ses discours. Dans un transport d'enthousiasme, Zihébil, se levant, prit par la main son fils, dont un léger duvet couvrait à peine le visage, et supplia Héraclius de le garder près de lui, afin que cet enfant devînt un homme en l'écoutant [1]. Au milieu de ces confidences d'une amitié nouvelle, Héraclius fit voir au barbare un portrait de sa fille Eudocie, que le peintre avait représentée dans toute la fraîcheur de sa jeunesse et de sa beauté, sous le splendide costume des augustes. Le barbare, à cette vue, ne put retenir un cri d'admiration, et ses yeux ne quittaient plus l'image. « Eh bien! dit l'empereur, ce modèle de beauté est à toi si tu m'aides dans mon entreprise, et si ton peuple fait alliance avec le mien; je te promets ma fille pour épouse [2]. » Les aventures romanesques ont été de tout temps du goût des Orientaux, et la conférence ne s'acheva pas que Zihébil ne fût éperdûment amoureux de la princesse [3]. Le marché fut donc conclu, et Zihébil s'éloigna, laissant quarante

1. Ad hæc Ziebelus imperatori, ejus quippe verbis delectabatur, et ejus prospectu ac prudentia plane stupefactus hærebat, filium suum cui lanugo primum e malis tunc oriebatur, obtulit. Theophan., *Chronogr.*, p. 264.
2. Eudociæ filiæ imaginem demonstrans, hunc in modum alloquitur : En igitur et filiam meam et Romanorum Augustam quam, si me adjuveris, et contra hostes auxilium dederis, uxorem tibi spondeo! Niceph., p. 12.
3. Ad hæc barbarus, imaginis pulchritudine et ornatu, in archetypi amorem impulsus. *Id. ibid.*

mille guerriers sous les drapeaux d'Héraclius[1]. Avec ce renfort, la guerre recommença plus ardente que jamais dans le nord de la Perse. Quant à Eudocie, devenue l'appoint d'un traité, elle quitta Constantinople pour aller trouver sous les tentes de feutre du désert le fiancé que son père lui avait donné ; mais elle apprit en route que Zihébil, heureusement ou malheureusement pour elle (qui saurait le dire?), venait de mourir de mort violente chez les siens. Retournant donc sur ses pas, elle alla reprendre sa place à côté de sa mère dans le palais des césars de Byzance[2].

Tandis que ces choses se passaient aux extrémités de la Perse, Schaharbarz était arrivé sur la rive orientale du Bosphore, et avait dressé son camp à Chrysopolis, aujourd'hui Scutari, tandis que l'armée avare opérait sa marche sur Constantinople. Le 29 juin, l'avant-garde du kha-kan parut au pied de la longue muraille, où elle se reposa un jour ; bientôt après, elle était à Mélanthiade, sans avoir rencontré d'ennemis[3]. Elle s'y arrêta pour attendre le corps principal de l'armée ou de nouveaux ordres de son chef. Le gros de l'armée avare s'avançait péniblement à travers les boues de la Mésie, embarrassé comme il l'était de

---

1. Selectos tandem viros strenuos ad quadraginta millia, Ziebelus belli socios imperatori assignavit. Theophan., *Chronogr.*, p. 264.
2. Eudociam filiam quam Turcorum principi pactus erat, ad eum Byzantio proficisci jubet; sed cum de barbari cæde allatum esset, eodem imperatoris mandato revertitur. Niceph., p. 15.
3. *Chron. Pasch.*, p. 392. — Niceph., p. 12. — Theophan., 263, 264. — Anast., 95. — Cedren., t. 1, p. 415, 416. — Zonar., t. ii, p. 84. — Constant. Manass., p. 76, 77.

bagages, de chariots, surtout de cette multitude de canots creusés d'un seul tronc d'arbre, de *monoxyles*[1], comme disaient les Grecs, que les Avars convoyaient avec eux sur des chars ou des traîneaux pour servir de flottes à leurs alliés. Ces embarras forcèrent le khakan à faire dans Andrinople une halte prolongée ; mais il voulut mettre du moins le temps à profit. Faisant amener en sa présence le patrice Athanase, que l'on conduisait à sa suite comme un prisonnier, il lui ordonna de partir sur-le-champ pour Constantinople : « Va trouver tes compatriotes, lui dit-il, et sache d'eux ce qu'il leur plaît de m'offrir pour que je n'aille pas plus loin.[2] » Athanase partit. Introduit bientôt dans le sénat, il y rendait compte de sa mission, lorsqu'un tumulte auquel il ne s'attendait pas lui permit à peine d'achever. On l'interpellait, on lui reprochait de s'être chargé d'un message outrageant pour la majesté romaine; on allait presque jusqu'à l'accuser de trahison ou tout au moins de lâcheté[3] : Athanase écoutait dans une profonde stupéfaction, ne sachant que répondre à des reproches qu'il ne comprenait pas.

Enfin tout s'expliqua : la longue absence du patrice avait causé tout le malentendu. Lorsqu'il avait quitté Constantinople aux premières menaces de la guerre, Constantinople était presque sans moyens de défense, et Athanase ne le savait que trop ; mais depuis lors, et

---

1. Trabariæ; Μονόξυλα.

2. Abi et vide, qua ratione volunt cives me placare, quæve dona offerre, ut hinc recedam. *Chron. Pasch*, p. 393.

3. Magistratibus Athanasium objurgantibus, quod Chagano ita se subdiderit. *Ibid.*

sans qu'il le sût, les choses avaient changé de face [1]. Non-seulement les garnisons des villes voisines avaient été concentrées dans la métropole, mais le corps d'armée envoyé par Héraclius était arrivé sans encombre, et de plus les bourgeois, rivalisant d'ardeur avec les soldats, avaient tous pris les armes ; en un mot, Constantinople, bien réparée, bien approvisionnée, bien gardée, pouvait attendre désormais ses deux ennemis avec confiance. Voilà ce qu'ignorait Athanase, retenu par le kha-kan dans la plus étroite captivité, et de son côté, le gouvernement de Byzance avait oublié que son ambassadeur devait n'en rien connaître. Après avoir reçu ces explications, et pour réparer sa faute involontaire, le patrice déclara qu'il était prêt à reporter au kha-kan, dût-il la payer de sa tête, une réponse aussi fière qu'on la voudrait [2] ; mais comme il était homme consciencieux jusqu'aux scrupules les plus excessifs, il désira observer par lui-même ces moyens de défense sur lesquels on se fondait pour braver la guerre, et dont il devait en outre attester au kha-kan la réalité. Bonus le fit assister à une revue de la garnison, où il put compter douze mille cavaliers, sans parler de l'infanterie, vraisemblablement plus nombreuse. Ainsi rassuré, le patrice retourna près du kha-kan, auquel il rapporta la réponse des magistrats, à savoir : que les Romains lui conseillaient en amis de ne s'approcher ni des murs ni du territoire de Constantinople. Ces pa-

---

1. Tum dixit Athanasius cæterum nescire se, ita muros esse munitos, copiasque adesse... *Chron. Pasch.*, p. 393.

2. Nihilominus paratum se, datum Chagano responsum iisdem verbis referre. *Ibid.*

roles jetèrent le barbare dans un violent transport de
colère; il chassa l'ambassadeur de sa présence avec
un geste ignominieux : « Va-t-en donc, lui dit-il, va
périr avec eux, et répète-leur bien ceci : il faut qu'ils
me livrent tout ce qu'ils possèdent; autrement je rase-
rai leur ville, et j'emmènerai ses habitants en esclavage
jusqu'au dernier[1]. »

L'avant-garde avare, pendant ces pourparlers, se
tenait dans son camp de Mélanthiade, n'osant faire
aucun mouvement; une faute des assiégés l'enhardit.
Quelques cavaliers de la garnison, qui manquait de
fourrage pour ses chevaux, sortirent accompagnés de
valets armés de faux pour aller couper du foin dans la
campagne. Aperçus par les Avares, il furent chargés
aussitôt, tués ou mis en fuite, et les Barbares profitèrent de ce petit avantage pour lever leur camp de Mélanthiade, tourner à droite Constantinople et le golfe
de Céras, et pénétrer par le faubourg de Sykes jusqu'à
la rive du Bosphore. La nuit venue, ils y allumèrent
des feux auxquels d'autres feux répondirent de l'autre
côté du détroit (c'était le signal de reconnaissance convenu entre les Avars et les Perses)[2]; puis les chefs des
deux troupes communiquèrent au moyen de quelques
barques enlevées sur la rive. Schaharbarz fit connaître
qu'il était prêt à traverser le Bosphore dès que la flottille avare serait arrivée, et insista d'ailleurs pour que

---

[1]. Athanasius a Chagano minime exceptus est, illo dicente, sibi omnia esse tradenda, sin minus, urbem funditus eversurum se, et quotquot
in ea erant, abducturum. *Chron. Pasch.*, p. 393.

[2]. Hostibus ultra sinum in Sycis accedentibus, ac se Persis visendos
præbentibus, qui versus Chrysopolim castra posuerant, suam inter se
per ignes præsentiam significantibus... *Loc. laud.*

l'on commençât le siége au plus tôt ; mais le kha-kan n'arriva devant Constantinople que le 27 juillet, tant sa marche avait été lente. Il employa ce jour et le lendemain, soit à faire reposer ses troupes, soit à mettre à terre et à dresser son matériel de guerre, qui se composait de machines de toute sorte, soit à prendre des mesures pour déposer sa flotte en lieu sûr.

Le 31, à la pointe du jour, il développa ses lignes, qui se trouvèrent embrasser toute l'étendue de la ville d'une mer à l'autre, c'est-à-dire de la Propontide au golfe de Céras. Vue du haut des remparts, cette armée parut innombrable. « Il n'y avait pas, dit un poëte grec témoin oculaire, il n'y avait pas là une guerre simple, mais multiple, une seule nation, mais un assemblage de nations, différentes de nom, de domicile, de race et de langage. Le Slave s'y trouvait à côté du Hun, le Scythe à côté du Bulgare, et le Mède lui-même y devenait le compagnon du Scythe [1]. Sur la rive d'Europe, c'était Scylla frémissante ; sur la rive d'Asie, c'était Charybde, ses aboiements et ses fureurs [2]. » Les Avars formaient le centre sous le commandement immédiat du kha-kan, et l'attaque principale leur était confiée. Dans leurs rangs figurait une division de serfs gépides qu'ils avaient enrôlée malgré leur répugnance à mêler ce peuple dans leurs affaires, mais ils avaient épuisé, pour la circonstance, leurs dernières ressources

---

[1]. Non enim unum erat simplexque bellum, sed in multum diversas et varie commixtas gentes late diffusum ac promiscuum ; nam Sthlabus cum Hunno, Scytha cum Bulgaro, necnon et Medus conspirans cum Scytha... Georg. Pisid., *Bell. Avar.*, v. 194 et seqq.

[2]. Ab una parte terribiliter scythica Scylla strepebat, ab altera Charybdis os patulum conspiciebatur. Constant. Manass., p. 76, 77.

en hommes. Les Slaves, rangés à l'aile gauche, se déployaient sur deux lignes, dont la première était sans armes défensives et presque nue, et dont la seconde portait des cuirasses [1]. Le matériel de siége comprenait des machines de toute sorte, soit de protection, soit d'attaque, et douze grosses tours, qui, lorsqu'on les eut montées, se trouvèrent égaler presque en hauteur les remparts de la ville. Elles étaient recouvertes de cuir qui les mettait à l'abri du feu, et la plupart des machines étaient ainsi garanties par des peaux [2]. Le kha-kan avait espéré pouvoir débarquer sa flotte de canots dans le golfe même; mais, à l'aspect des galères romaines à deux et trois rangs de rames qui garnissaient le port, il renonça à son dessein, et les fit déposer à l'embouchure du Barbyssus [3], petite rivière qui se jette à l'extrémité du golfe, sur un fond de vase et sur des atterrissements dont le peu de profondeur ne permettait pas aux grands navires d'approcher.

Bâtie sur sept collines comme la ville de Romulus et d'Auguste, mais baignée par trois mers qui ne lui laissent point regretter le Tibre, la cité de Constantin présentait alors, comme elle fait encore aujourd'hui, l'aspect d'un triangle isocèle dont la base pose sur le golfe de Céras, et dont le château des Sept-Tours marque le sommet. Le côté oriental longeait les sinuo-

---

1. Plurimum militem statuit in ipsius urbis conspectu, in reliqua vero muri parte Sclavos, ac primam quidem eorum aciem pedestrem nudam, alteram pedestrem loricatam. Niceph., p. 12, 13.

2. Tum sub vesperam, machinas aliquot et testudines admovit... quas extrorsum corio texit. Chron. Pasch., p. 394.

3. La rivière du Barbyssus est encore désignée dans les auteurs sous le nom de Barnyssus.

sités de la Propontide, tandis que le côté occidental, tourné vers la terre ferme, en était isolé par une double ligne de fossés et de murailles. Un mur crénelé, flanqué de tours, garnissait également le côté oriental et la base, auxquels la mer servait de fossé. A chacun des angles de l'est et du nord s'élevait une citadelle formidable correspondant au château des Sept-Tours. Le repli étroit et profond de la mer qu'on appelait, à cause de sa configuration, le golfe de Céras, c'est-à-dire *de la Corne*, formait le principal port de la ville. A son extrémité, où se perd la petite rivière du Barbyssus, s'étendaient sur l'une et l'autre rive les quartiers de Blakhernes et de l'Hebdome, alors extérieurs à la ville, et le faubourg de Sykes ou *des Figuiers;* c'était le séjour privilégié des riches patriciens, et la campagne de ce côté était couverte de villas élégantes, d'églises et de palais; on y trouvait aussi le cirque et le forum ou champ destiné aux revues militaires. Outre le grand port, situé, comme je l'ai dit, sur le golfe, deux petits hâvres, creusés de main d'homme et aujourd'hui ensablés, étaient renfermés dans l'enceinte murée de la ville, du côté de la Propontide : le port de Théodose et celui de Julien que surmontaient les palais de ces deux empereurs. Les césars byzantins avaient alors leur demeure à la pointe orientale, sur une colline d'où l'œil embrassait au loin le golfe, la Propontide et le détroit. La partie de l'enceinte attenante au continent était percée de sept portes dont la cinquième, fameuse dans l'histoire byzantine, s'appelait *la Porte dorée* à cause des statues, des bas-reliefs, des ornements de bronze et d'or qui la décoraient à profusion. C'était par la Porte dorée que passaient les triomphateurs pour se rendre en grande pompe à Sainte-Sophie; c'était à elle aussi que s'adressaient les premières attaques des Barbares venant de la Thrace, et parce que là aboutissait la principale route du nord, et parce que ce quartier était le plus opulent de la banlieue.

Les habitants de Constantinople ne se montrèrent effrayés ni « de la vipère avare, ni de la sauterelle slave[1], » comme disaient les beaux esprits du temps pour caractériser le Hun hideux, plein de ruse et de venin, et ces troupeaux d'Antes, de Slovènes, de Vendes, au poil blond, au corps long et fluet, nus ou presque nus, qui venaient s'abattre sur la campagne comme une nuée de sauterelles. Le gouvernement, le peuple, la garnison, ne se reposaient pas seulement sur leur propre énergie; ils avaient foi dans la protection céleste, dont ils avaient aux mains un gage qui leur semblait assuré : ce n'était pas moins que la robe de la sainte Vierge, tombée (sans qu'on explique comment) en la possession d'une ville dont la sainte Vierge était patronne. Le patriarche la fit promener processionnellement avec d'autres reliques sur le rempart au chant des litanies et des psaumes[2]. La robe de la *Toute-Sainte*[3], comme disaient les Grecs par une expression touchante, fut pour les assiégés de Constantinople, en 626, ce qu'était pour les soldats franks la

---

1. Scytharum ferox natio virulentæ viperæ, Tauroscytharum gens locustæ consimilis... Constant. Manass., p. 76, 77.
2. Sanctissimæ Virginis venerandam vestem... Vetus narratio in annot. Hymn. Acathist. *Corp. Byz. Hist.*, app. 2.
3. Παναγία.

chape de saint Martin, et en ce moment même pour ceux d'Héraclius l'image miraculeuse du Christ. En voyant flotter sur sa tête, au milieu des batailles, le tissu sanctifié qui avait touché les membres de la mère de Dieu, qui donc ne se serait cru invincible? Qui eût pu douter que la Vierge ne protégeât avec amour la capitale d'un empire dont l'armée et le chef s'exposaient à la mort pour reconquérir la croix de son fils, perdue aux mains des infidèles?

Commencée dès le 31 juillet, l'attaque régulière continua sans interruption pendant cinq jours. Le khakan avait amené avec lui une si grande quantité de béliers, de tortues, de machines de trait, que son front s'en trouvait garni; et ses douze tours à roues, quand elles furent dressées en face du rempart, présentaient un aspect vraiment effrayant[1]. Les Slaves, qui avaient été les constructeurs de cette artillerie de siége imitée des machines romaines, en étaient aussi les servants; c'étaient eux en outre qui avaient fabriqué la flotte, qui l'avaient transportée, qui la gardaient dans les eaux du Barbyssus et qui étaient destinés à la manœuvrer. Le Slave, opprimé et encore résigné à la servitude, avait mis à la merci de ses maîtres asiatiques son corps et son intelligence, qui commençait à s'ouvrir. Tandis que le bélier battait la muraille en brèche, les Huns, armés de leurs grands arcs, faisaient par-dessus pleuvoir incessamment une grêle de traits qui balayait parfois le rempart; mais les vides se comblaient aussitôt. Les assiégés de leur côté troublaient ces travaux

---

1. Ædificavit Chaganus duodecim turres castellis instructas, præaltas, et quæ ipsa fere propugnacula attingebant... *Chron. Pasch.*, p. 394.

par des sorties continuelles qui culbutaient les travailleurs et détruisaient leurs engins.

Un matelot imagina contre les énormes tours des Barbares une machine défensive bien simple, mais d'un effet assuré. C'était un mât monté sur un plancher mobile qui suivait les tours ennemies dans leurs mouvements en face du rempart. Sitôt qu'une d'elles s'arrêtait à proximité, le mât s'inclinait et faisait descendre, au moyen de poulies, une nacelle où se tenaient des hommes munis de torches allumées et de poix, qui versaient des torrents de flammes sur la machine, ou attachaient des brandons à ses flancs, et il était rare que la nacelle remontât sans laisser la tour embrasée [1]. Quels que fussent les périls de ce combat aérien, on ne manqua jamais d'hommes pour le soutenir. Mû par le désir d'épargner l'effusion du sang, le patrice Bonus interpella plusieurs fois le kha-kan du haut de la muraille, l'engageant à se retirer et lui promettant, s'il rentrait dans le devoir, la continuation de sa pension et davantage encore ; mais le barbare n'avait qu'une réponse à la bouche : « Sortez de votre ville ; abandonnez-moi tout ce que vous possédez, et rendez-moi grâce si je vous laisse la vie [2]. »

Le 2 août au soir (c'était un samedi), le kha-kan fit demander à Constantinople quelques grands dignitaires romains pour conférer avec eux sur une proposition de

---

[1]. *Unus ex nautis malum nauticum machinatus est, in cujus summitate navigiolum appendit, quo hostium turres castellis instructas incenderet...* Chron. Pasch., p. 394.

[2]. *Urbe cedite, vestrasque fortunas mihi dimittite, servateque vos ipsos et familias vestras.* **Ibid.**

paix : on lui en envoya cinq des plus qualifiés. A peine furent-ils entrés dans sa tente, que le kha-kan, sans leur adresser la parole, commanda à l'un de ses gens d'aller chercher « les trois Perses vêtus de soie[1], » qui attendaient dans un compartiment voisin, et ces hommes étant venus, il les fit asseoir à ses côtés, laissant debout devant eux et lui les hauts personnages, patrices ou clarissimes, qui représentaient l'empire romain. Interpellant alors les Romains avec une sorte de solennité : « Vous voyez ici, leur dit-il, une ambassade que j'ai reçue des Perses, et qui m'annonce que Schaharbarz me tient prêt là-bas un secours de trois mille hommes; il m'a semblé bon de vous en informer. Si vous consentez à évacuer votre ville, tous tant que vous êtes, avec un sayon et une chemise, j'arrangerai l'affaire près de Schaharbarz : ce général est mon ami; vous passerez dans son camp, et je me porte garant qu'il ne vous fera aucun mal[2]. Quant à ce qui me regarde, je veux votre ville; je la veux avec tout ce qu'elle renferme, et songez bien que vous n'avez pas d'autre moyen de sauver votre vie, à moins peut-être que vous ne deveniez poissons pour vous échapper dans la mer, ou oiseaux pour vous envoler dans l'air[3]. Les Perses sont maîtres de l'autre rive du détroit, comme ceux-ci me l'assurent; quant à votre empereur, il n'a

---

1. Tres Persas sericis vestibus indutos... sibi assidere jussit... *Chron. Pasch.*, p. 395.
2. Si igitur, quotquot in urbe estis, cum sago duntaxat et indusio ex ea excedere velitis, pacta ac fœdus cum Salbaro ineamus : amicus enim meus est, ad illum transite, neque ulla is vos injuria afficiet. *Ibid.*
3. Nisi forte vos fieri pisces contingat, quo per mare evadatis, vel aves, quo evoletis in aërem. *Loc. cit.*

jamais mis le pied en Perse, et il n'existe aucune armée qui soit à portée de vous secourir. — S'ils te l'assurent, ils mentent! s'écria le patrice George dans un mouvement de noble colère; une armée romaine est déjà entrée à Constantinople, et notre prince très-pieux a si bien mis le pied en Perse, qu'il ne laisse pas pierre sur pierre dans leurs villes [1]. » A ces mots, un des Perses hors de lui prit la parole et invectiva grossièrement le Romain. « Je ne prends pas tes insultes comme venant de toi, répliqua celui-ci avec mépris; c'est le kha-kan qui me les adresse, car lui seul t'inspire l'audace de m'outrager [2]. » Là-dessus un autre Romain dit au kha-kan : « Comment se fait-il que toi, qui as amené ici tant de troupes, tu aies encore besoin de l'aide des Perses? — J'ai voulu seulement vous expliquer, répondit le barbare un peu troublé dans son orgueil, que les Perses, si je le désire, se joindront à moi, parce qu'ils sont mes amis [3]. — Quoi qu'il en soit, ajoutèrent les ambassadeurs romains, nous ne quitterons jamais notre ville. Nous sommes venus ici sur ta demande pour parler de paix; si tu n'as rien de plus à nous dire, hâte-toi de nous renvoyer [4]. » Le kha-kan les congédia.

Pendant la nuit qui suivit cette bizarre conférence, des trirèmes romaines, postées pour épier le retour

---

1. Isti, inquit gloriosissimus Georgius, impostores sunt, noster enim hic adest exercitus, ac piissimus princeps noster in eorum provinciis versatur, hasque devastat omnino. *Chron. Pasch.*, p. 395.
2. Minime, ait, tua sunt in me convicia, sed Chagani. *Ibid.*
3. Tum Chaganus : Si velim, inquit, ii mihi subsidio venient, amici enim mei sunt. V. *ub. sup.*
4. Si de pace nobiscum vultis agere, nos dimitte. *Loc. laud.*

des ambassadeurs perses au camp de Schaharbarz, surprirent la nacelle qui les portait. Leur sort ne fut pas longtemps incertain. Un d'entre eux eut la tête tranchée; on coupa les poings à un autre, et après lui avoir pendu au cou ses propres mains et la tête de son collègue, on le renvoya au kha-kan. Quant au troisième, amené sur une galère en vue du camp des Perses, il y fut décapité, et sa tête fut lancée à terre par une baliste avec un écriteau où on lisait : « Le kha-kan a fait la paix avec nous et nous a livré vos ambassadeurs; en voici un que nous vous restituons, ne soyez pas inquiets des deux autres[1]. » Malgré cet avertissement, qui lui faisait connaître que la mer était gardée, le kha-kan, pressé d'en finir, fit mettre ses barques à flot le dimanche matin pour procéder au transport des auxiliaires perses. Il comptait que le vent, qui s'était levé du nord et soufflait contre Constantinople, empêcherait la flotte romaine de le gêner; il croyait aussi n'être pas aperçu, attendu qu'il avait choisi pour son embarquement une petite baie éloignée de la ville de deux lieues, et qui s'appelait la baie de Chelæ[2]. Il avait profité de la nuit pour y faire transporter par terre une partie de ses canots à bras d'hommes ou à dos de mulets, de sorte qu'il espérait aller et revenir avant que les Romains eussent découvert son dessein : lui-même voulait présider à l'opération du passage et

---

[1]. Chaganus, initis nobiscum fœderibus, vestros ad eum missos legatos ad nos transmisit; alterius ecce habetur caput. *Chron. Pasch.*, p. 396.

[2]. Abominandus Chaganus ad Chelas abiit, et trabarias in mare demisit. *Ibid.*

montait un des premiers canots ; mais rien n'échappait à la vigilance du patrice Bonus.

A peine les rameurs slaves commencèrent-ils à prendre le large, que la flotte romaine accourut malgré le vent contraire et s'interposa entre la rive occidentale du Bosphore et les canots barbares [1]. Tous ceux qui se trouvaient déjà un peu loin en mer furent culbutés ; les autres rétrogradèrent prudemment, et celui qui portait le kha-kan fut du nombre. Humilié, irrité, ne rêvant que vengeance, le chef avar retourna devant la ville, tandis que les mariniers slaves retiraient leurs nacelles sur le sable. Les assiégés, l'ayant aperçu qui passait à cheval près de leurs murs, donnant des ordres pour activer les travaux du siége, lui envoyèrent par bravade un cadeau de vin et de gibier [2]. Sur quoi un barbare nommé Ermitzis [3], le second en dignité après lui, s'approcha d'une des portes et cria d'une voix haute aux assiégés : « Romains, vous avez commis une action abominable en tuant trois hommes qui avaient soupé hier avec le kha-kan, et lui envoyant la tête d'un de ses convives avec un autre tout mutilé ; aussi le kha-kan est-il très-irrité contre vous [4]. — Tant mieux !

---

[1]. Quidam ex nobis solverunt naves cum scaphis versus Chelas, vento licet contrario, quo trabarias a trajectu in ulteriorem ripam prohiberent. *Chron. Pasch.*, p. 396.

[2]. Chaganus ad urbis muros reversus est... cui ex urbe esculenta quædam et vina missa sunt. *Loc. cit.*

[3]. Ermitzis Avarum exarchus... *Ub. sup.*

[4]. Atrox perpetrastis facinus, cum illos qui heri cum Chagano pransi sunt, occidistis, ac præterea ipsi unius caput, alterum vero manibus truncatum transmisistis... *Ibid.*

répondirent les assiégés ; nous nous soucions fort peu de ce qu'il en pense [1]. »

Le kha-kan tomba dans une véritable folie de colère; il menaçait l'ennemi, il menaçait les siens ; il passait d'une résolution violente à une plus violente encore. Enfin il arrêta son esprit sur un projet qui pouvait réussir, mais demandait avant tout un grand secret. Il s'agissait d'opérer, dès la nuit suivante, une surprise sur la partie de la ville voisine de Blakhernes et du port, au moyen de la flotte que monteraient des soldats slavons, et qui se trouvait de nouveau concentrée dans les eaux du Barbyssus. Des feux allumés sur les hauteurs de Blakhernes devaient donner le signal du départ [2], et tandis que l'attaque portée du côté de la mer attirerait la garnison de Constantinople, le kha-kan profiterait du désarroi pour escalader la muraille du côté de la terre. Le succès de cette combinaison ne lui paraissait point douteux. Il en fit donc faire les préparatifs activement, mais avec mystère. Toutefois le mystère ne pouvait pas être bien grand sous les yeux de la population romaine, où tout individu considérait comme un devoir de se faire l'espion de la ville : le moindre mouvement de l'ennemi, la moindre disposition, étaient observés, commentés, révélés aussitôt. Bonus, averti à temps, ordonna à sa flotte d'appareiller dès que la nuit serait venue, et de filer à petit bruit le long des deux rives du golfe, birèmes d'un côté, tri-

---

1. Cui nostri : Nobis, inquiunt, ille minime curæ est. *Chron. Pasch.*, p. 396.

2. Auxiliariis Sclavenorum copiis signum dederat, ut cum accensas faces ex Blachernarum munitione conspexissent, statim actuariis lembis irrumperent, et remigio ad urbem subvecti... Niceph., p. 13.

rèmes de l'autre, et de garder sa position jusqu'à ce que la flottille avare se fût engagée entre ses lignes comme entre les branches d'une tenaille. En même temps il fit occuper les abords du golfe à Blakhernes par un corps d'Arméniens qu'il chargea de tuer ou de rejeter à la mer les Barbares qui chercheraient à y prendre terre. Enfin il fit préparer des feux qui devaient être allumés au moment convenu sur la plate-forme de l'église de Saint-Nicolas de Blakhernes [1].

La nuit était sombre, et la lueur des feux qui brillèrent sur l'église put arriver au fond du golfe sans trahir les galères romaines qui stationnaient en avant. Les Slaves, prenant ce signal pour celui qu'ils attendaient, commencèrent à ramer avec leurs canots pleins de soldats, et gagnèrent bientôt le large. Ce fut alors que les vaisseaux romains se démasquèrent, et, rapprochant leurs lignes, culbutèrent ou coulèrent bas tout ce qui se trouvait dans l'intervalle. Il y eut là un affreux pêle-mêle de canots chavirés, brisés, d'hommes nageant dans les ténèbres, se heurtant les uns les autres, assommés du haut des navires à coups de javelots, d'avirons ou de crocs [2]. Ceux qui purent traverser la ligne des galères se dirigèrent vers Blakhernes où ils voyaient luire des feux et où ils pensaient trouver les Avars; mais au lieu des Avars, c'étaient les Arméniens, qui les tuèrent à mesure qu'ils se présentaient. Quelques-uns qui se crurent plus heureux, ayant abordé au fond du golfe, parvinrent jusqu'au kha-kan; mais

---

[1]. Facibus erectis signum dari jubet. Niceph., p. 13.
[2]. Sclavis omnibus qui in trabariis inventi sunt, vel in mare præcipitatis, vel a nostris interfectis... *Chron. Pasch.*, p. 396.

le cruel se vengea de sa déconvenue en les faisant massacrer [1]. La défaite avait suivi l'attaque de si près, que les Avars n'eurent pas le temps d'essayer l'escalade par terre, ou, s'ils l'essayèrent, ils y renoncèrent aussitôt.

Le soleil en se levant éclaira une épouvantable scène. Sur les eaux du golfe toutes rougies de sang flottaient des milliers de cadavres mêlés à des débris de barques et d'avirons; on remarqua les corps de plusieurs femmes slavonnes qui avaient fait office de soldats ou de matelots pendant le combat [2]. Une vigoureuse sortie des assiégés compléta la déroute des Avars, en forçant leur armée de terre à reculer. Cette armée était tellement dominée par la peur, qu'elle laissa envahir son camp, où pénétrèrent jusqu'à des femmes et des enfants, et qui fut mis au pillage. Le kha-kan, posté sur une hauteur avec sa cavalerie de réserve, s'abandonnait pendant ce temps à ses transports de fureur accoutumés; toutefois, il dut suivre le mouvement de retraite opéré par les siens et se retirer à quelque distance.

Il revint le lendemain, mais pour reprendre ses bagages, dégarnir ses machines des peaux qui les recouvraient, les démonter et y mettre le feu; tout fut brûlé sous ses yeux [3]. Néanmoins, pour enlever à son départ l'apparence d'une fuite, il fit crier par des

---

[1]. Pauci ex Sclavis natatu evadentes, cum ad impii Chagani castra pervenissent, illius jussu trucidati sunt. *Chron. Pasch.*, p. 396.

[2]. Inter cæsorum cadavera, Sclavenæ quoque mulieres inventæ sunt. Niceph., p. 13.

[3]. Turribus castellatis ac testudinibus corio prius nudatis, incensis... *Id. loc. cit.*

hérauts, près des murs et des portes de la ville, ces paroles qu'il adressait aux assiégés : « Ne pensez pas, Romains, que la crainte me chasse d'ici ; je pars parce que je manque de vivres et que j'ai mal pris mon temps pour vous attaquer ; mais nous nous reverrons bientôt, et vous me paierez alors au centuple les maux que vous m'avez faits [1]. » Son arrière-garde resta encore en vue de Constantinople jusqu'au vendredi soir, afin de couvrir la retraite, et elle acheva de dévaster le peu d'édifices de la banlieue que les autres avaient épargnés. Le chef de cette troupe, on ne sait pourquoi, voulut avoir une conférence avec Bonus, ou du moins avec quelques personnages romains de distinction, au nom du kha-kan ; mais Bonus s'y refusa. « Le pouvoir dont j'ai usé jusqu'à ce jour de traiter de la paix, lui fit-il dire, m'est enlevé aujourd'hui, annonce-le à ton kha-kan. Le frère de notre auguste empereur arrive avec une armée qu'il va faire passer en Europe, et il se propose de vous reconduire lui-même dans votre pays, où vous pourrez traiter ensemble, si cela vous convient [2]. » Théodore, chargé par Héraclius du commandement de l'armée romaine en Mésopotamie, venait de remporter une grande victoire sur les Perses dans les plaines de la Petite-Arménie, et les Avars ne l'ignoraient point : son nom suffit pour précipiter leur retraite.

La première pensée des assiégés, dès qu'ils purent

[1]. Nolite existimare præ metu me recedere... Proficiscor annonæ comparandæ operam daturus, ac postmodum rediturus... *Chron. Pasch.*, p. 397.
[2]. Hactenus quidem data mihi fuit potestas, ut tecum agerem, ac tractarem de pace, nunc vero nostri imperatoris frater... *Id., ub. sup.*

sortir de leurs murs, fut d'aller rendre grâce à leur patronne, la *Toute-Sainte*, dans son église de Sainte-Marie de Blakhernes, et de déposer à ses pieds leur palme de victoire. Parmi tous ces héros chez qui l'antique vertu romaine avait refleuri au souffle du christianisme, pas un ne se glorifiait, pas un ne rapportait à lui-même son propre salut ou le salut de la ville ; tous disaient : « Qui nous a sauvés, sinon la *Panagia ?* » Son intervention dans les diverses péripéties du siége avait été visible pour tout le monde, et dans de pieuses confidences on se racontait mutuellement ses merveilles. On l'avait vue couvrir la ville d'un bouclier, foudroyer les Avars, briser leurs machines; on l'avait reconnue dans le combat naval de Chelæ, quand les flots s'étaient agités d'eux-mêmes sous un ciel serein pour engloutir les impies[1] : le calme et la tempête, disait-on, n'obéissent-ils pas à l'étoile des mers? La croyance en l'intervention directe de la Vierge dans les événements du siége avait passé jusque dans le camp barbare : tandis que les Romains lui attribuaient leur victoire, les Avars l'accusaient de leur défaite. Un jour que le kha-kan examinait en compagnie de ses officiers l'état des murailles de la ville, on l'entendit s'écrier tout à coup : « J'aperçois là-bas une femme qui parcourt le rempart ; elle est seule et en habits magnifiques[2]. » Une autre fois, ses soldats virent approcher de leurs retranchements une dame romaine d'une beauté admirable, qui portait le costume d'impéra-

---

1. Georg. Pisid., Niceph. — Cedren., etc.
2. Feminam ego conspicio egregie vestitam absque ullo comitatu per mœnia discurrentem... *Chron. Pasch.*, p. 397.

trice, et que suivait un cortége d'eunuques et d'officiers richement vêtus[1]. Les sentinelles, la prenant pour la sœur d'Héraclius qui venait proposer la paix au nom de son frère, lui ouvrirent les barrières du camp[2]; mais à peine eut-elle franchi le fossé qu'elle disparut, et que les Avars, comme frappés de frénésie, tournèrent leurs épées les uns contre les autres[3]. Ces contes couraient de bouche en bouche, et sont restés dans l'histoire, où ils jettent quelque lumière sur l'esprit du temps et sur le mobile qui produisait au monde romain ses derniers héros. Une circonstance bizarre et qui semblait donner aux fables l'appui de la réalité, c'est que de toutes les églises de Blakhernes, la seule église de Sainte-Marie ne fut ni pillée ni incendiée, comme si un bras puissant en eût écarté la flamme et les Barbares[4]. Le jour anniversaire de la délivrance de Constantinople fut consacré par une fête religieuse qui se célébrait le samedi de la cinquième semaine de carême.

[1]. Viderunt barbari prima luce, cum sol oriretur, mulierem quamdam illustrem, eunuchis comitatam, porta Blachernarum exeuntem... Cedren. t. I, p. 415, 416.
[2]. Quam cum opinarentur Heraclii uxorem esse... transitum ei concesserunt. *Id., ibid.*
[3]. Illa cum suis ex oculis et conspectu eorum, evanuit... Ipsi autem tumultu concitato inter se congressi, ad vesperam usque mutuo strages ediderunt. *Id. ub. sup.*
[4]. Ecclesiam Dominæ nostræ deiparæ... ingressi hostes, nihil omnino evertere vel labefactare potuerunt. *Chron. Pasch*, p. 397.

CHAPITRE QUATRIÈME

Campagne d'Héraclius en Assyrie. — Bataille de Ninive. — Fin malheureuse de Chosroès; son fils Siroès lui succède : Héraclius devient l'arbitre de la paix. — Son entrée triomphale à Constantinople. — Des envoyés viennent le féliciter de la part de Dagobert, roi des Franks. — Invasion de l'islamisme sur le territoire de l'empire. — Conquêtes des khalifes Abou-Bekr, Omar et Khaled. — Perte de la Syrie. — Héraclius rapporte la sainte Croix de Jérusalem à Constantinople; changement opéré en lui par le malheur. — POLITIQUE D'HÉRACLIUS VIS-A-VIS DES AVARS : Affaires intérieures de la Hunnie. — Révolte des Slaves; un marchand frank nommé Samo les conduit au combat; ils le prennent pour roi. — Alliance d'Héraclius avec lui. — Les sujets de Samo attaquent une caravane de marchands franks. — Réclamations de Dagobert; sotte conduite de son envoyé Sicharius. — Victoire des Vendes-Carinthiens sur les Franks à Vogastiburg. — Mort du kha-kan des Avars; prétention de Cubrat, roi de Bulgarie, à lui succéder; scission entre les Avars et les Bulgares. — Cubrat sollicite l'alliance des Romains. — Héraclius appelle des colonies slaves au midi du Danube; fondation des deux royaumes de Croatie et de Servie. — Les Avars confinés dans leur territoire se livrent à un luxe grossier. — Apologue de Crumn, roi des Bulgares. — Décadence du second empire hunnique; ses dernières relations avec le roi des Lombards.

626—662.

Héraclius apprit ces bonnes nouvelles au fond de l'Assyrie, où il faisait une guerre ruineuse pour les Perses; mais ses alliés khazars l'abandonnèrent quand ils furent repus de butin. Réduit à une poignée d'hommes et n'ayant plus qu'une seule ressource, celle d'aller rejoindre son frère, il se jeta dans les montagnes des Kurdes, où une armée persane se mit à le suivre, tandis qu'une autre le guettait au débouché des montagnes. Dans ce danger pressant, il prévint la jonction des armées ennemies en attaquant celle qui le suivait à la fameuse bataille de Ninive, qu'il gagna, et qui lui valut la soumission de l'Assyrie. Jamais il ne s'était montré plus héroïque ; trois cavaliers étaient morts de sa main dans la mêlée ; il avait reçu deux coups de lance, l'un au visage, l'autre au talon, et son cheval Phalbas avait été tué sous lui [1]. Il marcha alors sur Ctésiphon en côtoyant le Tigre et détruisant sur sa route les célèbres palais des rois de Perse dont le fleuve était bordé, ces *paradis* magnifiques réservés aux chasses royales, et qui fournirent une nourriture abondante au soldat romain. Chosroès fuyait de palais en palais avec ses troupeaux d'enfants et de femmes, n'osant approcher de Ctésiphon et craignant l'indignation de ses sujets. Le fier roi n'eut bientôt plus d'asile que les cabanes des paysans. Pour compléter sa ruine, l'aîné de ses enfants, Siroès, qu'il voulait déshériter du trône, se révolta, et Chosroès mourut dans un cachot, sous la main d'assassins payés par son fils [2]. Au milieu de cette défaite des armées, de ces révoltes civiles, de ces attentats domestiques, Héraclius devint l'arbitre de la Perse. Aussi modéré après le succès que hardi dans la lutte, il laissa la couronne à Siroès, épargna Ctésiphon, et signa la paix ; mais Siroès ne

---

[1]. Imperatoris equus cui Phalbas cognomentum, accepto hastæ ictu in femore... Theophan., *Chronogr.*, p. 266.

[2]. Chosroëm compedibus toto corpore circumligatum, in tenebrarum ædem... includunt... *Id.*, p. 272.

fut qu'un vassal de l'empire romain. Crassus et Valérien étaient vengés : le grand roi n'était plus.

La Perse était abattue, la croix relevée et reconquise ; Héraclius avait accompli un des plus grands actes de l'histoire romaine et de l'histoire chrétienne. Son passage par l'Arménie et l'Asie-Mineure pour retourner à Constantinople ne fut qu'un long triomphe qui devait s'achever dans l'église de Sainte-Sophie. Le sénat, le clergé, la ville entière vinrent au-devant de lui, à travers le Bosphore, jusqu'à Chrysopolis, dans des milliers de barques pavoisées. Il alla débarquer au faubourg de Sykes le 14 septembre 628, et s'achemina de là vers la Porte d'Or et la rue des Triomphateurs. Il était monté sur un char que traînaient quatre éléphants blancs, et on portait respectueusement devant lui la sainte croix à l'ombre de laquelle il avait voulu triompher. Constantinople ne fut jamais ni si belle ni si joyeuse ; ce n'étaient partout que tapis magnifiques, cierges allumés, verdure et fleurs. Chaque habitant tenait dans sa main une branche d'olivier ou une palme, et le chant des hymnes et des psaumes, mêlé aux instruments de musique, n'était interrompu que par les acclamations de la foule [1]. Dieu voulut qu'une angoisse mortelle vînt serrer le cœur du triomphateur au milieu des enivrements de sa gloire. Quand il revit sa famille, deux fils et deux filles qu'il avait laissés pleins de vie manquèrent à ses embrassements : il le savait, mais sa douleur en fut renouvelée. Voulant restituer lui-même aux saints lieux leur plus vénérable

---

1. Prælatis olivarum ramis et lampadibus, lætitiæ vocibus... Theophan., p. 273.

trésor, il partit pour Jérusalem aux premiers jours du printemps. Là, au milieu du concours de tous les chrétiens de la Syrie et de l'Égypte, il monta le Calvaire, portant la croix sur ses épaules[1] et suivant le chemin qu'avait parcouru le Sauveur dans sa passion. Avant de déposer de nouveau à l'église de la Résurrection la sainte relique recouvrée, l'évêque de Jérusalem constata qu'elle était intacte, que l'étui d'argent, dont il avait gardé la clé, ne présentait aucune fracture, que le sceau épiscopal avait même été respecté[2]. L'admiration pour Héraclius s'éleva à un tel point, que les poëtes grecs, ne trouvant aucun homme à lui comparer, le comparèrent à Dieu, qui, après avoir manifesté sa puissance créatrice dans l'œuvre des six jours, s'était reposé le septième, de même qu'Héraclius, après six campagnes glorieuses, venait se reposer dans son triomphe[3]; un tel rapprochement, qu'en tout autre temps on eût justement taxé d'impiété, fit la matière d'un poëme grec alors fort applaudi[4]. La chrétienté jusqu'à ses limites les plus reculées ressentit quelque chose de cet entraînement des âmes pour Héraclius. Le roi des Franks, Dagobert, fils de Clotaire II, qui était aussi un grand roi et un fervent chrétien, voulut le féliciter de ses victoires, et lui envoya une ambassade solennelle[5].

---

1. Ipse vivifica ligna deferens... Niceph., p. 15.
2. Tum patriarcha clavem, quæ apud se remanserat, domo deferens, adorantibus universis loculum aperit. Niceph., p. 15.
3. Per sex dies, cum creaturam omnem Deus absolvisset, septimum quieti consecravit diem : sic iste... Theophan., *Chronogr.*, p. 273.
4. Voir l'Hexaëmeron de George Pisidès...
5. Fredeg., c. 65.—Aimoin., IV, 21.

Héraclius avait trop de bonheur et de gloire ; la philosophie païenne l'eût averti de trembler, et en effet le malheur et la honte étaient à sa porte. Mahomet fondait alors parmi les siens cette religion des jouissances matérielles et du sabre, qui de l'Arabie, dont elle achevait la conquête, devait déborder sur l'univers. Dès 622, le prophète s'était essayé contre l'Arabie romaine, mais sans succès ; vint ensuite la lutte d'Héraclius et de Chosroès, dont il attendit patiemment la fin, ne souhaitant la victoire à aucun et tout prêt à se jeter sur le vaincu. Aussi, voyant la Perse plus qu'à moitié ruinée, il projetait une expédition contre elle lorsqu'il mourut en 632. Ce fut son successeur qui la fit : Abou-Bekr soumit l'Irac arabique et prépara la conquête de tout l'empire des Perses. En même temps il attaquait l'empire romain par les mains de Khaled, son général avant d'être celui d'Omar, et Khaled enleva Bostra en 632, Damas en 634, Émèse en 636, et eut bientôt réduit sous le joug de l'islamisme la Syrie, la Mésopotamie et la Palestine. En 637 Jérusalem était prise, en 639 Memphis et Alexandrie. Rien ne résistait aux armes des khalifes ; tout cédait, tout courbait la tête devant les terribles exécuteurs de cette fatalité dont ils avaient fait leur dogme religieux. Les légions d'Héraclius, si héroïques en Perse, lâchèrent pied devant les musulmans ; son frère Théodore et ses autres généraux furent battus ; lui-même vit échouer contre eux et les combinaisons de sa science militaire et l'impétuosité de son courage. Quand il apprit la reddition de Damas, il s'écria : « La Syrie est perdue ! » [1] et

---

1. Chron. arab., p. 113. — Eutych., t. II, p. 280.

L'ESPRIT D'HÉRACLIUS S'AFFAIBLIT.

voulut sauver au moins des mains de ces autres infidèles la sainte croix, dont la délivrance lui avait tant coûté.

Il alla la chercher à Jérusalem [1] pour la mettre à l'abri dans sa métropole, la reçut des mains du patriarche Sophronius, qui fondait en larmes ainsi que tout le peuple, et s'achemina vers Constantinople par la voie de terre, accompagné de l'impératrice, qui ne le quittait plus [2]. Cet esprit si ferme et si prompt s'était affaissé sous le malheur; ce génie s'était obscurci. Le vainqueur de Ninive était devenu pusillanime comme un enfant; la vue de la mer lui donnait le vertige. Arrivé sur la côte d'Asie, en face de sa ville impériale, il s'arrêta dans le palais d'Hérée, où il séjourna longtemps, n'osant pas affronter, tout couvert d'humiliations et de défaites, les regards de cette foule qui pourtant l'aimait toujours. Lorsque, sur les instances du sénat, il se décida à partir, on dut construire pour son passage à travers le Bosphore un pont de bateaux, dont le plancher, revêtu de sable, simulait une route, et dont les côtés, garnis de branchages et de verdure, formaient comme deux grandes haies qui dérobaient l'aspect des flots. C'est ainsi que l'ombre d'Héraclius rentra dans Constantinople [3].

---

1. Venerandis lignis Hierosolyma asportatis, Constantinopolim recessit. Theophan., *Chronogr.*, p. 280.

2. Cedren., t. I, p. 426. — *Hist. Miscel.*, xviii, ap. Murat., t. I, part. 2, p. 133.

3. Præfectus urbis, multis in unum coactis navibus et invicem alligatis, freto velut pontem injungit, ac ramis arborum et foliis utrinque latera prætendit. Niceph., p. 18.

Le génie d'Héraclius, brisé pour la guerre, ne l'était point pour la politique. La situation de l'empire ne permettant plus l'emploi des armes contre les Avars, ou pour châtier leurs dernières perfidies, ou pour en prévenir de nouvelles, Héraclius dut chercher dans la politique le moyen de les réprimer. Il interposa entre eux et lui, sur les bords du Danube, une barrière de petits États, indépendants sous son autorité souveraine, qui mirent la Thrace et Constantinople à l'abri des invasions du nord. Plus durable que ses conquêtes, cette création de sa politique est encore debout dans les principautés slaves de Croatie et de Servie, qu'il organisa, et dans la principauté hunno-slave de Bulgarie, dont il ne fit que jeter les fondements. Ce sont les établissements d'Héraclius, destinés à couvrir la métropole de l'empire romain d'Orient, qui protégent encore de nos jours cette reine tombée, et c'est d'eux que dépend en grande partie le sort de la Grèce. Leur histoire intéresse l'Europe à plus d'un titre, et je ne m'écarterai point de mon sujet en exposant, sommairement du moins, les circonstances qui précédèrent ou accompagnèrent cette fondation.

On a pu voir dans les récits précédents avec quelle prodigieuse dureté les Avars traitaient leurs vassaux, et particulièrement les Slaves, sur qui ils épuisaient comme à plaisir tout ce que le mépris de l'humanité, le délire de la puissance et le libertinage peuvent enfanter d'oppression. A la guerre, cette chasse aux hommes des nations hunniques, le Slave était le chien du Hun; c'était lui qui battait la campagne, qui dépistait, qui traquait l'ennemi [1]. Placé en première ligne pendant l'action, c'était encore lui qui soutenait et amortissait le choc, pendant que l'Avar formait la réserve. Était-il vainqueur? l'Avar prenait seul le butin; était-il vaincu ou repoussé? l'Avar le ramenait au combat la lance aux reins, et le forçait à se battre encore ou le tuait. Cette position critique du Slave à la guerre lui avait valu de la part des Pannoniens le sobriquet de *Bifulcus* [2], « poussé devant et derrière, » ou *Bifurcus*, « qui se trouve entre deux fourches. » Pourtant les traitements de la paix dépassaient pour lui, en humiliations et en souffrances, ceux du champ de bataille. Quand des Avars allaient prendre leurs quartiers d'hiver dans un village vende ou slovène, ils s'y conduisaient en maîtres absolus : le Slave était chassé de sa maison; sa femme et sa fille servaient aux plaisirs de ses hôtes, son troupeau et son grain à leur nourriture, et il fallait qu'après tout cela il payât un fort tribut au kha-kan sous peine des plus grands supplices [3]. Le Slave supportait sa misère sans se plaindre ou du moins sans se révolter; mais l'excès de la dégradation en amena le remède. Il était sorti du mélange volontaire ou forcé des Huns avec les femmes des Vendes une race de métis qui hérita de la turbulence et de la fierté de ses pères, et finit par être très-nombreuse.

1. Chunni pro castris adunato stabant exercitu : Winidi vero pugnabant. Fredeg., *chron.* 48.
2. Winidi *Bifulci*... Fredeg., 48. — Unde dicti *Bifulci*, eo quod duplici, in congressione certaminis, vestitu prælia facientes, Chunnos præcederent. Paul. Diac., IV, 40.
3. Chunni ad hiemandum annis singulis in Sclavos venientes, uxores et filias eorum stratu sumebant, tributa super alias oppressiones eis solvebant. Fredeg., 48.

Les Avars ayant voulu la traiter exactement comme les autres Slaves, sans se rappeler qu'elle était de leur sang, ces métis prirent les armes, chassèrent les Avars de leurs maisons et refusèrent le tribut au kha-kan [1]. Entraînés par leur exemple, les Slaves purs firent la même chose, et tout ce qu'il y avait de tribus vendes à l'orient des Bavarois, dans les vallées de la Carinthie, se sépara de l'empire des Avars.

C'était bien jusque-là ; mais quand les Vendes se furent révoltés, ils ne surent plus que devenir ; ils manquaient d'armes, ils manquaient d'un chef capable de les exercer et de les conduire : le hasard leur procura tout cela. Les Vendes carinthiens recevaient périodiquement la visite d'un marchand nommé Samo, qui leur apportait à dos de chevaux ou de mulets les marchandises de l'Occident [2] : cet homme était de race franke, né à Sens, dans les Gaules, et avait longtemps fait la guerre. Il arriva juste à ce moment, et, trouvant ses amis les Vendes dans l'embarras, il ne songea qu'à les servir. Toutes les armes qu'il avait dans ses bagages leur furent d'abord distribuées ; puis il leur enseigna l'art d'en fabriquer de nouvelles, de les manier, de marcher en troupe, d'avancer, de reculer, de se former en bataille. Les Avars se présentèrent sur ces entrefaites sans plus de précautions qu'ils n'en mettaient ordinairement envers des ennemis que leur fouet seul faisait trembler ; mais Samo les attaqua avec ses recrues, les battit et les contraignit à la retraite. Ils

---

1. Non sufferentes malitiam ferre... cœperunt rebellare. Fredeg., chron. 48.
2. Homo, nomine Samo, natione Francus, negotians... Id. ibid.

revinrent en force et furent encore battus. Samo décida ce succès des Vendes par sa prévoyance et son intrépidité. Ravi d'avoir repris son ancien métier de soldat, il oubliait son commerce, quand les Vendes, rendus par lui à l'indépendance, lui proposèrent d'être leur roi [1]. L'aventurier frank ne se fit pas prier : il devint roi barbare dans toute l'étendue du mot, et si complétement Vende, qu'il se donna douze femmes, dont il eut trente-sept enfants [2], et qu'il abjura le christianisme pour adorer les dieux *blancs* et *noirs* des Slaves. Du reste il ne s'endormit point sur son trône, et les Avars ayant cessé de l'attaquer, il les poursuivit chez les autres Vendes, qu'il appela à la révolte. Une propagande active, dont il était l'âme, travailla bientôt toutes les tribus vendiques, et passa de là chez les Slovènes. Héraclius la favorisa pour nuire aux Avars, et s'allia avec Samo ; mais peu s'en fallut que ces germes de liberté ne fussent étouffés sous une autre main plus puissante que celle des Avars, la main de Dagobert, aidé des Franks-Austrasiens et des Bavarois.

Les Franks-Austrasiens avaient dans leur dépendance effective ou nominale une assez grande portion des tribus vendes et slovènes qui avoisinaient la Thuringe, la Saxe et les provinces du Norique ; ils prétendaient même posséder un droit de suzeraineté sur les Vendes de la Carinthie. Vers l'an 630 ou 631, époque des événements que nous racontons, arriva dans les domaines de Samo une caravane de marchands franks,

---

1. Cernentes utilitatem Samonis, eum super se eligunt regem. Fredeg., *chron.* 48.
2. Samo duodecim uxores ex genere Vinidorum habebat, de quibus xxii filios et xv filias. *Id., ub. sup.*

composée peut-être d'anciens rivaux du roi carinthien ; elle fut attaquée et volée, et, dans la lutte qui s'engagea à cette occasion, plusieurs des marchands furent tués [1]. Une plainte vint de la part de Dagobert, qui envoyait réclamer, avec les marchandises enlevées, la compensation due, suivant la loi des Franks, pour le meurtre des marchands mis à mort. L'ambassade chargée de ce message avait à sa tête un certain Sicharius, homme malhabile, emporté et orgueilleux. Samo, fort embarrassé sans doute d'avoir à punir le vol chez ses sujets, et ne voulant point, d'autre part, rompre directement avec Dagobert, jugea plus commode de ne point entendre l'ambassadeur que de lui répondre par un refus. Sicharius fit tout ce qu'il put pour obtenir audience ; il demanda, il vint lui-même, mais inutilement ; le roi était toujours invisible. Que faire? Ne voulant pas partir sans rapporter une réponse, Sicharius s'avisa du stratagème le plus étrange qu'ait jamais imaginé un ambassadeur : il acheta des habillements slaves pour lui et sa suite, et quand ils s'en furent tous affublés, ils se présentèrent à la porte du roi, qui les reçut sans difficulté, les prenant pour des Slaves [2].

L'entrevue, on le devine aisément, fut peu amicale : Samo, comme un marchand et un païen, nous dit l'auteur naïf où nous puisons cette histoire, refusa toute satisfaction, et Sicharius, comme un sot ambassadeur [3], répondit au refus par des invectives. Il s'écria dans

---

1. Negotiatores Francorum interficiunt, et rebus exspoliant. *Gest. Dag.*, 27. — Paul. Diac., IV, 40. — Aimon. *Gest. Franc.*, IV, 23.

2. Vestibus quibus Sclavi utebantur, ne agnosceretur, indutus. Aimon., *Gest. Franc.*, IV, 23.

3. Sicut stultus legatus... Fredeg., *chron.*, 48.

la discussion que Samo et son peuple devaient obéissance à Dagobert. « Volontiers, reprit Samo ; le pays que nous possédons est à Dagobert et nous sommes à lui, à la condition qu'il voudra bien vivre en amitié avec nous. » Sur quoi Sicharius rétorqua aigrement qu'il n'était pas possible à des chrétiens serviteurs de Dieu de vivre en amitié avec des chiens[1]. « Eh bien donc ! dit Samo tout hors de lui, si vous êtes les serviteurs de Dieu et si nous sommes des chiens, nous avons reçu la permission de vous mordre, car vous êtes de mauvais serviteurs qui ne cessez d'offenser votre maître[2]. » Là-dessus il chassa Sicharius de sa présence. La guerre s'ouvrit donc entre les Vendes de Carinthie et les Franks ; trois armées descendirent successivement d'Austrasie et de Bavière dans les vallées des Slaves, et furent battues ; puis le marchand, prenant l'offensive à son tour, remporta une victoire signalée sur les meilleures troupes des Franks, près du château de Wogastiburg ou Woitsberg. Samo devint, par suite de cette victoire, un roi avec qui Héraclius put s'allier sans honte, et le peuple des Vendes carinthiens une sentinelle avancée de l'empire romain sur le Haut-Danube.

Tandis que ces choses se passaient à l'occident de la Hunnie, la dureté insensée des Avars leur attirait à l'orient des adversaires non moins redoutables. Le khakan qui s'était si odieusement signalé par ses perfidies

---

1. Non est possibile ut christiani Dei servi, cum canibus amicitias conlocare possint. *Gest. Dag.*, 27.

2. Si vos estis servi Dei, et nos sumus Dei canes, dum vos assidue contra ipsum agitis, nos permissum accepimus vos morsibus lacerare. Fredeg., *Chron.*, 48. — *Gest. Dag.*, 27. — Aimon., IV, 23.

envers l'empire romain en 622 et 626, *le Réprouvé*, comme disent les écrivains grecs [1], mourut dans cette même année 630, époque de la résurrection des Slaves. Les Bulgares avaient toujours servi les Avars plutôt en frères qu'en vassaux ; ils repoussaient même le titre de vassaux et prétendaient à celui d'alliés. Cette prétention semblait d'autant plus juste, que non-seulement ils étaient de race hunnique comme les Avars, mais qu'ils étaient puissants, leur roi Cubrat ou Kouvrat [2], qui occupait sur le Volga Bulgaris, siége de la nation, ayant lui-même de nombreux vassaux, soit en Asie, soit en Europe; et des colonies bulgares importantes, échelonnées dans les plaines pontiques et jusqu'en Pannonie, faisant, par leur situation, partie intégrante du territoire avar proprement dit. Forts de ces raisons, les Bulgares demandèrent que le chef de l'empire fût désormais choisi à tour de rôle parmi les Avars et parmi eux, et que d'abord la vacance actuelle leur fût dévolue [3]. Le mépris avec lequel les Avars accueillirent cette réclamation indigna les sujets de Kouvrat, qui prirent les armes dans leurs colonies du Danube, mais qui furent vaincus.

Plutôt que de se résigner au joug, dix mille de ceux de Pannonie préférèrent s'expatrier et cherchèrent un asile chez les Franks-Austrasiens [4]. C'était une bien

---

1. Abominandus Chaganus, Deo invisus, odiosus... Παναθεος χαγάνος, θεομισής. *Chron. Pasch., et alibi.*

2. Cubratus, Curatus, Crobatus.

3. Inter Avares cognomento Hunnos, et eos qui Bulgari dicuntur magna surrexit contentio, cui deberetur regni successio; utrum ex Bulgaris orto, an ex Avarum semine procreato... Aimon. *Gest. Franc.*, IV, 24.

4. Dagobertum expetunt regem Francorum, poscentes vacantem tellurem sibi concedi. *Id., loc. cit.*

faible troupe qu'un aussi grand royaume que l'Austrasie n'eût pas dû craindre, composée qu'elle était en majeure partie d'enfants, de femmes et de vieillards ; toutefois les Bulgares avaient si mauvais renom, on se souciait si peu de pareils hôtes ou de pareils voisins, que Dagobert, avant de les admettre, voulut consulter ses leudes, et envoya les émigrants hiverner en Bavière, où on leur fournit des maisons et des vivres [1]. Le conseil des leudes ayant décidé qu'on devait se défaire au plus tôt de ces étrangers dangereux, Dagobert expédia l'ordre secret de les égorger tous dans la même nuit [2]. Il n'en échappa que sept cents, qui se réfugièrent chez les Vendes de Carinthie. Kouvrat fit retomber avec raison la responsabilité de ce désastre sur les Avars et sur leur tyrannie, et pour commencer à se venger d'eux, il envoya une ambassade à Constantinople, sollicitant l'amitié de l'empereur. Héraclius répondit à ces ouvertures par l'envoi d'une autre ambassade chargée de remettre au roi bulgare le titre de patrice, qui le constituait officier romain, et l'empire avar se trouva limité à l'est par la puissance de Kouvrat, comme il l'était au sud-ouest par celle de Samo.

Ce n'était encore là qu'un préliminaire aux plans politiques d'Héraclius. L'empereur entra en pourparlers avec une confédération de Vendes et de Slovènes qui habitait, sur le revers septentrional des Carpathes, les bords de l'Oder supérieur et de la Vistule, la con-

---

1. Cum amicis deliberat quid de eis agendum sit. Aimon. *Gest. Franc.*, IV, 24.

2. Sapienti consilio Francorum rex Bajuvariis jubet ut Bulgares illos cum uxoribus et liberis, unusquisque unumquemque in domo sua in una nocte interficeret. *Gest. Dagobert.*, 28.

fédération des *Khorwates, Khrobates* ou Croates, dont le nom signifiait *montagnards* [1], et lui offrit, si elle voulait émigrer au midi du Danube, une portion des terres que les Avars y avaient usurpées. Une des plus puissantes tribus de cette confédération se laissa séduire, et partit sous la conduite de cinq frères, Cloucas, Lobel, Cosentzès, Mouclo et Chrobate, et de leurs deux sœurs, Touga et Bouga : Héraclius les lança sur la Dalmatie [2]. Les Avars, maîtres de cette belle province depuis soixante ans, en avaient fait presque un désert, et Salone, si célèbre jadis par sa splendeur, s'était transformée sous leurs mains en un monceau de débris. En concédant la Dalmatie aux Croates, l'empereur leur donnait une conquête à faire, et ils n'en vinrent pas à bout sans beaucoup de peine et de temps. Quelques restes de la nation avare réussirent même à se maintenir çà et là dans le pays [3].

La partie des provinces dalmates abandonnée aux Croates s'étendit le long du golfe Adriatique depuis les montagnes de l'Istrie jusqu'au fleuve Zentinas, qui se jette dans cette mer au nord de la Narenta, et à l'intérieur des terres, de l'ouest à l'est, jusqu'à la limite des contrées qu'occupèrent plus tard les Serbes. Ils se répandirent sur tout le plat pays, les places maritimes et les principales îles du golfe continuant d'appartenir

---

1. Χρωβάται. Chrobates, Chrebet, Cherwati, Horwath.
2. Una generatio, nempe quinque fratres, Clucas, Lobelus, Cosentzes, Muchlo, Chrobatus, duæque sorores Tuga et Buga una cum suis populis, in Dalmatiam venit. Constant. Porphyr. *De Admin. Imp.*, c. 30.
3. Bello per annos aliquot inter eos gesto vicerunt Chrobati, Avarumque alios quidem interfecerunt, alios vero parere sibi coegerunt, atque ex illo tempore a Chrobatis possessa hæc regio fuit, suntque etiam nunc in Chrobatia Avarum reliquiæ, et Avares esse cognoscuntur. *Id. ibid.*

aux Romains. Liés à l'empire par les conditions ordinaires des nations fédérées et reconnaissant son domaine souverain, les Croates gardèrent leurs lois particulières et furent gouvernés par des chefs locaux qui portaient le titre de *zoupans* [1]. L'empire romain acquit, par suite de leur établissement, au lieu d'une population ennemie et féroce comme étaient les Avars, une population active, brave et fidèle ; mais ce n'était pas tout de les attacher à l'empire par des liens matériels : Héraclius voulut les y unir plus étroitement par la conformité de croyance et de culte. Il engagea le pape à leur envoyer des évêques et des prêtres pour les catéchiser et les baptiser. On raconte qu'au moment de leur baptême le pape leur fit jurer de n'envahir jamais le territoire d'autrui et de vivre en paix avec tous leurs voisins, leur promettant de son côté l'assistance de Dieu et de l'apôtre saint Pierre, s'ils étaient attaqués injustement. Ce traité avec le ciel, *cet oracle*, comme dit l'écrivain grec [2] qui nous fournit cette anecdote, les aida merveilleusement dans l'observation des traités terrestres avec l'empire. La nouvelle Croatie fut distinguée de sa métropole, la Croatie des Carpathes, par la qualification de *baptisée ;* l'autre fut nommée par les Romains Croatie *non baptisée*, et par les Slaves *Belo-Khrobatie*, mot qui signifiait *Croatie-Blanche* ou *Grande-Croatie* [3].

---

1. Ζουπάνος. — Constantin Porphyrogénète semble dire que ce mot signifiait vieillards. Ἄρχοντας... ταῦτα τὰ ἔθνη μὴ ἔχει, πλὴν ζουπάνους γέροντας... *De Admin. Imp.*, c. 30. Il est souvent question dans l'histoire de Hongrie de Zoupans ou seigneurs, *seniores*.
2. Constant. Porphyr., *ibid.*
3. Belo-Chrobati, id est Albi-Chrobati... Magna Chrobatia, non baptizata et alba. Const. Porphyr., *ub. sup.* 30, 31, 32. — *Beli* en slave et

La cession de la Dalmatie aux Croates fut un appât pour les autres nations slaves : une masse considérable de tribus se mit en mouvement des bords de l'Elbe pour se rendre à l'appel d'Héraclius ; elles appartenaient à la confédération des *Srp*, que les Grecs appelaient *Serbles* [1] et que nous nommons Serbes, confédération de tribus vendes répandues sur les territoires de la Lusace et de la Misnie, et connues encore au moyen âge sous l'appellation de Sorbes et Sorabes. Deux frères venaient d'hériter du pouvoir souverain sur ces tribus, l'un d'eux en entraîna la moitié et émigra avec elles. Héraclius lui céda la Mésie supérieure, la Dacie et la Dardanie [2] ; mais le prince serbe, mécontent de son lot, qu'il trouva ou trop médiocre ou trop voisin de la Pannonie avare, repassa la Save et la Drave pour retourner dans sa patrie. Chemin faisant, il se ravisa et s'adressa à l'officier romain qui commandait sur le Danube, pour obtenir son pardon de l'empereur et en même temps une plus grande étendue de territoire [3]. Héraclius, désireux de conserver ces émigrés, ajouta à leur première concession la

---

Bielo en russe, signifient effectivement *Blanc*, et *Beli* ou *Veli* a le sens de *Grand*. Lucius, *De regn. Dalm.*, I, 11, p. 45. — V. la note de S. Martin, *Edit.* de Lebeau, t. xi, p. 35.

1. Constantin Porphyrogénète, *De Admin. Imp.*, c. 32, les désigne sous ce nom, Serbli, οἱ Σέρβλοι : les écrivains latins du moyen âge les appellent Serbi, Sorbi, Sorabi, Servii.

2. Principatu autem Serbliæ a patre ad duos fratres devoluto, alter sumpta populi parte dimidia, ad Romanorum imperatorem Heraclium confugit; qui ei excepto locum ad inhabitandum dedit in Thessaloniæ themate... Const. Porphyr., *De Admin. Imp.*, c. 32.

3. Sed cum trajecissent Danubium, pœnitentia ducti per prætorem, qui tunc temporis Belegradum administrabat, ab Heraclio imperatore petierunt ut aliam sibi terram ad inhabitandum assignare vellet. *Id. ibid.*

contrée située au sud, depuis les montagnes qui couronnent la Macédoine jusqu'à Dyrrachium et au centre de l'Épire. Ainsi furent créés les États de Servie et de Bosnie. La constitution des Serbes fédérés ressembla beaucoup à celle des Croates ; ils gardèrent leurs princes particuliers sous la souveraineté de Byzance et se firent chrétiens. Rome fut aussi leur institutrice religieuse, bien que depuis le schisme ils se soient ralliés à l'église grecque. Le Bas-Danube eut aussi ses émigrants, qui lui vinrent, selon toute probabilité, de la branche des Slaves orientaux. De ce nombre furent sept petits groupes qui s'établirent le long du fleuve, au midi de ses cataractes, et qu'on appela les *Sept-Nations*, et les Slaves *Severenses* ou *Séwères*, qui reçurent un domicile au pied de l'Hémus, un peu au midi de Varna. On compta dès lors en Europe deux Servies comme on comptait deux Croaties : une Servie baptisée et romaine, et la mère-patrie, barbare et païenne, que les Slaves appelèrent *Servie-Blanche* ou *Grande-Servie*.

Héraclius avait rattaché les Bulgares à l'empire sans les admettre sur son territoire : mais ils surent bien s'y faire une place eux-mêmes après sa mort. Le fidèle roi Kouvrat, ayant laissé après lui cinq fils qui, moins sages que leur père, morcelèrent entre eux son royaume, Asparukh, l'un d'eux, vint avec ses tribus s'établir près des bouches du Danube dans un terrain bordé d'un côté par de vastes marais et de l'autre par des roches abruptes[1]. Retranché là comme dans un

---

1. Tertius cui Asparuch nomen, superatis Danastro et Danapri flumi-

fort, il harcelait à l'est les Avars, au midi les Romains, pour qui il n'avait pas d'aussi bonnes dispositions que son père. Il finit par passer le Danube, s'emparer de Varna et fonder le grand État qui porte encore aujourd'hui le nom de Bulgarie. Quoique les Bulgares n'eussent ni la soumission des Serbes, ni la fidélité des Croates, l'empire s'accommoda avec eux. Trouvant le pays déjà occupé en partie par les émigrations slaves des Séwères et des Sept-Nations, ils les conservèrent dans leur sein. Ils reçurent également toutes les alluvions d'émigrés antes et slovènes que la Slavie leur envoya, de sorte que leur domination devint mi-partie bulgare et mi-partie slave, et que même les habitudes et la langue des Slaves y prévalurent avec le temps. Le christianisme est venu, mais plus tard, compléter le mélange.

Ces établissements, qui dressèrent une barrière vivante sur le Danube, en face de l'empire avar et sur ses flancs, l'emprisonnèrent en quelque sorte chez lui et le forcèrent à replier sur lui-même son activité malfaisante. Ce fut pour cet État, qui n'avait d'industrie que la guerre, une période de dissolution rapide; toutes les causes de désordre intérieur l'attaquèrent à la fois, et l'imitation des mœurs romaines, non épurées par le christianisme et par les lumières de la civilisation, acheva de le corrompre et de l'affaiblir. Dès l'année 630, le peuple avar n'est plus mentionné dans les événements de l'empire d'Orient, et les succes-

---

nibus, ad Onclum amnem profectus, tutum et inexpugnabilem ea utraque parte locum conjectatus, sedem et habitationem mediam habere constituit. Theophan., *Chronogr.*, p. 298.

seurs d'Attila cessent d'y figurer à côté des successeurs de Constantin : il fallut de nouvelles guerres en Occident pour ramener sur la scène de l'histoire les kha-kans avars et leur peuple. Les écrivains grecs nous donnent comme un des signes les plus manifestes de l'amollissement de ces fils des Huns l'abandon qu'ils font au VIIe siècle de leur costume national pour adopter les stoles ou robes traînantes[1] des Pannoniens, au moins comme vêtement civil. Les parfums de l'Arabie, les épices de l'Inde, l'ivoire, la soie, les perles deviennent un des besoins de leur vie pour la satisfaction duquel ils restituent à l'empire romain les richesses dont ils l'ont dépouillé. Un luxe grossier toujours croissant est au dehors la marque de leur décadence, au dedans une lèpre incurable les ronge, et ne leur permit jamais de recouvrer leur première énergie.

On raconte à ce sujet, qu'après la chute définitive de l'empire avar sous la puissante main de Charlemagne, un roi des Bulgares qui avait coopéré pour sa part à la destruction de l'empire des Huns, le fameux Crumn ou Crem devant lequel trembla Constantinople en 814, se demanda un jour quelles causes principales avaient amené la dissolution de cette nation jadis si redoutable, et qu'une communauté d'origine liait à la sienne. Préoccupé de sa recherche philosophique, il fit choisir parmi les captifs avars détenus dans son camp, ceux qui passaient pour les plus sages et les plus expérimentés afin de les consulter sur le sujet de ses méditations. On lui amena quatre vieillards auxquels il posa la question suivante : « A quelles causes doit-on attribuer

---

1. Suid. voc. *Bulgar.*

la perte de votre chef et de votre nation[1] ? » Celui qui avait le plus d'autorité parmi les captifs lui répondit en soupirant : « O roi, les causes ont été nombreuses et de diverse nature. Ce fut d'abord la calomnie qui, éloignant de nos kha-kans les conseillers fidèles et justes, a fait tomber le gouvernement dans des mains iniques ; ce fut ensuite la corruption des juges, ceux qui étaient chargés de distribuer la justice parmi le peuple s'étant associés aux hypocrites et aux voleurs[2]. Puis l'abondance du vin a produit l'ivrognerie[3] : les Avars ont perdu le sens en même temps qu'ils ont débilité leur corps. Enfin le goût du commerce est venu consommer notre ruine : les Avars sont devenus des marchands, ils se sont trompés les uns les autres, et le frère a été pour le frère un objet de trafic[4]. Telle fut, ô prince, la lamentable source de nos malheurs. » L'histoire ajoute que Crumn, effrayé de ces révélations, et tremblant lui-même pour les Bulgares, promulga les lois suivantes, qu'il fit, dit-on, approuver par l'assemblée générale de la nation : « 1° que les vignes fussent arrachées dans toute l'étendue de la Bulgarie ; 2° qu'on donnât à tout mendiant de quoi le tirer du besoin, et que s'il était repris en état de mendicité, on le vendît comme esclave ; 3° que tout Bulgare en dénonçant un autre, fût mis aux fers jusqu'à ce que son dire eût été vérifié ; que le calom-

---

1. Captivos Cremus interrogavit : unde putatis vestrum ducem et totam gentem periisse ? Suid. *voc. Abar.* et *Bulgar.*
2. Injusti homines et fures judicum socii facti sunt. *Id., ibid.*
3. Deinde ebrietas... *Id., ub. sup.*
4. Deinde negotiatio, omnes enim facti sunt mercatores, et alios alii deceperunt. *Id. loc. cit.*

niateur fût condamné à perdre la tête, et le voleur à avoir les jambes rompues ». C'est là ce que quelques historiens appellent gravement, sur le témoignage de Suidas, les *Institutions du roi Crumn;* je crois plus prudent de n'y voir qu'un de ces apologues dans lesquels les Orientaux aiment à renfermer des leçons de morale pour les individus et des conseils pour les peuples.

En 662, l'histoire nous montre les Avars qu'un événement fortuit vient de mêler aux troubles du royaume de Lombardie, y jouant un rôle qui ne leur est pas habituel. Grimoald, duc de Bénévent, avait renversé du trône le roi lombard Pertaride, trahi par une partie de ses sujets, et celui-ci n'avait eu que le temps de s'échapper de Milan, laissant sa femme Rodelinde et son fils Cumbert au pouvoir de son ennemi. Traversant les Alpes avec grande peine et sous un déguisement, il était venu demander asile au kha-kan des Avars qui l'avait bien accueilli. Son exil durait depuis deux ans, lorsque Grimoald, qui s'était fait proclamer roi, et qu'un rival embarrassait, signifia secrètement au kha-kan des Avars qu'il n'y avait plus de paix possible entre eux s'il gardait Pertaride[1]. Un certain temps se passa pendant lequel des négociations semblèrent se poursuivre, puis tout à coup Pertaride disparut : et l'on sut qu'il était allé à Pavie se remettre à la merci de Grimoald. Un cri de réprobation s'éleva alors contre le kha-kan, cet hôte déloyal qui, disait-on, avait livré

---

1. Mandavit ut, si Pertaridum in suo regno detineret, pacem quam cum Langobardis et secum habuerat, habere non posset. Paul. Diac., v, 1.

indirectement Pertaride, en lui retirant le seul refuge qui pût garantir sa tête; et l'on ne se donna pas la peine d'examiner les faits, car le nom d'Avar justifiait aux yeux de tous une accusation de perfidie. Pourtant c'était le contraire qui avait eu lieu, comme on le sut de la bouche de Pertaride lui-même, à qui Grimoald laissa la vie, et qui, dans sa destinée vagabonde, ne trouva pas partout autant de sécurité que chez les Avars. Voici comment il s'exprimait à ce sujet dans sa vieillesse, causant confidentiellement avec un ami et se plaisant peut-être à mettre en regard la fidélité de certains chrétiens avec celle que ces païens des bords du Danube lui avaient jadis montrée. « Au temps de ma jeunesse, disait-il, quand j'errais, chassé de mon trône, exilé de ma patrie, je trouvai un asile près d'un roi païen qui gouvernait les Huns. Ce roi me jura sur l'idole qu'il adorait, que je ne serais point trahi ni livré à celui qui me persécutait[1]. Peu de temps après arrivèrent dans son royaume des émissaires de mon ennemi, lesquels lui offrirent un plein boisseau d'or s'il me tuait ou me remettait à eux pour être tué. — Oh! non, répondit mon hôte, j'ai pris mes dieux pour témoins de ma parole; qu'ils tranchent ma vie à l'instant, si je fais ce que vous me demandez[2]. » C'était alors que Pertaride, par un acte de générosité réciproque, s'était enfui de la Hunnie à l'insu du kha-kan et avait offert lui-même sa tête à Grimoald.

---

1. Fui aliquando in die juventutis meæ exul de patria, expulsus sub pagano quodam rege Hunnorum degens, qui iniit mecum fœdus in deo suo idolo, ut nunquam me inimicis meis prodidisset, vel dedisset. Eddius. *Vit. Wilfrid., Ebor. Episc.*, ap. Mabillon. Act. SS. Or. S. Ben., c. 27.

2. Dii mihi vitam succidant, si hoc piaculum facio, irritans pactum deorum meorum. *Id., ibid.*

Telle était la vérité, attestée par celui qui la connaissait le mieux, mais elle parut si invraisemblable que tout le monde refusa d'y croire; et les historiens du temps ont persisté à nous peindre le kha-kan des Avars comme un lâche et un perfide qui avait vendu son hôte.

Huit ans après, nous retrouvons les Avars en parfaite intelligence avec ce même Grimoald, si bien que le roi lombard ayant à se plaindre du duc de Frioul, Lupus, qui, profitant de ses embarras dans le midi de l'Italie, s'était mis en révolte contre lui, crut pouvoir recourir en toute confiance à son ami le kha-kan : il le pria de passer les Alpes avec une bonne armée afin de réduire au devoir son vassal insubordonné. Le kha-kan ne se le fit pas dire deux fois, et descendit les montagnes avec toutes ses troupes divisées en deux corps dont lui-même commandait le premier. Celles du duc, à son approche, coururent se retrancher près du golfe Adriatique dans un lieu assez fort, nommé alors Fluvius[1], et que les Italiens appellent aujourd'hui *Fiume*. Le kha-kan n'hésita pas à l'y venir attaquer avec sa seule division. La rencontre fut rude, et le combat bien opiniâtre, s'il est vrai, comme le racontent les historiens, qu'il dura trois jours entiers. Le premier jour, suivant eux, Lupus eut le dessus sans presque éprouver de pertes; le second jour, il conserva l'avantage, mais en laissant sur la place force morts et blessés; et le troisième jour, les armées se séparèrent sans que ni

---

[1]. Veniente Chagano in loco qui Fluvius dicitur, per tres dies Lupus dux cum Forojulianis, adversus Chagani exercitum conflixit. Prima die... Paul. Diac., v, 20.

l'une ni l'autre pût se dire victorieuse. Mais le quatrième jour, les Frioulois ayant aperçu les coteaux environnants se couvrir de nouvelles troupes ennemies (c'était la seconde division des Huns qui arrivait), l'épouvante les prit, et ils décampèrent. Telle fut leur ardeur à fuir qu'ils n'emportèrent avec eux ni leurs blessés ni leurs morts, au nombre desquels était leur duc, dont le cadavre resta au pouvoir des Huns. En un instant, toute cette puissante armée se dissémina dans les villes closes et les châteaux, laissant le plat pays exposé sans défense à toutes les dévastations. Les Avars en profitèrent pour piller et détruire avec une sorte de rage : ils incendiaient les récoltes, ils coupaient les arbres, ils rasaient les maisons, ils réduisaient les habitants en servitude quand ils ne les tuaient pas[1]. Si on les eût laissés faire, ils changeaient en un désert affreux ce beau pays du Frioul, la perle de la Lombardie.

Revenu de Bénévent sur ces entrefaites, Grimoald adressa de Pavie au kha-kan un message par lequel, tout en le remerciant de ses services, il l'invitait à retourner chez lui, plutôt que de réduire à néant, comme il faisait, une terre lombarde. « Cette terre est à moi, répondit froidement le barbare, je l'ai gagnée à la pointe de ma lance et ne la céderai à âme qui vive[2]. » Il fallait se battre sans délai ou se résigner à perdre le Frioul ; et Grimoald presque sans armée, car

---

1. Per omnes eorum fines discurrentes, cuncta rapinis invadunt, vel supposito igne comburunt. Paul. Diac., v, 20.

2. Qui legatos ad Grimoaldum mittunt dicentes : Forum Julii se minime relicturos, ut quod armis propriis conquisissent. Id., ibid.

ses troupes étaient encore pour la plupart dans le midi de l'Italie, n'hésita point à se mettre en campagne. Sa prompte apparition étonna l'ennemi, qui ne l'attendait pas si tôt ; et comme il achevait de dresser son camp, il vit arriver vers lui deux parlementaires ou plutôt deux espions qui, sous prétexte de propositions d'arrangement, étaient chargés d'observer ses forces. Grimoald ne se méprit point sur leur intention, et tout en affectant de les bien recevoir, il les retint constamment à ses côtés, les surveillant de près, et ne leur permettant de voir que ce qu'il voulut bien leur montrer. Ainsi l'on raconte qu'il fit défiler devant eux à plusieurs reprises les mêmes corps de troupes différemment équipés[1] pour simuler une armée double ou triple de celle qu'il avait réellement. Les espions avars s'y trompèrent ; et dupes de la ruse du Lombard, ils allèrent communiquer leur frayeur au kha-kan, qui partit le jour même sans oser combattre.

---

1. Eosdem ipsos, quos habebat, diverso habitu, variisque instructos armis, ante oculos legatorum per dies aliquot, quasi novus jugiter exercitus adveniret, frequenter transire fecit. Paul. Diac., v, 21.

CHAPITRE CINQUIÈME

Premières missions chrétiennes en Hunnie. — Saint Émeramme de Poitiers; saint Rupert. — Destruction de la ville de Laureacum et de l'œuvre de saint Rupert. — Les Huns sont repoussés derrière le mont Comagène.—Révolution survenue dans l'empire frank; une nouvelle dynastie remplace les rois mérovingiens; grandeur de la France sous Charlemagne. — Deux ennemis menacent l'empire frank; les Saxons au nord de l'Allemagne, les Grecs en Italie; situation intermédiaire des Avars. — Haine de Tassilon, duc de Bavière, et de sa femme Liutberg contre Charlemagne. — Apparition des Huns à la diète de Paderborn. — Défaite des Franks près du mont Suntal; exécution de quatre mille cinq cents Saxons. — Witikind se soumet; il est baptisé. — — Tassilon négocie avec les Avars ; mandé à la diète de Worms, il refuse de s'y rendre. — Une armée franke marche sur la Bavière; Tassilon renouvelle son serment de fidélité et livre des otages. — — Alliance de Tassilon avec les Huns. — Dénoncé par ses leudes, il est jugé à Ingelheim et condamné à mort; Charlemagne lui fait grâce de la vie; Tassilon se fait moine. — Les Huns descendent en Italie pour se joindre aux Grecs; les Grecs et les Huns sont battus. — Les Huns envoient une armée en Bavière et sont défaits. — Charlemagne leur déclare la guerre.—Sentiment de la Gaule à cette nouvelle; préparatifs et plan de campagne de Charlemagne; la reine Fastrade le suit à Ratisbonne.— Fortifications du pays des Huns; ce que c'était que les *Hrings* ou *Rings*. — Charlemagne fait célébrer les litanies; sa lettre à Fastrade.—Il attaque le rempart du mont Comagène sur la rive droite du Danube; Theuderic attaque celui de la Kamp sur la rive gauche; double victoire des Franks. — Charlemagne pousse jusqu'au Raab, Theuderic jusqu'au Vaag; siége de la grande île du Danube.— Succès de l'armée d'Italie commandée par Pépin; le jeune roi pénètre dans la presqu'île sirmienne; il prend et pille un des Rings intérieurs. — Une épizootie se répand sur les chevaux des Franks. — Fin de la campagne.

649 — 791

L'empire romain d'Orient ne montra jamais le moindre souci de la conversion des Avars livrés, comme on sait, aux plus grossières superstitions du chamanisme ; on eût dit au contraire qu'il prenait à tâche de leur conserver bien intact, comme une sauvegarde de leur barbarie, ce paganisme ridicule et féroce qui les rendait odieux, et créait une barrière de plus entre eux et leurs voisins, les Slaves baptisés du Danube. C'est du fond de l'Occident que la lumière de l'Évangile essaya de se lever sur les successeurs d'Attila. Un saint prêtre de Poitiers, nommé Emerammus, conçut la première pensée d'aller les catéchiser [1]. Pour comprendre ce qu'un tel projet supposait de hardiesse et de dévoûment, il faut songer que la Hunnie était parfaitement inconnue des occidentaux, et que le nom de Huns ne réveillait en eux qu'une idée effrayante de maléfices diaboliques et de cruauté sauvage. Émeramme n'hésita pourtant point à partir; pressé en quelque sorte par l'aiguillon du martyre, un beau jour, il dit adieu aux rives du Clein, gagna celles du Danube, s'embarqua sur ce fleuve, et arriva en 649 dans les murs de Ratisbonne [2], principale ville de la Bavière. Il ne voulait que traverser le territoire des Bavarois pour atteindre la frontière des Huns en toute hâte ; mais son apostolat n'était point destiné à rencontrer les obstacles et les périls là où ils les avait rêvés.

La Bavière était alors en proie à de profondes perturbations moitié religieuses, moitié politiques. Gouverné par ses ducs héréditaires mais soumis à la suprématie des Franks-Austrasiens, ce pays n'avait reçu l'Évangile que sous le patronage de l'épée franke, et il

---

[1]. Emerammus ortus Pictavis Aquitaniæ urbe, de Avarum conversione cogitabat. *Vit. S. Emeramm.*, German. Sacr., I, p. 105.

[2]. E Gallia, periculum gloriosum vitæ inter Avares ponendæ attraxerat .. Ratisbonam appulit. *Ibid.*

le regardait au fond comme une partie de son vasselage. Suivant que les Bavarois étaient en révolte ou en paix avec leurs maîtres politiques, on les voyait idolâtres ou chrétiens ; bons catholiques le lendemain d'une défaite, ils revolaient vers leurs anciens dieux à la moindre chance de liberté, « se passant tour à tour, comme disent les vieux actes, le calice du diable et le calice du Christ »[1]. Dans cette situation d'esprit, ils ne voyaient qu'avec inquiétude des étrangers pénétrer chez eux : tout homme venant de Gaule leur était naturellement suspect, et il le devenait davantage s'il portait comme Émeramme la tonsure et l'habit ecclésiastique : alors on le circonvenait, on l'observait, on lui montrait une hostilité plus ou moins déclarée, plus ou moins active suivant les circonstances. C'est ce qui ne manqua pas d'arriver au missionnaire poitevin. Le duc Théodon, d'accord en cela avec son peuple, accueillit le Gaulois à bras ouverts, l'interrogea sur l'objet de son voyage, et quand il apprit que c'était la conversion des Huns, il fit tout pour l'en détourner. « Dieu me garde, lui dit-il, de m'opposer à une si sainte entreprise, mais sache bien qu'elle est impossible. La contrée située au delà de l'Ens, notre frontière du côté du levant, contrée jadis bien cultivée et couverte de villages, n'est plus aujourd'hui qu'une forêt peuplée de bêtes fauves, un désert qu'on ne peut franchir en sûreté, tant la guerre y a tout détruit[2].

---

1. Patres filiis suis calicem Christi ac dæmonum promiscue offerebant. *Vit. S. Emeramm.*, Germ. Sacr., 1, p. 105.

2. Ut loca quondam cultissima sylvis et bestiis horrerent, neque daretur transire volentibus, iter faciendi potestas. *Vit. S. Emeramm., ubi sup.*

Reste avec nous ; les Bavarois ont besoin de tes leçons ; ils en profiteront mieux que ces païens maudits que tu vas chercher. Préfère, pour la gloire de Dieu, un fruit certain de tes sueurs à une moisson plus qu'incertaine. »

Ces avertissements affectueux, ces invitations répétées du ton en apparence le plus sincère, ne convainquirent point Émeramme dont la résolution était fermement arrêtée ; il insista pour partir, on redoubla de caresses ; et quand il voulut le faire il s'aperçut qu'il était prisonnier. Le duc semblait céder, puis refusait, traînait le missionnaire de retard en retard, de prétexte en prétexte ; si bien que celui-ci, perdant enfin courage, s'en remit à la volonté du Ciel. Ce n'est pas que la Bavière tirât grand profit de sa présence ; malgré les beaux semblants de zèle que chacun affichait devant lui : il y avait là une énigme dont il finit par savoir le mot. Les Bavarois aimaient mieux conserver en Hunnie des païens qui pourraient les aider au besoin à secouer, du même effort, le christianisme et le joug des Franks, que des convertis d'un prêtre gallo-frank qui, de la condition de néophytes chrétiens, passeraient bientôt à celle de vassaux de la France. Ce raisonnement n'était peut-être pas dénué de bon sens ; en tout cas, Théodon se montra inflexible, et le chemin de la Hunnie resta fermé au prisonnier. Trois ans s'écoulèrent ; Émeramme demanda enfin que pour prix de ses travaux apostoliques en Bavière on le laissât partir pour Rome, où il avait, disait-il, un pèlerinage à accomplir. Le duc consentit et il se mit en route, mais après quelques jours de marche, il tomba dans une embuscade de brigands bavarois qui l'assaillirent, et le propre fils du duc Théodon, nommé Lambert, le frappa de sa main, lui reprochant contre toute vérité d'avoir corrompu sa jeune sœur nommée Utha [1]. Théodon eut beau désavouer le meurtre et condamner le meurtrier à un bannissement perpétuel; il eut beau aller avec toute la noblesse bavaroise au-devant du cadavre de la victime, transféré en grande pompe à Ratisbonne, il ne se lava point du soupçon d'avoir dirigé lui-même les coups. Toutefois son but était rempli, la conversion des Avars était reculée indéfiniment.

Au meurtre de saint Émeramme que l'Église qualifia de martyre succéda chez les Bavarois une longue anarchie civile et religieuse, les uns revenant avec ardeur au paganisme, les autres se maintenant chrétiens, mais d'un christianisme rendu presque méconnaissable par un bizarre mélange de superstitions païennes et d'hérésies. L'épée austrasienne vint à plusieurs reprises remettre l'ordre dans ce chaos, toutefois, il durait encore en 696, lorsque fut tentée une seconde mission religieuse chez les Huns. Elle le fut par Rudbert ou Rupert, évêque de Worms, qui reprenant l'idée d'Émeramme vint débarquer par le Danube à Ratisbonne [2] où il put contempler les reliques de son prédécesseur martyrisé, dont la vue ne l'effraya point. Rupert appartenait à cette classe du clergé gallo-frank qui, sorti de la race conquérante, en ressentait encore les instincts, et joignait aux dons chrétiens de l'humilité et de la

---

1. Uta, Ota, Oda.
2. *Vit. S. Rudebert. Episc. Saltzburg,* Mabill., Act. SS. O. B.; Germ. Sacr., II.

patience, l'audace des entreprises et l'autorité du commandement. Le pacifique gouvernement des églises et la vie oisive des cloîtres ne suffisaient pas toujours à ces pasteurs des races guerrières : il leur fallait de l'agitation, des bois, des montagnes, des conquêtes; et on les voyait souvent, cédant au besoin des saintes aventures, échanger la crosse d'or de l'évêque pour le bâton noueux du pèlerin. C'est ce que venait de faire Rupert qui se vantait d'avoir dans les veines du sang des rois mérovingiens [1], mais qui n'était guère moins fier des cicatrices de son martyre, un duc germain idolâtre l'ayant fait prendre un jour et battre de verges jusqu'au point de le laisser pour mort sur la place [2]. Ce n'est pas à un tel homme venu en Bavière avec le dessein de n'y point rester, qu'on aurait aisément barré le chemin; d'ailleurs l'esprit des Bavarois châtiés par Pépin d'Héristal, se trouvait alors disposé au calme et à la résignation. Rupert s'occupa d'eux volontiers, et pendant un séjour de quelques semaines à Ratisbonne, il les aida à redevenir chrétiens. Dans le doute où il se trouvait de la foi de chacun d'eux, il prit le sage parti de les rebaptiser tous, ce qu'il fit avec l'aide de ses clercs et à commencer par le duc [3]. Libre alors de tous devoirs de conscience, vis-à-vis de la Bavière, il continua son voyage par eau, en descendant le Danube le long de sa rive droite, débarquant près des villes et

---

1. Ex regali Francorum progenie ortus. *Vit. S. Rudbert.*, n. 1.
2. La légende dit que c'était un duc de Worms.
3. Ipsum et multos alios istius gentis nobiles atque ignobiles viros, ad veram Christi fidem convertit, sacroque baptismate regeneravit. *Ibid*, n° 2. — Lavacro sincero retinxit. German. Sacr., t. II, p. 39.

des bourgs, partout où des populations nombreuses semblaient appeler ses prédications. Il ne lui advint aucun mal, et de cette façon il put pousser jusqu'au confluent de la Save qui servait de limite entre la Hunnie et l'empire grec. Là, il quitta sa barque pour pénétrer dans l'intérieur du pays et opérer son retour par terre, en traversant d'un bout à l'autre les deux provinces pannoniennes.

Ce retour se fit également sans encombre. Les Avars surpris, inquiets peut-être, laissèrent Rupert remplir sa pieuse mission sans la troubler et sans le maltraiter en quoi que ce fût : il put même croire qu'il avait fait des prosélytes. Après avoir ainsi répandu parmi ces barbares l'enseignement du christianisme, il s'arrêta dans la vallée que baigne la rivière de Lorch sur la lisière du territoire bavarois. Au lieu où cette rivière se jette dans le Danube, un peu au-dessus de l'Ens, s'élevait alors une ville que les actes désignent sous le nom latin de *Laureacum* : c'était une des places fortes du pays, protégée qu'elle était au nord par le Danube, à l'est par l'Ens, à l'ouest et au sud par le lit et les marais du Lorch. Rupert comme un commandant d'armée en fit le quartier général de sa prédication qu'il étendit chez les Vendes Carinthiens, franchissant courageusement le Hartberg, c'est-à-dire la *Dure-Montagne*, pour pénétrer dans les retraites sauvages des Slaves[1]. Il y trouva, à ce qu'il paraît, des esprits soumis et sincères ; et après avoir vu pour prix de ses travaux

---

1. Pertransiens omnem Alpiarum regionem ad Carentanorum regnum pervenit... transcensoque monte altissimo, Mons-durus appellato, prædicavit Wandalis. *Vit. S. Rudbert.* — German. Sacr.

apostoliques, des églises se construire en grand nombre et des monastères se fonder, il se retira à Passau, laissant des clercs ordonnés par ses mains poursuivre et perfectionner son ouvrage.

Ses leçons toutefois n'avaient point fructifié dans l'esprit rétif des Avars; non seulement le paganisme persista généralement parmi eux, mais, à l'incitation de leurs sorciers, ils se prirent d'une haine féroce contre tout ce qui rappelait la mission de leur apôtre Rupert. En 736, s'étant jetés sur la ville de Laureacum, ils y dévastèrent particulièrement les lieux saints; et l'évêque et ses prêtres auraient été tous égorgés, s'ils n'avaient réussi à sortir de la place, emportant dans leur fuite les ornements et les vases sacrés des églises[1]. La colère des Avars, trompés dans leur cruauté, se déchargea sur les monuments eux-mêmes; tout fut incendié et détruit, églises, maisons, murailles, à tel point que, plus d'un siècle après on hésitait sur l'emplacement qu'avait occupé cette ville infortunée : on croyait en retrouver la trace aux ruines d'une basilique dédiée à saint Laurent dont Rupert avait fait là métropole de sa mission[2] : fragile citadelle d'un établissement si vite disparu. Les Bavarois répondirent à l'attaque des Huns par d'autres attaques. Ceux-ci réclamaient l'Ens pour leur limite occidentale au midi du Danube; les Bavarois voulaient la reporter plus loin; elle fut prise et reprise dix fois en vingt ans, et le fleuve

---

1. Quo se suosque hostium prædæ subtraheret, cum omni sacræ suppellectilis instrumento Pataviam se contulit. German. Sacr., t. I, p. 121.

2. Urbs sæpius vastata, tandem circa annum 737 funditus eversa, ne vestigium reliquit sui, præter basilicam sancti Laurentii M. quam olim archiepiscopalem putant, intra mœnia sitam. *Ibid.*, t. I, p. 5.

incessamment rougi de sang humain. L'avantage demeura enfin aux Bavarois. Repoussés jusqu'au défilé qui couvre la ville de Vienne du côté de l'ouest, les Huns reçurent pour frontière le Mont-Comagène et ce rameau détaché des Alpes styriennes qui s'appelle aujourd'hui Kalenberg et s'appelait alors Cettius. Ils eurent beau revendiquer de temps à autre ce qu'ils regardaient comme leur vraie limite ; les armes bavaroises, fortifiées de l'autorité de la France, surent les contenir au delà, et le Mont-Comagène, poste avancé de la Hunnie du côté des populations teutoniques, reçut en langue germaine le nom de *Chunberg* qui signifiait montagne des Huns[1].

Tandis que les Avars se retrempaient dans ces luttes contre un peuple belliqueux, et recouvraient quelque peu de leur ancienne énergie, une grande révolution venait de s'opérer dans l'empire gallo-frank. La race de Mérovée, descendue du trône par degrés, était allée finir au fond des cloîtres, ces sépulcres que les mœurs du temps ouvraient aux princes incapables de régner et aux royautés déchues. L'héroïque lignée des maires du palais d'Austrasie avait passé de la souveraineté de fait sur tout l'empire frank à la souveraineté de droit, par la proclamation et le couronnement de Pépin le Bref ; et cet empire, suivant en quelque sorte dans sa progression les destinées d'une seule famille, s'était accru en même temps qu'elle et successivement de Pépin d'Héristal à Charles Martel, et de Charles Martel à Pépin le Bref. Quand celui-ci mourut en 768,

---

1. German. Sacr., t. i, p. 5 ; et ii, p. 71.

son fils Charlemagne se trouvait déjà le plus puissant monarque de la chrétienté. Ce fut lui qui mit le comble à la grandeur de la France et à l'élévation de sa maison. Vers l'an 780 son empire s'étendait en longueur de l'Èbre à la Vistule, en largeur de l'Océan à la mer Adriatique, et de la mer Baltique aux montagnes de la Bohême; embrassant dans son sein l'Espagne septentrionale, l'ancienne Gaule romaine, presque toute l'Italie, le Frioul, la Carinthie, l'Alemanie, la Thuringe, la Bavière, la Saxonie, et les pays slaves limitrophes soit de la Baltique soit des monts Sudètes. Les habitants de ces vastes contrées étaient ou sujets directs des Franks, incorporés à leur territoire propre, ou peuples vassaux gouvernés par des chefs particuliers sous la suprématie de la France; de sorte que la Hunnie, si reculée qu'elle fût vers l'orient de l'Europe, se trouvait doublement voisine de l'empire frank, qui la serrait comme dans une tenaille, d'un côté par la Bavière et la Thuringe, de l'autre, par l'Italie et le duché de Frioul son annexe.

Charlemagne à ce moment avait fait taire tous ses ennemis, excepté deux (il est vrai qu'ils étaient dignes de ce nom), les Saxons, vassaux mal soumis dont les révoltes étaient périodiques, et l'empire romain d'Orient, appelé plus communément l'empire grec, qui cherchait à recouvrer en Italie tantôt par la guerre, tantôt et le plus souvent par l'intrigue, le territoire et les droits qu'il y avait perdus. C'étaient deux causes d'agitation perpétuelle aux deux extrémités de l'empire frank. On donnait alors le nom de Saxonie à toute la largeur de l'Allemagne actuelle, entre l'Océan germanique et les

montagnes de Bohême, et à sa longueur entre la mer
Baltique et le Rhin, non pas que les tribus de race
saxonne occupassent entièrement ce pays, mais parce
qu'elles le dominaient, parce qu'elles avaient réuni
presque tous les peuples germains du nord et même
plusieurs peuples slaves dans une confédération dont
elles étaient l'âme et à qui elles faisaient partager, avec
leur aversion contre les Franks, leurs efforts incessants
pour en secouer le joug. La confédération saxonne
était flanquée à l'ouest et le long de l'Océan par la
petite nation des Frisons, au nord et le long de la
Baltique par celle des Danois, et à l'est par les tribus
sorabes et vendes des bords de l'Elbe supérieur, qui
toutes, sans en être membres nominalement, faisaient
au fond cause commune avec elle et la secondaient de
leurs armes quand elle en avait besoin. Plus à l'est
encore la Bavière vassale de la France, mais vassale
longtemps réfractaire, flottait incertaine au gré des
chances de la guerre, tandis que la Thuringe, partie
intégrante de l'empire frank, se débattait encore sour-
dement sous la main de ses maîtres. Arrière-ban de
la Germanie barbare et païenne, qui menaçait d'une
nouvelle invasion les contrées du midi soumises à des
Germains devenus chrétiens et civilisés, les Saxons se
montraient animés d'une double passion de conquête
et de fanatisme religieux. En vain les Franks mêlant
à leur tour la religion chrétienne et la guerre, forçaient les Saxons vaincus à se faire baptiser et à recevoir des prêtres parmi eux, les Saxons au premier
rayon d'espoir relevaient la colonne d'Irmin, l'idole
des vieux Germains, et massacraient leurs prêtres

chrétiens [1]. Le pillage de la rive gauche du Rhin était l'accompagnement ordinaire de ces insurrections religieuses. Le sort avait donné pour chef aux Saxons un barbare habile et heureux qui balança quelque temps la fortune de Charlemagne, Witikind, l'Arminius de ce dernier âge de la Germanie.

Le second ennemi de Charlemagne, l'empire grec avait alors à sa tête une femme, mais une femme de génie, l'impératrice Irène, mère et tutrice du jeune empereur Constantin VI, surnommé Porphyrogénète. Autant Witikind déployait d'audace et d'activité guerrière pour retarder le progrès des Franks dans le nord de l'Europe, autant l'impératrice Irène montrait d'adresse à leur créer des embarras en Italie. Les Franks n'étaient arrivés à la domination de ce pays que par la faute des empereurs grecs, ennemis du culte des images, Léon l'Iconomaque et Constantin Copronyme, dont le fanatisme follement persécuteur força les possessions grecques de la Haute-Italie à se rendre indépendantes de l'empire d'Orient et l'église romaine à se séparer de l'église grecque. Tandis que les villes de l'exarchat et de la Pentapole, groupées autour de la papauté, cherchaient à se constituer en État libre, les rois lombards, profitant de leur faiblesse, avaient voulu les asservir et menaçaient Rome et le pape lui-même. C'est alors que Pépin, puis Charlemagne, avaient passé les Alpes à l'appel du pape et des Italiens, que le roi Didier, renversé du trône des Lom-

---

[1]. Saxones... reversi ad paganismum, quem primum respuerant, relinquentes christianitatem, episcopos et presbyteros occidebant, et ad culturam idolorum se convertebant. *Chron. Moissiac.*, ad. ann. 792.

bards, avait été jeté dans un cloître, que le trône lui-même avait suivi ce roi dans sa chute et qu'un nouveau royaume d'Italie, placé sous la suprématie de la France, avait été fondé par Charlemagne en faveur de son second fils Pépin.

Les anciennes possessions grecques de la Haute-Italie réunies à la ville de Rome formèrent dès lors, sous le nom de *patrimoine de saint Pierre*, un petit État dont le pape était le chef, en vertu d'une donation faite par Pépin et confirmée par Charlemagne. Cependant l'empire grec possédait encore une portion de l'Italie méridionale, et les ducs de Spolète et de Bénévent, liés à l'ancienne monarchie lombarde, se montraient disposés à faire cause commune avec lui pour rétablir la presqu'île dans son ancien état politique. C'était là en effet l'ambition d'Irène, qui avait fait de Constantinople un centre d'intrigues, dont les fils se croisaient sur toute l'étendue de l'Italie et passaient même par-dessus les Alpes. Lombards, Bénéventins, Italiens ruinés par la guerre ou froissés par un pouvoir nouveau, tous les vaincus, tous les mécontents portaient là leurs espérances ; Adalgise, fils du dernier roi lombard, y sollicitait publiquement l'assistance d'une flotte et d'une armée pour venir relever le trône de son père, et l'impératrice les lui promettait, en même temps qu'elle faisait demander pour son propre fils la fille de Charlemagne, Rotrude, qu'elle se réservait de refuser si le roi des Franks l'accordait. L'astuce proverbiale des Grecs ne s'était jamais montrée plus habile et plus menaçante que dans la politique d'Irène, qui tenait en échec toute la puissance de Charlemagne

en l'empêchant de rien consolider ; en entretenant parmi
les Lombards leur esprit de nationalité et de vengeance,
et parmi les mobiles Italiens le vague espoir d'une condition meilleure. Tout le monde attendait donc avec
la même anxiété, quoique avec des sentiments divers,
le moment où une flotte romaine, sous le pavillon des
Césars byzantins, débarquerait en Italie l'héritier du
trône des Lombards.

Si les Avars, placés entre l'Italie et la confédération
saxonne, étaient entrés de bonne heure dans ces querelles, en se portant soit du côté des Lombards, soit
de celui des Saxons, la guerre pouvait changer de face
ou du moins devenir indécise. Il eût été facile à Didier
d'attirer dans le parti des Lombards ce peuple, vieil
allié d'Alboïn et de ses successeurs, mais le faible
Didier n'y songea pas, ou s'il y songea, il remit à son
gendre Tassilon, duc de Bavière, voisin et ennemi des
Huns, le soin de décider s'il fallait les appeler ou non.
C'était un triste conseiller pour un roi sans force, et un
bien frêle soutien pour une cause à moitié perdue, que
ce duc Tassilon, pusillanime et présomptueux, inutile à
ses amis quand il ne leur était pas funeste, et flottant
perpétuellement entre une audace désespérée et un
abattement sans mesure. Sorti de l'illustre maison des
Agilolfings destinée à finir avec lui, il avait la vanité
de sa race sans en avoir le noble orgueil. Le nom de
vassal lui pesait ; la sujétion, l'obéissance, les lois de
la subordination féodale lui semblaient des insultes à
sa dignité ; et ce qui eût dû alléger pour lui le fardeau
du devoir, sa parenté avec Charlemagne dont il était le
cousin germain par sa mère, le lui rendait plus insup-

portable en ajoutant aux humiliations du souverain les tourments de la jalousie domestique. On le voyait donc toujours en révolte soit de parole, soit de fait. Même sans vouloir ou pouvoir la guerre, il discutait arrogamment les ordres de son seigneur, il le méconnaissait; convoqué en sa qualité de vassal aux diètes de l'empire frank, il refusait de s'y rendre; puis quand une armée franke arrivait pour le châtier, toute cette vanité malade s'évanouissait en fumée, et Tassilon, à genoux, sollicitait de Charlemagne un pardon que Charlemagne accordait toujours. Peut-être que cette clémence, un peu dédaigneuse dans la forme mais sincère au fond, eût fini par toucher son cœur sans le mauvais génie que le sort lui avait donné pour compagnon de sa vie; je veux parler de sa femme Liutberg, fille de Didier, et sœur de cette princesse lombarde que Charlemagne avait épousée et renvoyée au bout d'un an.

Mariée à Tassilon vers 764, Liutberg avait vu se consommer de catastrophe en catastrophe la ruine de sa famille, accomplie par la main des Franks et dont Charlemagne recueillait le fruit; les Lombards dépossédés de l'Italie, son père jeté du trône au fond d'un cloître, son frère exilé, errant à travers le monde, sa sœur déshonorée par un divorce. Elle détestait donc les Franks et par-dessus tout leur roi qu'elle poursuivait d'une haine implacable. Pour se venger de lui pleinement, ne fût-ce qu'un jour, elle eût tout sacrifié sans hésitation, mari, enfants, sujets, couronne, elle-même enfin. La passion qui l'animait était une de ces folies de férocité que les cœurs lombards et gépides savaient seuls nourrir; c'était la haine d'Alboïn contre

Cunimond, de Rosemonde contre Alboïn. Il y avait là quelque chose de monstrueux, d'étranger à la nature humaine qui effrayait les contemporains eux-mêmes; et ils donnèrent à cette femme la qualification de *Liutberg haïssable devant Dieu*[1]. Elle avait corrompu à ce point l'âme de son faible mari, que, malgré des sentiments chrétiens que la suite montra sincères, il se vantait de ne prêter serment de fidélité au roi Charles que des lèvres et non du cœur, et qu'il recommandait à ses leudes bavarois de ne se point croire liés plus que lui par les serments qu'ils avaient prêtés[2]. Habile à le dominer par les côtés puérils de son caractère, par sa prétention à tout conduire, à être tout, elle lui présentait les nombreux pardons du roi des Franks comme des outrages plus sanglants que son inimitié déclarée. Sous ces excitations incessantes, Tassilon ne rêvait plus que complots et rébellions; on l'entendait s'écrier avec amertume : « Mieux vaut cent fois la mort qu'une telle vie[3] ! » Tandis que d'un côté il entretenait des correspondances avec l'impératrice Irène, avec le duc de Bénévent, avec tous les mécontents italiens, au profit d'Adalgise; de l'autre il excitait les Saxons, et se faisait le confident ou le complice des assassins, qui, en Thuringe ou ailleurs, conspiraient contre les jours du roi[4]. L'insensé Tassilon, ivre de son importance, se voyait déjà l'arbitre du monde et le libérateur des Germains opprimés.

1. Deo odibilis Liutberga. *Monach. Engolism.*, ad. ann. 788.
2. Quod homines suos juberet, quando jurare deberent, et aliter in mente retinerent, et sub dolo jurarent. *Annal. Bertinian.*, ad. eumd. ann.
3. Se velle potius mori quam ita vivere. *Annal. Loisel.*, eod. ann.
4. Confessus se super vita regis consiliasse. *Annal. Bertinian.*, eod. ann. — Eginh., *Annal.* ann. cit.

Tel était l'état des choses dans l'Europe occidentale et celui des esprits, quand Charlemagne, en 782, convoqua à Paderborn, près des sources de la Lippe, une diète de ses vassaux d'outre-Rhin. L'Allemagne était dans une assez grande fermentation ; de sourdes rumeurs couraient sur la réapparition de Witikind en Saxonie, et sur les préparatifs cachés des Westphaliens ; on s'attendait à une reprise d'armes pour la saison d'été qui allait s'ouvrir. Mais contre toute prévision la diète fut nombreuse et pacifique ; aucun des chefs saxons n'y manqua, Witikind excepté [1], et ils n'eurent pour le roi des Franks que des protestations de fidélité et de respect. Sigefrid lui-même, ce roi de Danemark, qui donnait ordinairement asile dans ses États à Witikind fugitif, envoya ses ambassadeurs à la diète, où leur présence ne causa pas un médiocre étonnement [2]. La surprise fut plus grande encore lorsqu'on vit arriver les ambassadeurs d'un peuple qui n'avait jamais paru aux plaids des Franks, et qu'au costume de ses représentants, à leurs armes, à leurs cheveux tressés, tombant en longues nattes le long de leur dos, on reconnut être le peuple des Huns [3]. Ces hommes venaient au nom du kha-kan et du jugurre ou ouïgour, leurs deux magistrats suprêmes, entretenir le roi Charles des différends qui avaient existé et existaient toujours entre eux et les Bavarois sur la fixation de leur frontière occiden-

[1]. Ibi Saxones convenientes, excepto Witikindo. *Annal. Franc...*—Omnes Saxones, excepto rebelli Witikindo... *Annal. Bertinian.*, ann. 782.

[2]. Legatos Sigefridi regis Danorum... Eginh., *Vit. Carol. Mag.*, ad ann. 782. — *Annal. Franc., ub. sup.* — Poet. Sax., II, *Indict.*, 4.

[3]. Etiam et missi a Chagano et Vigurro... *Annal. Franc.*, ad. ann. 782. — Quos Chaganus et Jugurrus principes Hunnorum miserunt. Eginh. *Vit.*

tale. C'était là l'objet ostensible de leur mission. Suivant toute vraisemblance, ils en avaient un autre secret; ils venaient, comme les envoyés du roi Sigefrid, observer ce qui se passerait à la diète, sonder le terrain et se concerter, s'il le fallait, pour quelque alliance avec les ennemis des Franks ; ce qui est certain, c'est que leur liaison politique avec la Bavière data de cette époque. Ils exposèrent en public leurs droits ou leurs prétentions à la frontière de l'Ens : « Charles, disent les historiens, les écouta avec bonté, leur répondit prudemment, et les congédia [1]. »

La diète ne fut pas plus tôt terminée, Charlemagne et ses vassaux germains n'eurent pas plus tôt regagné, chacun leur pays, que les assurances de paix commencèrent à se démentir. Les Slaves des bords de l'Elbe et de la Sâla firent des courses en Thuringe, et les Frisons se soulevèrent. Une armée franke partit contre ces derniers sous la conduite du comte Theuderic ; mais pendant qu'elle suivait sans trop de précaution la route qui longeait le mont Suntal, dans la vallée du Wéser, elle fut assaillie par une multitude innombrable de Saxons ayant Witikind à leur tête. L'armée franke n'était point sur ses gardes; elle fut rompue, enveloppée, presque détruite : c'était l'histoire des

---

Carol. M. — Auct. incert., *Vit. Carol. M.*, ann. 781. — *Annal. Bertin.*, ann. 782.

    Et quos Jugurgus pariterque Chaganus ad ipsum
    Hunnorum misere duces......
                      Poet. Sax. II, ann. 782.

1. Audivit et solvit. Eginh. *Vit. Carol. Magn.*
    Audiit; absolvitque datis prudenter eisdem
    Responsis...
                      Poet. Sax., *ubi sup.*

légions de Varus dans le guet-apens de Teutobourg, mais le vengeur ne se fit pas attendre. Charlemagne lui-même entra en campagne ; et son approche qui jetait toujours l'épouvante suffit pour dissiper les troupes saxonnes victorieuses. Bientôt il vit accourir vers lui toutes tremblantes les principales tribus avec leurs chefs : elles protestaient à qui mieux mieux de leur innocence, rejetant toute la faute sur Witikind qui venait de regagner son asile en Danemark. « Witikind s'est sauvé, répondit froidement le roi des Franks, mais ses complices sont ici, et je vous dois une leçon que, pour votre bien, j'ai trop longtemps différée. » On choisit parmi ceux qui se trouvèrent là quatre mille cinq cents chefs ou soldats qui avaient pris part à l'embuscade du Suntal, on leur enleva leurs armes, et on leur trancha la tête sur les bords de la petite rivière d'Alre qui se décharge dans le Wéser[1] : la rivière et le fleuve roulèrent pendant plusieurs jours à l'Océan des eaux ensanglantées et des cadavres. Cette effroyable leçon n'était pas faite pour calmer les Saxons, qui reprirent la guerre avec fureur ; mais trois grandes batailles gagnées successivement par Charlemagne les épuisèrent tellement qu'ils demandèrent la paix. Witikind lui-même, découragé par ses revers, déposa les armes ; et se rendant en France sous un sauf-conduit du roi, il l'alla trouver dans sa villa d'Attigny pour lui prêter foi et hommage et demander la grâce du baptême. Charlemagne voulut être son parrain. Witikind et ses compagnons, suivant l'expression de nos vieilles chroniques,

---

1. *Annal. Franc.*, ad. ann. 782. — Eginh., *Annal.*, ann. cit. — Poet. Sax., eod. ann., et D. Bouq., t. v.

« furent donc baptisés et reçurent chrétienté[1] »; mais toujours excessif dans ses idées, le représentant de la Germanie païenne, l'éternel agitateur des Saxons devenu chrétien exalté, mérita par ses austérités sauvages de passer pour un saint. Ces événements se succédèrent coup sur coup. Le bonheur inaltérable qui accompagnait Charlemagne dans ses entreprises de guerre le couvrait aussi contre les complots souterrains : une conspiration des chefs des Thuringiens contre sa vie, fut découverte et punie par lui sans trop de rigueur[2].

Cependant, Tassilon n'était point resté inactif, et tandis que la Saxonie se faisait battre, il travaillait à réveiller la guerre en Italie, où le fils de Charlemagne encore adolescent, n'imposait qu'à demi aux Lombards. Irène s'était engagée positivement à envoyer dans l'Adriatique une flotte et une armée pour aider le fils de Didier à relever le trône de son père; le duc de Bénévent, Hérigise, avait reçu d'elle en signe d'intime alliance, une robe de patrice avec une paire de ciseaux destinés à tondre, suivant l'usage romain, sa longue chevelure barbare; les Lombards étaient dans l'attente, et les Italiens partisans des Grecs préparaient déjà leurs trahisons. Tassilon, de son côté, avait adressé aux Avars une ambassade secrète pour les exhorter à se joindre à lui[3], mais ceux-ci se montraient indécis, prétextant l'incertitude des promesses d'Irène et peu confiants d'ailleurs dans la personne de Tassilon. Le mystère n'était point une des vertus du duc de Ba-

1. *Chron.*, S. Den., D. Bouq., v.
2. *Annal. Franc.*, ann. 783. — Eginh. — *Annal. Bertinian.* — Poet. Sax.
3. *Chron.* S. Denis, 8. D. Bouq., v.

vière, il haïssait, il aimait, il conspirait tout haut, et Charles, informé d'une partie de ses menées soit par le pape, soit par les Bavarois eux-mêmes, somma son cousin de se rendre à la diète des Franks qui devait se tenir dans la ville de Worms au printemps de l'année 787. Quoique la sommation eût été faite dans toutes les formes, Tassilon n'y obéit point. C'était d'après la loi féodale un acte de félonie et une déclaration de guerre : Charlemagne, à peine la diète terminée, entoura la Bavière d'un cordon de soldats et marcha lui-même vers la rivière du Lech ; il y trouva le vassal réfractaire plus mort que vif, humilié, repentant, implorant son pardon avec larmes. Telle fut la campagne du rebelle Tassilon. Charles se laissa fléchir encore cette fois ; il reçut de lui avec le bâton, symbole de l'autorité ducale[1], un nouveau serment de foi et hommage, les mains de Tassilon placées dans les siennes[2], mais pour plus de garantie, il voulut qu'on ajoutât au serment douze otages choisis parmi les plus qualifiés de la Bavière et le fils du duc comme treizième. Le danger avait été grand pour le gendre de Didier, et la peur encore plus grande ; l'orage passé, il n'y songea plus, et Liutberg aidant, il se replongea dans les intrigues avec plus d'audace que jamais.

La fortune au reste semblait le favoriser : la flotte grecque mettait réellement à la voile, le midi de l'Italie s'armait, une sourde agitation se propageait dans le

---

1. Reddit ei cum baculo ipsam patriam. *Annal. S. Nazar.*, ann. 787. — *Annal. Franc.*, D. Bouq., v, p. 21.

2. In vassatico se commendans per manus... *Annal. Franc.*, ann. 787. — Tradens se manibus ejus ut servus... *Annal. Mett.*, ann. cit.

Nord ; il revint à la charge près du kha-kan des Avars à qui cette fois il fit partager ses espérances. Un traité fut conclu entre eux par lequel le kha-kan s'engagea à envoyer, l'année suivante, une armée en Italie et une autre en Bavière ; celle-là chargée de se joindre aux Grecs, celle-ci destinée à pousser les Bavarois qui hésiteraient sans doute à se déclarer contre les Franks ; l'impulsion une fois donnée, il serait facile d'entraîner la Thuringe et les tribus saxonnes encore frémissantes. Que garantissait ce traité aux Huns qui ne faisaient jamais rien pour rien ? On ne le sait pas positivement, mais on peut supposer avec quelque raison que la Bavière leur abandonnait cette frontière de l'Ens qui leur tenait tant au cœur. Ils avaient en outre l'espoir d'un grand butin à prélever, soit sur les amis, soit sur les ennemis. Cette idée de contraindre la Bavière à la guerre contre les Franks par une poussée des Avars appartenait, selon toute apparence, à Liutberg, et dénotait les fureurs impuissantes d'une femme[1], mais elle plut médiocrement aux leudes bavarois dont on se jouait ainsi sans vergogne. Les uns, par scrupule religieux, car ils regardaient comme une impiété l'alliance de leur duc avec ces païens contre le protecteur de l'Église : d'autres par scrupule de fidélité politique, car ils avaient juré foi et hommage au roi Charles, et ils tenaient à leur serment ; d'autres enfin par admiration pour ce grand roi dont le joug leur paraissait plus acceptable à des hommes que celui d'un vieillard aveugle et d'une femme, adressèrent des remon-

---

1. Bajoarii cœperunt dicere, quod Tassilo non haberet fidem suam salvam, suadente uxore sua... *Annal. Lois.* ad ann. 788.

trances à Tassilon; mais celui-ci ne les accueillait que par son refrain accoutumé : « Mieux vaut la mort qu'une telle vie. » A ceux qui lui parlaient de leurs serments, il répétait ce qu'il leur avait déjà dit bien des fois, que ces serments-là ne se prêtaient que de bouche et laissaient libre le fond du cœur. On lui objecta aussi les douze otages et son propre fils qu'il avait livrés naguère à Charlemagne, mais à ces mots il s'écria avec colère; « J'aurais six fils entre les mains de cet homme, que je les sacrifierais tous les six plutôt que de tenir mon exécrable serment.¹ » Les nobles bavarois qui purent trouver mauvais qu'on fît si bon marché de leur vie, dénoncèrent secrètement Tassilon au roi, promettant de fournir en temps et lieu des preuves de leur accusation. Il se joignait à ces intrigues patentes certaines trames ténébreuses qu'on ne connaît pas bien et qui intéressaient les jours du roi : tout lui fut révélé. Le plus profond secret fut gardé sur cette affaire; et au printemps de l'année 788, Charlemagne convoqua Tassilon dans sa villa d'Ingelheim sur les bords du Rhin, comme s'il se fût agi d'une diète ordinaire.

L'étonnement du duc fut grand à Ingelheim, lorsqu'il s'aperçut qu'il comparaissait devant un tribunal destiné à le juger, et qu'il avait pour accusateurs ses propres sujets. Ses complots de tout genre, et ses crimes contre son seigneur furent déroulés l'un après l'autre, avec les circonstances et les preuves, mais les débats ne furent pas longs. Accablé par l'évidence,

---

1. Quod si sex filios haberet, se velle illos omnes magis perdere, antequam placita sic manerent, vel stabile permanerent, sicut juratum habuit. *Annal. Loisel.*, ann. 788.

le malheureux avoua tout ; intrigues en Grèce et en Italie, complot contre la vie du roi, provocation à la félonie vis-à-vis de ses leudes, alliance avec les Huns. Le traité conclu entre lui et ces païens pour la ruine de la chrétienté indigna sans doute l'assemblée à l'égal des attentats contre Charlemagne ; et Tassilon, traître à Dieu non moins qu'au roi, fut condamné à mort d'une voix unanime [1]. Charlemagne fut le seul qui inclina pour la clémence, et parce qu'il connaissait la faiblesse de cet homme, et parce qu'il ne voulait pas verser le sang d'un membre de sa famille [2]. Comme Tassilon restait muet et stupide sous le poids de la sentence des juges, Charles lui demanda avec émotion ce qu'il voulait faire. « Tassilon, lui dit-il, quel est ton projet. [3] »
« — Être moine et sauver mon âme [4] » répondit celui-ci d'une voix brève. Il ajouta après un moment de silence : « Accorde-moi la faveur de ne point paraître devant cette diète ni devant le peuple la tête rasée ; qu'on ne me coupe les cheveux qu'au monastère. » Liutberg restée en Bavière, ignorait les événements d'Ingelheim : avant qu'elle en pût être informée, des émissaires du roi s'assurèrent de sa personne, de ses enfants et du trésor ducal ; le tout embarqué sur le Danube fut amené

---

1. Omnes acclamaverunt eum esse reum mortis. *Annal., Engolism.*, ann. 788. — Noxæ convictus omnium consensu, ut læsæ majestatis reus. *Annal. Lauresham.*, ad eumd. ann.

2. Dominus piissimus rex Carolus, motus misericordia, ob amorem Dei, et quia consanguineus ejus erat, continuit, ut non moreretur. *Annal. Engolism.*, ad. ann. 788.

3. Interrogavit Tassilonem quid agere vellet. Monach. Engolism. *Vit. Car. Magn.*, ann. 788.

4. Postulavit licentiam sibi tonsurandi et in monasterium introeundi ut salvaret animam suam. *Id., ub. sup.*

sans encombre à Ingelheim. La fière lombarde subit le même sort que son mari, la réclusion monastique; et son front se courba sous le même linceul qui avait enseveli sa mère. Tassilon, enfermé d'abord dans le couvent de Saint-Goar près de Trèves, fut ensuite transféré à Lauresheim puis à Jumiège; ses deux fils Theudon et Theudebert prirent comme lui l'habit de moine, ses deux filles le voile des religieuses; l'aînée fut récluse dans l'abbaye de Chelles dont Gisèle, sœur de Charlemagne, était abbesse, l'autre dans celle de Notre-Dame de Soissons. Le trésor des ducs de Bavière alla grossir celui des Franks; et le pays réuni au territoire de la France reçut des gouverneurs royaux qualifiés de comtes ou de préfets. Ainsi, toutes les vieilles souverainetés de l'Europe, rois lombards, ducs d'Aquitaine, ducs saxons, ducs bavarois, descendaient l'une après l'autre dans le sépulcre ouvert aux rois mérovingiens. Du sein de cette mort anticipée, le monde des temps passés voyait s'élever les nouveaux temps; et les peuples de l'Europe, emportés par un mouvement irrésistible, marcher sur les pas d'une même famille à des destinées inconnues.

On eût pu croire les Avars éclairés ou découragés par la chute de Tassilon, il n'en fut rien : le kha-kan avait mis toutes ses troupes sur pied; lui et son peuple avaient compté sur un butin qu'ils ne voulaient pas perdre; et suivant le traité fait avec le duc de Bavière, une armée descendit en Italie vers le milieu de l'année 788. Elle attendit dans le Frioul et tout en pillant, suivant son usage, que la flotte partie de Constantinople eût débarqué en Italie, Adalgise et les auxiliaires grecs. La flotte, suivant ce qui avait été convenu, devait les déposer sur la côte de Ravenne ou dans le golfe de Trieste, elle les transporta sur la pointe méridionale de l'Italie où ils n'eurent rien à faire. En effet, le duc de Bénévent, Hérigise, étant mort subitement, sa veuve avait fait la paix avec Charlemagne dans l'intérêt de son fils Grimoald, et quand les Grecs voulurent pénétrer dans l'intérieur de la presqu'île, les Béneventins leur barrèrent le chemin. L'armée franke, aidée de ces nouveaux alliés, mit en pleine déconfiture les troupes d'Irène. Les Lombards, dont l'attitude avait été suspecte ou nettement hostile au nord de l'Italie, rentrèrent dans le devoir; et les Franks tombant vigoureusement sur les Huns, en eurent bientôt débarrassé le Frioul[1]. Cet échec n'empêcha pas le kha-kan d'envoyer en Bavière sa seconde armée, qui fut également battue. Deux généraux franks, Grahaman et Odoacre, prenant le commandement des troupes bavaroises, vinrent attendre les Huns sur la rive gauche de l'Ips, et défendirent si bien le passage de cette rivière, que le kha-kan se retira avec plus de dix mille hommes tués ou noyés[2]. Une troisième armée, reprenant l'offensive, vint encore se faire battre. Il y avait eu de la part des Huns aggression évidente et gratuite, attaque en pleine paix, violation du droit des gens : Charlemagne résolut

---

1. Avari victi confusione fugati sunt, et victoriam Franci habuerunt. Monach. Engolism., ad. ann. 788. — Deo largiente, victoriam obtinuerunt Franci. Regin. ad eumd. ann.

2. In campo Ibosæ, et missi regis Caroli Grahamanus et Audacrus cum paucis Francis fuerunt ex parte Bajoariorum, et victoria fuit christianorum, Deo protegente. De Avaris occisi sunt ad decem millia, alii in Danubium submersi... Monach. Engolism., *loc. cit.* — In campo Iboræ... Regin., *ub. sup.*

d'en tirer vengeance. Le kha-kan et le ouïgour eurent beau envoyer une ambassade à la diète de Worms, au printemps de l'année 790, pour donner des explications et prévenir la guerre s'il se pouvait, Charlemagne traita durement leurs envoyés. Après avoir entretenu la diète « de l'intolérable malice dont cette nation faisait preuve contre le peuple de France et contre l'église de Dieu [1] » et de la nécessité de lui infliger un châtiment exemplaire, il s'occupa des préparatifs d'une expédition sérieuse, et qu'il supposait devoir être longue, échelonnant des corps d'armée sur le Rhin et au delà du Rhin, et réunissant de tous côtés des armes et des vivres. Jamais, disent les historiens, on n'avait vu de tels approvisionnements [2], et jamais ce roi, qui mettait au premier rang des qualités guerrières la maturité des plans et la prévoyance, n'en avait montré davantage.

L'annonce d'une expédition prochaine contre les Avars produisit dans toute la Gaule une émotion de curiosité qui n'était pas exempte d'inquiétude. De tant de guerres que Charlemagne avait accomplies dans toutes les parties de l'Europe, aucune peut-être n'avait excité au même point que celle-ci les puissances de l'imagination. Ici le pays et la nation étaient complétement inconnus, et ce qu'on en apprenait par les livres contemporains répandus en Occident, c'est que les Avars étaient un peuple de sorciers [3] qui avait mis en déroute

1. Cum consilio optimatum regni, disposuit ire in regnum Avarorum, propter intolerabilem malitiam quam in Galliarum populos et in ecclesias Dei fecerunt... *Chron. S. Arnulph.*, ad. ann. 791.
2. Bellum maximum omnium, quod Carolus animosius quam cætera et longe majori apparatu, administravit. Eginh., *Vit. Car. Magn.*
3. Fredeg. — Paul. Diac. — Voir ci-dessus Hist. des Avars, t. I.

par des artifices magiques, l'armée de Sigebert, époux de Brunehaut, et qui avait failli prendre d'assaut Constantinople, une race de païens pervers dont la rage s'attaquait avant tout aux monastères et aux églises. Les érudits qui connaissaient la filiation des Huns et des Avars en disaient un peu davantage. Confondant le passé et le présent et attribuant la même histoire aux deux branches collatérales des Huns, ils racontaient les dévastations d'Attila, fléau de Dieu, et sa campagne dans les Gaules. A ce nom, que la tradition prétendait connaître mieux encore que l'histoire, les récits devenaient inépuisables, car il était écrit en caractères de sang dans les chroniques des villes et dans les légendes des églises. Metz parlait de son oratoire de Saint Étienne, resté seul debout au milieu des flammes allumées par Attila; Paris rappelait sainte Geneviève, Orléans saint Agnan, Troyes saint Loup; Reims montrait les cadavres décollés de Nicaise et d'Eutropie; Cologne, les ossements accumulés des onze mille compagnes d'Ursule : qui n'avait pas ses martyrs et ses ruines?

C'était dans ces narrations colorées par la poésie des âges que se déployait le savoir des clercs. Les gens de guerre, les poëtes mondains, les femmes surtout, puisaient de préférence dans une autre source de traditions, dans ces chants épiques en idiome teuton dont Attila était un des héros, qui se répétaient partout, et auxquels Charles lui-même venait de donner une nouvelle vogue en les réunissant [1]. C'est là qu'on

---

1. Eginh.

étudiait la vie du terrible conquérant, ses amours, ses femmes, sa mort tragique des mains d'une jeune fille germaine la nuit de leurs noces. Comment cette poésie amoureuse se mêlait-elle à la légende? Simplement et sans apprêt, comme nous le font voir quelques restes de la littérature du temps. « Le grand roi Charles, dit le moine saxon, poëte et historien de Charlemagne, avait hâte de rendre aux Huns ce qu'ils méritaient. En effet, tant que cette nation fut florissante et dominatrice des autres, elle ne cessa de faire du mal aux Franks, témoin Saint-Étienne de Metz et tant d'autres églises livrées à l'incendie, jusqu'au jour où son roi Attila, frappé mortellement par une femme, fut envoyé au fond du Tartare..... C'était dans le cours d'une nuit paisible, quand tous les êtres animés sont ensevelis dans le repos; lui-même dormait accablé de vin et de sommeil, mais sa cruelle épouse ne dormait point; l'aiguillon de la haine la tenait éveillée, et, reine, elle osa accomplir sur le roi un attentat horrible[1]. Il est vrai qu'elle vengeait par ce meurtre le crime de son père assassiné par son époux. Depuis lors la puissance des Huns tomba comme par un coup du ciel... Les défaites infligées aux pères et les outrages faits aux enfants stimulaient l'esprit du roi Charles, qui gardait au fond de sa mémoire les monuments des vieilles colères[2]. »

[1].
Cum nox omnigenis animantibus alta quietem
Suggereret, cœptis crudelibus effera conjux,
Ducens insomnes odiis stimulantibus umbras,
Horrendo regem regina peremerit ausu.
Poet. Sax., ii, ap. P. Touq., t. v, p. 154.

[2].
Ergo patrum cladis nota mansit inusta nepotum
Pectoribus, servans iræ monumenta vetustæ.
Id. ibid.

Les préparatifs de la guerre durèrent près de deux ans, et quand Charlemagne eut réuni en Bavière suffisamment d'hommes, de chevaux, d'approvisionnements de tout genre, il se rendit à Ratisbonne, où il établissait son quartier général ; la reine Fastrade l'y suivit. Les épouses de Charlemagne n'étaient point comme les sultanes de l'Orient, des femmes amollies dans le repos, faibles de corps et d'âme et destinées à vivre et à mourir sous des verrous : le soldat infatigable voulait des compagnes de ses travaux et des mères fécondes. Quand ces mérites leur manquaient, son cœur se détachait d'elles, et il les répudiait[1]. Fastrade, qu'il avait épousée en 785, après la mort d'Hildegarde, était, malgré les défauts d'un caractère dur et hautain, une de ces femmes qu'il aimait, une confidente et parfois une conseillère utile dans les rudes labeurs de sa vie. Il l'installa donc à Ratisbonne avec les trois filles qu'elle lui avaient données et qui étaient de jeunes enfants, et celles plus nombreuses et plus âgées qu'il avait eues de ses autres épouses et de ses concubines. Fastrade les soignait toutes également, sans jalousie comme sans prédilection, exerçant leur esprit et leurs doigts par des travaux variés, et filant au milieu d'elles. Charles avait voulu que son fils Louis, roi d'Aquitaine, alors âgé de treize ans, assistât aux opérations de cette guerre et y fît ses premières armes. Sous le léger costume aquitain, que son père aimait à lui voir porter comme un hommage rendu à ses sujets d'outre-Loire, on le voyait cavalcader au

---

[1]. C'est le motif que donne le moine de Saint-Gall pour la répudiation de la fille de Didier.

milieu des Franks bardés de fer. « Il avait, disent les
historiens, un petit manteau rond, des manches de
chemise fort amples, des bottines où les éperons
n'étaient pas liés avec des courroies, à la manière des
Franks, mais enfoncés dans le haut du talon, et un
javelot à la main [1]. » Le jeune Louis, dans cet équipage, avait un air à la fois guerrier et gracieux.
Charles lui ceignit lui-même son baudrier garni de
l'épée à la vue des troupes rangées en cercle, et cette
remise solennelle des armes est ce qu'on appela plus
tard « faire chevalier [2]. » Les généraux ayant reçu leurs
ordres et chaque corps d'armée sa destination particulière, le roi partit pour les bords de l'Ens, où
stationnait la division qu'il devait commander en personne.

Le plan de campagne de Charlemagne, si mûrement
préparé, au dire des historiens, semble avoir devancé,
par la hardiesse et la science des combinaisons, le
génie stratégique moderne [3]. Maître de l'Italie en
même temps que de la Bavière, il prit deux bases
d'opérations, l'une sur le Haut-Danube, l'autre sur
le Pô. Tandis que l'armée de France attaquerait la
Hunnie de front par la grande vallée qui la traverse,

---

1. Anonym. Auct. *Vit. Ludovic.*, ad. ann. 785.
2. *Id., ibid*, ann. 791.
3. Il est curieux de comparer le plan de campagne de Charlemagne avec celui que suivit Napoléon en 1805 dans la célèbre campagne d'Austerlitz; la similitude est frappante à la distance de tant de siècles, et démontre que la stratégie est bien une science dont les éléments principaux sont fournis par la topographie; mais c'est le génie de l'homme de guerre qui les dégage, les combine, et en fait pour lui des instruments de victoire.

l'armée d'Italie, sous la conduite du roi Pépin, devait franchir les Alpes et la prendre en flanc par les vallées de la Drave et de la Save. L'armée franke était partagée elle-même en deux corps destinés à agir simultanément sur les deux rives du Danube. Charlemagne, prenant le commandement du premier corps, composé des Franks proprement dits, des Alemans et des Souabes, devait opérer sur la rive droite, la plus importante militairement, et envahir les Pannonies[1]; le second corps, composé des contingents saxons et frisons, devait suivre les chemins tourmentés et resserrés de la rive gauche et attaquer le cœur de la Hunnie; il était commandé par deux généraux franks d'un grand renom, le comte Theuderic et le chambellan Megenfrid[2]. Une flottille nombreuse, portant les approvisionnements de la campagne et en outre les contingents bavarois, devait descendre le fleuve en suivant les mouvements des deux divisions de terre, et fortifier l'une ou l'autre au besoin[3]. Pépin avait reçu l'ordre d'arriver sur les Alpes à la fin d'août et de pénétrer immédiatement dans la Pannonie inférieure; les opérations sur le Danube étaient fixées à la première semaine de septembre.

De leur côté les Avars ne s'endormaient point; ils avaient profité du répit que leur laissait Charlemagne

---

1. Ipse cum parte quam secum retinuit, australem fluminis ripam, Pannoniam petiturus, occupavit. *Annal. Laurisham.*, ad. ann. 791.

2. Partem Theuderico comiti et Megenfrido cubilario suo committens, eos per aquilonarem ripam agere jussit. *Ibid.*

3. Bajoariis cum commeatibus exercitus, qui navibus devehebantur, per Danubium, secunda aqua, descendere jussit. *Ub. sup.*

pour réparer ou compléter leur système de défense, système étrange qui ne ressemble à aucun autre, et qui paraît avoir été imaginé plutôt pour arrêter des courses de brigands, telles que celles des Bulgares et des Slaves, que pour soutenir l'effort de grandes armées organisées, telles que celles des Franks. Nous en avons une description curieuse, quoique un peu obscure, dans les récits du moine de Saint-Gall, qui la tenait, nous dit-il, de son maître Adalbert, vieux guerrier qui avait accompagné le comte Gérold et ses Souabes dans la campagne de Hunnie. Qu'on se figure neuf grands remparts ou enceintes de forme à peu près circulaire, et rentrant les uns dans les autres de manière à partager le pays en zones concentriques depuis sa circonférence jusqu'à son milieu : c'étaient les fortifications des Avars. Ces enceintes, appropriées aux difficultés du terrain, se composaient d'une large haie, établie d'après le procédé suivant : on enfonçait, à la distance de vingt pieds l'un de l'autre, deux rangées parallèles de pieux dont la hauteur était aussi de vingt pieds[1], et l'on remplissait l'intervalle par une pierre très-dure ou une sorte de craie qui, en se liant, ne formait qu'une masse ; le tout était revêtu de terre, semé de gazon et planté d'arbustes serrés qui par leur entrelacement présentaient une haie impénétrable. La zone laissée entre deux remparts contenait les villes et les villages, disposés de façon que la voix humaine pût se faire entendre de l'un à l'autre pour la trans-

---

1. Stipitibus quercinis, faginis et abiegnis extructus, ut de margine ad marginem XX pedes tenderetur in latum, et totidem erigeretur in altum. Monach. S. Gall., *Vit. Carol. Mag.*, II, 2.

mission des signaux[1]. Les enceintes, qui longeaient d'ordinaire le lit des fleuves et les pentes des montagnes, étaient percées de loin en loin par des portes servant de passage aux habitants. Une enceinte prise, ils pouvaient se réfugier dans la suivante avec leurs meubles et leurs troupeaux, sauf à se retirer dans la troisième, si la seconde était forcée. D'une enceinte à l'autre, on pouvait correspondre au moyen de la trompette, dont les airs variaient selon des règles convenues[2]. Le nom avar de ces vastes clôtures concentriques nous est inconnu; les Germains les appelaient *hrings* ou *rings*, c'est-à-dire cercles. Adalbert affirmait à son élève que d'un ring à l'autre la distance était à peu près celle du château de Zurich à la ville de Constance[3], ce qui faisait de trente à quarante milles germaniques. Le diamètre de ces cercles allait en se rétrécissant à mesure qu'on approchait du centre, et là se trouvait le ring royal, que les Lombards et les Franks appelaient aussi *campus*, camp, et qui renfermait le trésor avec la demeure des souverains de la Hunnie. Il était situé non loin de la Theisse, et au lieu où l'on suppose que s'élevait le palais d'Attila. Aussi, et sans trop s'arrêter aux obscurités que contiennent la description du moine de Saint-Gall et surtout ses mesures, on s'aperçoit que Charlemagne n'avait pas de minces difficultés à vaincre pour arriver au cœur du

---

[1].· Inter hos aggeres ita vici et villæ erant locatæ, ut de aliis ad alias vox humana posset audiri. Monach. S. Gall., II, 2.

[2]. Ut clangor tubarum posset cujusque rei significativus audiri. *Id.*, *loc. cit.*

[3]. Quantum spatium est de castro Turonico ad Constantiam. *Id.*, *ub. sup.*

pays des Huns. Ces haies couvertes par des rivières et flanquées de montagnes, sans offrir l'obstacle de bonnes murailles crénelées, arrêtaient une armée envahissante à chaque pas et pouvaient la décourager, et le Danube, qui les coupait presque toutes par le milieu, permettait à leurs défenseurs d'accourir ou de faire retraite d'une rive à l'autre.

Cette guerre avec le peuple d'Attila prenait aux yeux de Charlemagne un caractère essentiellement religieux, où dominait le souvenir du passé, et comme une idée de revanche contre le fléau de Dieu. Il voulut y préparer son armée par des mortifications et des prières propres à appeler sur elle la protection spéciale du ciel. Des litanies, accompagnées d'un jeûne général, furent célébrées dans le camp des Franks, qui présenta pendant trois jours le spectacle anticipé d'un camp de croisés sous les murs de Jérusalem ou d'Antioche. Charles lui-même nous donne la description de la pieuse solennité dans une lettre qu'il adresse des bords de l'Ens à Fastrade, et dont voici quelques passages :

« Charles, par la grâce de Dieu, roi des Franks et des Lombards et patrice romain, à notre chère et très-aimable épouse Fastrade reine.

« Nous t'envoyons par cette missive un salut affectueux dans le Seigneur, et par ta bouche nous adressons le même salut à nos très-douces filles et à nos fidèles résidant près de toi. Nous avons voulu t'informer que, le Dieu miséricordieux aidant, nous sommes sain et sauf, et que nous avons reçu par un envoyé de notre cher fils Pépin des nouvelles, qui nous ont réjoui, de sa santé, de celle du seigneur l'Apostolique, et de nos frontières situées de ce côté, qui sont paisibles et sûres [1]... Quant à nous, nous avons célébré les litanies pendant trois jours, à partir des nones de septembre qui étaient le lundi, continuant le mardi et le mercredi [2], afin de prier la miséricorde de Dieu qu'elle nous concède paix, santé, victoire et heureux voyage, assistance, conseil et protection dans nos angoisses. Nos évêques ont ordonné une abstinence générale de chair et de vin, excepté pour ceux qui ne la pourraient supporter pour causes d'infirmité, âge avancé ou trop grande jeunesse; toutefois il a été établi qu'on pourrait se racheter de l'abstinence de vin pendant ces trois jours, les riches en payant un sou par jour, les autres au moyen d'une aumône proportionnée à leurs facultés, ne serait-elle que d'un denier. Chaque évêque a dû dire sa messe particulière, à moins d'empêchement de santé ; les clercs sachant la psalmodie avaient à chanter cinquante psaumes chacun, et pendant la procession des litanies ils devaient marcher sans chaussure [3]. Telle fut la règle dressée par nos évêques, ratifiée par nous et exécutée avec l'assistance de Dieu. Délibère avec nos fidèles comment vous célébrerez aussi ces mêmes litanies. Tu feras, quant au

---

[1]. Missus dilecti nostri Pipini nobis nuntiavit de ejus sanitate ac domni Apostolici, vel de salvatione confinium nostrorum illis partibus positorum. *Epist. Carol. Mag. ad. Fastrad.*, ann. 791.

[2]. Tribus diebus litaniam fecimus, id est nonis septembris, quod fuit Lunis die, incipientes, et Martis, et Mercoris... *Ub. sup.*

[3]. Et sacerdos unusquisque missam specialem fecisset, nisi infirmitas impedisset, et clerici, qui psalmos sciebant, unusquisque quinquaginta cantasset, et interim quod ipsas litanias faciebant, discalceati ambulassent. *Loc. laud.*

jeûne, ce que ta faiblesse te permettra. Nous nous étonnons d'ailleurs de n'avoir reçu de toi, depuis notre départ de Ratisbonne, ni message ni lettre ; fasse donc que nous soyons mieux informé à l'avenir de ta santé et de tout ce qu'il te plaira de nous apprendre. Salut encore une fois dans le Seigneur. »

Charlemagne passa l'Ens, et traversa sans trouver d'ennemis la contrée avoisinante : c'était le malheureux pays que les Huns et les Bavarois s'étaient disputé si longtemps, et dont ils avaient fait un désert. La rivière d'Ips n'arrêta pas sa marche, quoique sans doute le pont construit jadis par les Romains eût été coupé ; la forte position de Lemare, aujourd'hui le Moelk, ne lui opposa point de résistance ; ce n'est qu'à l'approche du mont Comagène qu'il aperçut du mouvement, des bandes armées et tous les signes d'une défense énergique. Un bras des Alpes de Styrie, projeté vers le Danube, ne laisse entre ses escarpements et le fleuve qu'un étroit défilé, fameux dans l'histoire des guerres danubiennes, le défilé du mont Kalenberg, alors mont Cettius. Il couvre à l'est Vindobona, Vienne, ville obscure jadis, devenue importante dans les derniers temps de la domination romaine, où on la voit remplacer l'antique Carnuntum comme métropole de la Pannonie supérieure. En avant et du côté de l'ouest, le défilé est couvert lui-même par une montagne qui en protége les approches ; c'est le mont Comagène dont nous avons déjà parlé. Un château établi sur cette montagne et un rempart ou haie fortifiée interceptaient la route, reliant au Danube la chaîne du Cettius, embarrassée d'épaisses forêts et ravinée par des torrents. Charlemagne dut faire halte pour assiéger régulièrement le rempart et la forteresse. A l'opposite du mont Comagène, de l'autre côté du Danube, descend des hauts plateaux de la Moravie la rivière de Kamp, sinueuse et profonde, qui se jette dans le fleuve par sa rive gauche : les Huns en avaient fait le fossé d'un second rempart, qui formait à travers le Danube la continuation du premier et complétait le barrage de la vallée [1]. Le rempart de la Kamp arrêta le corps d'armée du comte Theuderic, comme celui de Comagène avait arrêté Charlemagne; mais il fut plus promptement enlevé, soit force naturelle moindre, soit moindre résistance, les Avars ayant porté leurs principaux moyens d'action sur la rive droite. Plusieurs assauts tentés par Charlemagne contre le château et la haie de Comagène avaient échoué, et les assiégés, munis d'une énorme quantité de machines de jet, lui faisaient éprouver de grandes pertes par leur artillerie, quand les troupes de Theuderic, maîtresses des lignes de la Kamp, parurent sur la rive gauche, et que la flotte, arrivée à propos, se déploya en bon ordre sur le fleuve. Cette vue ranima le courage des Franks, en même temps qu'elle remplit les Huns de terreur. Craignant d'avoir la retraite coupée, ces barbares s'enfuirent avec leurs troupeaux ou dans les bois épais que recélait la montagne, ou derrière la plus prochaine enceinte, laissant le château de Comagène, puis la ville

---

1. Dicti Avari habebant munitiones paratas, de australi parte ad Chunberg, de aquilonari vero ripa in loco qui dicitur Camp... Regino, ad ann. 791. — Quarum (munitionum) una super Cambum fluvium, altera juxta Comagenos civitatem, in monte Cumeoberg vallo firmissimo, structa erat. *Annal. Reuber.* ad eumd. : ann.

de Vienne, à la merci du vainqueur [1]. Le château fut rasé, les machines de guerre détruites, la haie brûlée et nivelée, et Charlemagne dépêcha le jeune roi d'Aquitaine, son fils, pour annoncer à la reine Fastrade le double succès qui inaugurait si bien la campagne.

Un second cercle, placé à quelque distance au-dessous de Vienne, ne fut emporté qu'après une grande bataille, et les Franks ne trouvèrent plus de résistance jusqu'au Raab [2]. Cette rivière et les marais du lac Neusiedel servaient de fossé à un troisième rempart bien garni de tours et défendu près du confluent de la rivière par la forte place de Bregetium. Charlemagne, n'osant l'attaquer de front, franchit la rivière dans un lieu où elle était guéable, força la haie et tourna la place, qui se rendit à son approche. Pendant ce temps-là, le comte Theuderic enlevait de l'autre côté du Danube un rempart construit le long du Vaag et reliant le fleuve aux Carpathes. Les deux corps de l'armée de terre avaient glorieusement rempli leur tâche ; ce fut le tour de la flotte. Entre les embouchures du Vaag et du Raab, situées presqu'en face l'une de l'autre, le Danube, gêné par les atterrissements que ces deux rivières roulent incessamment

---

1. Avari cum vidissent utrumque exercitum ripas continentes, et navigia per medium flumen venientes, a Domino terrore concutiuntur, derelinquentes loca munita, firmitatesque eorum, vel machinationes dimiserunt fuga lapsi... *Annal. Bertin.*, ad. ann. 791. — Ubicumque aut ad fossas, aut aliquam firmitatem, sive montes, seu ad flumina vel sylvas confugerunt. *Annal. Franc.*, eod. ann.

2. Habuit conflictum magnum cum Hunnis et vastavit Hunniam plaga magna usque flumen Rapha. *Chron. Moissiac.*, ad. ann. 791. — Usque Arrabonis fluenta. *Annal. Laurisham.*

dans son lit, se divise en plusieurs bras et forme sept îles, dont la plus grande[1] et la plus septentrionale n'a pas moins de vingt lieues de long sur six de large. Ces îles, couvertes de joncs et de saules, entrecoupées de marécages et de fondrières et sans routes certaines, avaient servi d'asile aux habitants accourus des deux rives avec leurs propriétés et leur bétail. Les Huns s'étaient même retranchés assez solidement dans la plus grande, qui présentait des bords élevés et un accès difficile; mais ils avaient compté sans la flotte, qui commença par les bloquer, et les attaqua ensuite de vive force. Le siége dura trois jours. Après beaucoup de sang versé, les Huns se rendirent, et l'on trouva dans leur enclos un amas considérable de grains et des troupeaux sans nombre; les habitants, hommes, femmes, enfants, furent réduits en servitude. Ce dernier fait d'armes ne se lit pas dans les historiens contemporains, d'ailleurs très-laconiques, mais il est attesté par une tradition constante, que sa vraisemblance nous permet d'accepter, et que j'ai reproduite telle qu'elle se racontait au XVe siècle [2].

De son côté, le jeune roi d'Italie n'était pas resté oisif. Son armée, composée en majeure partie de Lombards et de Frioulois, et qui comptait un évêque parmi ses généraux, s'était portée, suivant ses instructions, directement sur la Pannonie inférieure pour prendre la Hunnie en flanc et se rejoindre au corps d'armée de Charlemagne. Arrivée au sommet des Alpes le 28 août, elle en était descendue probablement

---

1. Celle de Csallokozi.
2. Bonfin. *Rerum Hungar. Dec.*, 1, 9.—Belius, *Notit. nov.; Hung.*, t. 1.

par la vallée de la Drave pour pénétrer, entre cette rivière et la Save, dans ce qu'on appelait la presqu'île *sirmienne*. Là elle s'était trouvée en face d'un des rings intérieurs, qui contenait d'autant plus de richesses que les Huns l'avaient cru plus à l'abri des attaques. Ils le défendirent vigoureusement, mais le ring fut enlevé, et le butin qu'on y trouva dédommagea amplement le soldat de ses fatigues. La tradition rapporte que Pépin, emporté par son ardeur, fut blessé d'une flèche à l'assaut du rempart et renversé de cheval [1] : l'histoire n'en dit rien, et nous ne trouvons non plus aucune allusion à ce fait dans la lettre par laquelle le père, tout enorgueilli des succès de son fils, en mande le récit à Fastrade. Il se borne à ces mots : « Pépin a tué tant d'Avars, qu'on n'avait jamais vu pareil massacre ; l'enceinte a été prise et pillée, et on y a passé la nuit et la matinée du lendemain jusqu'à la troisième heure [2]. »

Ainsi la Pannonie avait été parcourue dans toutes ses directions par les armées de la France, et la Hunnie transdanubienne avait été occupée jusqu'au Vaag ; il ne restait plus que la grande plaine que traverse la Theisse et les cantons situés dans les Carpathes ou à l'est de ces montagnes jusqu'à la mer Noire. La saison avançait, et la prudence conseillait à Charlemagne de ne point engager ses troupes au commencement de l'hiver dans un pays de marécages et de rochers où

---

1. Bonfin., *Rer. Hungar. Dec.*, I, 9.
2. Et multitudinem de ipsis Avaris interfecerunt in tantum, quod in multis diebus major strages de ipsis Avaris facta non fuit. Et exspoliaverunt ipsum vallum, et sederunt ibi ipsa nocte vel in crastina usque hora diei tertia. Epist. *Carol. Mag.*, *ad Fastrad.*, ap. D. Bouq., t. v.

elles auraient à souffrir de la disette et des inondations plus encore que des hommes. Une épizootie, qui s'était mise sur les chevaux de l'armée et en avait déjà fait périr la plus grande partie[1], eût été à elle seule une raison suffisante de ne pas pousser plus loin. Charlemagne termina donc là la campagne ; il renvoya l'armée d'Italie dans ses cantonnements du Pô, plaça le corps du comte Theuderic et le sien en observation sur la frontière hunnique, et emmena son fils Pépin pour aller célébrer avec lui les fêtes de Noël à Ratisbonne.

1. Tanta equorum lues exorta est, ut vix decima pars e tot millibus equorum remansisse dicatur. *Annal. Laurisham.*, ann. 791.

CHAPITRE SIXIÈME

Politique de Charlemagne à l'égard de la Hunnie; effroi de la cour de Constantinople. — Charlemagne veut joindre le Rhin au Danube par un canal; il commence l'entreprise sans pouvoir l'achever. — Les Saxons sollicitent les Avars de reprendre les armes; parti de la paix et parti de la guerre parmi les Huns; le parti de la paix l'emporte; le kha-kan et le ouïgour sont massacrés. — Nouvelle campagne des Franks en Hunnie; Héric, duc de Frioul, prend et pille un des rings intérieurs en Pannonie; le ring royal situé aux bords de la Theisse tombe au pouvoir du roi Pépin. — Entrée triomphale de Pépin à Aix-la-Chapelle. — Charlemagne distribue le butin fait sur les Avars au pape, aux autres souverains, aux métropoles, aux églises des Gaules et à ses fidèles. — Le kha-kan Tudun et plusieurs nobles avars reçoivent le baptême à Aix-la-Chapelle; fête donnée à cette occasion; vers de l'évêque Théodulfe. — Construction de la grande cité d'Aix; chasse dans les forêts voisines; tableau de la cour du roi des Franks. — Retour de Tudun dans ses États; les Pannonies sont incorporées à l'empire frank ainsi que la Hunnie septentrionale jusqu'au Vaag, le reste forme un royaume soumis aux Franks. — *Franco-Chorion.* — Colonies bavaroises et carinthiennes établies en Pannonie. — Révolte parmi les Avars, Tudun abjure le christianisme. — Attaque de la frontière bavaroise; le comte Gérold est tué. — Nouvelle campagne des Franks; mort de Tudun; conquête définitive de la Hunnie. — Organisation administrative des Pannonies. — Kha-kans devenus chrétiens; procédé du comte Ingo pour gagner les nobles huns au christianisme. — Fanfaronnade d'un soldat gaulois; conséquences nombreuses de la guerre de Hunnie. — Les Slaves et les Bulgares attaquent les Huns qui demandent à quitter leur pays; Charlemagne les cantonne au midi du Danube. — Puissance des Slaves-Moraves. — Lettre du pape Eugène II au khakan et au peuple des Avars.

792 — 826

L'expédition de Hunnie avait permis à Charlemagne d'observer par lui-même, en même temps que la faiblesse des Huns, la beauté et l'importante situation de ce pays, qui dominait l'Italie au midi, les nations

slaves à l'ouest et au nord, et confinait à l'empire
romain d'Orient. Ce conquérant avait plus d'une
raison pour ne point vouloir perdre le fruit de cette
guerre, et il jeta son dévolu sur la Hunnie, dont une
portion lui convenait pour agrandir le territoire de la
France, l'autre pour étendre sa suprématie, et comme
il savait toujours entremêler la modération à l'emploi
de la force, il lui plut d'attendre que le kha-kan et le
ouïgour se remissent d'eux-mêmes à sa discrétion. Ce
qui peut-être chatouillait le plus son orgueil dans le
rapide succès de cette campagne, c'est qu'il avait
planté le drapeau frank à la frontière de l'empire
grec, et fait pâlir cette cour de Constantinople, pré-
somptueuse et jalouse, qui s'était vainement flattée de
le chasser de l'Italie, et dont le mauvais vouloir écla-
tait maintenant par une opposition dédaigneuse au
plus cher de ses projets, celui de devenir empereur
d'Occident. Il n'ignorait pas qu'une terreur panique
avait saisi la Thrace et la Macédoine, quand on avait
vu ses armées s'approcher de la Save, que les villes
avaient fermé leurs portes, que des troupes s'étaient
mises en marche, qu'en un mot la consternation
régnait au palais de Byzance. Et ce n'était pas seulement dans les provinces voisines du Danube que les
Grecs éprouvaient ce sentiment d'anxiété; le Pélopo-
nèse et les îles de la mer Égée se croyaient aussi à la
veille d'une invasion des Franks, et comme il arrive
toujours en pareil cas, les peuples ne parlaient qu'avec
admiration du grand homme qui leur faisait peur.
Son nom volait de bouche en bouche dans tout l'Orient.
Les ambassadeurs du khalife Aroun-al-Rachid, qui

vinrent le visiter quelques années après dans Aix-la-Chapelle, purent lui raconter sans adulation qu'en Asie comme en Europe, dans les îles comme sur la terre ferme, d'un bout à l'autre de l'empire grec, les peuples ne craignaient ou n'espéraient que lui. Il s'agissait maintenant pour Charlemagne de franchir le dernier pas, et il pensait, avec grande raison, que la conquête de la Hunnie servirait à le lui rendre plus facile. Quand l'empire frank, qui touchait déjà à la Baltique par la Vistule, aurait atteint la chaîne des monts Carpathes et la mer Noire, l'ancien empire romain d'Occident se trouverait reconstitué sur une base plus large qu'autrefois et ne réclamerait plus qu'un empereur. Voilà ce qu'il se disait sans doute en traversant les Pannonies et occupant déjà par la pensée la Dacie de Trajan, qui se dessinait à ses yeux sur l'autre rive, et il habituait le monde à cette idée qui faisait à la fois rire et trembler les Grecs, l'idée d'une résurrection des césars occidentaux dans la personne d'un roi des Franks.

Ces préoccupations le retinrent pendant tout le cours de l'année 792 dans le voisinage de la Hunnie, contre laquelle il méditait, à tout événement, un nouveau plan de campagne. Ce demi-barbare devinait la civilisation dans un siècle qui n'en connaissait plus que les ruines. Le canal de Drusus, celui de Corbulon, creusé jadis entre la Meuse et le Rhin, et l'entreprise de Lucius Vetus pour joindre la Moselle à la Saône, lui inspirèrent une des plus grandes idées qui aient traversé la tête d'un chef de gouvernement. Le rapprochement topographique du Rhin et du Danube, qui, voisins par leurs sources, le sont encore plus par leurs affluents, lui fit concevoir la possibilité de les réunir au moyen d'un canal. Dans ce projet, sans doute, les besoins de la guerre furent les premiers à frapper son imagination; il se représenta d'abord les flottes de la Frise convoyant ses troupes et ses approvisionnements, sans interruption, des bords du Rhin à ceux de la Theïsse; mais il entrevit aussi tout l'avantage qu'en retirerait le commerce, pour la gloire et la prospérité de son empire, quand la France enverrait par des fleuves français ses navires dans la mer Noire, pour en rapporter à Ratisbonne, à Mayence, à Cologne, les trésors de Golconde ou les merveilles féeriques de la Perse. Sous l'aiguillon de ces vagues pensées, ou plutôt de ces instincts de civilisation, Charlemagne se mit à l'œuvre sans délai. Nous dirions en langage administratif moderne qu'il fit venir ses ingénieurs pour leur demander un plan de jonction des deux fleuves, et que ceux-ci mirent le plan à l'étude : ces formules rendraient exactement ce qui se passa alors. « Ceux qui avaient la connaissance des choses de ce genre, comme s'expriment les contemporains, lui exposèrent que la Rednitz, qui se jette dans le Mein, par lequel elle communique avec le Rhin à Mayence, et l'Almona (aujourdhui l'Altmühl), qui tombe dans le Danube au-dessus de Ratisbonne, pouvaient être réunies par un canal de six mille pas de longueur et capable de recevoir de grands navires [1]. » En effet ces deux affluents, l'un direct,

---

[1]. Persuasum regi erat, si inter Radantiam et Almonam fluvios fossa navium capax duceretur, posse commode e Danubio in Rhenum navigari,

l'autre indirect du Danube et du Rhin, descendus tous deux de la chaîne du Steigerwald, se rapprochent dans leurs sinuosités à la distance de six milles seulement, dans un pays plat et marécageux. Charlemagne voulut qu'on y creusât un canal de trois cents pieds de largeur et d'un tirant d'eau suffisant pour tous les besoins des flottes [1]. Lui-même s'établit sur les lieux avec des ouvriers tirés de l'armée, et le travail commença. On en avait déjà fait le tiers, quand les pluies d'automne, arrivées plus fortes que de coutume, noyèrent ce pays, naturellement humide. La tranchée se remplissait d'eau toutes les nuits, les talus détrempés s'affaissaient : c'était chaque jour nouveau travail, et le soldat, toujours plongé dans la boue, éprouvait des fatigues inouïes. Bientôt la maladie se mit dans ses rangs. Des plaintes s'élevèrent de toutes parts contre une entreprise dont on ne comprenait pas la grandeur, et Charles vaincu dut céder aux obstacles de la nature et aux murmures des hommes; il abandonna le projet. Une vieille tradition rapporte qu'il fut amené à cette résolution par des fantômes et des apparitions diaboliques qui effrayaient la nuit les travailleurs et l'épouvantèrent

---

quod alter Danubio, alter Rheno miscetur. *Annal. Laurisham.*, ad. ann. 793.

..... Inductis ambos dum jungeret amnes
Gurgitibus, posset puppes ut ferre natantes,
In Rhenum de Danubio celer efficeretur
Et facilis cursus ratibus...
Poet. Sax., eod. ann.

1. Ducta est fossa inter prædictos fluvios duorum millium passuum longitudine, latitudine trecentorum pedum... *Annal. Laurisham.*, ann. cit.

..... In longum passus duo millia ducta
Fossa fuit, pedibus ter centum lata patebat.
Poet. Sax., ub. sup.

lui-même[1]. Ces fantômes, ces lémures qui firent reculer sa forte volonté, ce furent probablement les préjugés de l'ignorance contre lesquels les inspirations du génie se brisent quand elles sont prématurées. Il ne reprit plus son canal inachevé, et se contenta de faire construire plusieurs ponts de bateaux, tant sur le Danube que sur les rivières affluentes qu'il aurait besoin de passer dans une seconde campagne [2].

La nation avare semblait abattue. Dispersée dans ses bois et ses montagnes, elle ne songeait ni à se rallier ni à reprendre ses armes, quand un message des Saxons vint l'agiter de nouveau. Ils l'invitaient à se joindre à eux pour un grand effort qui, brisant le joug des Franks en Germanie, les balaierait au delà du Rhin. « Déjà même, assuraient-ils, leurs troupes avaient détruit une division de l'armée de Charlemagne sur les bords du Wéser; bientôt la Germanie tout entière serait debout : quelle plus belle occasion pour les peuples d'assurer à jamais leur liberté? » Ce message causa parmi les Huns une émotion profonde. Les souffrances de la dernière campagne avaient créé chez eux un parti de la paix; le ressentiment et l'espérance entretenaient le parti de la guerre : on se disputa, on en vint aux mains, et les deux chefs qui avaient provoqué et conduit les expéditions d'Italie et de Bavière, le kha-kan et le ouïgour furent massacrés [3]. Le parti de

---

1. Aventin. *Annal. Boïc.*, iv, p. 335.
2.   Instabat princeps navalem condere pontem
       Qui per Danubium bello prodesset agendo.
                Poëta Saxo. ad ann. 792.
3. Chagan sive Jugurro intestina clade a suis occisis... *Annal. Franc. Dusch.,* ad ann. 796.

la paix triomphait; il choisit pour kha-kan un certain Tudun, lequel s'empressa d'envoyer à Charlemagne une ambassade chargée de lui déclarer que son peuple et lui se mettaient à la merci du roi des Franks, et que pour son compte il recevrait volontiers le baptême [1]. Charlemagne accueillit mal le message et les messagers, soit qu'il doutât de la sincérité de la proposition, soit que dans l'état des choses il lui convînt de frapper à la fois deux grands coups sur deux peuples païens qui avaient cherché à s'entendre.

L'ambassade congédiée rentra en Hunnie, et l'on apprit bientôt que la division friouloise et carinthienne de l'armée d'Italie passait les Alpes sous la conduite du duc de Frioul Héric, général expérimenté et plein d'ardeur, et pénétrait en Pannonie, tandis que les Saxons étaient pourchassés par des forces supérieures entre l'Elbe et l'Oder. Le plan de campagne de Charlemagne à l'égard des Huns fut de les attaquer, comme la première fois, par l'Italie et la Bavière, en faisant marcher sa seconde armée directement sur la Theïsse par la rive gauche du Danube, en même temps qu'Héric mettrait à feu et à sang les contrées de la rive droite. Le jeune roi Pépin, qui se trouvait près de lui devait prendre le commandement de l'armée occidentale. Tout se passa comme il l'avait prévu. Héric assaillit, au printemps de l'année 796, un des rings intérieurs de la Hunnie et y trouva un immense butin, qui fut envoyé à Aix-la-Chapelle [2]. Ce fut ensuite le tour

---

1. Quod idem Tudun cum terra, et populo suo se regi dedere vellet, et ejus ordinatione christianam fidem suscipere. *Annal. Bertin.*, ad ann. 795.

2. Eginh., *Annal.*, ad ann. 796. — *Annal. Franc.*, ann. 796. — *Annal. Fuld.* — *Regin.*, ad eumd. ann.

du roi Pépin, qui, marchant résolûment jusqu'aux plaines marécageuses de la Theïsse, eut la gloire d'assiéger et de prendre le ring royal, habitation des khakans et lieu de dépôt du trésor de la nation [1]. En vain Tudun, frappé de crainte, était venu près du jeune roi pour le fléchir et obtenir rémission : Pépin ne s'arrêta point jusqu'à ce qu'il eût mis le pied dans ce sanctuaire de la nationalité avare, et que l'étendard du protecteur de l'Église, qui venait de recevoir en hommage du pape les clefs de la confession de saint Pierre, flottât sur l'ancienne demeure du fléau de Dieu. La paix fut conclue sur les ruines du ring, et Tudun avec les chefs principaux de la Hunnie accompagnèrent le jeune vainqueur jusqu'aux bords du Rhin, et de là à Aix-la-Chapelle, où il devait retrouver son père.

L'entrée de Pépin dans Aix-la-Chapelle, ou plus exactement dans Aquisgranum, présenta comme une image des triomphes de cet ancien empire romain dont Charlemagne rêvait la résurrection avec tant d'ardeur. On vit défiler devant le triomphateur les étendards conquis, les dépouilles des chefs groupées en trophées, et dans une longue suite de chariots découverts le trésor des rois avars : des monceaux d'or et d'argent monnayé, des lingots, des pierreries de toute sorte, des tissus d'or, de soie, de pourpre, des vases précieux enlevés aux palais ou aux églises [2], et dont la richesse

---

1. Pippinus Hunnis trans Tizam fluvium fugatis, eorumque regia quæ *Ringus*, a Langobardis autem *Campus* vocatur... Eginh., *Annal. ad* ann. 796.

2. ... Regni thesauros spoliati
Attulit, exuviasque ducum vexillaque capta.
Poët. Sax. ad ann. 796

et la forme indiquaient s'ils provenaient des pillages de la Grèce, de l'Italie ou de la Gaule. Tudun et les nobles avars, dans une attitude morne et humble à la fois, faisaient partie du cortége : on pouvait se demander si c'était comme captifs ou comme alliés. Tudun s'agenouillant devant Charlemagne, lui prêta serment de fidélité suivant le cérémonial des Franks, et exprima le vœu de recevoir bientôt le baptême[1]. Charles, en souverain puissant et magnifique, ne s'adjugea pas le trésor des Huns comme un butin. Après en avoir prélevé ce que les savants de sa cour appelaient sans doute « les dépouilles opimes, » pour en faire don aux autres souverains et aux églises, il distribua le reste avec une prodigalité toute royale à ses fidèles, clercs et laïques, sujets et vassaux [2].

Ses libéralités commencèrent par le pape. L'abbé Angilbert, qu'on désignait sous le nom d'Homère dans l'académie caroline, et qui, après avoir épousé Berthe, une des filles du roi, l'avait quittée de son consentement pour se faire moine à l'abbaye de Saint-Riquier, fut chargé d'accompagner à Rome le trésor enlevé par Héric, et de le déposer sur le tombeau des saints apôtres[3]. Parmi les rois d'Europe qui prirent part à ces riches gratifications figurait le roi de Mercie, Offa, à qui Charlemagne adressa une lettre contenant ces mots : « Nous avons envoyé aux grandes cités et aux

---

1. Se cum populo suo et patria regi dedens. *Annal. Franc. Dusch.*, ann. 796. Eginh., *Annal.*, eod ann.
2. Reliquam partem optimatibus, clericis, vel laïcis, cæterisque fidelibus suis largitus est. Eginh., *ibid.*
3. Romam ad limina Apostolorum misit per Angilbertum dilectum sui abbatem. *Annal. Franc. Dusch.*, ann. 796.

métropoles une part du trésor des choses humaines que Jésus-Christ nous a accordé malgré nos démérites. A vous que nous aimons, nous avons voulu offrir un baudrier, un glaive hunnique et deux manteaux de soie.[1] » On peut supposer que dans le nombre des églises honorées de la munificence du roi, celles-là eurent le premier rang qui, pillées jadis par Attila, pouvaient revendiquer de pareils cadeaux comme une restitution légitime. La cathédrale de Mayence reçut, à ce titre apparemment, des objets du plus grand prix, qu'on montrait encore, au XVIe siècle, dans son trésor épiscopal. « C'était, nous dit un écrivain, qui les vit alors et les admira, une croix d'or massif, nommée *Benna*, pesant douze cents marcs, et sur laquelle était inscrit un vers latin qui en indiquait le poids[2]. C'étaient aussi deux calices de l'or le plus fin, dont le plus petit pesait dix-huit marcs, et dont le plus grand, épais d'un doigt, avait deux anses qui remplissaient les mains de celui qui le soulevait, et avait la forme d'un mortier. L'un et l'autre étaient tout parsemés de pierreries [3].

La guerre avait eu son triomphe, la foi attendait le sien. Lorsqu'on jugea Tudun et ses compagnons suffi-

---

1. Sed et de thesauro humanarum rerum, quem Dominus Jesus nobis gratuita pietate concessit, aliquid per metropolitanas civitates direximus, vestræ quoque dilectioni, unum baltheum et unum gladium hunniscum, et duo pallia sericea.. Willielm. Malmesb., *Hist. Reg. Angl.*, I.

2. Auri sexcentas habet, hæc crux aurea, libras.

3. Beat. Rhenan. — Calix major, quot marcas habuerit, nescio. Certum autem est, quod spissitudo ejus erat digiti, habebat autem idem calix duas ansas, quæ poterant manus replere levantis, sicut solent habere mortarii in quibus piperata et salsa præparantur. *Chron. Mogunt.*, p. 384.

samment instruits des vérités chrétiennes pour être admis au sacrement du baptême, on procéda à cette solennité avec un grand éclat, devant un immense concours de peuple. L'usage était, à la cour de Charlemagne, que les catéchumènes convertis par ses soins, avant d'approcher du baptistère, se dépouillassent entièrement de leurs habits pour se revêtir de robes ou longues chemises blanches, du lin le plus fin, qu'on leur abandonnait ensuite en commémoration de leur baptême. Ce cadeau était fort recherché des sauvages païens du Nord, témoin ce vieux soldat saxon, qui se vantait de s'être fait baptiser vingt fois pour se composer une garde-robe de chemises de lin [1], s'il faut en croire le moine de Saint-Gall, dont les anecdotes ne sont pas toujours bien dignes de foi. Sous ce costume, étrange pour un successeur d'Attila, Tudun, à genoux près de la piscine, fut lavé de l'eau baptismale, que chaque noble avar reçut à son tour. L'église d'Aix déploya pour cette grande occasion ses plus riches ornements et le luxe de ses processions d'évêques et d'abbés, étincelants d'or et de pierreries, qui faisaient dire à un ambassadeur du khalife Aroun : « J'avais vu jusqu'à présent des hommes de terre, aujourd'hui je vois des hommes d'or [2]. » Les vers et la prose ne manquaient jamais aux fêtes de Charlemagne, à qui c'était faire sa cour que d'aimer les lettres; ils vinrent en abondance dans celle-ci, et les

---

1. Jam vicies hic lotus sum, et optimis candidissimisque vestibus indutus... Monach., S. Gall., ii, 29.

2. Prius terreos tantum homines vidimus, nunc autem aureos. *Id.*, ii, 11.

lettrés absents tinrent eux-mêmes à honneur d'y être représentés. Alcuin, dont le nom académique était **Albinus**, comme celui d'Angilbert était Homère et celui de Charlemagne lui-même David, félicitait le roi, dans une lettre artistement travaillée, « d'avoir courbé sous son sceptre victorieux cette race des Huns, si formidable par son antique barbarie, d'avoir attaché ces fronts superbes au joug de la foi, et fait briller la lumière à des yeux qui semblaient éternellement voués aux ténèbres [1]. »

Théodulf, évêque d'Orléans, envoya aussi son tribut dans une pièce de vers que nous avons encore [2], pièce composée évidemment pour les savants membres de l'académie caroline, qu'il désigne toujours par leurs sobriquets littéraires, et dont il s'occupe beaucoup plus que des Huns et de leur conversion. L'Italien Théodulf, que Charlemage retenait près de lui à force d'argent et d'honneurs, dont il avait fait un de ses *missi dominici*, puis un évêque d'Orléans, était alors le poëte à la mode, le Fortunat d'un cour où la politesse essayait de renaître par la culture des lettres, et où l'on enviait aux poëtes italiens leur manière leste et dégagée, leur talent d'exagérer les petites choses, leurs antithèses, et leur recherche parfois gracieuse d'idées et de mots. Tout ce bagage d'une littérature traditionnelle, ces procédés de métier restés en Italie,

---

1. Gentes, populosque Hunnorum antiqua feritate, et fortitudine formidabiles, tuis suo honori militantibus subdidit sceptris, prævenienteque gratia, colla diu superbissima sacræ fidei jugo devinxit, et cœcis ab antiquo tempore mentibus lumen veritatis infudit. *Epist. Alcuin ad. Carol. M.*, ann. 796.
2. D. Bouq., *Script. rer. Gall. et Franc.*, t. v.

oubliés ailleurs, frappaient d'admiration des esprits habitués aux formes un peu lourdes qu'apportaient avec leur science les philosophes théologiens de l'île de Bretagne. On se passa donc de main en main, on lut avec une avide curiosité les nouveaux vers de Théodulf, dont le succès apparemment fut d'autant plus général que chacun y trouva pour soi un souvenir aimable ou une flatterie. D'abord c'était le roi « sage comme Salomon, fort comme David, beau comme Joseph, » puis la belle Luitgarde, que Charles venait de mettre dans son lit aussitôt après la mort de Fastrade, puis les princesses filles du roi pour le portrait desquelles le poëte-évêque avait épuisé toutes ses réminiscences mythologiques et toute la nomenclature des pierreries et des fleurs. Les fils du roi n'y étaient point oubliés, non plus que leurs fidèles et les lettrés de l'académie, Riculf-Damætas, Ricbode-Macarius, Thyrsis le camérier et Ménalcas le grand-maître de la table du roi. Avec tout cela, il restait peu de place pour le sujet de la fête, quoique la pièce fût passablement longue. Par une fiction assez heureuse, l'auteur introduisait, à la suite des Avars, les Arabes d'Espagne, qu'il montrait dans le lointain, désireux aussi du baptême et du joug des Franks, et, ce qu'on ne dédaignait pas à la cour de Charlemagne, venant verser les trésors de Cordoue dans les coffres d'Aix-la-Chapelle[1]. « Grand roi, disait-il, reçois d'un cœur joyeux ces trésors de toute sorte que Dieu t'envoie des terres pannoniennes ; rends-en grâces au Tout-Puissant, et que

---

1. Corduba prolixo collectas tempore gazas
Mitte celer regi...
Theodulph., *Carm.* D. Bouq., t. v.

ta main comme toujours soit généreuse pour ses temples. Voici venir toutes prêtes à servir le Christ des nations que ton bras puissant pousse vers lui : c'est le Hun aux longs cheveux nattés et pendants par derrière; le voici aussi humble dans la foi qu'il était orgueilleux dans l'impiété[1]. Que l'Arabe se joigne à lui, ces deux peuples sont également chevelus ; que l'un marche au baptême avec sa chevelure tressée, l'autre avec sa crinière en désordre[2]. Riche Cordoue, envoie bien vite vers ce roi, à qui doivent se faire tous les sacrifices glorieux, les richesses accumulées depuis des siècles dans ton trésor! De même que les Avars accourent, accourez, Arabes et Numides ; fléchissez à ses pieds vos genoux et vos cœurs[3]. Ceux que vous voyez là ne furent pas moins que vous fiers et cruels, mais celui qui les a domptés saura bien vous dompter aussi. »

Ces fêtes se célébrèrent au milieu du désordre d'une ville en construction, car la grande cité d'Aquisgranum, la seconde Rome, comme disaient les poëtes du temps[4], sortait alors de terre, sous les yeux et par l'active impulsion de Charlemagne. Attiré dans ce site

---

[1]. Pone venit textis ad Christum crinibus Hunnus,
Estque humilis fidei, qui fuit ante ferox.
Theodulph., *Carm.* D. Bouq., t. v.

[2]. Huic societur Arabs : populus crinitus uterque est,
Hic textus crines, ille solutus eat.
Id. ub. sup.

[3]. Ut veniunt Avares; Arabes, Nomadesque venite,
Regis et ante pedes flectite corda, genu.
Id. loc. cit.

[4]. ..... Ubi Roma secunda
Flore novo ingenii magna consurgit ad astra
Mole . . . .
Altaque disponens venturæ mœnia Romæ.
D. Bouq., t. v.., *Carm. de Car. M.*, v. 94 et seqq.

enchanteur par l'abondance des sources thermales qui y formaient comme une rivière bouillante[1], il y avait fait bâtir un palais, sa résidence favorite, et, à proximité de ce palais, venaient se fonder l'un après l'autre les établissements ordinaires d'une métropole. C'était là son plaisir dans les rares moments de repos que lui laissait la guerre. Un contemporain nous le représente inspectant les travaux et encourageant par ses paroles une armée de tailleurs de pierre, de charpentiers et de maçons, ou bien posté au haut de la citadelle déjà terminée, comme au haut d'un observatoire, indiquant, le plan en main, la direction des rues et la place du forum, de l'amphithéâtre ou de la basilique[2]. Déjà s'élevait sur les colonnes de marbre amenées de Ravenne la coupole d'or de la chapelle[3] où devaient reposer ses ossements, et des fontainiers répandus de tous côtés captaient les sources pour les amener dans de profondes piscines, où l'on descendait par des degrés de marbre blanc[4]. Ces créations du génie civilisateur durent intéresser médiocrement Tudun et ses sauvages compagnons; mais la cour franke avait d'autres divertissements plus conformes à leur intelligence

---

1. Fons nimio bullentis aquæ fervere calore.
   Carm. de Car. M., v. 109.
2. Stat pius arce procul Carolus loca singula signans
   Hic jubet esse forum ; statuuntque profunda theatri
   Fundamenta, tholis includunt atria celsis.
   Id., v. 98 et seqq.
3. Construere ingenti templum molimine certant;
   Scandit ad astra domus.....
   Id. v. 112, 113.
4. Hic alii thermas calidas reperire laborant,
   Balnea sponte sua ferventia mole recludunt,
   armoreis gradibus speciosa sedilia pangunt.
   Id., v. 107 et seqq.

et à leur goût. La chasse était une des vives passions de Charlemagne, et aux yeux des Franks le plus noble plaisir qu'on pût offrir à des hôtes qu'on voulait dignement traiter. Charles y entraînait ceux-là mêmes qui ne s'en montraient pas très-soucieux, témoin ces ambassadeurs d'Aroun-al-Rachid, qui éprouvèrent une si grande frayeur à l'aspect des uroks, qu'ils n'avaient jamais vus[1]. On peut donc affirmer, quoique l'histoire ait omis ce détail, qu'il y conduisit les Avars, ardents chasseurs eux-mêmes, et chez qui la chasse était une institution politique. Dans cette hypothèse, qui n'a rien que de très-acceptable, nous emprunterons quelques détails aux écrivains contemporains, pour donner un aspect vrai de cette cour d'Aix-la-Chapelle, à laquelle se trouve mêlé assez bizarrement un kha-kan des Huns vaincu et baptisé.

Charlemagne préparait comme une expédition militaire ses chasses dans les vastes forêts qui des coteaux d'Aix se prolongeaient, d'une part à la grande forêt des Ardennes, de l'autre aux rideaux boisés des bords du Rhin. Il y avait un plan tracé d'avance, des marches prévues, des embuscades dressées ; chacun avait son poste et son rôle, et tout le monde y assistait soit comme acteur, soit comme spectateur. Les jeunes fils du roi, la reine elle-même et les princesses n'étaient pas les derniers à accourir, dès l'aube du jour, quand la trompe avait retenti, afin de participer de loin ou de près aux périlleux amusements du maître. « Dès que l'aurore d'un jour de chasse commence à se montrer,

---

[1]. Monach. S. Gall., ii, 12, apud D. Bouq., t. v, p. 125.

nous dit un témoin de ces fêtes, les jeunes princes, sautant hors du lit, revêtent précipitamment leurs armures; la reine et ses belles-filles procèdent, mais plus lentement, à leur toilette [1], et les leudes se rassemblent dans les cours du palais, tandis que les cors résonnent, que les écuyers contiennent les chevaux impatients, et que les meutes répondent par des aboiements au claquement des fouets. Le roi entend d'abord la messe [2], puis il s'élance sur son vigoureux coursier tout harnaché d'or, et donne le signal du départ; la troupe joyeuse qu'il dépasse de toute la tête [3] se précipite après lui. Les jeunes chasseurs sont armés d'un épieu à pointe de fer; quelques-uns portent un filet carré. Une rangée de leudes sert de cortége au roi. La belle épouse de Charles, la reine Luitgarde, se montre ensuite en tête de la royale famille. Un ruban de pourpre qui entoure ses tempes se relie à ses cheveux que couronne un diadème de pierreries; sa robe est de pourpre deux fois teinte, et une chlamyde retenue au cou par une agrafe d'or flotte gracieusement sur son épaule [4]. Un collier des pierres les plus brillantes et les plus variées descend sur son sein; elle

---

1.   Hinc thalamo cunctata diu regina superbo
Procedit...
Carm. de Car. M., v. 181.

2.   ..... Carolus sacra limina templi
Deseruit.....
Id., v. 177.

Rex Carolus cunctos humeris supereminet altis.
Id., v. 173.

Aurea fila ligant chlamydem, capitique byrillus
Inseritur; radians claro diadema metallo
Enitet, et vestit biscocco purpura bysso...
Id., v. 188 et seq

monte un cheval superbe ; des leudes et des écuyers l'environnent.

« La royale lignée la suit à distance, chacun avec son cortége particulier. C'est d'abord Charles, le fils aîné du roi, qui porte le nom et les traits de son père, et fait bondir sous lui un cheval indompté ; puis Pépin, le vainqueur des Avars, en qui revit la gloire ainsi que le nom de son aïeul. Il porte au front le diadème des rois. Une foule de leudes, noble sénat des Franks, se presse autour des jeunes princes ; mais Louis d'Aquitaine est absent...

« Arrive ensuite le bataillon des jeunes filles, qui déploie aux yeux ses lignes étincelantes. Rotrude s'avance la première sur un cheval frémissant qu'elle guide avec adresse ; ses cheveux, d'un blond pâle, sont entrelacés d'une bandelette couleur d'améthyste que relèvent des escarboucles et des saphirs ; une couronne de perles décore son front, et son manteau est retenu par une large agrafe. Des suivantes en grand nombre et richement parées composent son cortége. Berthe vient ensuite : celle-ci a le port, les traits, la voix de son père ; elle a aussi son courage, car elle est son image vivante[1]. Ses cheveux sont tressés de fils d'or ; elle porte au front une couronne d'or et au cou une fourrure d'hermine ; sa robe est toute parsemée de pierreries, et son manteau, cousu de lames d'or, projette au loin l'éclat des chrysolithes. Gisèle paraît la

---

[1]. Proxima Berta inter, multis sociata puellis,
Voce, virili animo, habitu, vultuque corusco,
Os, mores, oculos imitantia pectora patris
Fert....
Carm. de Car. M., v. 220 et seqq.

troisième : vierge pudique, elle a quitté la solitude des cloîtres pour suivre ici, dans l'agitation du monde, les traces du père qu'elle aime. La robe modeste de l'abbesse est tissue de fils de mauve et d'or[1] ; on dirait que son visage et sa chevelure répandent une douce auréole, et, sous les regards de tant d'hommes, la blancheur de son cou se colore d'une légère rougeur. Sa main est d'argent, son front d'or, et la sérénité du jour est dans son regard[2]. Une troupe d'hommes d'armes l'entoure d'un côté, une troupe de jeunes filles de l'autre, et leurs coursiers écumants s'agitent autour du sien. Rhodhaïde précède l'escadron de ses suivantes ; sa poitrine, son cou, ses cheveux, brillent de l'éclat des plus beaux joyaux[3] ; son manteau est de soie, sa couronne de perles ; une aiguille d'or à tête de perle attache sa chlamyde, et une peau de cerf forme la housse de son cheval. Après elle vient une fille de Fastrade, Théodrade, enfant au visage rosé, au front blanc, aux cheveux plus jaunes que l'or ; son manteau couleur d'hyacinthe est garni de fourrure de taupe, et ses pieds sont chaussés de cothurnes[4]. Montée sur un

---

[1]   Tecta melocineo fulgescit femina amictu ;...

On peut consulter, au sujet des tissus de Mauve, le Glossaire de Ducange. Voy. *Melocinium.*

[2]   Argento stat facta manus, frons aurea fulget,
    Et magnum vincunt oculorum lumina Phœbum...

[3]   Pulchra vehetur equo Rhodaïdis virgo superbo,
    Quo latitare solent hirsuto tergore cervi.
                              Ibid., v. 230-250.

[4]   Interea ingreditur vultu Theodrada sereno
    Fronte venusta, nitens, et cedit crinibus aurum
    Pallia permixtis luce acinthina talpis ;
    Clara Sophocleoque ... ur virgo cothurno...
                              Ibid., v. 256 et seqq.

cheval blanc, elle le pique sans cesse pour arriver en hâte à la forêt, et sa jeune sœur Hildrude a peine à la suivre. C'est celle-ci qui clôt le cortége des princesses : ainsi l'a voulu le sort de sa naissance... »

Tudun quitta Aix-la-Chapelle assez mécontent, malgré les caresses et les fêtes, et bien refroidi dans sa ferveur chrétienne. Il avait espéré que le vainqueur lui laisserait la possession de son royaume pour prix de sa docilité et en vertu de son baptême, mais il s'était trompé dans ses calculs : Charlemagne avait besoin de s'assurer des positions militaires en Hunnie, soit contre une révolte des Avars eux-mêmes, soit contre l'empire grec, dont la mauvaise humeur devenait menaçante, et qui pouvait un jour ou l'autre tenter contre lui, sur les bords du Danube, au moyen des Huns, ce qu'il tentait naguère sur ceux du Pô au moyen des Lombards. Ce double motif lui fit réserver les Pannonies, qu'il incorpora au territoire frank comme une annexe de la Bavière. Il en fit autant de la rive gauche du Danube jusqu'au Vaag. Le reste fut conservé comme royaume de Hunnie, vassal de l'empire frank, et le kha-kan Tudun en obtint l'investiture des mains de Charlemagne. Par suite de ce partage, les provinces pannoniennes reçurent des gouverneurs royaux, qualifiés de comtes ou de préfets, et l'empire frank toucha l'empire grec à la Save. C'est cette portion des contrées danubiennes que les écrivains byzantins appellent *Franco-Chorion*[1], le canton des Franks. Pour s'assurer d'ailleurs l'obéissance des

---

1. Φραγγοχώριον. Nicetas.

populations hunniques, slaves et pannoniennes qui occupaient le canton, et prévenir entre les empereurs de Constantinople et les kha-kans des menées secrètes qui eussent entretenu l'agitation parmi elles, il fit descendre le long du Danube des colonies germaines levées en Bavière, ou slaves tirées de la Carinthie, et leur assigna des cantonnements sur divers points[1]. Il s'en établit successivement un grand nombre, et ainsi se créa autour de Vienne et du mont Comagène un noyau de population teutonique.

Cette mesure mit le comble au mécontentement des Huns. Dans leur colère, ils rompirent le serment de vasselage qu'ils avaient prêté à Charlemagne, et ceux qui s'étaient faits chrétiens abjurèrent leur nouvelle foi. Tudun lui-même et ses compagnons, qui avaient figuré sous la robe de lin au baptistère d'Aix-la-Chapelle, ayant abjuré publiquement le christianisme[2], la nation reprit ses anciens dieux et courut aux armes. Une troupe nombreuse se jette d'abord sur la Bavière, dont la frontière était faiblement gardée; les avant-postes sont surpris, et le comte Gérold, accouru sur les lieux avec une poignée d'hommes, est enveloppé et tué. Gérold, comte et gouverneur de cette province au nom du roi, n'était pas moins éminent par sa piété et sa bravoure que par son rang, car il était frère de la reine Hildegarde, celle de toutes ses épouses que

---

1. Cœperunt populi sive Sclavi, sive Bajoarii inhabitare terram, unde expulsi sunt Hunni, et multiplicari... Auct. Anonym., *Vit. S. Virgil.*, ann. 798.

2. Gens Avarorum a fide quam promiserat, defecit... Regino. *Chron.*, ad ann. 799. — Tudun, in promissa fide manere noluit. *Annal. Laurisham.* ad eumd. ann.

Charlemagne avait le plus aimée. Tombé sous la main de ces Huns plus que païens, puisqu'ils étaient apostats, Gérold fut considéré comme un martyr, et son corps, enlevé du champ de bataille par des soldats saxons, fut conduit à l'abbaye de Richenau, dont il était un des fondateurs. On l'y enterra en grande pompe, et la pierre tumulaire qui le recouvrit reçut l'inscription suivante composée en vers latins : « Mort en Pannonie pour la vraie paix de l'Église, il tomba sous le tranchant de l'épée cruelle, aux calendes de septembre[1]. Gérold a rendu son âme au ciel ; le fidèle Saxon a recueilli ses membres et les a portés ici, où ils ont été enfermés avec tous les honneurs qu'ils méritaient. »

Ce fut un événement deux fois douloureux pour Charlemagne, et parce qu'il aimait tendrement Gérold, et parce qu'un premier échec, enhardissant à la fois les Huns et les Grecs, pouvait ébranler sa puissance en Hunnie. Il en reçut la nouvelle au camp de Paderborn en 799, peu de temps après la visite que lui fit l'infortuné pape Léon III, qu'une faction romaine avait emprisonné dans un monastère après avoir tenté de lui crever les yeux, et qui, échappé à ses bourreaux, s'était enfui auprès du roi des Franks. Charles ordonna de rassembler des troupes en Bavière, et lui-même se rendit à Ratisbonne pour surveiller de là les opérations de la guerre. Elle fut terrible et se prolongea à travers des phases diverses jusqu'en l'année 803 ; mais les

---

1. Pannoniis vera ecclesiæ pro pace peremptus
Oppetiit, sævo septembribus ense calendis...
D. Bouq., t. V., p. 400.

contemporains ne nous la font connaître que par cette mention assez significative d'ailleurs dans son laconisme : « Tudun et les Avars portèrent la peine de leur perfidie.[1] » En 803, Tudun avait disparu, et le kha-kan Zodan, son successeur, venait mettre aux pieds du souverain des Franks lui, ses sujets et son pays. La conquête maintenant était définitive : Charlemagne s'empressa d'en organiser l'administration. Nous lisons dans les vieux actes qu'il institua cinq comtes de la frontière pannonienne, Gontram, Werenhar ou Bérenger, Albric, Gotefrid et un autre Gérold, et qu'il plaça la Hunnie sous la juridiction ecclésiastique de l'évêque de Saltzbourg. Un capitulaire de l'année 804, relatif au commerce d'exportation, applique à la Hunnie certaines mesures prises pour la partie nord-est de l'empire[2]. Il est probable que Zodan, pour se rendre acceptable aux Franks, avait suivi le même procédé que Tudun et s'était fait chrétien, au moins ses successeurs le furent. Le kha-kan qui régna en 805 portait le nom chrétien de Théodore, et fut remplacé par un certain kha-kan Abraham, baptisé au lieu appelé Fiskaha[3], dans le diocèse de Passau, non loin de la ville de Vienne.

Le christianisme paraissait le lien le plus solide pour

---

[1]. Haud multo post perfidiæ suæ pœnas dedit. Eginh., *Annal.* ad ann. 799.

..... Mutans (Tudun) promissa fidemque,
Perfidiæ tulerat parvo post tempore pœnas.
Poet. Sax., eod. ann.

[2]. Capitul. Carol. M. c. ix. ad. ann. 804.

[3]. Abraham Chaganus baptizatus super *Fiskaha. Chron. Ratisbon.*, ad. ann. 805.—Chaganus alter... qui, baptismo suscepto in loco *Fiskaha*, Abraham nomen sortitus est. German. Sacr., t. i, p. 148.

rattacher les Avars à l'empire des Franks. Tout le monde travailla donc à leur conversion, les laïques aussi bien que les clercs, les fonctionnaires militaires ou civils aussi bien que les évêques. Le meilleur préfet fut celui qui convertissait le plus. Les hagiographes mentionnent avec grand éloge un certain Ing ou Ingo, comte de la Pannonie inférieure, qui s'était rendu cher au peuple, disent-ils, et se faisait obéir à tel point, qu'un commandement verbal émané de lui ou un morceau de papier non écrit, mais muni de son sceau, suffisait pour qu'on accomplît sans hésitation les ordres les plus graves. Voici de quelle façon il procéda en matière religieuse au début de son gouvernement. Toutes les fois qu'il invitait ses administrés à dîner chez lui, il faisait asseoir à sa propre table les gens de bas étage et les serfs qui étaient chrétiens, laissant dehors, devant la porte, les maîtres et les notables habitants qui ne l'étaient pas. A ceux-ci il faisait distribuer, comme à des mendiants, le pain, la viande et un peu de vin dans des vases communs, tandis que les serfs faisaient grande chère et buvaient à sa santé dans des coupes d'or [1]. « Qu'est-ce cela, comte Ingo? crièrent un jour du dehors quelques chefs avars mécontents ; pourquoi nous traitez-vous ainsi [2] ? — Je vous traite ainsi, répondit le comte, parce que, impurs comme vous l'êtes, vous ne méritez pas de communiquer avec

---

1. Eos qui servis dominabantur, infideles, foris sedere fecit, ponendo ante illos panem, et carnem, et fusca vasa cum vino, ut sic sumerent victus, servis autem staupis deauratis propinari jussit. Auct. op. *de Convers. Bajoar. et Carinth.*, ap. Duchesn. II.

2. Tunc interrogantes primi de foris dixerunt : « Cur facis nobis sic ? » *Id., ibid.*

des hommes qui se sont régénérés dans la fontaine sacrée du baptême : votre place est celle des chiens à la porte de la maison.[1] » Le vieux récit ajoute que les nobles huns, éclairés par ses paroles, n'eurent rien de plus à cœur que de se faire instruire et baptiser.

Telle fut cette guerre de Hunnie, qui prolongea le territoire frank jusqu'à la Save et le domaine suprême des Franks jusqu'à la mer Noire. La France en retira un accroissement considérable de gloire, et Charlemagne l'objet de son ambition, car, les anciennes provinces de Pannonie et de Dacie étant ainsi rendues au christianisme et aux lois des peuples latins, l'empire d'Occident se trouvait reconstitué de fait plus complet, plus grand qu'on ne l'avait vu depuis Théodose. Le pape consacra cette renaissance du vieux monde romain en plaçant sur la tête de Charlemagne la couronne des augustes, à Rome, le jour de Noël de l'année 800. Un second résultat de cette guerre fut d'effrayer assez l'empire grec pour qu'Irène, qui avait refusé autrefois la main de la jeune Rotrude pour son fils, offrît la sienne à Charlemagne. Si tel en fut au dehors l'effet politique, elle augmenta au dedans l'autorité de Charlemagne sur ses peuples, et enseigna aux Saxons à se résigner. On s'accorda à la regarder comme la plus difficile de toutes celles que Charlemagne avait entreprises, celle de Saxonie exceptée. Ces païens aux cheveux tressés, contempteurs de Dieu et des saints, ce peuple d'Attila avec son ring royal inépuisable en tré-

---

1. Non estis digni, non ablutis corporibus, cum sacro fonte renatis communicare, sed foris domum ut canes sumere victus. Auct. op. *de Convers. Bajoar. et Carinth.*, Duch. II.

sors, eurent longtemps le privilége de défrayer les conversations du peuple et des soldats. Ceux qui en revenaient ne se faisaient pas faute de récits incroyables sur ce sauvage et lointain pays, sur ces remparts de haies qu'il fallait franchir à chaque pas, sur les mœurs étranges et la férocité des habitants. On exagérait à qui mieux mieux les dangers de l'attaque et l'opiniâtreté de la défense, et il devint de mode de placer les Huns à côté des Saxons et au-dessus de tous les autres barbares que les Franks avaient combattus. Le moine de Saint-Gall, sur la foi de son père nourricier, le soldat Adalbert, qui avait servi en Hunnie à la suite du comte Gérold, introduit dans ses récits l'anecdote d'un brave des bords de la Dordogne donnant son avis sur la valeur des différentes nations qui ont eu affaire à lui. Ce brave, qui est un type achevé du Gascon moderne, et dont les faits d'armes, à l'en croire, sont toujours prodigieux, racontait que dans les guerres de Hunnie il fauchait les Avars comme foin avec sa grande épée. « Il paraît lui dit malignement son interlocuteur, que les Vendes vous ont donné plus de soucis. — Les Vendes, ces mauvaises grenouilles! répliqua l'enfant de l'Aquitaine, je les enfilais par sept, huit et quelquefois neuf dans le bois de ma lance, et je les emportais sur mon épaule malgré leurs cris [1]. » Cette burlesque fanfaronnade fait voir du moins quelle différence mettait l'opinion commune entre la bravoure des Avars et celle des Slaves.

[1]. Quid mihi ranunculi illi? Septem, vel octo, vel certe novem de illis hasta mea perforatos, et nescio quid murmurantes, huc illucque portare solebam. Monach. S. Gall. II, 20.

Un écrivain plus grave, Eginhard, l'ami, le secrétaire, l'historien de Charlemagne, résume dans les termes suivants les conséquences de la guerre de Hunnie. « Elle fut conduite, dit-il, avec la plus grande habileté et la plus grande vigueur, et dura pourtant huit années. La Pannonie, aujourd'hui vide d'habitants, et la demeure royale rasée à ce point qu'il n'en reste plus vestige, témoignent du nombre des combats livrés et de la quantité de sang qu'on y versa. La noblesse des Huns y tomba tout entière, leur gloire y périt, leurs trésors accumulés pendant une longue suite de siècles y furent pris et dispersés. On n'aurait pas à citer une seule expédition où les Franks se soient plus enrichis, car on pourrait dire qu'auparavant ils étaient pauvres ; mais il trouvèrent dans le palais des kha-kans tant d'argent et d'or, ils recueillirent sur les champs de bataille tant de riches dépouilles, que l'on peut conclure à bon droit ceci, que les Franks très-justement ont reconquis sur les Huns ce que ceux-ci très-injustement avaient ravi au reste du monde [1]. »

La Hunnie abattue par le bras puissant de Charlemagne fut pour ses sauvages voisins, Slaves et Bulgares, ce qu'est l'animal blessé à mort dans une chasse pour les chiens qui s'abattent sur lui et le dépècent. Vendes, Sorabes, Croates blancs, Bohêmes, Polonais,

---

[1]. Tota in hoc bello Hunnorum nobilitas periit, tota gloria decidit : omnis pecunia, et congesti ex longo tempore thesauri direpti sunt. Neque ullum bellum contra Francos exortum potest humana memoria recordari, quo illi magis ditati et opibus aucti sint ; quippe cum usque in id temporis pæne pauperes viderentur, tantum auri et argenti.... ut merito credi possit : hoc Francos Hunnis juste eripuisse, quod Hunni prius aliis gentibus injuste eripuerunt. *Eginh., Vit. Car. M.*, 13.

accoururent à la curée par tous les passages occidentaux des Carpathes, tandis que les Bulgares forçaient les passages orientaux et traversaient le Bas-Danube. La condition à laquelle les Avars avaient condamné pendant si longtemps leurs voisins, et principalement les Slaves, ils la subissaient de leur part, avec cette aggravation de misère, que, dans l'état de servage où ils étaient tenus par les Franks, ils ne pouvaient se défendre que les mains liées pour ainsi dire. En vain se plaçaient-ils sous la sauvegarde de la France ; en vain Charlemagne menaçait-il d'envoyer une armée en Slavie, rien n'arrêtait des nations indisciplinées qu'entraînaient un désir de vengeance longtemps comprimé et l'amour du pillage. A chaque instant, des bandes altérées de sang, fondaient sur un village, le brûlaient, tuaient les habitants, prenaient les troupeaux, et se prétendaient maîtres de la terre. Les Avars, pour vivre en paix, résolurent d'émigrer sur la rive droite du Danube au milieu des positions des Franks ; et ils demandèrent comme une faveur à Charlemagne de les cantonner dans ces provinces pannoniennes qui étaient naguère leur bien. Ce fut le gros de la nation, son kha-kan en tête, qui se décida à changer ainsi de demeure, et Charlemagne lui abandonna la contrée située entre Carnuntum et Sabaria[1], des deux côtés de la chaîne du Cettius ; le cantonnement à l'est de cette chaîne prit le nom d'Ava-

---

1. Chaganus princeps Hunnorum propter necessitatem populi sui imperatorem adiit, postulans sibi locum dari ad habitandum inter Sabariam et Carnuntum, quia propter infestationem Sclavorum in pristinis sedibus manere non poterat. *Annal. Met.*, ad. ann. 805.

rie, celui qui s'étendait de Comagène à l'Ens fut appelé Hunnie. Théodore, qui installa ces deux colonies de son peuple sur l'ancien patrimoine des Huns devenu une terre franke, obtint du roi d'y conserver le titre et les honneurs des kha-kans [1].

L'émigration, comme je l'ai dit, ne fut pas générale, c'est du moins ce qui ressort clairement des faits de l'histoire ; et les portions du peuple avar qui restèrent dans l'ancienne Dacie, s'y retranchèrent suivant toute probabilité dans des cantons faciles à défendre, au milieu des marais ou dans les hautes vallées des Carpathes, afin d'y trouver un refuge plus assuré contre l'envahissement continu des tribus slaves. La Transylvanie dut être une de ces forteresses naturelles ; et si la tradition, qui place dans ce pays un reste des premiers Huns, est historiquement vraie, les fils des soldats de Baïan purent s'y rencontrer et s'y confondre avec les fils des soldats d'Attila. Comme Charlemagne se souciait peu d'avoir conquis la rive gauche du Danube pour la laisser aux Slaves, il envoya son fils aîné Charles avec une grande armée en Bohême et dans les contrées voisines pour châtier ces peuples et faire respecter un pays vassal des Franks. Cette guerre dura quarante jours qui furent quarante jours d'incendie et de massacre. Les agressions des Slaves ne furent pas réprimées pour cela, et l'on voit, en l'année 811, trois députés avars : Cani, Zauci et Tudun, attendant à Aix-la-Chapelle l'arrivée du roi Charles afin de s'ex-

---

[1]. Theodorus... petens sibi honorem antiquum dari, quem Chaganus apud Hunnos habere solebat : cujus precibus imperator assensum præbuit..... *Annal. Met.*, ad. ann. 805.

pliquer devant lui, contradictoirement avec les chefs des Slaves, sur la détermination de leurs frontières [1]. Après la mort de Charlemagne, sous Louis le Débonnaire et Charles le Chauve, les désordres s'accrurent au midi des Carpathes, et le territoire avar transdanubien fut envahi pied à pied. Il s'établit alors dans le groupe de montagnes d'où descend la Morava, une puissance slave qui, non-seulement étendit sa domination sur presque tout ce territoire, mais se rendit redoutable à l'empire frank. Ce fut ce duché des Marahans ou Moraves, qui brilla quelques années d'un assez grand éclat dans l'Europe orientale, pour tomber sous les coups d'un peuple parent et vengeur des Avars, et faire place à un troisième empire hunnique, l'empire des Hongrois.

Depuis la mort de Charlemagne, on n'entend plus guère parler des Avars. A la faveur des discordes qui agitent l'empire frank sous Louis le Débonnaire et son fils Charles le Chauve, ils essaient bien de remuer, mais sans la moindre chance de succès : ils trempent en 819 dans la révolte de Liudewit, commandant de la Basse-Pannonie, qui refusait obéissance à l'empereur ; du moins les voit-on en 822 envoyer des ambassadeurs au congrès d'Aix-la-Chapelle avec de grands présents, comme pour détourner la colère de Louis [2]. Le dernier document historique qui nous entretienne de ce peuple

---

1. Fuere etiam Aquis adventum ejus exspectantes, qui de Pannonia venerunt, Cani, Zauci principes Avarum, et Tudun, qui... Eginh., *Annal.*, ad. ann. 811.

2. In Pannonia residentium Avarum legationes cum muneribus ad se missis excepit. Eginh., *Annal.*, ad ann. 822.

expirant, est une lettre adressée par le pape Eugène II, en 826, aux nations de la vallée du Danube et à leurs chefs, particulièrement au kha-kan Tutundus, et à Moymar, duc de Moravie. Nous y apprenons certaines particularités touchant la conversion des Avars dont la marche était pénible et lente : le pape les engage à se cotiser pour rétablir à leurs frais les anciens évêchés qui existaient dans les provinces de Pannonie et de Dacie, sous la domination des Romains et sous celle des Gépides [1]. « Satan, leur dit-il, rôde toujours autour d'eux, et ils ont besoin de se fortifier contre ses attaques. Qu'ils emploient donc une partie des terres qu'ils possèdent à doter de nouveaux siéges épiscopaux et à multiplier le nombre de leurs pasteurs, car il est écrit : Comment se convertiront-ils si on ne les prêche; et comment les prêchera-t-on, s'il n'y a pas d'envoyés [2] ? »

« Regardez, ajoute l'*Encyclique* en terminant, comme l'artisan de toute ruse, le démon, au royaume duquel vous avez renoncé par le baptême, souffre impatiemment ce rapt salutaire qui vous a soustraits à son joug. Toujours prêt à semer parmi vous l'ivraie de la perfidie, il cherche à réparer le tort qu'il a éprouvé en vous et travaille incessamment à vous faire abjurer la sainte profession du Christ... Pour que vous puissiez recevoir une instruction convenable, le nombre des évêques institués au milieu de vous est loin de suffire, car une portion de votre peuple reste encore enchaînée aux

---

1. In his partibus etiam quondam Romanorum quoque, Gepidarumque ætate... Epist., Eugen., Pap. ad Tutund. Avar., Chagan., ann. 826.

2. Quomodo credent sine prædicante? aut quomodo prædicabunt, nisi mittantur? *Ibid.*

erreurs du paganisme, le manque de prédicateurs la
laissant dans l'ignorance de la parole divine [1]. Ingé-
niez-vous donc à prêter aide et assistance au très-révé-
rend archevêque Urolfe, votre pasteur suprême, afin
qu'il complète le nombre des évêques à établir dans vos
contrées. Ceux qui sont canoniquement institués pour-
ront à votre profit et à celui de vos enfants, et pour la
gloire du saint nom de Dieu, relever les églises que la
renommée vous apprendra avoir autrefois existé chez
vous, si vous conférez à perpétuité sur vos possessions,
une somme de revenus suffisante pour l'érection de ces
églises et l'entretien de leurs prêtres [2]. Établissez des
évêques partout où il en sera besoin et où la convenance du lieu l'exigera, en un mot partout où il y aura
encore trace d'églises métropolitaines. Et à défaut nous
laissons votre premier pasteur maître de créer les
siéges épiscopaux qu'il jugera nécessaires, et le consti-
tuons au milieu de vous dépositaire de l'autorité ecclésiastique remise par nous entre ses mains. »

1. Quia plures sunt adhuc gentilitatis errore ibidem detenti, ad quos,
propter inopiam præconum divini verbi, nondum pervenit notitia Christi.
Epist., Eugen. P. ad Chag. ann. 826.
2. Si ad restaurationem Ecclesiarum... de possessionibus vestris, quas
reditus dotesque earum, fama divulgante, quondam fuisse noveritis, æter-
nam sufficientiam vobis comparantes, eisdem ecclesiis ipsi conferatis
idoneis viris ad hoc ministerium electis. *Ibid.*

CONCLUSION

Arrivée des Hunugars en Europe. — Ils habitent la Lébédie d'où ils sont chassés par les Petchénègues.—Ils se divisent; une partie retourne au pied du Caucase, l'autre s'établit au bord du Danube — Le khakan des Khazars institue Arpad prince des Hunugars danubiens. — L'empereur Léon le Sage achète leur secours contre les Bulgares. — Ceux-ci défont le roi Siméon et ravagent la Bulgarie. — Siméon appelle à son secours les Petchénègues qui se jettent sur les campements des Hunugars; Arpad se retire dans les montagnes de la Transylvanie. — Les Hunugars se renforcent de huit tribus exilées de la Khazarie, parmi lesquelles figure la tribu des Magyars. — Berceau de la nation et de la langue hongroises. — Situation des contrées danubiennes depuis la destruction de l'empire des Avars; faiblesse des successeurs de Charlemagne; progrès de la domination des Moraves. — Le roi de Moravie Swatepolc se brouille avec le roi de Germanie Arnulf son seigneur; caractère de ces rois; Arnulf ouvre les Carpathes aux Hongrois. — Irruption des bandes d'Arpad; défaite et disparition de Swatepolc. — Guerre des Hongrois avec ses fils; conquête des plaines de la Theïsse; chute du royaume des Moraves. — Arnulf se fait couronner empereur à Rome; les Hongrois attaquent la Bavière et l'Italie.—Férocité de ce peuple; épouvante des Italiens; cri de malédiction contre Arnulf. — Progrès de la nation hongroise sur les deux rives du Danube. — FONDATION D'UN TROISIÈME EMPIRE HUNNIQUE.

888—924.

Dans les vastes solitudes qui bordent à droite et à gauche le moyen Volga, campait, aux premiers siècles de notre ère, une nation nomade d'origine hunnique, mélange probable de Huns noirs ou Finnois et de Huns blancs de race ougourienne, la nation que les Latins appelaient *Hunugare* et les Grecs *Ounougouré*[1]. L'histoire nous la signale pour la première fois au v° siècle. Un flux de cet océan de peuplades errantes qui couvrait les contrées septentrionales de l'Asie, la poussait alors vers les frontières de l'empire grec, avec lequel elle tenta de nouer des relations[2]; un reflux la ramena au pied de l'Oural.

Vers l'an 550, époque où écrivait Jornandès, nous l'y trouvons assise par grandes hordes autour des sources du Jaïk. La chasse des martres zibelines et le commerce de leurs peaux forment sa principale occupation[3]; c'est elle qui alimente les marchés de fourrures qui se tiennent au pied de l'Oural ou le long du Volga, sous de grands hangars de bois fréquentés par les trafiquants de la Perse et de la Romanie. A la fin du vi° siècle et pendant le vii°, l'histoire la mentionne encore : elle nous la montre ballottée dans ce pêle-mêle de peuples qui se déplacent d'Orient en Occident sous la pression de l'invasion turque[4]. On la perd de vue au viii° pour la rencontrer de nouveau au ix°, par delà les steppes du Don, dans les vastes prairies qui s'étendent du Donetz au Dniéper. Si la nation hunugare ne s'y trouve pas tout entière, elle y compte du moins ses plus nombreuses tribus, commandées chacune par un voëvode et réunies en une sorte de fédération, sous le gouvernement du premier voëvode, alors appelé Lébé-

---

1. *Hunugari, Ungri, Hungari.* Ὀνογοῦροι, Ὀνόγαροι, Οὔνγροι.
2. Priscus. *Exc. legat.*, p. 42, 43.
3. Hunugari hinc sunt noti, quia ab ipsis pellium murinarum venit commercium. Jorn., *R. Get.* 2.
4. Menand., *Exc. leg.* p. 100.

dias : du nom de ce chef le campement a pris celui de Lébédie[1]. Les Hunugars ne sont point libres ; un lien de sujétion les rattache à ces Khazars dont nous avons parlé dans le cours de nos récits, et qui sont au IXe siècle la grande domination asiatique sur les bords de la mer Noire. Ils possèdent la Chersonèse taurique dans laquelle réside leur kha-kan. C'est lui qui institue les voëvodes suprêmes des Hunugars, qui règle les alliances de cette nation avec ses voisins, qui lui commande la paix ou la guerre ; toutefois, dans cette situation d'infériorité politique, les Hunugars sont honorablement traités par leurs maîtres ; et Lébédias a épousé une parente du kha-kan des Khazars.

Il y avait trois ans à peine que les Hunugars occupaient ce canton de Lébédie entre l'Asie et l'Europe, dont il fermait le passage, quand un accident bien fréquent dans la vie des peuplades nomades de cette époque et de ces contrées vint les en chasser. Un peuple sorti des déserts de la Sibérie, le peuple des Patzinaks ou Petchénègues, à qui son irrésistible impulsion avait fait donner le surnom de *Kankar*, c'est-à-dire *le fort*, arriva sur eux pour passer plus au midi, et se choqua contre leur campement[2]. Ce fut comme la violence de l'ouragan, comme l'impétuosité de la foudre : Lébédias et ses compagnons surpris, culbutés, dispersés, s'en-

---

1. Prope Chazariam habitabant in loco, cui cognomen Lebedias a primo ipsorum Boëbodo, qui nomine quidem Lebedias, appellabatur, dignitate vero, quemadmodum reliqui ejus successores, Boëbodus, vocabatur. Constant. Porphyr., *De Admin. Imp.*, 38.

2. Bello autem inter Turcos (Hunugaros), et Patzinacitas tunc temporis Cancar, id est, robustos dictos, exorto, Turcorum exercitus devictus fuit... Constant. Porphyr., *Ibid.*, 40.

fuirent dans toutes les directions. Le plus grand nombre des tribus, Lébédias à leur tête, suivirent le mouvement qui leur avait été imprimé du nord au sud en descendant le long de la mer Noire, le reste eut la fantaisie de retourner en Orient ; et comme les Petchénègues maintenant barraient le chemin, les Hunugars fugitifs entrèrent par l'isthme de Pérécop, dans la presqu'île taurique, qu'ils traversèrent avec la permission des Khazars, pour aller s'établir près de la mer Caspienne, sur la frontière septentrionale de la Perse[1]. Une partie de la nation retournait ainsi vers le Caucase, tandis que l'autre gagnait le pied des Carpathes, et toutes deux arrivèrent à leur destination. Quoique distantes l'une de l'autre de toute la largeur du Pont-Euxin, ces deux branches des Hunugars ne cessèrent point de se considérer comme sœurs ; elles continuèrent leurs relations par des échanges fréquents de députés, et cette correspondance amicale n'avait encore subi aucune altération, un demi siècle après l'événement qui les avait séparées[2]. Ces détails nous ont été transmis par un savant empereur grec, Constantin Porphyrogénète, qui composa pour l'instruction de son fils et collègue, Romain, un traité sur les meilleurs moyens de protéger l'empire, et qui put emprunter ses sources d'information à la chancellerie de Constantinople. Constantin écrivait en 949, et les Hunugars avaient fait leur apparition sur les bords du Danube en 889, soixante ans seulement auparavant.

---

[1]. *Exercitus in duas partes divisus... et earum una quidem orientem versus partem Persidis incoluit...* Constant. Porphyr., *De Admin. Imp.*, 40.
[2]. Constant. Porphyr., *ub. sup.*

Lébédias et les hordes fugitives dressèrent leurs tentes dans ce grand espace que limitent le Sereth, le Danube, jusqu'aux ruines du Pont-de-Trajan, et les montagnes d'Erdeleu ou des forêts, aujourd'hui la Transylvanie. Le nouveau campement fut appelé Atel-Cusu, du nom de deux rivières qui le traversaient, le Cusu et l'Aluta[1]. La bande composée de huit grandes tribus présentait une force militaire considérable. Un jour, Lébédias reçut du kha-kan de Khazarie l'invitation de se rendre près de lui, dans la presqu'île cimmérienne, à sa résidence de Chélandia. Le voévode obéit promptement : « Me voici, dit-il au Khazar, pour quelle cause m'as-tu mandé ? — Je t'ai mandé, répondit celui-ci, parce que tu es le premier entre les chefs de ta nation, et que je te sais noble, brave et prudent ; j'ai dessein de te faire *prince*, à la condition que toi et ton peuple vous me resterez soumis[2]. — Je te remercie de ton bienfait, répondit Lébédias, mais je ne puis l'accepter, car un tel fardeau serait trop lourd pour mes forces. Il y a après moi un voévode nommé Almutz ; prends-le à ma place, ou encore son fils Arpad, car ils sont tous deux en grande estime parmi les Hunugars ; choisis l'un ou l'autre et fais-le prince, il sera comme moi ton vassal[3]. » Le kha-kan approuvant ce conseil, fit

---

1. Locus autem à fluvio interlabente vocatur Etel et Cush, in quo... antiqua monumenta supersunt, inter quæ pons Trajani. Constant. Porphyr., *De Admin. Imp.*, 40.
2. Itaque ad Chaganum Chazariæ profectus Lebedias interrogavit, quæ vocandi ipsius causa esset; cui Chaganus : ideo se eum vocasse, ut, quando quidem nobilis, prudens, strenuus, primusque Turcorum esset, gentis suæ principem faceret, eo pacto, ut sibi subesset. *Id. ibid.*
3. At ille respondit : Quando tali principatui non sufficio, parere non possum, sed est alter a me Boëbodus Almutzes nomine qui et filium habet

partir pour l'Atel-Cusu des observateurs chargés de lui rapporter qui étaient Almutz et son fils, et auquel des deux il convenait de conférer le commandement suprême. Ils en jugèrent Arpad le plus digne à cause de sa rare sagesse, de sa bravoure et de son sang-froid : ce fut donc lui que préféra le kha-kan, et Arpad élevé sur un bouclier, fut proclamé prince[1] ou *duc* des Hunugars, suivant le mot consacré chez les peuples latins, pour désigner un souverain d'ordre inférieur. « Sa postérité, nous dit le même Constantin, fournit depuis lors les princes de ce peuple; et les fournit encore aujourd'hui. » Le fond de ce récit se retrouve dans les traditions des Hongrois, qui reconnaissent Almus et Arpad comme les premiers chefs de leur nation lors de son établissement en Europe.

Le produit de leurs troupeaux, surtout la chasse et la pêche, offraient aux Hunugars, dans l'Atel-Cusu, une nourriture abondante, mais leurs bras habitués à la guerre n'étaient pas faits pour s'engourdir dans l'oisiveté. Ils cherchèrent des aventures autour d'eux, et en rencontrèrent aisément. Ils avaient pour voisins de l'autre côté du Danube, dans cet angle du fleuve qui les limitait à l'est et au sud, la nation des Bulgares, rendue insolente par la chute des Avars, à laquelle elle se vantait d'avoir coopéré, et par les tentatives de son roi Crumn sur Constantinople qu'il avait failli enlever d'assaut; ces deux circonstances avaient tellement enflé l'orgueil des Bulgares que leurs rois ne parlaient

Arpadem nuncupatum; horum sive Almutzes, sive filius Arpades princeps fiat, tibique subjiciatur. Constant. Porphyr., *De Admin. Imp.*, 40.

1. Visum potius fuit, Arpadem digniorem tali principatui parem... quem Chazarorum more in scuto erectum principem fecerunt. *Id. ub. sup.*

plus aux empereurs romains, que du ton dont on parle à des égaux qui seraient au besoin vos inférieurs. Le roi qui les gouvernait en 888, et se nommait Siméon, ayant eu à se plaindre de quelques taxes assises sur les marchands et les marchandises bulgares, éclata en injures contre l'empereur qui était alors Léon le Sage; et de la menace passant à l'effet, il se jeta sur la Macédoine qu'il saccagea. Léon voulut l'arrêter, mais son armée fut battue; ses Grecs se débandèrent, et ses auxiliaires khazars furent presque tous tués ou pris. Siméon, en vrai barbare, fit couper le nez à ceux qui tombèrent vivants entre ses mains, et dans cet état il les renvoya à l'empereur [1]. Justement irrité, Léon fit appel aux Hunugars qui se tenaient de l'autre côté du Danube, spectateurs impatients de cette lutte [2] : et ceux-ci y répondirent avec d'autant plus d'empressement, qu'ils étaient eux-mêmes amis et vassaux de cette nation khazare dont Siméon traitait si cruellement les prisonniers. Ils passèrent donc le fleuve avec une partie de leurs forces et assaillirent à dos les Bulgares, tandis que l'empereur, avec les troupes qu'il avait pu rallier, les assaillait de front. La Bulgarie essuya à son tour d'affreux ravages [3]; Siméon fut vaincu, pourchassé de ville en ville et obligé de se cacher pour sauver sa vie. Du fond de son asile, il

---

1. Ex Chazaris qui auxiliares Leoni advenerant, comprehensi, naribus præcisis, in contumeliam Romanorum... Leo Gramm., ad ann. 3 Leon. Imp.

2. Imperator iratus Turcos Istrum accolentes, qui et Hungari vocantur, muneribus impulit, ut Bulgaros ulciscerentur. Zonar., ann. 889. — Leo Gramm., *ub. sup.*

3. Totam Bulgariam captivam fecere. Leo Gramm., *loc. laud.*

s'adressa aux Petchénègues, les sollicitant par argent et par prières d'accourir à son aide, et de tomber sur l'Atel-Cusu, tandis que les Hunugars étaient occupés à la destruction de son royaume. Ainsi firent les Petchénègues, et ils traitèrent le campement de l'Atel-Cusu comme Arpad traitait la Bulgarie [1]. Les Bulgares se soulevant alors et Siméon sortant de sa retraite, tout fut en combustion sur les bords du Danube; et Arpad, ne sachant plus que devenir, alla se retrancher avec sa horde, et tout ce qui put échapper à la main des Petchénègues, dans les hautes vallées de la Transylvanie où il attendit que de nouveaux événements vinssent relever sa fortune et rendre une patrie à sa nation [2] : il n'attendit pas longtemps.

L'année 888, celle-là même où l'empire khazar avait été dépouillé d'une partie de son territoire par les Petchénègues, vit éclater dans son sein une terrible guerre civile, qui eut pour résultat l'expulsion de huit tribus de ce peuple, contre lesquelles le sort des armes avait prononcé. Ces huit tribus portaient la dénomination fédérale de *Kabars*, qui signifiait peut-être enfants de Caba ou de Chaba, personnage important des traditions hongroises, où il est supposé fils d'Attila et de la princesse romaine Honoria [3]; dans le nombre figurait la tribu des *Mégers*, appelés *Mogers* par la tradition, et dont le nom présente la forme primitive

---

1. Contra eos Patzinacitæ, cum Simeone profecti, familias ipsorum omnino perdiderunt, hinc misere pulsis qui ad regionis istius custodiam relicti erant. Constant. Porphyr., *De Admin. Imp.*, 40.

2. Turci regionem suam desertam vastatamque invenientes, in ea terra quam ad hodiernum usque diem incolunt, sedes posuerunt, in ea nimirum regione.. Constant. Porphyr., *ibid.*

3. Voir ci-dessous l'Exposé des traditions hongroises.

et historique du nom actuel de *Magyars*. Les émigrants, chassés probablement du côté de l'Europe, n'avaient rien de mieux à faire que d'aller rejoindre leurs anciens vassaux, les Hunugars, entre le Sereth et le Danube, et de se joindre à eux amicalement. Ils descendirent en conséquence la rive occidentale de la mer Noire; mais apprenant la déconvenue de ceux qu'ils allaient chercher et la retraite du duc Arpad dans les montagnes d'Erdeleu, ils prirent leur route par les plaines des Slaves et entrèrent dans la Transylvanie du côté du Nord. Ils y firent leur jonction avec les hordes d'Arpad, composées primitivement aussi de huit tribus, mais maintenant décimées et réduites presque à néant.

L'adjonction des Kabars fut leur salut : les deux peuples, sans se fondre, se réunirent fraternellement; et si le commandement de la communauté appartint toujours à Arpad et à sa race institués souverains par les Khazars eux-mêmes, les huit nouvelles tribus reçurent un droit de suprématie qu'elles durent à leur force, à leur bravoure, et probablement à leur origine comme sorties de la nation khazare. On accorda à certaines de ces tribus le glorieux privilége de marcher les premières à l'attaque et de rester les dernières à la retraite. La tribu des Mégers obtint même alors ou plus tard, on ne sait pour prix de quels services signalés, l'honneur d'être considérée comme la plus noble, et le mot de *Magyar*, devenu une appellation aristocratique pendant le moyen âge, a fini par désigner la nation tout entière, de même que le mot de Franks ou Français s'est appliqué peu à peu à l'ensemble des populations dont les Franks composèrent primitivement la noblesse. Pour nous donner une idée de la complète fraternité qui s'établit de prime-abord entre les hordes hunugares et khazares, l'écrivain grec cité plus haut nous dit « que les premières apprirent la langue des secondes et les secondes celle des premières, » de sorte que de son temps, c'est-à-dire au milieu du xe siècle, les deux idiomes étaient parlés simultanément par toute la nation. Nous ajouterons que ces deux idiomes devaient différer très-peu, les Khazars ou Acatzires étant comme les Hunugars d'origine hunnique, et n'appartenant à la confédération turke que depuis le viie siècle. Tel fut le berceau du peuple hongrois et de sa langue. Les écrivains grecs lui assignèrent le nom de Turks à cause de la prééminence qu'y exerçaient les Turks Khazars; les écrivains occidentaux lui conservèrent celui d'Hunugars ou Hungars sous lequel les hordes d'Arpad avaient fait leur apparition en Occident; et de là sont venues les dénominations d'Hongres et Hongrois, que leur ont données ou leur donnent encore les nations latines et germaniques.

La situation des contrées danubiennes avait bien changé depuis la mort de Charlemagne et la destruction complète de l'empire avar. C'était la confédération des Slaves-Marahans ou Moraves qui, du haut plateau où elle avait fondé le siège de sa puissance, dominait maintenant les plaines au nord du Danube et tenait en échec la France orientale. Charlemagne n'avait eu pour successeurs que des princes faibles qui ne surent pas porter le poids de son sceptre impérial, ou des enfants ambitieux dont les rivalités mirent l'empire en lambeaux; Charles le Gros, à l'époque qui nous occupe, n'en avait reconstitué un moment l'unité que pour faire voir combien il était impuissant à la maintenir. Le plus capable, sans contredit, des descendants de Charlemagne en 889, était un bâtard du roi de Bavière Carloman, Arnulf qui, de l'humble condition de duc des Carinthiens, s'était élevé, par la hardiesse et la ruse, à la royauté de Germanie, réunissant sous son pouvoir presque toutes les possessions des Franks au delà du Rhin; et qui, non content de ce lot, aspirait encore au titre d'empereur. Aussi peu scrupuleux dans le choix des moyens qu'opiniâtre dans ses projets, Arnulf s'était dit qu'il arriverait bon gré mal gré à ce but suprême des ambitions dans la famille carolingienne : et il ne considérait cette grande royauté de Germanie que comme un marche-pied pour monter plus haut. Elle lui avait pourtant beaucoup coûté. Il lui avait fallu gagner à ses intérêts cette puissance morave qui avait été l'épouvantail de ses prédécesseurs, et le duc de Moravie Swatepolc, n'avait consenti à le servir qu'au prix de deux concessions considérables: la Bohême qu'Arnulf lui livra à la condition de la faire chrétienne, et le titre de roi qu'il obtint également en échange de celui de duc. Mais le nouveau roi vassal d'Arnulf n'était ni moins rusé, ni moins hardi, ni moins ambitieux que son seigneur; et sitôt qu'il se vit en état de lutter, il rompit le lien de vasselage et se jeta sur la Bavière. Arnulf essaya de le réduire et fut battu ; il reprit les armes et le fut encore : chacun de ces échecs inattendus lui pesa doublement comme une preuve de faiblesse et comme une humiliation qui pouvait éloigner de lui la couronne impériale.

Pour Swatepolc, enflé outre mesure de son succès, il devint presque fou d'orgueil, mettant sous ses pieds, à la moindre fantaisie, tout ce que les hommes respectent, et malgré le rôle qu'il avait pris de propagateur du christianisme en Bohême, ne s'arrêtant pas devant les actes les plus sacriléges, quand la colère l'emportait. On raconte à ce sujet, qu'un jour de chasse il pria l'évêque Méthodius, son primat, d'attendre, pour célébrer la messe, son retour et celui des chasseurs, car disait-il, ils avaient tous à cœur d'y assister. Méthodius supposant que la chasse, commencée à l'aube du jour, finirait à une heure convenable de la matinée, promit ce que le roi voulut, et attendit patiemment, au milieu des fidèles que la célébration du saint sacrifice avait attirés à l'église. Le temps s'écoulait cependant ; les heures succédaient aux heures sans qu'on aperçût rien venir, et Méthodius voyant midi approcher, craignit de manquer lui-même à ses devoirs canoniques, s'il différait davantage[1]. Il monte donc à l'autel, et la messe commence. En ce moment arrive avec son cortége et ses chiens Swatepolc couvert de sueur et de poussière. Furieux qu'on eût osé transgresser ses ordres, il pousse vers l'église dont il ordonne d'ouvrir la porte à deux battants, fait sonner les trompes, lâcher la meute, et lui-même entre au trot de son cheval, le fouet d'une main et l'épieu

---

1. Exspectavit Methodius ad meridiem usque, tandem negligi rem divinam veritus... Æneas Sylv., *Rer. Bohem.*, 13.

de l'autre[1]. Ce fut un affreux spectacle de chevaux caracolant sur le pavé de l'église, d'hommes culbutés et écrasés, de chiens haletants, la gueule écumante, remplissant de leurs aboiements jusqu'au sanctuaire. Swatepolc s'avance au pied de l'autel où se tenait Méthodius muet d'indignation plutôt que de frayeur, l'accable d'injures, et peu s'en fallut qu'il ne le tuât. Tel était le roi de Moravie.

Après avoir médité longtemps sur la manière dont il se vengerait de l'ami perfide et du vassal félon, Arnulf s'arrêta à l'idée d'attirer sur lui les Hongrois qui occupaient le plateau de la Transylvanie[2]. Il leur dépêcha un de ses affidés, porteur d'argent et de promesses, et un traité fut conclu par lequel ceux-ci s'engageaient pour une certaine somme à tomber sur les Moraves du côté du Nord, tandis que le roi de Germanie les attaquerait du côté du midi. En effet, au jour convenu, Arpad et ses compagnons, franchirent les passages des Carpathes, et descendant comme un torrent dans les plaines de l'ancienne Hunnie, ils assaillirent Swatepolc, déjà aux prises avec Arnulf, et achevèrent sa défaite. Le roi morave fit dans cette bataille des prodiges de valeur, puis il disparut dans la mêlée, tandis que ses troupes débandées fuyaient de toutes parts. Que devint-il? on n'en sait rien : vainement chercha-t-on son cadavre sur le champ de bataille, vainement s'informa-

---

1. Sacram ingressus ædem, multitudinem canum intromisit, tubasque clangere jubet, ad altare usque progressus... Æneas. Sylv., *Rer. Bohem.*, 13. — Cf. *Act. S. Method.* Mart. mens. 9 d.

2. Arnulphus Hagarenos (Hungaros) ubi reclusi erant, dimisit. Hepidan. Monach., *Annal.*, ad. ann. 893.

t-on s'il n'avait pas succombé à de mortelles blessures en quelque endroit écarté; nul ne put découvrir s'il était dans ce monde ou dans l'autre.

La tradition hongroise prétendit que, rendu furieux par le désespoir, il se jeta dans le Danube la tête la première, et s'y noya. La tradition slave nous donne une autre version plus conforme au caractère de ce barbare étrange, à sa nature emportée qui ne connaissait que les partis excessifs et les résolutions imprévues. Suivant elle, Swatepolc, voyant sa cause perdue sans ressource, avait quitté brusquement le champ de bataille, et gagné de toute la vitesse de son cheval les cantons boisés et déserts que renfermait la montagne de Sobor, dont la masse imposante domine à l'est et au midi la citadelle et la ville de Nitria. Au fond d'une gorge reculée, parmi des rochers que protégeait un fourré impénétrable, habitaient trois ermites dont la vie se passait à prier Dieu dans une petite chapelle construite de leurs mains, et qui tout entiers à leurs pieux exercices, ne se nourrissaient que d'herbes et de fruits sauvages [1]. Ces hommes, dont le pied ne foula jamais le pavé d'une ville, n'avaient jamais vu Swatepolc ; et c'est ce qui amenait près d'eux le roi de Moravie. Arrivé pendant la nuit au plus épais de la forêt, il mit pied à terre, tua son cheval, l'enfouit avec son manteau royal et sa couronne dans une fosse qu'il recouvrit de terre et de feuilles, puis déchirant ses vêtements et les souillant de boue, il alla se présenter aux trois ermites comme un mendiant tou-

---

1. Mons vastus et saltuosus .. cui Solbor vocabulum, quem tres eremitæ vitam aridam duramque viventes, incolebant. Dubrav., *Hist. Boïemic.*, t. IV. — *Solbor, Zobur,* aujourd'hui *Sobor.*

ché par la grâce, qui voulait finir ses jours à leurs côtés. Les ermites l'accueillirent bien ; et il vécut là de longues années, inconnu de ses compagnons, priant comme eux, se nourrissant comme eux, et mort comme eux à tous les souvenirs du monde [1]. Ce ne fut qu'à ses derniers instants qu'il leur révéla son nom [2], et les ermites, dans leur naïf étonnement d'une aventure si merveilleuse, placèrent sur sa tombe une épitaphe ainsi conçue : « Ici repose le roi de Moravie Swatepolc, enterré au milieu de son royaume [3]. »

Quand les Hongrois eurent touché la somme convenue, ils rentrèrent chez eux ; et Arnulf, qui voulait bien l'abaissement mais non l'extermination des Moraves, laissa les deux fils de Swatepolc gouverner, comme ils pourraient, leur royaume ébranlé. Ces deux princes dont l'aîné se nommait Moymir et le second Swatepolc, comme son père, s'étaient montrés ennemis dès l'enfance [4] : leurs discordes avaient rempli d'amertume le règne du dernier roi. S'il est vrai, que pour leur mieux faire comprendre les malheurs qu'une telle mésintelligence pouvait causer au royaume et à eux-mêmes, Swatepolc avait inventé l'apologue fameux des baguettes qu'on brise aisément quand elles sont isolées, et qui, réunies en faisceaux, résistent aux plus

---

1. Vitam herbis et pomis quæ sylva ferebat sustinens, rebus divinis assiduo vacabat. Timon., *Imag. antiq. Hungar.*, III, p. 3.
2. Nec nisi ante extremum diem quis esset, se illis prodidit. Dubrav., *Hist. Boïemic.*, t. IV.
3. Regem Moraviæ Suatoplugum in medio regni sui sepultum jacere. *Id. ibid.*
4. Inter duos fratres, Moymirum scilicet et Zentobolchum dissensio exorta est. Continuat. *Annal. Fuld.*, ad. ann. 898.

grands efforts [1], ses fils profitèrent bien peu de la leçon, car à peine eut-il disparu, qu'ils commencèrent à se disputer avec plus d'acharnement que jamais. La division gagna la cour, puis le peuple; on en vint aux mains, et Moymir expulsa son frère puîné de la Moravie [2].

Cependant les Hongrois, du haut de leur campement d'Erdeleu, suivaient de l'œil avec une curiosité intéressée le progrès de cette lutte [3], et quand ils crurent le moment venu, ils descendirent dans les plaines de la Theïsse, sans être cette fois appelés par Arnulf, mais sans que celui-ci pourtant osât s'y opposer. Ils battirent les Moraves commandés par Moymir; et une fois maîtres d'un coin de terre dans ce pays, patrimoine des anciens Huns, les nouveaux Huns y développèrent rapidement leur domination. Çà et là se trouvaient disséminés sur la surface du territoire des groupes de population avare qui ne durent point rester indifférents à l'arrivée d'un peuple rapproché d'eux par l'origine et le langage. La part que ces fils des sujets de Tudun purent prendre aux succès des Hongrois, contre les Slaves leurs mortels ennemis, ne nous est point expliquée nettement par l'histoire, mais la tradition affirme que, soit en Transylvanie, soit ailleurs, leur coopération fut celle de frères qui retrouvent des frères, d'opprimés qui assistent leurs libé-

---

1. Constant. Porphyr., *De Admin. Imp.*, 41.
2. Post Zphendoploci mortem, anno uno in pace exacto, orto dissidio et bello civili... Constant. Porphyr., *De Adm. Imp.*, 41. — Inter eorum populum dissensio oritur, ita etiam ut si uter alterum comprehendere valeret... Continuat. *Ann. Fuldens*, ad. ann. 898.
3. Hungari interim observato exitu, contemplatique regionem, cordibus malum quod postmodum in propatulo apparuit, machinabantur. Luitprand., i, 5.

rateurs[1]. Tandis que les Hongrois, conquérant pied à pied l'ancien royaume d'Attila et de Baïan, y fondaient un troisième empire hunnique, Arnulf, emporté par son esprit à la fois opiniâtre et capricieux, courait en Italie les plus étranges aventures. S'étant décidé à enlever de force cette dignité impériale que le pape lui marchandait et que les Italiens lui refusaient, il avait pris Rome d'assaut; et, dans l'année 896, ce bâtard d'un petit-fils de Charlemagne plaçait sur sa tête, au milieu des cris de détresse des Romains, la couronne qu'un siècle auparavant Charlemagne avait reçue au milieu de leurs bénédictions.

La présence de ce troisième ban des Huns au cœur de l'Europe fut, comme celle du premier et du second, un objet d'effroi pour les peuples civilisés. La force des Hongrois semblait irrésistible, et leur barbarie dépassait tout ce que l'histoire et la tradition racontaient de leurs prédécesseurs. En 899, ils conquéraient les Pannonies et ravageaient la Carinthie et le Frioul; en 900 ils pénétraient, le fer et la flamme en main, au cœur de la Bavière et descendaient en Italie; en 901 ils rendaient tributaire le roi de Germanie, successeur d'Arnulf, mort peu après son couronnement. Bientôt leurs ravages poussés de proche en proche atteignent la France; leurs bandes infestent la Lorraine, l'Alsace, la Bourgogne. Ces courses étaient accompagnées de cruautés sauvages rendues fabuleuses par les exagérations de la peur[2]. L'aspect des Hongrois était repous-

---

1. Voir plus bas les traditions hongroises.
2. Gens Hungarorum ferocissima, et omni bellua crudelior. **Annal. Mett.**, ann. 889.

sant; ils n'avaient pour vêtement que des peaux de bêtes, se rasaient la tête pour ne laisser aucune prise à la main de l'ennemi[1], et sillonnaient avec la pointe d'un poignard les joues de leurs enfants nouveau-nés. Fiers, séditieux, mais taciturnes et sombres, ils étaient plus prompts à frapper qu'à parler. On prétend qu'ils buvaient le sang des prisonniers[2], et leur mangeaient le cœur. Ces accusations et d'autres encore relatives à leur lubricité[3] remplissent les livres contemporains. Leur réputation de mangeurs de chair humaine s'accrédita à ce point, que le mot d'*Hongre* ou *Ougre* désigna, pendant tout le moyen âge, un géant anthropophage, friand de la chair des enfants ; et les *Ogres* des contes de fées, dont nous avons été bercés dans notre jeunesse, sont le dernier écho des frayeurs trop réelles de nos aïeux.

Aussi, un cri de réprobation s'éleva de tous les coins de l'Europe contre le roi Arnulf qui avait attiré ce fléau au midi des Carpathes. Lorsqu'il mourut en 899, atteint de la maladie pédiculaire, on vit dans cette mort honteuse une plaie de la malédiction céleste. Un écrivain lombard, le diacre Luitprand, entonnait à cette occasion un cantique de joie. Il dépeint avec une complaisance cruelle les myriades d'insectes qui pullulaient dans les membres de l'empereur agonisant et le

---

1. Hansiz. German. Sacr., I, 177.
2. Hæc gens inculta nimis, crudis carnibus vescebatur, et sanguinem potabat humanum. Dandul. *Chron.* — Populos jugulant et ut magis magisque timeantur, interfectorum sese sanguine potant. Conrad. Ursperg., ad. ann. 791.
3. Homines et vetulas matronas penitus occidendo, juvenculas tantum ut jumenta pro libidine exercenda secum trahentes, totam Pannoniam usque ad internecionem deleverunt. *Annal. Fuldens. suppl.*

livraient dès cette vie aux plus repoussantes horreurs de la tombe. « Peut-on penser, s'écrie-t-il, que ce supplice rachètera son forfait? La miséricorde de Dieu est-elle capable de l'absoudre? Nul ne le sait, sinon Dieu lui-même..... Oh! dit-il encore avec une éloquence empreinte d'épouvante autant que de douleur, que le jour soit à jamais maudit, où la lâcheté d'un homme misérable est devenue la calamité de tous les peuples! Combien son aveugle ambition a enfanté de veuvage pour les femmes, de solitude pour les pères, de souillure pour les vierges [1]! O Arnulf, tu étais un homme parmi les hommes, et bien que tu t'élevasses au-dessus d'eux par le rang, la nature t'avait pourtant créé leur semblable, mais tu t'es ravalé au-dessous des plus vils animaux [2]. Les hôtes farouches des bois, les oiseaux de proie, les serpents qu'un venin mortel sépare de l'homme dont ils sont les ennemis, les monstres même dont le seul aspect est funeste, le basilic et le griffon, ne nuisent point à leurs semblables, ils vivent en mutuelle paix et concorde; on ne les voit point se dévorer l'un l'autre [3]. Et toi, homme fait à l'image de Dieu, tu as déchaîné sur les hommes la destruction du genre humain [4]! »

---

1. O cæcam Arnulphi regis regnandi cupiditatem! O infelicem amarum que diem! Unius homuncionis dejectio fit totius Europæ contritio! Quid mulieribus viduitatis, patribus orbitatis, virginibus corruptionis, ecclesiis desolationis..... cæca ambitio peperit! Luitprand., *Hist.*, c. v.

2. Eras inter homines homo... *Id. ibid.*

3. Monstra, Basilisci et Gryphi, quæ et aspectu suo cunctis perniciosa esse videntur, inter se tamen pro originis ipsius affinitatisque consortio..... innoxia perseverant... *Id. ub. sup.*

4. Homo autem qui te ad imaginem et similitudinem Dei formatum legis..... *Id. l. c.*

Tel fut l'hymne de malédiction qui salua le troisième empire hunnique à son berceau. Peu à peu la férocité des Hongrois se calma, leur fougue se plia à des règles de discipline, leur intelligence s'ouvrit à des idées de loi, de morale, de religion, et les fils des compagnons d'Arpad entrèrent dans la société européenne. Le christianisme fut leur initiateur aux rudiments de la civilisation ; et, dès les premières années du XIe siècle, leur grand roi Saint-Étienne leur donnait des institutions qui les rapprochaient des peuples anciennement civilisés. Une irruption des Tartares de Tchinghiz-khan vint au XIIIe siècle interrompre ce travail qui ne marchait pas sans grande peine, et rejeter la Hongrie dans la nuit. Un neveu de Saint-Louis l'en tira, et des princes français de la maison d'Anjou, appelés par élection à la couronne de Saint-Étienne, firent pour la culture sociale du pays ce que la dynastie arpadienne avait fait pour la religion. Au XVe siècle, la Hongrie rencontra dans Jean Hunyade et Mathias Corvin des souverains indigènes qu'eût pu lui envier le reste de l'Europe. Ces temps sont bien loin de nous, mais il reste encore aujourd'hui une Hongrie, sœur adoptive des vieilles nations de l'Occident, la dernière venue par le temps, mais non la dernière par l'éclat du courage, par la foi en elle-même, par le noble orgueil de sa race. Ma tâche finit ici : quelque curieuse que soit l'histoire de ce troisième empire hunnique, quelque intérêt sympathique que le nom des Magyars m'inspire, je dois me borner au plan que je me suis tracé. J'ai voulu montrer comment la race des Huns, introduite en

Europe par Balamir, élevée au comble de la puissance par Attila, possède encore ses représentants au milieu de nous ; et comment se sont perpétués, en même temps qu'elle, dans l'Europe orientale le nom et la gloire du plus grand de ses conquérants ; je crois avoir prouvé l'un et l'autre.

QUATRIÈME PARTIE.

HISTOIRE

LÉGENDAIRE ET TRADITIONNELLE

D'ATTILA

HISTOIRE
LÉGENDAIRE ET TRADITIONNELLE
D'ATTILA

De tous les hommes qui ont eu le triste honneur de bouleverser la terre, aucun peut-être n'a laissé après lui des traditions aussi nombreuses et aussi diverses qu'Attila : la raison en est dans l'action à la fois violente et courte qu'il exerça sur les générations contemporaines. Les impressions d'épouvante chez les uns, d'admiration chez les autres, dépassèrent de beaucoup l'importance des faits qu'une mort prématurée lui laissa le temps d'accomplir ; mais son souvenir resta immense comme l'émotion qu'il avait causée au monde.

Il faut bien s'attendre à trouver dans cet amas confus de souvenirs descendus jusqu'à nous, à travers le moyen âge, toutes les contradictions des réminiscences populaires, le vrai et le faux, le possible et l'absurde, le beau et le laid. Gardons-nous pourtant de les traiter avec trop de dédain, même dans ce qu'elles ont d'évidemment fabuleux, en songeant qu'elles ont passé à l'état de croyance héréditaire chez la plupart des peuples de l'Europe, et que c'est de là que sort l'Attila dont l'image vit dans nos esprits ; car l'Attila que nous connaissons, tous tant que nous sommes, appartient bien plutôt à la tradition qu'à l'histoire. Mais ce type traditionnel et populaire, comment s'est-il créé? en quoi diffère-t-il du vrai type? pourquoi varie-t-il dans ses caractères essentiels suivant les temps et les lieux? questions qui se présentent à l'idée toutes les fois qu'on veut mettre de l'ordre dans le chaos des traditions, et qui s'appliquent surtout à celles-ci. Il m'a semblé que l'histoire de ces variations légendaires ne le cédait pas en intérêt à l'histoire d'Attila lui-même, qu'en tout cas elle en formait le complément obligé. Plus un homme a remué profondément l'humanité, plus il importe de savoir ce qu'il a laissé au fond de la conscience humaine.

Placé à la limite de deux âges, entre l'époque romaine qu'il ensevelit sous des débris et l'époque des grands établissements barbares dont il prépare l'avénement, Attila apparaît dans l'histoire sous deux points de vue tout différents : à la fois destructeur et fondateur, il ferme l'ère de la domination romaine en Occident, il y ouvre l'ère véritable des dominations germaniques; il initie la barbarie à sa vie nouvelle. C'est par cette double action qu'il domine, dans les deux mondes civilisé et barbare, le ve siècle, qui est le siècle de transition. De là aussi deux courants de souvenirs, d'impressions, de jugements attachés à sa mémoire, l'un qui part du monde romain, l'autre qui prend sa source dans le monde germanique : distincts, opposés même à leur origine, ils restent séparés tout en cheminant l'un près de l'autre, et traversent le moyen âge sans se rencontrer ni se confondre.

A ces deux courants traditionnels principaux j'en joindrai un troisième, qui, dans une étude pareille à la nôtre, ne saurait être négligé : je veux parler de la tradition hongroise, mélange de souvenirs slavo-romains, conservés dans la vallée du Danube, avec d'autres souvenirs apportés d'Orient par les populations hunniques qui remplacèrent en Europe les Huns d'Attila. Dernier ban de ces Huns devenus européens, les Hongrois ont recueilli dans leurs livres tout ce qui pouvait servir à la glorification d'un homme qu'ils regardent comme un père et dont le nom ouvre la liste de leurs rois. Quelque bizarres que soient souvent ces traditions frappées au coin de l'imagination orientale, nous les écouterons pourtant comme une voix sortie des ruines du palais qu'habitait Attila, un écho de la tombe mystérieuse qu'il habite encore.

Je n'ajouterai plus qu'un mot. Si la mise en œuvre est difficile dans mon travail, du moins les matériaux ne manquent pas ; on peut dire au contraire qu'ils surabondent. Ceux de la tradition latine, soit gauloise, soit italienne, sont enfouis dans les chroniques des villes et dans les légendes ecclésiastiques, où l'on n'a qu'à les rassembler ; ceux de la tradition germanique résident principalement dans les poëmes nationaux de l'Allemagne méridionale ou dans les chants et les sagas de l'Allemagne du nord. Quant aux livres des Magyars, c'est à la critique de discerner ce qu'ils contiennent d'original ou d'emprunté, d'ancien ou de nouveau, de séparer surtout les réminiscences occidentales des vagues et lointains souvenirs qui ont pu revenir d'Asie en Europe avec les derniers représentants des Huns d'Attila.

LÉGENDES

ET TRADITIONS LATINES

I. Caractères divers de l'Attila légendaire chez les peuples latins. — Attila destructeur. — Attila fondateur. — Attila en face des évêques et du pape. — Attila flagellum dei.

Reportons-nous à l'année 453, cette année de délivrance où le roi des Huns fut enlevé, comme par un coup du ciel, aux terreurs des Romains : l'Italie et la Gaule respirèrent. Ainsi qu'il arrive après toutes les grandes catastrophes, on se mit à récapituler ses maux, à faire l'inventaire de ses frayeurs. Comme tout le monde avait tremblé, tout le monde prétendit avoir eu raison de trembler, et ce fut à qui raconterait pour son compte, ou la ruine la plus lamentable, ou la préservation la plus miraculeuse. Ce sentiment fut universel en Occident. Les villes importantes se firent une sorte de point d'honneur d'avoir été les unes prises, les autres assiégées, toutes menacées : il en fut de même des provinces. On voulait avoir vu de près le terrible ennemi, avoir fourni quelques péripéties au drame sanglant qui conserva longtemps le privilége d'intéresser et d'émouvoir. Involontairement on exagéra le mal qui s'était fait, on supposa celui qui aurait pu se faire ; on donna un corps à ses craintes, à ses illusions, à sa vanité. C'est ce qui explique la masse énorme de traditions locales sur Attila, traditions évidemment très-anciennes, et pourtant inconciliables avec l'histoire. S'il fallait prendre à la lettre les légendes et les chroniques des vii⁰, viii⁰ et ix⁰ siècles, Attila n'aurait rien laissé debout en Gaule ni en Italie, et souvent la formule employée ne permet là-dessus aucune exception. Ainsi l'auteur de la seconde légende de saint Loup, écrite à la fin du viii⁰ siècle, nous dit en propres termes qu'il ne resta en Gaule, après le passage des Huns, ni une cité ouverte, ni une ville fermée, ni un seul château fort[1]. Dans l'opinion du moyen âge, toute ruine appartint de droit à Attila, de même que toute construction antique à Jules César. César et Attila furent pour nos pères deux types corrélatifs, l'un des conquêtes fécondes et civilisatrices, l'autre de la guerre stérile et d'extermination.

Ruines, massacres, persécution des saints, voilà donc le cortége officiel du roi des Huns, ce qui le caractérise par-dessus tout dans la mémoire des races latines. On le suppose si riche par lui-même d'horreurs et de ravages, qu'on lui en prête encore sans crainte ni scrupule. Un chroniqueur balance-t-il sur l'époque de la destruction d'une ville, un hagiographe sur la date d'un martyre, ils choisissent celles de l'invasion des Huns ; le sens commun répugne-t-il à admettre quelque attentat d'une énormité fabuleuse, on le rend croyable en prononçant le nom d'Attila. C'est ainsi que les légendaires du moyen âge lui ont définitivement attribué le massacre de sainte Ursule et des onze mille vierges, malgré la difficulté de faire martyriser à Cologne, en

---

1. Nullam omnino civitatem, castellum vel oppidum aliqua a furore eorum potuit tutari munitio. 2ᵃ *Vit. S. Lup.*, ap. Bolland., 28 jul. mens.

451, de jeunes vierges parties de Bretagne en 383 ; mais de telles difficultés n'arrêtent jamais la légende.

Il est curieux de chercher au fond des traditions la cause secrète qui a pu les faire dévier contre toute raison apparente. Ici, par une sorte de logique grossière, la légende mettait sur le compte du roi des Huns, comme sa dévolution naturelle, les grandes ruines ou les attentats impossibles ; une autre fois, le désir de glorifier quelque saint personnage lui fera supposer, de la part du conquérant, des marches, des combats, des siéges qui n'ont point eu lieu et qui sont en contradiction flagrante avec l'histoire. Tel est le siége de Paris en 451, imaginé dans la pensée d'opposer sainte Geneviève et Attila, la bergère inspirée et l'homme qui faisait trembler le monde ; jamais cette sainte et courageuse fille ne fut bergère, et son action dans la guerre de 451 se borna à empêcher les Parisiens de déserter leur ville par crainte de l'ennemi. Les fausses étymologies ont aussi une grande part à la création des fausses traditions : j'en citerais au besoin plus d'une en ce qui nous concerne. Je préfère montrer comment une ressemblance de nom, exploitée par la vanité locale, peut enfanter toute une histoire traditionnelle où les erreurs historiques s'accumulent de la façon la plus incroyable pour appuyer une erreur de géographie. Les détails donnés par Jornandès sur le lieu où fut livrée la grande bataille des champs catalauniques ne permettaient pas de douter que ce lieu ne fût situé dans la province de Champagne aux environs de Châlons-sur-Marne, et la tradition des villes champenoises concordait en cela avec l'histoire. Toulouse n'en revendiqua pas moins l'honneur de cette bataille à cause de la plaine de Catalens, située dans son voisinage. Or, pour qu'Attila pût arriver près de Toulouse, il fallait qu'il eût traversé la Gaule dans toute sa longueur, et que, pour assurer sa retraite au besoin, il eût pris et démantelé Lyon, Arles, Narbonne, etc... Eh bien ! la tradition n'a pas reculé devant les détails de cette campagne imaginaire ; mais, une fois Attila vaincu à Catalens et obligé de faire retraite, que deviennent les débris de son armée, qui ne montait pas à moins de cinq cent mille hommes ? La tradition n'en est pas embarrassée ; elle les envoie en Espagne chasser les Maures : Attila détache en effet, pour cette œuvre pie, trois de ses principaux capitaines qui, entrés en Galice, attaquent le sultan Miramamon et le forcent à fuir par-delà le détroit de Gibraltar. Voici Attila transformé en champion de la chrétienté, en précurseur de Charles-Martel et du Cid : encore n'est-ce pas le rôle le plus inattendu que l'imagination populaire lui réserve.

Qui croirait, par exemple, que plusieurs villes de Gaule et d'Italie prétendirent à l'honneur d'avoir été fondées ou du moins agrandies et embellies par l'exterminateur, le destructeur universel? Trèves eut cette fantaisie. L'antique et superbe métropole de la Gaule romaine, oubliant au moyen âge de qui lui venait sa splendeur, la rapportait au roi des Huns. Ainsi ce joli monument romain qu'on admire encore aujourd'hui dans le bourg d'Igel, à un mille de Trèves, s'appelait, au XIIe siècle, l'*Arc de triomphe d'Attila*[1], et la légende

---

1. Juxta fornicem Attile triumphalem qui duo millia passuum a Treverensi civitate distat ad meridiem. *Script. rer. Germ.* Pertz., v.

des miracles de saint Mathias nous parle d'un *pont d'Attila* [1] bâti sur la Moselle, tout près des murs de cette ville. Strasbourg poussa la bizarrerie plus loin : l'histoire est curieuse et mérite qu'on la raconte.

Nulle ville n'avait été plus maltraitée par les bandes d'Attila que cette illustre cité d'Argentoratum ou Argentaria, citadelle de la Gaule orientale contre les Germains et théâtre de tant de combats fameux. Sa destruction en 451 avait été complète : aux VIe et VIIe siècles, la cité d'Argent n'était plus qu'une solitude affreuse, couverte de broussailles et repaire de bêtes fauves; les ducs d'Alsace, au VIIIe siècle, s'en attribuaient la possession à titre de terres vaines et vagues [2]. A peu de distance de ces ruines et avec les matériaux qu'elles fournissaient, on construisit d'abord une bourgade, puis une ville qui borda la voie militaire romaine aboutissant au Rhin. Les grandes voies dallées portant en latin le nom de *strata*, la nouvelle ville fut appelée *Strata-burgum* ou *Strate-burgum*, double forme que nous trouvons dans Grégoire de Tours; et comme d'ailleurs *Strate* ou *Strass* avait déjà en allemand le même sens que *stratum* en latin, *Strata-burgum* ou Strasbourg signifiait dans les deux idiomes *ville près de la route.*

Cette étymologie historique parut trop simple aux Strasbourgeois du moyen âge, qui rêvaient pour leur cité une origine plus éclatante. Ils racontèrent qu'Attila,

---

1. De ponte Attile in aquas subjectas cedidit. *Miracul. S. Mathiæ.* Coll. Pertz., v.

2. Pro opportunitate solitudinis. *Chart. Lothar.*, ap. Schœpfl., *Alsat. illustr.*

pendant son séjour à Argentoratum (séjour, hélas! peu pacifique), voulant rompre la barrière qui séparait la Gaule des pays d'outre-Rhin, et rendre les communications libres entre tous les peuples, fit pratiquer dans les murailles de la ville quatre grandes brèches correspondant aux quatre grandes directions qui menaient en Germanie, et que, pour consacrer la mémoire de cet état nouveau, il ordonna qu'Argentoratum s'appellerait désormais Strasbourg, c'est-à-dire, suivant la tradition, *la ville des chemins*[1]. De cette époque, Strasbourg datait sa grandeur et son importance comme ville libre. Ce conte, qui flattait l'orgueil alsacien, passa à l'état de croyance générale, non-seulement dans le peuple, mais parmi les savants. La chronique d'Alsace le rapporte très-sérieusement, et jusque dans le dernier siècle la critique historique eut à lutter contre une erreur trop bien accréditée. « Expliquez-moi de grâce, disait Schoepflin, l'érudit et judicieux auteur de l'*Alsatia illustrata*, comment Attila, qui ne parlait pas allemand, put s'amuser à donner aux villes gauloises des noms allemands! » L'autorité de la tradition servait de réponse. Il existait alors (il existe peut-être encore aujourd'hui) au-dessus de la porte de Strasbourg qui conduit au bourg de la Couronne, et qu'on appelle pour cette raison porte de *Kronenburg*, un médaillon en pierre renfermant une

---

1. Mœnibus in quatuor decussatim vias dirutis, *Multiviam* civitatem jussit appellari. Martin. Cruz., *Annal. suevic.*, vii, p. 183. — Attila rex Hunnorum totam Argentoratum destruxit, ita ut libere via egredientibus ubique pateret, unde *Strasburg* dicta. Francisc. Irenic. *Germ. Exeg.*, l. xi. — Inde nata Strateburgi insignia quæ *stratam* rubram indicant, excidii antiqui monumentum. *Chron. alsat.*

figure, avec cette inscription autour : *Sic oculos, sic ille genas, sic ora ferebat*[1]. Des sigles, gravés au champ du médaillon, paraissent indiquer l'âge du vieux bourgmestre dont on a voulu perpétuer la ressemblance. Qui devinerait que cette image est celle d'Attila? « Le peuple le croit, nous dit Schoepflin, et beaucoup d'érudits l'ont cru[2]. » Ainsi la chrétienne Strasbourg prenait pour patron le roi des Huns, tandis que non loin de là une autre ville tout aussi chrétienne, Cologne, le maudissait devant les reliques des onze mille vierges. Le nom de cet homme remplissait tout le nord des Gaules, et les contradictions mêmes où les peuples tombaient à son sujet démontraient combien sa grandeur avait laissé de traces parmi eux.

Je me hâte d'arriver aux légendes qui nous donnent, comme point culminant de la tradition, l'*Attila flagellum Dei* (fouet ou fléau de Dieu), en qui se résume, chez les races latines, l'idéal du roi des Huns. Le simple historique de ce mot nous initiera mieux que toute autre chose aux procédés de l'esprit humain dans le travail des traditions, et particulièrement dans l'œuvre traditionnelle du moyen âge. Transportons-nous en esprit au milieu des générations chrétiennes du Ve siècle. Demandons-leur sous quelle face leur apparut d'abord l'invasion d'Attila, et à laquelle des péripéties de cette courte, mais sanglante guerre s'attacha la plus vive émotion pour le présent, et

1. « C'est ainsi qu'étaient ses yeux, ses traits et sa contenance. » Virgile dit : *Sic oculos, sic ille manus, sic ora ferebat*. Le bourgmestre de Strasbourg n'a point de mains.

2. *Imaginem esse Attilæ et multi eruditi et vulgus crediderunt.* Schœpflin. *Alsat. illustr.*

ensuite le plus long souvenir. L'histoire s'est chargée de la réponse.

Dans la multitude de faits de tout genre qu'avaient présentés les campagnes de 451 et 452, il en était trois qui semblaient se distinguer des autres par une certaine teinte d'extraordinaire et de merveilleux, et réclamer une place à part : c'étaient Orléans défendu et préservé par saint Agnan, son évêque, Troyes épargnée sur la demande de son évêque saint Loup, Rome enfin abandonnée par l'empereur et sauvée à la prière du pape saint Léon. Dans tout autre siècle moins mystique que celui-là, cette intervention, trois fois répétée et trois fois heureuse, d'un prêtre conjurant l'esprit de destruction et arrêtant la mort suspendue sur trois grandes cités aurait frappé l'attention des peuples : au v° siècle, elle l'absorba. Elle devint la circonstance principale et dominante de l'invasion, ou plutôt toutes les autres s'effacèrent devant elle. Communiquant à l'ensemble de la guerre sa couleur merveilleuse, elle lui donna sa signification morale, son caractère dans l'ordre des idées religieuses : ajoutons qu'en dehors du fait particulier, du fait de la guerre, elle fournissait au christianisme une arme inappréciable dans sa lutte encore très-vivace contre le paganisme. On avait vu depuis cent ans, à chaque déchirement intérieur, à chaque succès des Barbares, les païens, fidèles à leur vieille tactique, accuser la religion chrétienne des malheurs de l'empire, et celle-ci descendre pour ainsi dire devant le tribunal du monde, forcée qu'elle était de se justifier. Les trois faits dont je parle terminaient toute cette polémique. Quelle réponse plus péremptoire aux accusations ! quelle preuve de la puissance de la foi nouvelle ! quel triomphe pour ses ministres ! En vain les prêtres païens mettaient en avant des calculs astrologiques pour expliquer la retraite d'Attila par l'action des astres : la conscience publique en faisait honneur à saint Léon qui lui-même reportait cet honneur à son Dieu. Considérés de ces hauteurs idéales, les événements purement terrestres étaient bien petits, et la victoire de Châlons, gagnée par le hasard des batailles, devait sembler bien misérable auprès de celle du Mincio, gagnée par la parole d'un vieillard. Aëtius eut lieu de s'en apercevoir. A quoi bon le génie et l'expérience des armes dans la sphère métaphysique où l'on transportait les intérêts de l'empire, et où les faits eux-mêmes venaient en quelque sorte se ranger? Cette manière toute chrétienne d'envisager la guerre d'Attila demandait naturellement aux historiens chrétiens un mode de composition, une formule d'art en harmonie avec l'idée religieuse. Nous allons voir quelle était cette formule : elle nous est indiquée par un contemporain, le fameux Sidoine Apollinaire, qui entreprit lui-même d'écrire la campagne des Gaules.

Sidonius, de la famille lyonnaise des Apollinaire, avait été longtemps le poëte à la mode : ses petits vers et ses lettres, rédigés pour la postérité, circulaient de main en main, d'un bout de l'empire à l'autre ; dans Rome même, il n'y avait point de fête complète sans une lecture du Virgile gaulois, et tout nouveau venu sur le trône des Césars attendait de lui son panégyrique. Tant de gloire jointe à beaucoup de noblesse lui valut la main de Papianilla, fille de l'Arverne Avitus, qui avait décidé les Visigoths à se ranger sous le drapeau d'Aëtius contre Attila, et qui plus tard fut nommé empereur avec leur concours. Sidoine, comblé des honneurs du siècle, céda enfin au torrent qui entraînait vers les vocations religieuses tous les hommes distingués de son temps : il devint évêque de Clermont. Son talent incontestable, sa position comme homme du monde initié aux secrets de la politique, ses relations de vive amitié avec saint Loup, qui était parfois son confident littéraire, et d'autres relations moins étroites qu'il avait entretenues avec saint Agnan, le désignaient à tous comme l'homme à qui il appartenait de raconter la guerre des Gaules. On l'en pria, on l'en chargea en quelque sorte comme d'un devoir, et Prosper, qui venait de succéder à saint Agnan sur le siége épiscopal d'Orléans, parvint à lui en arracher la promesse. Sidoine se mit donc à l'œuvre, mais la longueur du travail le découragea : lui-même d'ailleurs, évêque ferme et dévoué, émule de ceux qu'il voulait peindre, se trouva bientôt jeté au milieu d'événements et de traverses qui absorbèrent le reste de sa vie. Il prit le parti de retirer sa parole, et écrivit à Prosper pour la dégager. Nous avons encore sa lettre, qui nous intéresse par plusieurs raisons, et surtout parce qu'elle nous permet de juger le plan historique de Sidoine et le genre d'utilité que le clergé des Gaules attendait de sa plume ; elle était conçue en ces termes :

Sidonius au seigneur pape Prosper.

« Dans ton désir de voir célébrer par de justes louanges le très-grand et très-parfait pontife saint Agnan, l'égal de Loup et non l'inférieur de Germain, et aussi pour bien graver dans le cœur des fidèles l'exemple d'un tel homme, à qui aucune gloire n'a manqué, puisqu'il t'a laissé pour son successeur, tu avais exigé de moi la promesse que, prenant une plume, je transmettrais à la postérité la guerre d'Attila[1]. Je devais raconter comment la ville d'Orléans fut assiégée, forcée, envahie, non saccagée, et comment s'accomplit la fameuse prophétie de cet évêque toujours exaucé du ciel. J'avais commencé d'écrire, mais l'énormité de mon entreprise m'a effrayé, et je me suis repenti d'y avoir mis la main : aussi n'ai-je confié à aucune oreille des essais que j'avais condamnés moi-même comme censeur. J'obéirai du moins à ton honorable prière et au respect que m'inspirent les mérites du grand évêque, en t'envoyant son éloge par la plus prochaine occasion. Créancier équitable, use d'indulgence envers un débiteur téméraire, absous-le de son imprudence, et ne réclame pas impitoyablement une dette pour laquelle il se déclare insolvable[2]. Daigne te souvenir de nous, seigneur pape. »

---

1. Exegeras mihi ut promitterem tibi Attilæ bellum stylo me posteris intimaturum. Sidon. Apollin., *Epist.* ad Prosp. Aurel. Ep. VIII, 15.

2. Tu creditor justus, laudabiliter hoc imprudentiæ temerarii debito-

Ainsi la pensée d'Apollinaire consistait à mettre en relief saint Agnan, non point seulement comme personnage historique, mais comme personnage chrétien, pour la glorification de la religion, ainsi qu'il le dit lui-même, et « afin d'inculquer un si grand exemple au cœur des fidèles » : c'est là ce que désirait Prosper, ce que réclamaient avec lui les évêques des Gaules. Pour l'exécution de ce plan, Sidoine, après avoir fait une large part au défenseur d'Orléans, aurait passé à celui de Troyes, saint Loup, son ami, puis, selon toute apparence, à Geneviève, l'austère et courageuse conseillère des Parisiens, et, jetant un regard lointain sur l'Italie, il aurait dessiné au dernier plan saint Léon fléchissant Attila d'un mot et fermant devant cet homme fatal la carrière des conquêtes et de la vie. Tout l'arrangement du récit aurait convergé vers ces grandes figures chrétiennes échelonnées sur la route du conquérant. Déjà considérable en fait, leur action sur les conséquences de la guerre aurait été agrandie, exaltée. On aurait vu à chaque page la main de Dieu détournant le cours des événements à la prière de ses serviteurs ; on aurait entendu sa voix parlant au cœur du Barbare par la bouche de trois grands évêques, et opérant dans le secret de la conscience humaine le plus inattendu des miracles, celui d'avoir rendu Attila pitoyable.

Ce mélange d'idées spéculatives et de faits réels était effectivement la passion du siècle. Habitués à chercher au ciel le nœud des choses de la terre, tous,

---

ris indulseris, ut quod mihi insolubile videtur, tibi quoque videatur inreposcibile. Sidon. Apollin., *Epist.*, ad Prosp. Aurel. Episc. *l. c.*

historiens, théologiens, moralistes, subordonnaient dans leurs formules la marche des événements d'ici-bas à des péripéties venues d'en haut. L'histoire, telle que la comprenaient les écrivains de l'école chrétienne, était, si je puis ainsi parler, le spectacle des évolutions de la Providence conduisant les peuples vers un but spirituel à travers les bouleversements, remuant le monde pour les effrayer ou les punir, puis manifestant sa miséricorde par des coups imprévus au plus fort des violences de sa justice. C'est ainsi que l'écrivait Orose et que saint Augustin l'esquissait dans sa *Cité de Dieu* : semblable aux murs du festin de Balthazar, le livre de la Clio chrétienne ne se couvrait plus que d'avertissements prophétiques. La guerre d'Attila fournissait à ce système matière et sanction tout à la fois; on pouvait même dire que jamais l'application des inductions théologiques aux faits humains ne s'était montrée plus légitime. Et quant aux procédés de l'art, ils consistaient à mettre en regard au premier plan du tableau deux personnages mus également par l'action de Dieu, mais opposés l'un à l'autre : le Barbare, agent de sa colère, et le prêtre, agent de sa pitié.

Cette méthode, d'un mysticisme trop délicat pour les siècles suivants, se matérialisa chez les historiens du moyen âge. A mesure que l'ignorance et le goût exclusif du merveilleux obscurcirent le christianisme, l'idée pure et élevée d'une action latente de Dieu opérant ses miracles dans le secret des cœurs fit place à la thaumaturgie, aux prodiges, aux interventions surnaturelles, perceptibles par les sens. La beauté de l'histoire chrétienne et sa vérité, telles que les concevait le siècle d'Augustin et de Jérôme, en reçurent une grave atteinte. Tout le jeu des sentiments et des idées s'évanouit dans l'histoire pour faire place à des objets palpables ou tout au moins visibles ; les inspirations prirent un corps, les idées devinrent des fantômes. A la belle scène de saint Léon changeant les résolutions d'Attila par l'ascendant d'une parole que Dieu féconde en l'inspirant, scène admirable autant que vraie, le moyen âge en substitua une autre dans laquelle l'apôtre Pierre, en habit papal et une épée à la main, apparaît pour effrayer Attila. On racontait alors comme une tradition que le roi des Huns, blâmé par les siens d'avoir reculé devant un vieillard sans armes, lui que les légions romaines n'osaient pas regarder en face, s'était écrié avec l'accent d'une terreur encore présente : « Oh ! ce n'est point ce prêtre qui m'a forcé de partir, mais un autre qui, se tenant derrière lui l'épée en main, me menaçait de la mort, si je n'obéissais pas à son commandement[1]. » Un second récit place saint Paul à côté de saint Pierre, probablement pour tenir la balance égale entre les deux apôtres gardiens et patrons de Rome chrétienne. On trouve cette tradition pour la première fois dans Paul Diacre, qui écrivait au VIIIe siècle : les écrivains postérieurs la répètent sans hésitation ni doute, comme un fait généralement admis en Italie, et le bréviaire romain lui donne une sorte de consécration en l'adop-

---

[1]. Non se ejus qui advenerat personam reveritum esse, sed alium virum juxta eum in habitu sacerdotali... gladio evaginato... Paul. Diac. *Breviar., rom..* ap. Baron. — Thwrocz, I, 21.

tant. Ce fut dès lors la vraie version de l'entrevue de
saint Léon et d'Attila, celle qui devint populaire et
que les arts reproduisirent à l'envi ; enfin le pinceau de
Raphaël lui a conféré l'immortalité. On comprendra,
d'après ce simple fait, le caractère des altérations que
le moyen âge a fait subir à beaucoup de personnages
et d'événements des temps antérieurs.

Saint Agnan eut, au même titre que saint Léon, un
destin pareil. Le patriotisme de ce prêtre, son héroïque
constance, cette foi simple et naïve qui lui faisait dire
quand il avait prié et mouillé de larmes les degrés de
l'autel : « Allez voir là-haut si la miséricorde de Dieu
ne nous vient point, » foi irrésistible et qui donne le
secret de sa puissance sur les hommes, tout cela n'est
plus compris par des esprits matériels au milieu des
ténèbres toujours croissantes. Les miracles de l'énergie
humaine soutenue par l'inspiration divine disparaissent
devant une fantasmagorie puérile que le ve siècle eût
repoussée, mais qui était devenue l'aliment indispensable d'une foi plus grossière. Ce que j'ai dit de saint
Agnan et de saint Léon, je le dirai de Geneviève, cette
sainte fille qu'on devine si bien en lisant sa première
légende, et qu'on ne reconnaît plus dans les autres.
Saint Loup lui-même, ce confident littéraire de Sidoine,
dont nous avons quelques lettres, cet apôtre homme
du monde que son biographe quasi-contemporain nous
fait apercevoir sous un jour si vrai, a perdu toute
réalité dans sa légende écrite à la fin du vIII^e siècle ou
au commencement du IXe. L'ami de Sidoine, le compagnon de Germain d'Auxerre, s'est effacé pour faire
place à un thaumaturge qui s'évanouit lui-même en

une sorte de symbole. C'est du viie siècle au xe que s'opèrent généralement ces métamorphoses qui ont profondément altéré les biographies des saints et créé la mythologie légendaire. Toutefois ce mouvement d'idées ne manqua pas d'une certaine poésie, et c'est de là que jaillit le type du *fléau de Dieu*.

II. MYTHE DU FLÉAU DE DIEU. — SON ORIGINE DANS LES IDÉES CHRÉTIENNES DU Ve SIÈCLE. — SON DÉVELOPPEMENT AU MOYEN AGE. — LÉGENDE DE SAINT LOUP. — ATTILA INFERNAL. — ATTILA THÉOLOGIEN. — ATTILA VERTUEUX. — FIÉSOLE ET FLORENCE. — CONFUSION DE L'HISTOIRE ET DE LA LÉGENDE.

A quelle époque précise est-née cette formule fameuse d'*Attila flagellum Dei*, dont les légendaires et les chroniqueurs ne font qu'un mot auquel ils laissent la physionomie latine, même en langue vulgaire? On ne le sait pas : tout ce qu'on peut dire, c'est qu'elle ne se trouve chez aucun auteur contemporain, et que la légende de saint Loup, dont je parlais tout à l'heure, laquelle fut écrite au viiie ou ixe siècle par un prêtre de Troyes, est le plus ancien document qui nous la donne. Déjà l'idée attachée par le moyen âge au mot *flagellum Dei* nous y apparaît dans sa plénitude; le mythe est formé. Il faut donc placer entre le ve et le viiie siècle l'adoption du *flagellum Dei*, d'abord comme une épithète attachée au nom d'Attila, puis comme un titre que celui-ci s'attribue lui-même et dont il se pare, enfin comme une personnification dans laquelle il se confond et qui absorbe sa réalité historique. Le mot *flagellum Dei* parcourt ces trois phases, et l'idée que lui assigne le moyen âge ne devient parfaite qu'à la dernière.

L'Italie et la Gaule se sont disputé l'honneur de l'invention. La tradition italienne l'attribue à saint Benoît, qui n'était pas né en 451 ; et, dans une histoire dont elle appuie ses prétentions, elle confond tout simplement le roi des Huns, Attila, avec le roi des Goths, Totila. La tradition gauloise lui donne pour auteur un ermite champenois. Suivant elle, des soldats huns, la veille de la bataille de Châlons, saisirent dans les bois qui environnaient cette ville un solitaire qu'ils conduisirent près du roi. Cet homme passait dans le pays pour un prophète, et Attila, soit pour le sonder, soit par une secrète appréhension de l'avenir, lui demanda qui serait vainqueur le lendemain. « Tu es le fléau de Dieu, *tu es flagellum Dei*, lui dit l'ermite ; mais Dieu brise, quand il lui plaît, les instruments de sa vengeance. Tu seras vaincu, afin que tu saches bien que ta puissance ne vient pas de la terre [1]. » Rien dans cette tradition n'est de nature à choquer l'histoire ; ces idées sont celles du ve siècle ; ce langage est le langage ecclésiastique du temps ; le courage même de l'ermite rappelle le rôle que le clergé romain prit souvent vis-à-vis des Barbares : réduite à ces termes, la tradition gauloise ne choque nullement la vraisemblance. Ajoutons qu'ici le mot *flagellum Dei* n'est que la reproduction d'un texte d'Isaïe. Le prophète hébreu, dans son langage figuré, appelle Assur la verge de la fureur de Dieu, *virga*

---

1. Tu es flagellum Dei... accipiet tamen hunc gladium a te dum voluerit et illum alteri tradet. Thwrocz., 1, 15.

furoris Dei, le bâton dont Dieu frappe son peuple indocile. « Eh quoi! ajoute-t-il, le bâton s'élèverait-il cont[re] la main qui le porte? Le bâton n'est que du bois, et le Seigneur des armées, le brisant en mille morceaux, le jettera au feu, dans toute la vanité de ses triomphes[1]. » Voilà l'idée de l'ermite et presque son discours.

Les pères du v⁵ siècle, lorsqu'ils parlent des calamités de l'empire romain, ne s'énoncent guère autrement : les Barbares sont à leurs yeux le pressoir où Dieu foule sa vendange, la fournaise dans laquelle il épure son or, le van où s'émonde son grain. Ouvrez Salvien, Orose, saint Augustin, ils fourmillent d'images pareilles empruntées aux Écritures. Isidore de Séville, chroniqueur du vii⁵ siècle, applique particulièrement aux Huns le mot d'Isaïe : « Ils sont, dit-il, la verge de la fureur du Seigneur[2]. » Quoique nous manquions de l'autorité d'un texte précis, nous pouvons croire qu'Attila reçut plus d'une fois au v⁵ siècle, de la bouche de quelques personnages ecclésiastiques, la qualification de *flagellum Dei*. Toutefois ce n'est là qu'une épithète destinée à caractériser sous le point de vue chrétien l'action d'Attila sur l'empire et sur le monde : le moyen âge l'entendit tout autrement.

Cette tradition de l'ermite gaulois dont je viens d'exposer le fond, acceptable historiquement, va, dans ses détails, beaucoup plus loin que la vraisemblance et quitte l'histoire pour la légende. Elle raconte que le roi

---

1. Quomodo si elevetur virga contra elevantem se, et exaltetur baculus, qui utique lignum est? — Subtus gloriam ejus succensa ardebit quasi combustio ignis. Isaïe, x, 15, 16.

2. Isidor. hispal. *Hist. Goth.*, ad. ann. 451.

des Huns, au lieu de s'offenser de la qualification de fléau de Dieu, que lui donnait l'ermite, déclara qu'il s'en glorifiait et qu'il l'attacherait désormais à son nom comme un titre. Saisi d'un enthousiasme infernal, il bondit sur lui-même et s'écria : « L'étoile tombe, la terre tremble, je suis le maillet qui frappe sur le monde ! [1] » Ici nous voguons à pleine voile dans le mythe : voyons où nous allons aborder.

Dans un récit historique sur Attila, j'ai raconté son entrevue avec saint Loup, telle que nous la donnent les actes originaux écrits, à ce qu'on suppose, par un disciple de l'évêque de Troyes. Elle se passe d'une façon toute simple et tout à fait probable. Attila, qui se retire précipitamment d'Orléans sur Châlons, suivi de près par Aëtius, franchit la Seine au-dessus de Troyes. Ruinée par les invasions précédentes, cette grande cité n'avait plus ni garnison ni murailles qui pussent arrêter un seul instant les Huns : saint Loup va trouver le roi, qui consent à épargner la ville, mais qui garde l'évêque en ôtage. Cependant les habitants, médiocrement rassurés, se dispersent dans les bois, et quand saint Loup revient de son voyage forcé, il trouve sa métropole déserte [2]. Voilà le fait dans sa vraisemblance historique, voici maintenant comment on le racontait trois siècles plus tard.

C'est bien loin du monde réel et dans des sphères fantastiques que la tradition nous emporte : Troyes a

---

1. Stella cadit, tellus fremit, en ego malleus orbis.
Ce vers se trouve intercalé dans la chronique de Thwroczi comme un dicton d'Attila. *Chron. Hung.*, I, 16.

2. Voir ci-dessus, *Histoire d'Attila*, c. 5.

retrouvé des murailles et une garnison que l'évêque
commande ; le saint fait le guet au-dessus de la porte,
et bientôt arrive Attila à la tête d'une armée innombrable. Quoique battu à Châlons (il a fallu mettre le
siége de Troyes après cette bataille, pour faire concorder le récit légendaire avec la tradition de l'ermite),
le roi des Huns parcourt la Gaule sans obstacle, tuant
et détruisant tout comme il lui plaît. Il est fier, insolent, et fait sonner bien haut le titre qu'il vient d'ajouter à tous ses titres, celui de *fléau de Dieu*. Monté sur
son cheval de guerre, il s'approche d'une des portes,
frappe avec colère et ordonne impérieusement qu'on
lui ouvre. L'évêque, du haut de la muraille[1], lui demande qui il est : « Qui es-tu, lui dit-il, toi qui disperses
les peuples comme la paille et brises les couronnes sous
le sabot de ton cheval ? — Je suis, répond celui-ci,
Attila, fléau de Dieu[2]. — Oh ! s'écrie l'évêque, sois le
bienvenu, fléau du Dieu dont je suis le serviteur ! ce
n'est pas moi qui t'arrêterai ; » et descendant avec son
clergé, il ouvre lui-même la porte à deux battants,
saisit par la bride le cheval du roi des Huns, et, l'introduisant dans la ville : « Entre, dit-il, fléau de mon
Dieu ; marche où te pousse le vent des célestes colères[3] ! » Attila entre, et son armée le suit. Ils parcourent
les rues, ils traversent les places et les carrefours, ils

---

1. 2ᵃ *Vita S. Lupi,* 45, ap. Boll., 28 jul.

2. Tu quis es qui terram dissipas et conculcas ? — Cui Attila : Ego sum Attila, rex Hunnorum, flagellum Dei. Thwrocz, I., 16.

3. Jussit portas patefieri ut ingrederetur hostis Dei. 2ᵃ *Vit. S. Lup.*, 45. — Benevenerit flagellum Domini mei. Thwrocz., *ub. sup.* — Apprehensa freni habena subdit : Veni Dei mei flagellum, ingredere, proficiscere quo libet Olah., *Vit. Attil.*, 9.

passent devant les églises et les palais, sous les yeux d'une foule à la fois épouvantée et surprise ; ils marchent, mais ils ne voient rien. Un nuage s'est appesanti sur leurs yeux ; ils sont aveugles et ne recouvrent la vue qu'au moment où Attila sort de Troyes par la porte opposée[1]. Dans une des variantes de cette légende, car elle en a beaucoup, l'armée des Huns, en parcourant les rues et les places de la ville, croit cheminer doucement à travers des montagnes et des bois, au milieu de vertes prairies... L'idée du mythe se révèle ici dans toute sa plénitude : le fléau de Dieu, enorgueilli de sa mission de ruine, est enchaîné par le serviteur de Dieu ; la bête infernale se courbe sous son dompteur. La légende rapproche et oppose deux figures mythiques dont l'action est corrélative, et qui se complètent l'une par l'autre. Ne parlez plus de réalité, ne parlez plus d'histoire ; ce n'est plus Loup évêque de Troyes, ce n'est plus Attila roi des Huns, c'est *le fléau de Dieu* qui, rencontrant un *saint* sur son passage, voit s'évanouir sa puissance devant une puissance supérieure : l'œuvre de miséricorde a vaincu l'œuvre de justice.

Qu'il y ait dans cette conception une grande beauté poétique, on n'en saurait disconvenir. Le moyen âge en jugea ainsi, car cette légende eut un succès de vogue ; on la répéta de tous côtés ; les villes, les églises l'empruntèrent pour se l'approprier en tout ou en partie. Metz raconta que les Huns, ayant voulu piller l'oratoire de Saint-Étienne situé dans son enceinte, ne

---

1. Miro miraculo divinitus cæcitate perculsi..... 2ᵃ *Vit. S. Lup.*, 45.

rencontrèrent, au lieu de portes et de murailles, qu'un rocher de granit contre lequel leurs haches et leurs massues se brisèrent[1]. Ailleurs Attila côtoie une ville sans l'apercevoir, tandis qu'un mirage lui montre à l'horizon les tours et les créneaux d'une cité imaginaire qui fuit devant lui et l'entraîne. A Dieuze, les Huns sont frappés de cécité, parce qu'ils ont chargé de fers l'évêque saint Auctor, leur prisonnier; mais ils recouvrent la vue en même temps que lui la liberté[2]. On n'en finirait pas, si l'on voulait énumérer tous les emprunts faits par les églises des Gaules à la légende mythique de saint Loup.

L'Italie ne voulut pas être en reste de merveilles avec la Gaule, et le fléau de Dieu passa les Alpes avec le serviteur de Dieu pour aller jouer dans les légendes italiennes leur rôle accoutumé. L'imitation fut complète jusqu'au plagiat, et la légende de saint Géminianus, évêque de Modène, n'est qu'une copie servile de la légende de saint Loup. Géminianus introduit Attila dans Modène, comme saint Loup dans Troyes : même miracle, mêmes incidents, même dialogue du haut de la muraille; seulement le roi des Huns se montre plus brutal et plus ironique en deçà qu'au delà des Alpes. Au moment où l'évêque lui dit qu'il est le serviteur de Dieu : « Eh bien! soit, répond l'autre, un mauvais serviteur doit être flagellé[3]. » Quelquefois,

---

1. Cum Barbari propius accederent, eorum oculis velut ingens saxum ac moles solida apparebat : quam cum cæcati mentibus, manibus per gyrum palparent, aditumque quærerent... Paul. Diac., *De Episc., Mett.*, ap. D. Bouq., t. I, p. 650.

2. Paul. Diac., *ibid.* — 2ₐ *Vit. S. Lup.*, ap. Roll.

3. Si tu es servus Dei, ego sum flagellum Dei; servi autem inobedientes... merito verberantur et flagellantur. *Vit. S. Geminian.* Act. SS.

lorsque l'évêque contemporain d'Attila n'est pas d'une sainteté avérée, la légende lui en substitue quelque autre, mort depuis nombre d'années; le saint quitte son tombeau, sauve sa ville, et le mythe est accompli.

Dans ce dualisme de plus en plus idéalisé, Attila, l'être fatal, prend quelque chose des esprits infernaux. Satan lui-même le conduit : c'est le prince des ténèbres qui lui ouvre les portes de Reims, qui l'encourage au viol et au meurtre, qui vient jouir du martyre de l'évêque saint Nicaise et de sa sœur sainte Eutropie; « il se tenait près de la porte, on l'y a vu[1], » dit la légende. Ainsi que le diable lui-même, l'Attila fléau de Dieu est sarcastique, vain dans ses paroles et hideux à voir; mais, comme le diable aussi, il est facile à tromper, on le joue, on le bafoue sans qu'il s'en doute. C'est le type de Satan au moyen âge, la crédulité jointe à l'esprit de malice. La légende exploite parfois avec un bonheur comique cette idée d'un Attila naïf et crédule. Quand les Huns ont martyrisé près de Cologne les onze mille vierges compagnes de sainte Ursule, Attila offre à celle-ci de l'épouser en réparation d'honneur; mais elle le repousse honteusement : « Retire-toi, lui dit-elle; j'ai dédaigné la main de César, ce n'est pas pour appartenir à un maudit tel que toi[2] ! » Quelquefois la légende engage entre ses interlocuteurs et lui des dialogues dans lesquels on l'endoctrine, on le promène, on le raille; souvent aussi il se montre généreux, chevaleresque, disposé à

---

1. Prope portam... Act. SS. Vit. S. Nicas. 14 decemb. — Cf. Hincmar. — Flodoard.

2. Ego regi Cæsari copulata sum, te autem qui es draco iniquus vorans christianos, ut diabolum respicio. Chartuic., Chron. Hung., II.

servir toutes les bonnes causes. Cette nouvelle physionomie du fléau de Dieu se dessine pour la première fois, du moins à ma connaissance, dans le récit d'un prétendu siége de Ravenne, lequel se serait passé en 452 sous l'épiscopat de saint Jean. Le récit dans sa rédaction primitive appartient au Pontifical d'Agnellus, prêtre ravennate, qui écrivit au ixe siècle sur les archevêques de son pays, et d'après de vieux documents, un livre qui jette beaucoup de jour sur les idées et les traditions du moyen âge italien.

On avait oublié, à l'époque d'Agnellus, qu'Attila, resté au nord du Pô pendant toute sa campagne de 452, n'assiégea point Ravenne, ou plutôt Ravenne voulait avoir été assiégée en dépit d'Attila; son ancienne importance sous les Césars et ses prétentions pendant l'exarchat ne lui permettaient pas de supposer qu'on pût l'avoir dédaignée quand on menaçait Rome. Partant de cette supposition, Agnellus nous fait de l'arrivée des Huns, devant la ville de Valentinien, une peinture qui ne manque pas de vivacité; il nous les montre longeant la mer, et, dans leurs évolutions rapides, inondant la plaine, qui disparaît sous leurs escadrons: telle une nuée de sauterelles couvre les sables où elle s'abat[1]. Bientôt se présente Attila, montant un cheval richement orné, lui-même cuirassé d'or, un bouclier au bras, un aigrette brillante sur le front : il médite le siège de la ville. L'évêque Jean, effrayé, se met en prière et offre à Dieu son sang pour la rédemption de son troupeau : une vision le rassure et l'avertit d'aller

---

1. Ut multitudo locustarum per sablonosa loca jacerent. Agnell. *Lib. Pontif., Ravenn. S. Joann. episc.*

trouver le chef des ennemis. Il sort donc aux premières lueurs du jour avec tout son clergé vêtu de blanc, croix en tête, bannières déployées, encensoirs fumants, et la procession défile au chant des psaumes sur la longue et étroite chaussée qui conduisait de Ravenne au camp d'Attila.

Mais déjà ce roi avait endossé le manteau de pourpre brodé d'or, ni plus ni moins qu'un empereur romain, et tenait conseil sous sa tente avec les officiers de son armée, quand le chant lointain de la psalmodie frappe ses oreilles ; il regarde et aperçoit la file des prêtres débouchant deux à deux sur la chaussée, et l'évêque qui fermait la marche. Ce spectacle ne laisse pas que de le surprendre : « Qui sont ces hommes blancs ? demande-t-il à ceux qui l'entourent ; où vont-ils, et que me veulent-ils ? — C'est l'évêque accompagné de son clergé, répond un des assistants plus au fait que lui des usages et du langage des chrétiens ; il vient intercéder près de vous en faveur de ses enfants, les habitants de Ravenne. » Ce mot d'enfants choque Attila, qui ne comprend pas : « Vous vous moquez de moi, s'écrie-t-il avec colère ; mais rappelez-vous que j'ai une épée bien affilée, et malheur à qui se rirait du roi ! Tâchez donc de m'expliquer, vous qui le savez si bien, comment un seul homme peut engendrer tant d'enfants [1]. » Le malencontreux conseiller explique comme il peut la distinction qu'on doit faire entre les enfants de la nature et ceux de la grâce : Attila se

---

[1]. *Dicite mihi o vos omnes qui hanc causam nostis, et diligentius curiose audiam, quomodo potuit hic unus homo tantos filios procreare?* Agnellus. *Lib. Pontif. Raven. Vit. S. Joann. Episc.*, 2.

montre satisfait. Sur ces entrefaites, l'évêque arrive ; le cœur du roi, déjà préparé, s'amollit à sa vue, et Jean obtient sans peine ce qu'il était venu solliciter. Pourtant Attila, qui connaît les Italiens, craint qu'ils ne mésusent de sa clémence, et il prend à ce sujet ses précautions avec une bonhomie charmante : « Tes citoyens, dit-il à l'évêque, sont terriblement rusés ; je ne me soucie pas qu'ils viennent dire : Nous l'avons joué et chassé [1] ; je ne veux pas davantage qu'on suppose dans les villes voisines que j'ai eu peur de vous, cela me ferait tort, ainsi qu'à mon armée (nous citons toujours Agnellus). Pour parer à cela, voici ce que j'exige : rentrez en toute hâte, enlevez vos portes des gonds, couchez-les à terre, et, quand il ne restera de votre enceinte que les quatre murs, j'entrerai, et traverserai votre ville : je vous promets de n'y faire aucun mal. » Le lendemain, Ravenne était en habits de fête ; les rues tendues de tapis, les places parées de fleurs [2] et encombrées de curieux annonçaient l'allégresse publique, et l'archevêque, en tête de son clergé, présidait au défilé des Huns. C'est ainsi qu'au bout de quatre siècles à peine, l'Italie se rappelait sa propre histoire. Les pages d'Agnellus se terminent par une réflexion qui a bien aussi son mérite : « On a dit parmi les proverbes, écrit-il, que le roi Attila, avant de recourir aux armes, combattait par l'artifice, et après cela il est mort sous le couteau d'une misérable

---

[1]. Cives tui valde ingeniosi et solertissimi sunt, ne dicant illi de me, quia expulimus eum, fraude deceptum, posteaque tam mihi quamque meis exercitibus vituperium adhæerescat... Agnellus. *Lib. Pontif. Raven. Vit. S. Joann. Episc.* 2.

[2]. Diversis floribus civitas decorata. *Id.*, **ub. sup.**

femme [1]. » Ce regret donné au fléau de Dieu n'est pas ce qu'il y a de moins étrange dans tout ceci.

Et pourtant c'est encore Agnellus qui nous donne la version la moins déraisonnable du prétendu siége de Ravenne, que nous retrouvons ailleurs avec deux variantes d'une invention presque incroyable. Disons d'abord, pour l'éclaircissement de ce qui va suivre, qu'un schisme ardent divisa pendant toute la durée de l'exarchat les archevêques de Ravenne et les papes, les archevêques ravennates prétendant tenir leur pallium directement des empereurs, et les papes voulant les ramener sous la dépendance du siége apostolique. L'animosité produite par ces discordes avait passé des chefs aux églises, et des églises aux villes. On se traitait d'hérétiques, on se déchirait par des imputations dont on aurait dû rougir. Histoire ou théologie, erreurs traditionnelles ou vérités, on compulsait tout, on employait tout pour se nuire : Attila, bien innocemment, se trouva mêlé dans la querelle. Les deux versions dont je parle peuvent être attribuées, l'une aux schismatiques de Ravenne, l'autre aux partisans des pontifes de Rome. Suivant la première, l'archevêque Jean est un modèle d'orthodoxie : il aborde Attila par un sermon sur la consubstantialité du Père et du Fils dans le mystère de la sainte Trinité, sermon qui plaît si fort au roi, que le prêtre obtient pour prix de sa prédication le pardon de sa ville [2]. Dans l'autre version,

---

1. Unde de eo in proverbiis dicitur : Attila rex priusquam arma sumeret, arte pugnabat, et post hæc omnia a vilissima muliere cultro defossus, mortuus est. Agnell. *Lib. Pontif. Ravenn. Vit. S. Joan. episc.* 3.

2. Agnell., *Lib. Pontif. Rav. ibid.* — Carol. Stephan. *Voc.* Ravenna. —Callimach., *Vit. Attil.*

qui porte tous les signes d'une attaque venue du Vatican, Jean est non-seulement un schismatique, mais un arien ; s'il vient catéchiser Attila, c'est pour le faire tomber dans l'hérésie, et ensuite, lorsqu'il l'a bien endoctriné, qu'il a bien noirci à ses yeux le caractère et la foi du pape saint Léon, il offre de lui livrer Ravenne et tous les trésors des Césars, si, marchant sans délai sur Rome, il en expulse ce pape hérétique [1]. Attila tire son épée et part ; mais en route il rencontre saint Léon, qui, le catéchisant à son tour, lui démontre, le symbole de Nicée en main, l'impiété et la perfidie de l'hérésiarque. Attila voit qu'on l'a pris pour dupe. Transporté de colère, il revient sur ses pas, emporte Ravenne d'assaut, tue l'archevêque avec tout son clergé [2], et déclare qu'il traitera sans plus de façon quiconque osera désormais nier l'orthodoxie des papes et la primauté du saint-siége. Ainsi la tradition est battue par des vents divers, suivant les passions et les intérêts du moment, et en cela elle ressemble un peu à l'histoire. Voici le fléau de Dieu théologien, arbitre de la doctrine chrétienne et champion du pape ; tout à l'heure il chassait les Maures d'Espagne : il n'y a point de mesure dans les saturnales de l'imagination populaire.

Une fois qu'elle a ouvert un filon qui lui plaît, la tradition le creuse et le poursuit jusqu'à ce qu'elle l'ait épuisé. Cette singulière conception d'un fléau de Dieu crédule et bonhomme et d'un Attila théologien donna

---

1. Joan. Hangen., *Chron.*, I, 9. — Sim. Keza., *Chron. Hung.*, I, 4, § 2. — Thurocz., *Chron. Hung.*, I, 20. — Olah., *Vit. Attil.*, 16.
2. Fecit omnes jugulare. Simon. Kez. I, 4, § 2.

naissance à un Attila moral, qui prêchait aux Romains la modestie, encourageait les bons mariages et dotait les filles vertueuses. Cette dernière physionomie d'Attila, la plus inattendue de toutes, on en conviendra, se dessine dans plusieurs historiettes qui couraient les Gaules et l'Italie au moyen âge, et que des écrivains des XVe et XVIe siècles recueillirent de la bouche des vieillards comme des traditions immémoriales. En voici une qui regarde la Gaule.

Pendant la marche de l'armée des Huns sur Troyes, et tout près de cette ville, Attila aperçut une pauvre veuve qui fuyait à travers la campagne avec dix filles : les aînées, déjà grandes et belles, marchaient à ses côtés ; les plus jeunes trottaient sur un âne : il y en avait même une, nouvellement née, qui pendait dans un linge au cou de sa mère [1]. Où courait ce troupeau effaré ? il allait se jeter à la rivière, pour échapper aux brutalités des Huns. Attila ordonne aussitôt qu'on les lui amène ; et comme la malheureuse veuve restait prosternée la face contre terre, sans oser proférer un mot, il lui demande si toutes ces filles sont à elle, et si elle les a conçues en légitime mariage [2]. « Oh ! oui, dit la veuve à demi morte de frayeur ; elles sont dix, et ce sont dix orphelines que je laisserai après moi. » Attila la relève, la rassure, et lui fait compter assez d'or, dit la légende, pour bien vivre et marier honnêtement ses

1. Mulier fuit quæ decem filiarum mater, minorem, quæ bima erat, linteolo ad collum suum alligatam apportabat, stimulans simul jumentum, cui ex reliquis teneriores duas superposuerat, subsequentibus adultioribus... Callimach., *Vit. Attil.* — Olahus., *Vit. Attil.*, 9.

2. Quæsivit an cuncti qui aderant sui partus essent legitimi ac genuini ? affirmante illa... V. ap. Deseric., *De Orig., ac maj. Hungar.*

filles[1]. Une autre fois, entre Vicence et Concordia, il rencontre des bateleurs qui, posant à terre leur bagage, se mettent en devoir de le bien amuser par leurs tours[2] : c'étaient, disent les récits, des gaillards forts et bien nourris, mais sans courage et sans connaissance des armes. Le roi, qui veut donner une leçon à ces fainéants, s'avance dans le cercle formé autour d'eux, bande son arc et abat un oiseau qui passait ; puis il leur donne l'arc qu'aucun d'eux ne peut tendre. Il fait venir son cheval, le franchit d'un saut tout armé, et quand il commande aux baladins d'en faire autant, ceux-ci reculent. Alors il les fait prendre et tenir sous bonne garde, défendant qu'ils mangent autre chose que ce qu'ils auront abattu à la pointe de ses flèches. Au bout de quelques semaines, les bateleurs reparaissent devant l'armée, hâves, exténués et n'ayant que la peau sur les os, mais devenus des archers parfaits : le roi les enrôle dans ses troupes[3].

La plus jolie des traditions italiennes sur le *bon Attila* est celle qui récréait au moyen âge les habitants de Padoue, et qu'a répétée plus d'un auteur de la renaissance. Ils racontaient qu'au temps où les Huns occupaient leur ville, après le renversement d'Aquilée, un certain poëte nommé Marullus était accouru du fond de la Calabre avec un poëme latin composé à la gloire d'Attila, et qu'il voulait réciter

1. Quam amplis donis, ut filiolas nutriret, et maritis collocaret, donatam, domum redire jubet. Olah., *Vit. Attil.*, 9.
2. Circulatores ætate ac viribus integris, spe mercedis illecti, per infestos enses nudi... Sigon., *Occid. imp.* xiii.—Callimach., *ub. sup.*—Olah., 9.
3. Eo usque tenui cibo extenuari mandat ut..., Olah. *Vit. Attil.*, 9. — Callimach., *ibid.*

devant lui. Ravis d'une circonstance qui leur permettait de fêter dignement leur hôte, les magistrats padouans préparèrent un grand spectacle où furent conviés tous les personnages notables et lettrés de la haute Italie. Déjà la foule encombrait les gradins de l'amphithéâtre, et Marullus commençait à déclamer ses vers au bruit des applaudissements, quand le front du Barbare se rembrunit tout à coup. Le poëte, suivant l'usage de ses pareils, attribuant à son héros une origine céleste, l'interpellait comme s'il eût été un dieu. « Qu'est-ce à dire? s'écrie Attila tout hors de lui. Comparer un homme mortel aux dieux immortels! C'est une impiété dont je ne me rendrai point complice. » Et il ordonne que sans désemparer on brûle, au milieu de l'amphithéâtre, le mauvais poëte et ses mauvais vers[1]. On se peindra, si l'on peut, le désarroi de la fête : la surprise des spectateurs qui n'osaient remuer et qui eussent souhaité d'être bien loin, les soldats huns chargés de brassées de bois qu'ils amoncelaient dans l'arène, puis le poëte Marullus étendu pieds et poings liés sur le bûcher à côté de son poëme malencontreux. Déjà les apprêts étaient terminés, et l'on approchait du bûcher les torches enflammées, lorsque Attila fit un signe. « C'est assez, dit-il, j'ai voulu donner une leçon à un flatteur; maintenant n'effrayons point les poëtes véridiques qui voudraient célébrer nos louanges[2]. »

---

1. Aspernatus sacrilegæ adulationis impudentiam, cum auctore carmen exuri jussit. Callimach. Sigon. *ub. sup.*—*Vit.*, *Attil.* — Olah., 9.

2. Ne scriptores cæteri ab laudibus ipsius celebrandis deterrerentur. Callimach., *ibid.*

Ces contes et d'autres du même genre amusèrent nos aïeux pendant tout le moyen âge ; les églises y mêlaient des miracles, les villes des prouesses imaginaires. Toutes, à les entendre, avaient résisté héroïquement à cette puissance, qui ne les avait vaincues que parce qu'elle n'était point de la terre; Attila avait été blessé devant l'une, avait battu en retraite devant l'autre : chaque localité s'y faisait bravement sa part. On croirait, en lisant ces traditions, parcourir des fragments de poëme, *disjecti membra poematis*, ou plutôt les matériaux d'une épopée à naître.

Il existe, dans la formation des erreurs traditionnelles, des entraînements d'imitation dont il faut bien se rendre compte, lorsqu'on explore ce terrain difficile. Rome elle-même, cédant à l'un de ces entraînements, ne s'imagina-t-elle pas avoir été assiégée par Attila? On le supposa d'abord en Asie, où la situation des lieux et les détails de la mission du pape saint Léon, imparfaitement connus, rendaient la méprise pardonnable : ainsi le philosophe grec Damascius, contemporain de Justinien, effrayait ses lecteurs par le récit d'une bataille livrée sous les murs de Rome contre Attila, bataille prodigieuse « où les âmes des morts, se relevant, avaient lutté trois jours et trois nuits durant avec une infatigable furie [1]. » De Grèce, ce conte passa en Italie et à Rome, qui finit elle-même par l'adopter. On montra à l'une des portes de la ville le théâtre de cet étrange combat, on expliqua les évolutions de ces légions de fantômes, et l'entrevue de

---

1. Damasc. ap. Phot., CCXLII, p. 1041.

saint Léon avec le roi des Huns se trouva transportée des bords du Mincio sur ceux du Tibre.

L'imagination des Strasbourgeois faisant d'Attila le patron de leurs libertés modernes, si originale qu'elle paraisse, pâlit pourtant devant celle de deux ou trois villes d'Italie. On connaît la jolie capitale du Frioul, Udine, qui, plantée sur un dernier mamelon des Alpes, semble une vedette de l'Autriche aux portes de Venise. Udine, en latin *Utinum*, a depuis plus de mille ans la prétention d'avoir été fondée par Attila, et non-seulement elle, mais encore la montagne qui la soutient. Les plus vieilles chroniques de la Vénétie racontent que, pendant le siége d'Aquilée, le roi des Huns ne sachant où faire hiverner ses troupes, prit la résolution de construire une place forte dans le voisinage, et choisit pour cela le lieu où se trouve actuellement Udine. Ce lieu par malheur était une plaine; le roi voulait une montagne : que faire? L'armée se mit en devoir de lui en procurer une : chaque soldat apportant de la terre plein son casque et des pierres sur son bouclier, la colline s'éleva en trois jours comme par enchantement, et Attila y bâtit Udine [1]. Cette fable passait au XIIIe siècle pour une vérité qu'il eût été imprudent de nier trop haut dans les murs de la ville des Huns. Le célèbre chroniqueur Otto de Freisingen, qui l'entendit de la bouche même des habitants, n'en éprouva qu'un sentiment d'admiration. « Je contemplai, dit-il, l'œuvre gigantesque accomplie en si peu de

---

1. Ab Attila collis ingens effossa et super injecta terra, veluti specula quædam... Joann. Candid. patric., *Hist. Utinens*. I.

temps par une si grande multitude[1]. » Au xviᵉ siècle, la foi en cette tradition n'avait point faibli, et un patriarche udinois, à propos de quelques fouilles faites dans la colline, eut la pensée de vérifier le travail des Huns : on creusa; on trouva parmi les pierres des fragments d'armures et un casque; ce casque fut de droit celui d'Attila. Le patricien Candidus, auteur estimé de la chronique d'Udine, a bien soin de distinguer dans son livre l'enceinte d'Attila de celles qui se sont succédé depuis le vᵉ siècle. Naguère encore, on entretenait en bon état une tour carrée d'apparence romaine et faisant partie de vieilles constructions : c'était une relique chère au cœur du peuple, et tout bon habitant d'Udine, en la montrant à l'étranger, disait avec une sorte d'orgueil : « Voilà la tour d'Attila ! »

Que la Toscane, pour n'être pas en reste avec les autres provinces italiennes, avec la Campanie, la Calabre, la Pouille, ait fait guerroyer Attila dans ses campagnes en dépit de l'histoire, c'était le droit commun au moyen âge, et elle a pu en user à son tour; mais elle ne s'en tint pas là : deux de ses villes, Florence et Fiésole, forgèrent à ce sujet un roman qu'elles rattachèrent à leur propre histoire de la façon la plus incroyable. Et il ne s'agit pas ici de quelque opinion vulgaire, recueillie chez une multitude ignorante; il s'agit de faits appuyés sur des textes et exposés sérieu-

---

1. Tanta multitudo fuit (Hunnorum) ut miræ magnitudinis montem, Utinum dictum, quem ipse vidi, ab exercitu comparatum, incolæ usque hodie adfirment. Ott. Frising., vi, 27. — Cf. Carol. Sigon., *Occident. Imp.*, l. xiii.

sement par deux écrivains célèbres, Malespini et Jean
Villani : la chose est grave assurément, et je laisserai
la parole aux historiens florentins.

Tous les amis des lettres connaissent Malespini, ce
vieil annaliste qui crayonna, au XIIIe siècle, les premières pages de l'histoire de Florence. Les aventures
de sa famille se liaient aux catastrophes qui frappèrent
dans le XIe siècle la ville infortunée de Fiésole, que les
Florentins, après une longue guerre civile, détruisirent de fond en comble, et dont ils transportèrent les
habitants dans leurs murs. Eh bien, cette guerre,
c'est Attila qui l'avait causée ; ces cruautés des Florentins n'étaient qu'une représaille contre les Huns.
Malespini nous l'affirme, il en avait lu les détails dans
de vieilles écritures, *in molte iscritture antiche*, conservées à l'abbaye de Florence, et aussi dans des
papiers de famille dont il nous entretient fort longuement. Un demi-siècle après, Jean Villani, puisant
aux mêmes sources, reproduisait les mêmes faits sans
émettre le moindre doute sur l'authenticité des unes
ou la vraisemblance des autres. Or voici ce qu'ils
racontent :

« En l'année 450 arriva sur les bords de l'Arno un
homme noble et puissant appelé *Attile flagellum Dei*,
lequel, en compagnie de vingt mille soldats, venait
reconstruire la cité de Fiésole et renverser celle de
Florence, où d'abord il s'introduisit par ruse et tromperie. Il y fixa sa demeure au Capitole, près de l'emplacement qu'occupe l'église de Sainte-Marie et près
du canal souterrain où s'engouffre l'Arno. Faisant de
là force caresses, cadeaux et invitations aux Floren-

tins, il parvint à les abuser tous. Sitôt qu'il fut en mesure d'agir, il invita à un grand festin les plus nobles et meilleurs seigneurs du pays, et, à mesure qu'ils entraient dans sa maison, il leur faisait couper la tête et jeter le corps dans ce gouffre de l'Arno qui coulait derrière sa demeure [1]. La noblesse une fois disparue, il crut avoir bon marché du reste ; mais Florence était forte et décidée à lui résister. Il en sort donc, appelle à lui ses troupes, et tombe sur la ville, pillant et massacrant tout ce qu'il rencontre : grands et petits, mâles et femelles, tout fut passé au fil de l'épée ; ensuite il mit le feu aux maisons par sept côtés à la fois. Ce massacre eut lieu le 28 juin de ladite année 450. »

Cela fait, Attila se rend avec ses hommes à Fiésole, que les Florentins avaient en mortelle haine, « y plante ses tentes et son gonfanon, et fait proclamer par tout pays que quiconque voudra construire sur ce terrain maisons ou tours le pourra faire librement et librement y habiter, et en cela il montrait grand désir que cette ville fût bien peuplée, afin d'empêcher Florence de sortir de ses ruines, et aussi il voulait faire injure et guerre aux Romains. » Tout alla bien jusqu'à la mort d'Attila ; mais plus tard les Florentins, ayant rebâti leur ville, firent payer cher à Fiésole les faveurs qu'elle avait reçues de leur ennemi. Il en résulta une guerre de plusieurs siècles qui se termina, comme je l'ai dit,

---

1. Ne invitò una grande parte a desinare alla sua detta terra : e con come e' venivano a uno a uno segretamente, gli faceva dicollare, e cacciare in una tomba dal lato di dietro... Era allora in Campidoglio, e vi correva un ramo del fiume d'Arno... Malespin., *Hist. di Firenz.*, c. 36.

par la transportation de toute la noblesse fésulane dans l'enceinte de Florence. On remarquera combien ici les souvenirs semblent précis : Attila demeure au Capitole, au-dessous de l'église de Sainte-Marie, près du gouffre de l'Arno, et c'est le 28 juin 450 qu'il brûle la ville ; pourtant rien de tout cela n'est vrai, jamais Attila ni ses soldats n'ont franchi la chaîne des Apennins. Les vieilles écritures consultées par Malespini lui avaient appris qu'*Attile flagellum Dei* vivait au temps de l'empereur Théodose et du pape saint Léon, qu'il avait la tête chauve avec des oreilles de chien, et qu'enfin il était roi des Vandales et des Goths, seigneur de Hongrie, Pannonie, Suède et Danemark [1]. Le portrait peu flatteur que l'historien nous fait de l'ennemi de Florence ne l'empêche pas d'ajouter qu'on l'appelait le beau, *chiamavasi bello*. On retrouve fréquemment en Italie cette tradition sur la laideur monstrueuse d'Attila ; certaines chroniques lui donnent une tête d'âne, d'autres un groin de porc : double réminiscence de l'idée légendaire qui voyait dans Attila un démon, et de la tradition gothique rapportée par Jornandès, qui faisait naître les Huns du commerce des sorcières avec les esprits immondes. Ici on veut qu'Attila fût privé de la parole et n'eût qu'un grognement sourd, là-bas on le faisait assister, comme un juge délicat, à la lecture d'un poëme latin : la tradition prenait du large dans ses conjectures.

Dans cette revue que je viens de faire des tradi-

---

[1]. Questo Attile flagellum Dei, avea la testa calva, e gli orecchi a modo di cane... Malespini. *Hist. di Firenz.*, c. 36.

tions sur Attila éparses chez les races latines, je me flatte de n'avoir rien omis d'important historiquement ou de tant soit peu original. Tantôt d'une beauté grandiose, tantôt absurdes et grotesques, ces traditions, on le voit, portent le cachet des conceptions populaires, mais rien ne les relie, elles manquent d'unité. Il eût fallu à cette poussière poétique, pour prendre un corps et s'animer, le souffle d'un Dante ou d'un Homère; ce souffle n'est point venu, et pourtant elle contenait autant d'éléments nationaux que l'Odyssée, autant d'éléments chrétiens que *la Divine Comédie.* Qui peut dire quelles proportions de grandeur terrible aurait pu atteindre l'ATTILA FLAGELLUM DEI sous la plume du chantre de *l'Enfer?* Si le poëme rêvé par nos pères n'a pas rencontré la main qui devait lui donner sa forme, au moins existe-t-il en idée; il vit en nous à notre insu; nous avons beau lire ou faire de l'histoire, toute cette fantasmagorie traditionnelle se réveille dans notre imagination au mot magique de *fléau de Dieu,* et s'interpose plus ou moins entre l'histoire et nous. On serait même tenté de supposer, à lire certains ouvrages récents parés de tous les mérites de l'imagination et du style en même temps qu'ils sont chargés de citations savantes, que l'âge de la légende n'est pas fini, et qu'elle essaie de se rajeunir par une sorte d'alliance ou de compromis avec l'érudition. C'est ce que je me suis dit en face de l'Attila que nous a peint l'illustre auteur des *Études historiques.* « Ce sauvage hideux qui habite une grande bergerie de bois dans les pacages du Danube, que les rois soumis gardent à la porte de sa baraque, et qui a ses femmes dans des loges autour de lui..., ce conquérant poussé ou arrêté par une main qui se montrait partout alors à défaut de celle des hommes, et qui finit par crever du trop de sang qu'il avait bu[1], » tout cela me paraît un produit malheureux du mariage dont j'ai parlé. Je doute que de pareils compromis fassent grand bien à l'histoire : rendons-lui l'Attila de Priscus, et réservons le *flagellum Dei* pour la poésie

1. Châteaubriant, *Étud. hist.* T. I.

LÉGENDES

ET TRADITIONS GERMANIQUES

I. Sources de la tradition germanique sur Attila. — Elle prend naissance chez les Germains orientaux. — Les Germains occidentaux l'adoptent en la modifiant. — Tradition chez les Franks, chez les Anglo-Saxons, chez les Scandinaves, chez les Germains du Rhin.

La tradition latine nous a promenés sur des champs de carnage, au milieu des larmes et des ruines : c'était le domaine naturel du fléau de Dieu; le théâtre où nous transporte la tradition germanique est tout autre. Ici plus de fléau de Dieu, mais un roi sage, magnifique, hospitalier, se battant bien, buvant mieux, un bon roi enfin comme on les rêve en Germanie : tel est le nouvel Attila qui se présente à nous. Contradiction bizarre entre toutes celles dont le moyen âge abonde! ces deux Attila si différents vécurent pendant des siècles côte à côte et sans trouble dans les souvenirs de la Germanie : on maudissait l'un à l'église, on bénissait l'autre au château. En sortant du temple où retentissait par la voix du prêtre l'anathème éternel contre la bête infernale et le tyran persécuteur des saints, on courait applaudir le *Minnesinger* qui, la rote en main, chantait le bon roi Attila, seigneur des Huns, sage comme Salomon, plus riche et plus puissant que lui, surtout plus généreux. La légende chrétienne était le souvenir romain, la chanson du *Minnesinger* le souvenir barbare.

Deux choses, dans le contact des Germains du ve siècle avec Attila, durent les frapper vivement et laisser une longue impression sur les générations successives : c'est que tous ou presque tous ils avaient été ses vassaux, et que leur époque héroïque, celle de leur établissement en Italie, se confondit presque avec la mort du conquérant. Rien dans le vasselage de ces peuples fiers sous le roi des Huns n'avait été de nature à blesser leur orgueil et à leur imposer l'oubli. D'abord ils avaient partagé ce vasselage avec toutes les races barbares de l'Europe et de l'Asie occidentale; puis cette sujétion avait été pour eux particulièrement douce et honorable. On peut lire dans Jornandès de quelles distinctions Attila entourait les chefs des grandes tribus germaines, Ardaric, roi des Gépides, Valamir et Théodemir, rois des Ostrogoths : placés dans ses conseils et à la tête de ses armées, ils étaient traités plutôt en amis et en alliés qu'en sujets. Quant aux conquêtes des Germains en Italie, aux fondations d'Odoacre et de Théodoric, quoique opérées après la mort d'Attila, elles ne se firent pourtant point sans lui. C'était lui qui avait suscité ces vastes projets, rassemblé ces masses armées au bord du Danube, et quand plus tard elles en partirent pour leur propre compte, c'était encore son génie qui les guidait. Odoacre, suivant toute apparence, avait été son soldat, et Théodoric était le fils d'un de ses capitaines. Sa mémoire resta donc justement attachée à ces grands événements comme s'il y avait pris réellement part. Ce sentiment se retrouve dans la tradition germanique. Par une confusion où la reconnaissance a fait oublier la chronologie, elle réunit invariablement le nom d'Attila au nom de Théodoric, et même à celui d'Hermanaric le Grand, oubliant que le roi des Huns était mort huit ans après la naissance du premier, et qu'il ne naquit que vingt-cinq ans après la mort du second. Dans ces vagues souvenirs où, comme on le voit, l'histoire n'a guère été respectée, Attila conserve toujours cependant sa supériorité historique ; sa figure domine celle de tous les chefs germains : Théodoric lui doit son royaume, Hermanaric et Odoacre leurs défaites.

Les noms de Théodoric, d'Hermanaric et d'Odoacre nous indiquent tout d'abord que les traditions dont je parle, lesquelles constituent le fond de la grande tradition germanique sur Attila, sont nées dans la Germanie orientale, parmi les tribus qui prirent part au renversement de l'empire d'Occident, particulièrement chez les Ostrogoths, et qu'elles furent consignées dans des poëmes chantés, dont les aventures de Théodoric et sa guerre contre Odoacre faisaient le sujet principal. Si, comme tout porte à le croire, ces poëmes, destinés à la glorification des Amalungs ou princes de la maison royale des Amales, naquirent chez les Ostrogoths, ce n'était qu'un épisode que ce peuple ajoutait à l'épopée de son histoire, qui se composait, comme on sait, de chants nationaux remontant de siècle en siècle jusqu'à l'époque demi-fabuleuse où la race gothique, divisée en trois groupes de tribus, avait quitté la Scandinavie, montée sur trois vaisseaux[1]. Chaque grande circonstance dans la vie du peuple ostrogoth avait son chant particulier ou son ensemble de chants, épisodes successifs ajoutés par les temps à l'épopée générale. Jornandès, qui était Goth, nous dit que telle était la manière dont ses compatriotes fixaient et perpétuaient leurs souvenirs[2]. Lui-même, dans son livre si précieux à tant de titres, ne paraît être souvent qu'un traducteur ou un abréviateur de cette histoire chantée, et souvent aussi il ne serait pas difficile de marquer le point précis où la tradition, toujours vive et colorée, se raccorde et se lie au tissu plus que prosaïque qui appartient en propre à l'évêque de Ravenne. Tout vrai Goth savait par cœur ces poëmes, entrés dans l'éducation nationale. Qu'on juge maintenant si l'imagination des scaldes dut s'animer au spectacle des événements qui signalèrent pour leur race la dernière moitié du ve siècle, et si cette nouvelle page d'histoire, devant laquelle toutes les autres pâlissaient, dut être conservée religieusement! Non-seulement on la conserva, mais on l'amplifia. La grandeur des faits réels ne suffisant plus à l'enthousiasme poétique, on y ajouta des enjolivements et des fables. C'est ainsi que sur le canevas des chants contemporains se développèrent de génération en génération, au moyen des accroissements et des broderies épisodiques, les nombreux poëmes de la tradition orientale dont Théodoric est le héros, et dans lesquels Attila occupe toujours une place.

1. Dicitur de Scanziæ insulæ gremio Gothos egressos, tribus tantum navibus vectos ad citerioris oceani ripam... Jorn., *R. Get.*, 6.
2. Cantu majorum facta modulationibus citharisque canebant... Jorn., *R. Get.*, 3.

Le procédé historique dont je viens de parler ne fut point particulier aux peuples de la Germanie orientale; les Germains le pratiquaient tous du temps de Tacite[1]; ils l'avaient encore, trois siècles plus tard, du temps du césar Julien, qui entendit leurs chants nationaux résonner terriblement dans la vallée du Rhin, et qui en comparait la rude harmonie au croassement des oiseaux de proie. Cet usage, qui servait à maintenir parmi les Barbares l'orgueil en même temps que l'unité de la race, se conserva après leur établissement dans l'empire romain comme une barrière de plus qui les séparait des vaincus. Au reste, chaque nation, tout en voulant immortaliser sa propre histoire, ne demeurait point indifférente à celle des autres : les nombreux rapports des tribus entre elles et le rapprochement de leurs dialectes, rameaux d'un tronc commun, favorisaient les échanges mutuels de traditions. Lorsqu'un chant composé dans une tribu se distinguait par l'importance du fond ou par la beauté poétique de la forme, il était aussitôt colporté et approprié aux dialectes voisins. Paul Diacre nous rapporte que de son temps les chansons héroïques sur Alboïn circulaient non-seulement parmi les Lombards, mais encore chez les Bavarois et les Saxons, et même dans tous les pays de langue teutonique [2]. Jornandès nous dit dans le le même sens que la gloire d'Attila était célébrée par

---

1. Celebrant carminibus antiquis (quod unum apud illos memoriæ et annalium genus) originem gentis conditoresque.... Tacit., *Mor. German.* — Arminius... canitur adhuc barbaras apud gentes. *Id. Annal.*, II.

2. Apud Baïoariorum gentem, non secus ac Saxonum, sed et alios ejusdem linguæ homines, ejus (Alboini) liberalitas et gloria, bellorum que felicitas, et virtus, in eorum carminibus celebrantur. Paul. Diac., *Hist. Langobard.*, I, 27.

tout l'univers[1]. On comprend ce qui dut arriver à la longue de cet amalgame de souvenirs, de ces transfusions de vérités et d'erreurs locales d'une tribu à l'autre, d'une contrée à l'autre ; il se forma un fonds commun de traditions germaniques reçu par tout le monde et sur lequel chacun eut le droit de broder sa tradition suivant sa convenance. C'est pour cela qu'il ne faudrait pas s'étonner de voir, par exemple, des souvenirs qui n'ont pu naître que sur les bords du Dniester ou du Pô consacrés par les poëtes de la Norvége, et en revanche des idées, des symboles exclusivement scandinaves s'implanter dans les traditions historiques de peuples germains étrangers à l'odinisme, et les dominer même par l'énergie de leur conception.

C'étaient des joueurs de harpe, des chanteurs ambulants, et quelquefois les poëtes eux-mêmes, qui étaient entre les différentes nations les intermédiaires de ces échanges. Deux tribus voulaient-elles troquer leurs poëmes, elles troquaient leurs chanteurs. Nous pouvons lire encore dans le recueil de Cassiodore une lettre par laquelle Théodoric, qui devait être bientôt lui-même un personnage traditionnel si célèbre, envoyait au roi des Franks Clovis un joueur de harpe que celui-ci lui avait demandé. « Nous avons choisi pour vous l'envoyer, lui écrivait-il, un musicien consommé dans son art, qui, chantant à l'unisson de la bouche et des mains, réjouira la gloire de votre puissance[2]. » Le roi des Franks voulait se tenir au courant

---

1. Famosa inter omnes gentes claritate mirabilis... Jorn., *R. Get.*, 54.
2. Citharædum etiam, arte sua doctum, pariter destinavimus expedi-

de ce qu'on chantait à la cour du roi des Goths, et lui-même sans doute dépêchait à ses voisins, par une semblable politesse, ses poëtes ou ses musiciens, car les Franks avaient aussi leurs chanteurs et leurs chansons. Fortunat nous parle des chants qui divertissaient les leudes barbares, et, comme pour bien préciser qu'il ne s'agissait pas de poésie latine, il retourne sa proposition, et parle des chants barbares qui divertissaient les leudes [1]. Les Anglo-Saxons, passionnés pour ce passe-temps patriotique, en emportèrent avec eux l'habitude lors de leur immigration dans l'île de Bretagne: leur roi Alfred était, comme on sait, à la fois récitateur et poëte. Je ne dis rien des Scandinaves, chez qui le scalde était inséparable du guerrier, et bien souvent chantre et héros des mêmes aventures. En France, Charlemagne, sans être poëte comme Alfred, poussa aussi loin que lui le goût des chants traditionnels. « Il écrivit, dit Éginhard, et recueillit, pour en perpétuer le souvenir, de très-anciens poëmes barbares, dans lesquels étaient célébrées les actions et les guerres des hommes d'autrefois [2]. » Louis le Débonnaire, élevé sur ses genoux, savait tous ces poëmes par cœur; mais

---

tum, qui, ore manibusque consona voce cantando, gloriam vestræ potestatis oblectet; quem ideo gratum fore credidimus, quia ad vos eum judicastis magnopere dirigendum. Theodoric. Ostrogoth., R. Epist. ad Ludvin., R. Franc. in Cassiod. *Var.*

1. Barbara fraxineis pingantur carmina runnis....
Fortunat. *Carm.* D. Bouq., II.

2. Barbara et antiquissima carmina, quibus veterum regum actus ac bella canebantur, scripsit, memoriæque mandavit. Eginh., *Vit. Car. M.*, 29.

Nec non quæ veterum depromunt prælia regum,
 Barbara mandavit carmina litterulis.
Poet. Sax., v, v. 543.

plus tard, et par scrupule de dévotion, il ne voulut plus ni les réciter, ni les entendre, ni les laisser apprendre à ses fils[1], attendu que ces monuments des ancêtres étaient, comme les ancêtres eux-mêmes, fortement entachés de paganisme. Par bonheur, de pareils scrupules furent rares chez ses contemporains, et c'est aux IXe et Xe siècles, que la poésie germanique traditionnelle ayant pris son plus grand développement, les plus importants des chants qui la composent reçurent leur forme définitive, celle sous laquelle ils sont parvenus jusqu'à nous.

Le plus ancien monument connu de poésie germanique a été trouvé dans la France austrasienne, à Fulde, sur une page d'un manuscrit du VIIIe siècle, et il est écrit en dialecte frank : on ne peut guère douter, d'après cela, qu'il n'ait fait partie des collections de Charlemagne. Il y est question de Théodoric et d'Attila. Théodoric, chassé de Vérone par Hermanaric à l'instigation d'Odoacre, a trouvé l'hospitalité à la cour du roi des Huns, et, quand des circonstances favorables lui permettent de rentrer dans son royaume, Attila l'y ramène à la tête d'une puissante armée, et défait Odoacre à la bataille de Ravenne. Voilà les faits d'histoire fabuleuse qui composent le fond de la tradition orientale, et qui sont sous-entendus ici, où il ne s'agit que d'un épisode de cette guerre. L'exil de Théodoric a été long : ses compagnons, partis dans la force de l'âge, reviennent blancs et vieux ; leurs femmes sont

---

[1]. Poetica carmina gentilia, quæ in juventute didicerat, respuit, nec legere nec audire nec docere voluit. Thegan., 19.

mortes, leurs jeunes enfants sont devenus des hommes qui ne les connaissent plus ; c'est ce qui est arrivé à Hildebrand, le maître, le sage conseiller, l'inséparable ami de Théodoric. Son fils Hadebrand, qu'il avait laissé encore au berceau, est maintenant un guerrier fort et vaillant. Hadebrand croit qu'Hildebrand a péri dans un combat aux extrémités du Nord, et que son corps a été reconnu sur le champ de bataille : des hommes qui avaient navigué dans la mer des Vendes le lui ont affirmé. Ils se rencontrent donc et se provoquent tous deux, le père, le fils[1]. A l'aspect de ce bouclier dont il ne connaît pas les couleurs, lui qui connaît, comme il dit, toute génération humaine, Hildebrand demande au jeune homme qui il est. Celui-ci se nomme, et raconte comme quoi son père l'a quitté enfant pour suivre Théodoric, et comme quoi ce père est mort depuis longues années, guerroyant vers la mer des Vendes. Pendant qu'il parle, le vieil Hildebrand détache silencieusement un bracelet précieux qu'il a reçu du roi Attila pour prix de sa vaillance[2], et il le tend à Hadebrand en l'appelant son fils ; mais celui-ci le repousse avec insulte. « De tels présents, lui dit-il, ne se reçoivent que la lance en main, pointe contre pointe. Tu veux me tromper, vieux Hun[3], espion rusé et mauvais compagnon ; tu veux me tromper,

---

[1]. . . . . . Dhat sih urhettum
Hiltibrant enti Hadhubrant, untar herjun tuèm
Sunn, fatar, ungòs...

[2]. Sô ime sè der chuning gap
Hûneo truhtin.

[3]. Alter Hûn

pour me frapper traîtreusement : mon père est mort ! »
— « Hélas ! hélas ! s'écrie le malheureux père dans son angoisse, quelle destinée est la mienne ! J'errai hors de mon pays trente hivers et trente étés, et maintenant il faut que mon propre enfant m'étende mort avec sa hache, ou que je sois son meurtrier ! » Le combat commence ; les haches de pierre résonnent sur les armures, les épées fendent les boucliers ; mais ici le fragment est interrompu, et ne nous donne ni la fin du combat ni le dénoûment de l'histoire. Quant à la question qui nous occupe, ce morceau d'une beauté simple et mâle, qui fait déplorer sa brièveté, nous montre l'épopée germanique orientale circulant en Gaule à l'époque mérovingienne et accommodée au dialecte frank.

Elle circulait pareillement en Angleterre dans la société des hommes lettrés et des hommes de cour ; de nombreuses allusions et citations que renferment les poëmes anglo-saxons du temps ne peuvent laisser aucun doute à cet égard. Trois de ces poëmes, qui ne sont guère postérieurs au viiie siècle, mentionnent Hermanaric, Théodoric et leurs compagnons [1]. L'un d'eux nous apprend que le lieu où Théodoric, réfugié près d'Attila, *passa trente hivers*, s'appelait Maringaburg. Hermanaric, dont la tradition gothique fait toujours un roi astucieux et cruel, qui dans ses fureurs n'épargne pas sa propre famille, qui tue son fils sur un vague soupçon et fait pendre les deux fils de son frère, Hermanaric présente le même caractère dans les com-

---

[1]. Cons. Wilh. Grimm. *Deutsche Heldensage*, Gött., 1829.

positions saxonnes. « Il avait l'âme d'un loup[1], y est-il dit ; mais il avait étendu bien loin la puissance des Goths : oh ! c'était un terrible roi ! » Le plus curieux des trois poëmes, au moins quant à notre sujet, est sans contredit celui qu'on a intitulé *le Chant du Voyageur*. C'est le pèlerinage d'un barde qui parcourt l'Europe en prenant pour guides les traditions poétiques alors en vogue. Qu'on se figure un Grec courant le monde l'Odyssée à la main, ou quelque provincial romain allant visiter l'Italie sur les traces d'Énée : c'est ce que fait sur le continent de l'Europe notre poëte anglo-saxon ; il ne connaît d'histoire et de géographie que celles des fables germaniques qu'il a lues. « A l'est de l'Angleterre, dit-il, je trouvai le pays d'Hermanaric le furieux, le félon ; Attila régnait sur les Huns, Hermanaric sur les Goths, Ghibic sur les Burgondes. Gunther, son fils, me donna un bracelet pour prix de mes chants [2]. J'en reçus un autre d'Hermanaric qui voulut me garder longtemps près de lui. Je profitai de mon séjour chez ce puissant roi, maître de tant de châteaux, pour visiter toute la terre des Goths et faire connaissance avec les braves. Je connus Hethca et Badeca, les Harlings, Embrica et Friedla, Ostgotha et Sifeca... [3] » Embrica et Friedla sont précisément les deux cousins qu'Hermanaric fit pendre, d'après la tradition ; les autres noms sont ceux des champions du roi. On voit de quelle autorité jouissaient aux extrémités du monde occidental ces fictions

---

1. Eormanrices wylfenne gethoht... Wilh. Grimm. *Heldens.*, p. 21.
2. Se me beag forgeaf burgwarena fruma., *Lied vom Wanderer*, v. 174.
3. Emrican sôhte ic and Fridlan and Eastgota and Sifeca... v. 214.

venues d'Orient ; elles formaient, dans tous les pays de langue teutonique, une sorte d'histoire merveilleuse qu'un voyageur tant soit peu lettré était tenu de savoir. Il fallait, pour plaire à la société des châteaux, que le pèlerin eût visité sur sa route ces royaumes de la fantaisie, qu'il en rapportât des nouvelles, qu'il eût touché la main de ces héros, dont les uns étaient purement imaginaires, les autres n'avaient point existé dans les conditions qu'on leur attribuait. Une chose est pourtant à remarquer, c'est que la tradition ostrogothique, consacrée aux événements de l'Italie et à la glorification de la maison royale des Amales, ne conserve pas ici toute sa pureté, et qu'elle se trouve mélangée d'éléments occidentaux sans liaison apparente avec ceux-ci. Ainsi le poëme de Béowulf nous parle du roi burgonde Ghibic et de son fils Gunther, qui demeuraient sur le Rhin, et d'un trésor magique gardé par un dragon au fond d'une caverne. Or Ghibic et Gunther ne sont pas des personnages inventés. Ghibic est cité par la loi des Burgondes comme un des anciens rois de cette nation, et quant à Gunther, que la même loi appelle Gundaharius, on reconnaît aisément en lui le Gunthacaire ou Gondicaire des écrivains romains, ce roi de Burgondie qui essaya d'arrêter les bandes d'Attila au passage du Rhin, près de Constance, en 451 [1]. Les poëmes anglo-saxons nous fournissent donc le premier indice d'une tradition occidentale qui, se soudant à la tradition des Germains de l'est, adoptait aussi Attila.

Mais, qui le croirait ? c'est au milieu des frimas du

---

[1]. Voir ci-dessus *Histoire d'Attila*, c. 5, p. 144, 145.

pôle, en Islande et en Scandinavie, que les traditions sur le grand roi des Huns furent recueillies avec le plus d'empressement peut-être et de curiosité ; ce sont des scaldes du Groënland norvégien qui nous en ont transmis les souvenirs les plus fidèles dans deux poëmes intitulés *Atla-Mâl* et *Atla-Quida, Récit* et *Chant d'Attila,* que d'autres morceaux poétiques non moins précieux développent et complètent. Les chants scandinaves où il est question d'Attila forment plus du tiers de l'Edda de Saemund, et nous savons qu'ils existaient déjà sous leur forme actuelle dans la première moitié du ixe et probablement à la fin du viiie siècle. Le souvenir des Huns, qui ne firent pourtant qu'une courte apparition au bord de la Baltique, était vivace en Scandinavie. On y appela longtemps *Hûnalant*, terre des Huns, les contrées situées à l'est de cette mer, et aujourd'hui encore les paysans allemands donnent le nom de *Hunnenbette*, lit des Huns, aux tumuli que l'on trouve en assez grand nombre dans les plaines de la Pologne et de la Lithuanie. Toutefois les scaldes du Nord, à en juger par les pièces qui nous sont restées, choisirent, de préférence à la tradition ostrogothique, cette autre tradition dont je signalais la trace, il n'y a qu'un instant, dans les poëmes anglo-saxons de *Béowulf* et du *Chant du Voyageur*. Reléguant au second rang Théodoric et les héros de l'Italie, ils s'attachèrent à mettre en relief ceux du Rhin qu'ils connaissaient moins imparfaitement ou qui les intéressaient davantage. Nous classerons pour cette raison les chants de l'Edda et les Sagas qui s'y rapportent parmi les matériaux de la tradition occidentale.

Les poëmes de Théodoric atteignirent, au IX° siècle, le plus haut degré possible de popularité, soit dans les pays d'idiome teutonique, soit dans ceux où, comme en France, s'opérait une révolution de langue en même temps qu'une transformation sociale. Grands et petits, clercs et laïques, tout le monde était censé les connaître, et les hommes les plus graves ne craignaient pas d'y faire allusion dans les plus graves circonstances. Foulques, archevêque de Reims, voulant dissuader le roi de Germanie Arnulf de rien entreprendre contre Charles le Simple, son parent, lui citait l'exemple d'Hermanaric, qui, « trompé par un mauvais conseiller, ainsi qu'on le lit dans les livres des Allemands, se fit le meurtrier de sa propre race. — Vous ne l'imiterez point, ajoutait-il ; vous fermerez l'oreille à des conseils de perversité, et, généreux envers une famille qui est la vôtre, vous étaierez de votre épée la maison royale qui tombe[1]. » L'histoire elle-même se laissa pénétrer, comme tout le reste, par l'erreur populaire. En vain quelques moines érudits, quelques savants évêques protestèrent courageusement au nom de la vérité dans des chroniques peu ou point lues; quiconque voulait avoir des lecteurs pactisait avec la fiction. Ces faits controuvés étaient glissés parmi les faits réels extraits de Jornandès, de Prosper ou d'Idace ; on assignait une date à la fuite de Théodoric chez les Huns, à sa lutte imaginaire contre Hermanaric, à ses campagnes contre les géants du Rhin. On

---

1. Supplicat ne sceleratis hic rex adquiescat consiliis, sed misereatur gentis hujus, et regio generi subveniat decidenti. Flodoard. *Hist. eccles., Remens.*, 4, 5.

vit l'Italie elle-même, entraînée par le courant traditionnel qui lui venait du Nord, admettre quelques-unes de ces fables : ainsi les habitants de Vérone appelaient, au XIIe siècle, *maison de Théodoric* l'amphithéâtre romain situé dans leurs murs, et le qualifiaient lui-même de *roi des Huns*[1]. Je ne tarirais pas, si je voulais citer toutes les preuves de la popularité de ces traditions au moyen âge.

Un exemple montrera avec quelle foi robuste le peuple allemand les avait acceptées. J'expliquerai d'abord que, par une idée pleine de poésie, l'imagination populaire ne pouvant admettre que le roi Théodoric, s'il était damné à cause de ses opinions ariennes et des cruautés qui déshonorèrent la fin de sa vie, eût pu l'être comme tout le monde, l'avait fait descendre en enfer vivant, à cheval, et par le cratère de l'Etna[2]. Or, ceci admis comme croyance vulgaire, nous lisons les lignes suivantes, à l'année 1197, dans la chronique du moine Godefroid de Cologne, qui écrivait vers le milieu du XIIIe siècle : « En cette année 1197, quelques personnes, qui se promenaient le long de la Moselle, aperçurent dans le lointain un fantôme de forme humaine d'une grandeur effrayante et monté sur un destrier noir[3]. Lesdites personnes étant restées immo-

---

1. Hanc civitatem Theodericus quondam rex Hunnorum, ut ab indigenis accepimus, primum condidit... *De Fundat. monast. Gozecensis* ap. Hoffmann. *Script. rer. Lusatic.*, IV, 112.

2. Fabula illa qua dicitur : Theodericus vivus equo sedens ad inferos descendit... Otto Frising. *Chron.*, v. 3.

3. Eodem anno (1197) quibusdam juxta Mosellam ambulantibus apparuit phantasma miræ magnitudinis, in humana forma equo insidens. Godefrid. Monach. Colon. *Annal.* Francof., 1624.

biles de frayeur, l'objet s'avança vers elles en leur criant de n'avoir pas peur, qu'il était Théodoric, autrefois roi de Vérone[1]. S'étant alors approché, il leur annonça diverses calamités et misères qui allaient fondre bientôt sur l'empire romain germanique, après quoi, tournant bride, il lança son cheval dans la Moselle, traversa le fleuve et disparut sur l'autre bord. »

Les relations des Germains occidentaux avec Attila et les Huns nous sont beaucoup moins connues que celles des Germains orientaux. L'histoire pourtant nous en apprend trois choses, à savoir qu'Attila, pour colorer son expédition en Gaule, prétextait de vieilles rancunes contre les Visigoths, que chez les Franks transrhénans il se constitua arbitre entre deux prétendants qui se disputaient le trône du dernier roi, et qu'enfin, s'il trouva en face de lui sur les bords du Rhin et de la Marne les Burgondes, hôtes et fédérés de l'empire romain, il comptait sous ses drapeaux les tribus de ce peuple qui habitaient encore la Germanie autour de la forêt Hercynienne. Ce peu de jour jeté dans l'obscurité des faits laisse beau jeu à la tradition, que nous ne pouvons guère contrôler que dans ses plus grossières invraisemblances, mais qui devient en retour d'autant plus curieuse qu'elle répond à une lacune historique plus considérable.

On entrevoit d'abord dans le supplément de la chronique d'Idace, écrite au VIIe siècle, en Espagne, sous le gouvernement des Visigoths, l'indice d'un travail traditionnel qui se faisait alors chez ce peuple, et dont

---

[1]. Theodericum quondam Veronæ regem se nominat. Godefrid., *ub. sup.*

la bataille de Châlons était l'objet. On se rappelle que le lendemain de cette grande journée, et lorsqu'Attila, retranché dans son camp de chariots, effrayait encore ses vainqueurs, Thorismond, élu roi par les Visigoths à la place de son père, mort dans le combat, voulut partir à l'instant, afin d'empêcher ses frères, restés à Toulouse, de former des entreprises contre sa nouvelle royauté, et qu'Aëtius, qu'il consulta pour la forme, ne le retint pas. Cette désertion en face de l'ennemi avait été sans doute reprochée plus d'une fois aux Visigoths : la tradition dont je parle eut pour but de les en laver. Elle raconte qu'Aëtius, dont la politique consistait à se défaire des Huns par les Visigoths et des Visigoths par les Huns, s'étant rendu en cachette près d'Attila, le prévint amicalement qu'une nouvelle armée de Visigoths devait arriver la nuit même. « Si tu l'attends, lui dit-il, tu es perdu : pars donc à l'instant, et je protégerai ta retraite. » Attila lui fait compter dix mille pièces d'or en témoignage de sa reconnaissance, et le Romain court en toute hâte au camp des Visigoths jouer la même comédie avec Thorismond, et il y gagne encore dix mille pièces d'or [1]. Au point du jour, Huns et Visigoths avaient vidé le champ de bataille, et Aëtius restait seul maître de tout le butin. La tradition ajoute que, pour calmer Thorismond, qui, voyant qu'on l'avait abusé, se répandait en menaces, Aëtius lui fit cadeau d'un bassin d'or garni de pierreries et

---

1. Tunc Attila dedit Agecio decem millia solidorum, ut per suo ingenio Pannoniam repedaret... Acceptis idemque Agecius a Thuresmodo decem millia solidis ut suo ingenio a persecutione Chunorum liberati Gothi... *Exc. ex Idat. Chron. Frag.*, Fredeg. ap. D. Bouq., II, p. 462.

décoré des plus belles ciselures. Il est certain qu'un pareil bassin était déposé au trésor des rois visigoths, d'où il passa, après bien des aventures, dans les mains du roi frank Dagobert[1]. Les Visigoths montraient ce bassin comme preuve de la vérité de leur tradition, qui n'était pourtant qu'un mensonge inventé par la vanité.

Nous avons un second indice plus éclatant et plus assuré qu'un travail traditionnel s'accomplit chez ce peuple aux VIIe et VIIIe siècles : c'est la conception poétique de Walter d'Aquitaine, héros destiné à jouer vis-à-vis d'Attila un rôle égal en importance à celui de Théodoric, avec cette différence pourtant que Théodoric est un ami du roi des Huns, et Walter un ennemi. Ce Walter nous est donné comme fils d'Alfer, roi d'Aquitaine ou roi d'Espagne[2], et cette double qualification, jointe aux noms germaniques des deux princes, nous reporte naturellement aux Visigoths, jadis maîtres de l'Aquitaine entière et refoulés par Clovis en Septimanie et en Espagne. Cette circonstance et d'autres dont je parlerai bientôt ne permettent point de douter que l'invention primitive de Walter n'appartienne à la nation visigothe, qui voulait se faire aussi sa part dans la grande tradition sur Attila.

Il nous est resté de cette conception épique, qui devait être considérable, un épisode complet et des indications éparses au moyen desquels nous pouvons

---

[1]. Orbiculum aureum gemmis ornatum, pensante libras quingentas... usque in hodiernum diem Gotthorum thesauris pro ornatu veneratur et tenetur. Fredeg., *Fragment.* D. Bouq., II, p. 462.
[2]. Alphere. *Walt. Aquit.*, v. 77. — Alfer, *Heldenbuch.* pass.

nous former une idée de l'ensemble. L'épisode complet nous raconte une aventure de la jeunesse de Walter, aventure célèbre dans toute la tradition occidentale, et à laquelle il est fait fréquemment allusion dans les poëmes et sagas du cycle des Niebelungs : retenu en ôtage chez les Huns, le héros y enlève une jeune fille, qui le suit en Aquitaine, où il l'épouse. Nous ne possédons point ce fragment épique en langage teuton, mais en latin, dans un poëme écrit au Xe siècle, et qui n'est évidemment qu'une imitation ou plutôt une traduction d'un original germanique. D'ailleurs, le versificateur latin, religieux du monastère de Fleury-sur-Loire, appelé Gérald, loin de revendiquer l'invention poétique de l'œuvre, ne se donne que pour un translateur qui a détaché des aventures de Walter, que tout le monde connaissait, dit-il, cet épisode galant, pour récréer ses frères conventuels et honorer son digne parent, l'évêque Erkhimbald ou Archambauld, auquel il dédie son livre. Cet Archambauld paraît avoir été le même que celui qui administrait l'église de Strasbourg en 960. Devant m'occuper plus tard en détail et de cet épisode et de tout ce qui concerne Walter d'Aquitaine ou d'Espagne, je n'ai qu'un mot à dire pour le moment : c'est que nous retrouvons parmi les personnages importants qui figurent ici, le roi Ghibic et son fils Gunther, dont les poëmes anglo-saxons nous parlaient tout à l'heure ; ils règnent également à Worms, sur le Rhin, et à côté d'eux vit le farouche Hagan ou Hagen, l'Ajax des traditions germaniques ; seulement, tandis que Ghibic et Gunther sont des rois burgondes dans les poëmes anglo-saxons, le poëme de Walter en fait des rois franks. Du reste il ne les ménage pas : les Franks y sont représentés comme un peuple de voleurs sans foi et sans courage[1], qui détroussent les voyageurs que le sort amène sur leurs terres, et qui se réunissent bravement douze contre un seul guerrier ; mais ce guerrier est Aquitain, c'est-à-dire Visigoth, et sa supériorité n'est pas un seul instant douteuse. Un tel poëme évidemment n'a pu naître que chez les Visigoths, à une époque assez rapprochée de leur expulsion de la Gaule pour que le ressentiment, les préjugés haineux, les prétentions orgueilleuses fussent encore vivantes dans tous les cœurs contre le peuple et la lignée de Clovis.

Transportons-nous dans l'extrême Nord, au milieu des Scaldes du VIII° et du IX° siècles, et lisons ces poëmes de l'Edda dont je parlais tout à l'heure : nous y retrouverons les noms de Ghibic, de Gunther et de Hagen[2] rattachés à ceux d'Attila et de Théodoric, tandis qu'il n'y est point question de Walter ; ce n'est donc point par les Visigoths que la tradition d'Attila a pénétré en Scandinavie, c'est plutôt par les Burgondes et par les Franks. Mais les Scandinaves, tout en admettant les personnages traditionnels des nations du Rhin, y mêlèrent des figures qui n'appartiennent qu'à eux, des êtres d'une nature bizarre et fantastique qu'il est indispensable de connaître, pour bien apprécier l'Attila

---

1. Non assunt Avares hic, sed Franci nebulones... Walt. Aquit., v. 553.
2. Leurs noms ont reçu dans l'Edda des altérations conformes à la nature des dialectes scandinaves : Ghibic y devient *Ghiuki*; Gunther, *Gunnar*; Hagen, *Högni*; je leur conserverai ici leurs dénominations véritables, telles qu'ils les portent dans les poëmes des Germains du midi.

traditionnel dans le cadre où l'a jeté l'imagination des poëtes de la Norvége et de l'Islande. Voici le sommaire des aventures dont ils font précéder celles du roi des Huns, et qui leur servent d'introduction obligée.

Le grand héros de cette introduction est Sigurd, que les poëmes allemands appellent Siegfried. Issu de la race scandinave des Volsungs, il court les aventures lointaines pour montrer sa vaillance et arrive sur les bords du Rhin. Il apprend là qu'un trésor merveilleux est caché dans le flanc d'une montagne, sous la garde du dragon Fafnir, serpent doué de la parole et de la prescience de l'avenir. Entrer hardiment dans la caverne, tuer le monstre et ravir son trésor, c'est pour Sigurd une entreprise facile ; puis, d'après une recette qu'on lui a donnée, il arrache le cœur du monstre, le fait griller et le mange : aussitôt une métamorphose s'opère en lui ; *il entend le langage des oiseaux*, c'est-à-dire qu'il connaît tous les secrets de la nature, ces mystérieuses confidences que les oiseaux gazouillent entre eux au printemps, sous l'ombrage. Une variante germanique porte que le héros se baigne dans le sang du dragon, et qu'à l'instant sa peau se couvre d'une couche de corne ou d'écaille qui rend son corps invulnérable, un seul point excepté, une étroite place entre les deux épaules, où une feuille de tilleul s'est arrêtée pendant son bain. Le langage des oiseaux enseigne au vainqueur de Fafnir des choses plus précieuses mille fois que toutes les richesses de la terre et de l'onde, à savoir le moyen de se rendre invisible et celui de plaire à toutes les femmes. Pour éprouver sa science, Sigurd se fait d'abord aimer de la valkyrie Brunehilde, qui, par une singulière confusion d'idées, toute fille d'Odin qu'elle est, se trouve sœur d'Attila [1]; mais bientôt il la délaisse pour la belle Gudruna, fille de Ghibic et de Crimhilde, sœur des deux princes niebelungs Gunther et Hagen. Il épouse Gudruna, et la valkyrie, trompée par ses artifices, s'unit à Gunther. Brunehilde, mieux instruite, jure de se venger de Sigurd. Elle excite contre lui Gunther et Hagen par la soif de l'or : les deux beaux-frères l'attirent dans un piége, lui enfoncent un poignard dans l'endroit vulnérable, et enlèvent son trésor. Toutefois la valkyrie, qui n'a point cessé de l'aimer, ne le fait tuer que pour mourir avec lui et le posséder éternellement dans le Valhalla ; elle se tue elle-même et ordonne qu'on la place sur le bûcher qui doit consumer son amant. C'est cette même Gudruna, veuve de Sigurd, qu'Attila recherche en mariage et obtient, et dont la présence au milieu des Huns, par une fatalité que rien ne peut conjurer, attire sur son mari, sur ses frères et sur elle-même des catastrophes épouvantables.

Ce récit est évidemment mythologique : les *Volsungs*, race divine qui remonte à Odin et possède, au milieu des hommes, la richesse, la science et l'amour, ont pour dernier représentant Sigurd ; le mot *volsung* signifie *enfant de la lumière*. A Sigurd sont opposés les hommes du Rhin, qui l'accueillent d'abord, puis le tuent pour avoir son trésor. Ces hommes forment la race des *Niflungs* (*Niebelungs* en teuton méridional),

---

[1]. *Sigurd.-Quid*, I, 27, III, 65; *Gudrunn.-Quid*, II, 26; *Atla-Mál*, 35, 51, 59, 94. Edda Sæmund. Havniæ, 1818.

et ce mot veut dire *enfants des ténèbres.* Nous avons donc ici en présence les enfants du jour et ceux de la nuit, et nous sommes reportés par la pensée à cette lutte éternelle de la lumière et des ténèbres, du bien et du mal, du savoir et de l'ignorance, qui fait le fonds des dogmes religieux de l'odinisme comme de ceux de tant d'autres cultes. Le Volsung mêlé à l'humanité est aimé de deux femmes, l'une d'origine divine, l'autre d'origine terrestre, Brunehilde et Gudruna. La seconde révèle imprudemment l'endroit par lequel on peut tuer celui qu'elle aime, et les Niebelungs se hâtent de le frapper. Alors la femme divine s'enfuit avec lui de la terre, et ils retournent ensemble au paradis d'Odin. On ne verrait pas ce que cette fable mythologique, qui peut être fort belle en soi, aurait de commun avec la tradition d'Attila, si les poëtes scandinaves, confondant le roi des Huns parmi les demi-dieux de l'odinisme, ne l'avaient rendu doublement amoureux de la veuve de Sigurd et de son trésor.

Il paraît que cette invention moitié symbolique et moitié réelle, formulée d'ailleurs dans des chants d'une mâle beauté, eut un grand succès chez les races germaniques, puisqu'elle revint de la Scandinavie dans l'Allemagne méridionale avec son cadre mythique et tout son cortége de fantômes. Toutefois, dans ce retour qui eut lieu au xe siècle et donna naissance à tout un cycle de poëmes germaniques sur les Niebelungs, poëmes dont le plus développé et le plus parfait est le *Niebelungenlied*, rédigé, à ce qu'on croit, au xiie siècle, la conception scandinave reçut de grandes altérations qui affectèrent, non-seulement le caractère des deux principaux personnages, Attila et sa femme Crimhilde (la Gudruna des poëmes germaniques), mais encore le dénoûment de la fable. Sous cette nouvelle formule, la tradition occidentale alla se développant du x*e* siècle au xiii*e*, en rattachant à elle par des emprunts la tradition visigothe de Walter d'Espagne, ainsi que les données de la tradition orientale. Il en résulta un nombre considérable de poëmes épisodiques tels que *la Cour d'Attila*, *le Jardin des Roses*, *la Colère de Crimhilde*, *le Chant de Siegfried*, *la Lamentation des Nibelungs*, *Bitérolf d'Espagne*, etc., et nombre d'autres pièces contenues dans *le Livre des Héros* (*Helden-Buch*). La tradition occidentale, dans son épanouissement, dépassa de beaucoup la tradition orientale sur laquelle elle s'était primitivement greffée.

Son succès parmi le peuple fut au moins égal à la vogue de celle-là, car les nouveaux champions avaient de plus que Théodoric et ses braves l'avantage d'être des Germains de l'ouest. On marqua de leur nom les sites les plus pittoresques de la vallée du Rhin. Entre Worms et Spire, on montra une prairie qui avait été jadis, disait-on, le jardin des roses que la belle Crimhilde avait planté de ses mains et que les héros arrosèrent du plus pur de leur sang. C'était là que Théodoric s'était battu contre Siegfried, et qu'Attila lui-même était venu jouter. Ailleurs, on plaça le merveilleux jardin dans une île du fleuve entourée d'âpres rochers, comme le jardin d'Armide. Worms possédait dans ses murs le palais des géants. Siegfried *le Corné* avait sa tombe dans le cimetière de Sainte-Cécile, où l'on conservait soigneusement sa lance, formée d'un énorme sapin. Pour plus de ressemblance avec Théodoric de Vérone, on prétendit qu'il n'était point mort, et qu'il résidait vivant sous la dalle gigantesque de son sépulcre. Un grand concours de paysans visitait annuellement ce tombeau, qui devint un lieu de pèlerinage. En 1488, l'empereur Frédéric III, passant à Worms les fêtes de Pâques, ne manqua pas de s'y rendre comme tout le monde, et l'idée lui vint d'expérimenter par lui-même si le géant Siegfried avait réellement existé. Appelant à lui son intendant, il lui remit 4 ou 5 florins. « Va trouver le bourgmestre, lui dit-il, et ordonne-lui de faire ouvrir cette fosse, pour que je voie ce qu'il y a dedans. » Le bourgmestre prit l'argent, loua des ouvriers et fit creuser la terre sans rien trouver jusqu'à ce que des sources profondes, jaillissant à gros bouillons, eussent interrompu l'ouvrage et dispersé les travailleurs. L'empereur, si nous en croyons la chronique de Worms, s'en retourna bien convaincu que le géant Siegfried n'était qu'un mensonge ; mais le peuple n'en continua que plus fort à chanter sur tous les tons la Thuringienne Crimhilde et ses deux maris Siegfried et Attila. En dépit des beaux esprits du XVIe siècle et de leurs anathèmes contre les ignorants et les rustres qui écoutaient ces sottises et ne manquaient pas d'y croire, Siegfried et Théodoric, Crimhilde et Attila, descendus de la poésie à la prose, mais toujours populaires, défraient encore aujourd'hui les récits de la bibliothèque bleue d'outre-Rhin.

II. Caractère d'Attila dans les divers poèmes germaniques. — Sa fin tragique de la main d'une femme. — Traditions sur Ildico. — Hilldr la Danoise, Hildegonde, Gudruna, Crimbilde. — Poème de Walter d'Aquitaine; Hildegonde chez Attila; son enlèvement par Walter. — Chants scandinaves sur Gudruna et Atli; leur mariage — Atli tue les frères de Gudruna pour avoir leurs trésors. — Vengeance de Gudruna.

Atli chez les Scandinaves, Atla chez les Anglo-Saxons, Athil, Athel, Hettel, Etzel chez les Allemands, sont les différents noms que la tradition donne au roi des Huns. Atli *au pâle visage* habite une citadelle bâtie près du Danube, où nuit et jour veillent des hommes d'armes : c'est là qu'il boit le vin à pleine coupe dans la grande salle de son Valhalla[1]. Beaucoup moins rude et moins sauvage, l'Etzel des Allemands a fait d'Etzelburg, sa ville, un théâtre perpétuel de festins et de joutes, et le rendez-vous favori des guerriers et des dames. Si le roi des Huns gagnait au contact des héros de l'Edda une sorte de férocité norvégienne, en revanche il s'est grandement adouci dans les chants des *Minnesingers;* il a pris en vivant près des chevaliers des idées et des vertus toutes chrétiennes. Cependant, si débonnaire qu'on le représente dans le dernier état de la tradition, où il se rapproche beaucoup du Charlemagne des poëmes romans, il plane toujours autour de lui on ne sait quelle sombre fatalité et comme une atmosphère chargée de catastrophes. Par une

---

1.   En dhar drack Atli
       Vin i val-havllo.

   Atla-Quida. 14. — 2 *cum adnot.* Edd. Sæmund.

vague réminiscence des préjugés gothiques qui faisaient les Huns fils des sorcières et des mauvais génies, l'Atli des Scandinaves a pour mère une magicienne et pour sœur une valkyrie. L'une et l'autre tradition nous le peignent comme un conquérant rassasié de victoires et ne songeant plus qu'à la paix ; dans les poëmes allemands, il est franc, ouvert, loyal ; les poëmes scandinaves lui donnent plus de finesse et de ruse. « Oh ! dit l'Edda, Atli était un roi prudent[1] ! »

Arrivé au comble de la puissance, le roi des Huns a donc déposé les armes ; il ne les reprend plus que par caprice ou pour servir ses amis. Que lui manque-t-il en effet? Le Hunalant, son empire, renferme douze royaumes puissants ; « de la mer à la mer tout est à lui ». Il n'a plus qu'à dépenser gaiement ses trésors dans une cour brillante où se passent les aventures les plus variées de combats et de galanterie. La reine Kerka, que les Scandinaves appellent Erkia, et les Allemands Herkhé ou Helkhé, fait les honneurs du palais, aidée par Théodoric[2], le miroir des héros, l'hôte et le fidèle ami du roi. Un poëme particulier, intitulé *la Cour d'Etzel*, est consacré à chanter ces magnificences et ces plaisirs.

« Il y avait en Hongrie, dit le poëme, un roi bien connu qui se nommait Attila : on ne trouvera jamais son pareil. En richesse et en libéralité, nul ne l'égala

---

[1].   Attalus (Atli) erat magnus rex et potens et sapiens...
Malè evenit consilium Attalo,
Tamen ille possidebat animum sapientem.
                                            Edda. *Atla-Mál.*

[2]. Thiöthrekr, dans les poëmes scandinaves.

jamais. Douze rois le servaient couronne en tête ; douze royaumes lui obéissaient, douze ducs, trente comtes, des chevaliers, des écuyers, des hommes d'armes sans nombre. Ce roi était humain et juste : on ne trouvera jamais son pareil[1] !

« Le roi Artus aussi fut puissant, mais non pas comme Attila..... Arrivait qui voulait chez lui, car aucune porte n'était fermée. « Qu'on laisse mon palais
« ouvert, disait le roi plein de bonté ; aussi loin que
« s'étend le monde, je ne me connais aucun ennemi.
« A quoi me servent des portes où aucun soldat ne fait
« le guet ? »

Le poëme de *la Cour d'Etzel* compare Attila au roi Artus ; le poëme de *Bitérolf d'Espagne* le compare au roi Salomon, qui sut si bien, dit-il, accommoder sa vie et ses désirs ; « mais Salomon, dans tout son éclat, n'eut jamais autant de chevaliers, ajoute Bitérolf, que j'en ai vu une fois chez Attila le riche[2] ». Quand le roi des Huns avait fait annoncer une fête, les chemins se couvraient de gens de toute sorte qui accouraient à Etzelburg. Les guerriers chevauchaient avec leurs dames. On voyait arriver pêle-mêle des chrétiens et des païens, des Russes et des Grecs, des Polonais et

---

1. Es sass in Ungerlande
    Ein Konick so wol bekant,
    Der was Etzel genande ;
    Sein gleich man nydert fant :
    An reichtum und an milde
    Was im kein Konick gleich.....
    Heldenbuch, *Etzels Hofhaltung*, Str. 1.

2. Biterolf und Dietlieb., v. 284.

des Valaques, des Thuringiens et des Danois; on s'y rendait à travers les montagnes et les fleuves, des contrées de l'Italie, de la France et de l'Espagne[1]. Le tableau de ces fêtes est commun aux traditions du cycle de Théodoric et à celles du cycle des Niebelungs.

Le poëme de Walter d'Aquitaine, plus sobre de détails, nous donne, en quelques traits simples et énergiques, une idée de la force irrésistible dont le souvenir traditionnel entourait le roi des Huns.

Un jour qu'il se sentait en humeur de guerroyer, Attila, dit le poëme, fait plier ses tentes et marche du côté du Rhin. Ghibic, roi des Franks, célébrait alors dans Worms, sa capitale, la naissance de son fils aîné Gunther; tout le pays était en liesse, quand le bruit se répand subitement qu'une armée « nombreuse comme les étoiles du ciel, serrée comme les grains de sable du Rhin », approche en remontant le Danube. Les chefs des Franks courent au conseil. « Que faut-il faire? demande le roi. — Proposer la paix, répondent ceux-ci d'une commune voix. Si l'ennemi nous tend la main, nous la lui tendrons aussi; nous lui donnerons des otages et nous lui paierons tribut. Mieux vaut céder au roi des Huns que de risquer d'un seul coup nos vies, notre patrie, nos enfants et nos femmes[2]. » Ghibic va donc au-devant d'Attila avec de riches cadeaux et un otage de noble sang; comme il ne peut offrir son propre fils Gunther, « qui a besoin de sa

---

[1]. Nibelungenlied., v. 5365, seqq.

Hoc melius fore quam vitam simul ac regionem
Perdiderint, natosque suos, pariterque maritas.

Walt. Aquit., v. 22 et seqq.

mère », dit le poëte, son choix s'est porté sur Hagen, adolescent de haute lignée, sorti de la vraie race des Troyens. Le roi des Huns accepte les présents et l'otage, accorde la paix et se dirige à l'est des Gaules vers le pays des Burgondes.

C'était Herric le riche et le vaillant qui gouvernait cette contrée, et près de lui grandissait sa fille unique, son plus cher amour et l'héritière de tous ses trésors, Hildegonde, la perle de Burgondie[1]. Herric se trouvait par hasard à Châlons quand l'armée des Huns déboucha sur les rives de la Saône. La terre, foulée sous les pieds de tant de chevaux, rendait un sourd gémissement ; le son des boucliers, répercuté dans l'air, retentissait comme un tonnerre lointain, et la campagne, couverte d'une forêt d'acier, semblait lancer des éclairs. « Tel, ajoute le poëte que nous ne faisons que suivre en le raccourcissant, tel le soleil, aux extrémités de l'Orient, éclate en jets lumineux, lorsqu'à l'aube du jour son globe ardent repousse et fend l'Océan soulevé. » Or voici que la sentinelle qui fait le guet sur les murs de Châlons, levant les yeux au ciel, s'écrie avec terreur : « J'aperçois là-bas un nuage de poussière ; c'est l'ennemi qui vient : fermez les portes[2] ! » Le conseil des Burgondes s'assemble. « Je sais, dit le roi, ce qui s'est passé chez les Franks. Si ce

---

1. ..... Pulcherrima gemma parentum.
   Walt. Aquit., v. 74.
2. Forte Cavillonis Herricus sedit, et ecce
   Attollens oculos speculator vociferatur :
   Quænam condenso consurgunt pulvere nubes ?
   Vis inimica venit : portas jam claudite cunctas.
   Ibid., v. 53 et seqq.

vaillant peuple a cédé, pourquoi ne céderions-nous pas[1]? Mes trésors seront à Attila; j'ai encore une fille unique que j'aime plus que mes yeux, mais je la donnerai volontiers en otage pour sauver le pays des Burgondes. » Aussitôt des envoyés partent; Attila le grand chef les accueille bien, suivant son usage, et leur dit : « J'aime mieux alliance que bataille; les Huns veulent régner plutôt par la paix que par les armes; mais, si on leur résiste, ils tirent l'épée et frappent, quoi qu'ils en aient[2]. Si donc votre roi vient à moi, et s'il me donne la paix, je la lui rendrai. » Herric sortit de Châlons emmenant sa fille et se faisant suivre de ses trésors; il offrit les uns et laissa l'autre en otage. C'est ainsi que la perle de Burgondie partit pour un lointain exil.

Restaient en Gaule les Aquitains, c'est-à-dire les Visigoths. Attila ne voulut pas retourner chez lui sans les avoir aussi visités. Il marche donc à grandes journées dans la direction de l'ouest, mais les Aquitains ne l'attendent pas; leur roi Alfer, qui ne croit point se déshonorer en suivant l'exemple des Burgondes et des Franks, s'avance au-devant de lui avec son fils **Walter**, qu'il lui présente comme otage. Walter, dans la première fleur de la jeunesse, porte au fond de son cœur le germe du héros. Il trouve sous les tentes des Huns Hildegonde, qui est sa fiancée, car Alfer et Herric se

---

[1]. Si gens tam fortis, cui nos simulare nequimus,
Cessit.....
   Walt. Aquit., v. 58.
[2]. Pace quidem Hunni malunt regnare, sed armis
Inviti feriunt, quos cernunt esse rebelles.
   Ibid., v. 69-70.

sont fait serment jadis d'unir leurs enfants sitôt que l'âge du mariage serait venu. Vainqueur par sa seule présence, Attila n'a plus qu'à regagner les bords du Danube : il donne le signal du départ, et l'armée des Huns s'achemine joyeuse, emportant dans ses bagages d'immenses richesses et trois jeunes otages de royale lignée, Walter, Hagen et Hildegonde.

Ce morceau, qui forme l'introduction des aventures de Walter, et qui met en scène les quatre personnages principaux du poëme, est peu historique assurément, en ce sens que les actes qu'il prête au roi des Huns ne peuvent point avoir été accomplis comme il les raconte ; toutefois il est historique en tant que reflet des impressions contemporaines. Rien n'empêche même que les relations qu'il suppose entre les Huns d'un côté, les Franks et les Burgondes de l'autre, ces soumissions volontaires, ces offres empressées d'otages, n'aient eu lieu au delà du Rhin de la part des Franks et des Burgondes de la Germanie ; l'invraisemblance est de les attribuer aux Germains établis en Gaule. Il faut faire aussi la part de la donnée poétique et des nécessités qu'elle entraînait à sa suite. Sans une expédition des Huns en Aquitaine, on ne comprenait plus ni la captivité de Walter près d'Attila, ni l'enlèvement d'Hildegonde : la fiction était imposée au poëte par le sujet même.

Je ne suivrai pas le roi des Huns dans toutes les guerres fabuleuses que lui prête la tradition, ses expéditions en Russie, où il enlève sa favorite Herkhé[1] sa

---

1. Wilkinasaga, c. 272, 273, seqq.

marche en Italie pour rétablir Théodoric sur le trône de Vérone, enfin la bataille de Ravenne, dans laquelle Hermanaric et Odoacre sont vaincus par son concours[1] : ces inventions romanesques ne nous apprendraient rien, car elles sont trop loin de l'histoire. Mon but principal est de chercher dans la tradition quelque application aux faits historiques. Or il n'en est pas de plus obscur que la mort d'Attila et le rôle que put jouer dans cette catastrophe la jeune fille qu'il venait d'épouser, et que son nom d'Ildico nous fait reconnaître pour une Germaine. La tradition des peuples germains fournirait-elle quelque éclaircissement sur ce point spécial? Voilà ce que je me suis demandé. J'ai vu plus qu'un intérêt de curiosité à une recherche pareille, et c'est ce qui me l'a fait entreprendre.

Résumons d'abord ce que l'histoire nous apprend sur les causes de cette mort fameuse. Pendant l'hiver de 453, à son retour de l'expédition d'Italie, et au moment où il se préparait à envahir l'empire d'Orient, le conquérant eut la fantaisie de se marier, d'ajouter une nouvelle femme à cette légion d'épouses et de concubines dont nous parlent les historiens. Séduit par la beauté d'Ildico, il la mit dans son lit; mais le lendemain, comme il tardait à paraître, et qu'un morne silence régnait dans la chambre nuptiale, les gardes enfoncèrent la porte et ne trouvèrent à la place de leur maître qu'un cadavre étendu dans une mare de sang : auprès du lit se tenait assise la nouvelle épouse, enve-

---

1. Heldenbuch, *die Ravenschlacht*. — Hadhubrant u. Hildebrant. — Wilkinasaga.

loppée dans son voile [1]. Cette mort était-elle naturelle ?
La rupture d'un vaisseau avait-elle étouffé le roi hun
pendant son sommeil ? Avait-il été assassiné, et sa jeune
femme se trouvait-elle l'unique auteur du meurtre
ou la complice d'une conspiration ? Ces conjectures
diverses coururent en même temps le monde barbare
et le monde romain. L'hypothèse que le crime d'Ildico
n'aurait pas été un acte isolé, mais l'effet d'un complot
dans lequel auraient trempé quelques officiers d'Attila [2],
semble corroborée par les précautions mêmes que les
fils du roi et les principaux chefs des Huns prennent
pour expliquer sa mort. L'hymne chanté aux funérailles et destiné à donner, pour ainsi dire, la version
officielle de l'événement, insiste avec une affectation
visible sur le fait d'une mort naturelle arrivée au milieu
des joies d'un mariage et des triomphes d'une victoire,
mort qui ne réclame point de vengeance, comme si on
avait besoin de rassurer une partie des vassaux des
Huns sur quelque accusation mystérieuse, comme si
enfin la politique avait commandé une déclaration
d'oubli et de concorde, au nom de la conservation de
l'empire, sur le cercueil de celui qui l'avait fondé. Les
révoltes qui éclatèrent au bout de quelques mois, à
l'instigation des Gépides, donneraient quelque consis-
tance à cette supposition. Les enfants d'Attila voulaient probablement retarder l'époque d'une dissolution
dont les signes s'étaient manifestés du vivant même
du conquérant.

Aucun écrivain contemporain ne s'explique sur ce

1. Voir ci-dessus, t. 1. *Histoire d'Attila*, c. 8, p. 228 et suiv.
2. Joann. Malall. *Chron.*, ad. ann. 453. — Cf. *Hist. d'Attila, l. c.*

sujet si controversé plus tard. Dans le siècle suivant, on voit se produire collatéralement les deux versions principales avec leurs variantes. Cassiodore nous dit, dans sa chronique, que le roi des Huns fut emporté par une hémorragie nasale ; le comte Marcellin, homme lettré et homme d'État ordinairement bien informé, le fait mourir d'un coup de couteau que lui porte une femme ; il ajoute que cependant quelques-uns avaient parlé d'un vomissement de sang. Cette version d'un assassinat, que le comte Marcellin donne comme la plus accréditée, la chronique d'Alexandrie la répète. « Il dormait, dit-il, à côté d'une jeune fille des Huns quand il expira, et cette fille fut soupçonnée de sa mort[1]. » Jornandès reproduit l'opinion de Cassiodore sur la mort naturelle ; mais, en même temps, il cite ce chant funèbre où l'on proclame avec satisfaction que la mort d'Attila ne demande point de vengeance[2]. Aux VIIe, VIIIe et IXe siècles, l'autre version prévaut, et on la trouve commentée et grossie de détails qui tendent à l'expliquer. Agnellus, l'historien des pontifes de Ravenne, écrit qu'Attila périt poignardé par une misérable femme, *a vilissima muliere cultro defossus*. Le poëte saxon de Charlemagne, qui vivait à la fin du IXe siècle, ajoute que cet assassinat fut la punition d'un crime. « C'est la main d'une femme, s'écrie-t-il, qui a précipité le roi des Huns au fond du Tartare. La nuit avancée soufflait sur tout ce qui res-

---

1. Noctu cum pellice Hunna, quæ puella de nece suspecta fuit, dormiens... *Chron. Pasch.*—Marcellin. comit. *Chron.* ad. ann. 453.

2. Quis ergo hunc dicat exitum, quem nullus existimat vindicandum? Jorn., *R. Get.*, 49.

pire une torpeur profonde, et Attila, chargé de vin, s'était endormi; mais sa cruelle épouse ne dormait pas. L'aiguillon de la haine la tint en éveil durant cette nuit terrible, et reine elle trancha les jours du roi par un odieux attentat. Pourtant ce crime n'était qu'une vengeance : elle faisait payer à son mari la mort de son père assassiné [1]. » Enfin nous trouvons une dernière circonstance du fait chez un chroniqueur du xii⁰ siècle : « Cette jeune fille, dit-il, avait été enlevée de force après le meurtre de son père [2]. » C'était donc une opinion répandue et accréditée dans le monde entier, dès le lendemain de la mort d'Attila, que cette mort avait été violente et qu'elle avait été le fruit de la vengeance d'une femme.

Tels sont les témoignages qui nous viennent de l'antiquité; voyons si la tradition les confirme, et si, dans le nombre des femmes qu'elle prête à Attila, il s'en trouve quelqu'une dont les traits rappellent de près ou de loin ceux d'Ildico. Disons d'abord que ce nom, altéré par l'orthographe grecque, se compose de deux mots, dont le premier est infailliblement *Hilde*, et le second peut être interprété par *Wighe* ou par *Gunde*, de sorte que le véritable nom de la dernière épouse d'Attila serait *Hildewighe* ou *Hildegunde*, mots qui signifient tous deux *guerrière*, *héroïne*. Ce mot *Hilde*, toutes les fois qu'il se rencontre dans la composition d'un nom de femme, indique que cette femme est inspirée par *Hilda*, la Bellone des Germains, ou placée

---

[1]. V. la citation ci-dessus, p. 160.
[2]. A puella quam, patre occiso, vi rapuit. Chronogr. Sax. ap. Leibnitz., *Script. rer.*, Brunsvic.

sous sa protection [1]. Or, des quatre femmes que la tradition nous mentionne comme ayant exercé une action tragique sur la destinée d'Attila, trois portent dans leur nom la syllabe *Hilde* : ce sont *Hilde* ou *Hilldr* la Danoise, *Hildegonde* (*Gunde* ou *Gude* est une autre désignation de la déesse de la guerre) et *Crimhilde*, ou plus correctement *Grimhilde*, l'héroïne cruelle. Le nom de la quatrième, *Gudruna*, réunit les deux idées de guerre et de magie : Gudruna, c'est une femme vaillante et qui sait les runes.

Nous nous occuperons d'abord de la Danoise Hilldr, fille d'un roi que les uns appellent Hagen et les autres Hartmut (*âme dure*). Hettel ou Attila en est aimé et l'aime. Hilldr se laisse séduire et s'enfuit avec lui ; mais Hagen qui les poursuit, atteint le ravisseur et lui livre un furieux combat, à la suite duquel le gendre et le beau-père font la paix et s'embrassent. Hilldr est fragile, et son amour pour Attila a bientôt passé. Tout son souci depuis lors est de ranimer la guerre entre son père et son mari, et, comme elle est magicienne, elle leur jette un sort. Chaque nuit elle chante, et à sa chanson les deux guerriers, quittant leur couche, se cherchent dans les ténèbres l'épée au poing, et se battent jusqu'au jour [2]. Une variante de cette fable nous donne le nom de Gudruna au lieu de celui de Hilldr. Nous retrouvons ici les éléments principaux des faits que nous cherchons, mais Hilldr n'est encore qu'un vague profil d'Ildico.

De Hilldr la Danoise, nous passerons à Hildegonde,

---

1. Wachter *Glossar.*, col. 247.
2. Edda Snorr., 163, 164. — Grimm., p. 327.

dont j'essaierai de reconstruire l'histoire à l'aide des monuments de toute sorte que la tradition me fournit, et je commencerai mon récit au moment où la fille du roi Herric, la blanche perle de Burgondie, remise comme otage aux mains d'Attila, arrive sur les bords du Danube avec son jeune fiancé Walter d'Aquitaine et le Frank Hagen, descendant direct de Francus, fils d'Hector[1]. Rien n'est plus noble et plus généreux que l'hospitalité que reçoivent ces trois enfants. Ospiru, la reine des Huns, traite Hildegonde comme sa propre fille; elle lui confie l'intendance de son palais et les clefs du trésor royal. « Hildegonde, dit le poëte, est plus reine que la reine elle-même[2]. » Hagen, et surtout Walter, rencontrent dans Attila une affection non moins grande : c'est lui qui préside à leurs jeux guerriers, et qui leur apprend à manier l'arc et la lance ; il fait plus, il veut qu'ils étudient les sciences, et que, « croissant à la fois en intelligence et en vigueur, ils surpassent les braves par la force du corps et les *sophistes* par l'esprit[3]. » En un mot, ils eussent été ses héritiers propres, qu'il ne les eût pas mieux élevés. Ils grandissaient donc en vaillance comme Hildegonde en beauté. Sur ces entrefaites, le roi Ghibic meurt à Worms, laissant le trône des Franks à Gunther, son fils, et Hagen, que cette mort semble dégager de ses obligations d'otage, s'enfuit du pays des Huns. Le roi

---

1.   ... Veniens de germine Trojæ.
Walt. Aquit., v. 28.

2.   ... Modicumque deest quin regnet et ipsa.
Ibid., v. 113.

3.   Robore vincebant fortes, animoque sophistas.
Ibid., v. 103.

et la reine, craignant pour Walter l'effet de ce mauvais exemple, conviennent ensemble de le marier, afin de l'attacher à leur service par des liens plus forts, et ils lui offrent la fille d'un des *satrapes* de la cour avec de vastes domaines à la campagne et une maison à la ville ; Walter refuse tout. « Que ferais-je d'un domaine ? répond-il au roi. Je serais obligé d'y construire des cabanes et d'y surveiller des laboureurs. Que ferais-je d'une femme ? Je songerais à elle et à mes enfants[1]. O roi, mon très-bon père, ne me donne pas de pareilles chaînes ; je ne veux que guerroyer et te servir. » Walter mentait : il aimait Hildegonde, et n'avait point oublié que leurs pères les avaient fiancés autrefois.

Cependant une guerre éclate : c'est Walter qui conduit l'armée des Huns, et, « dans le jeu du frêne et du cornouiller[2] qui se mêlent en tourbillons, percent les poitrines ou se brisent sur les boucliers, » Walter, passé maître, reste immobile comme un roc. Grâce à lui, la victoire appartient aux soldats d'Attila, qui rentrent dans leur ville au son joyeux des cors, ombragés de rameaux verts en signe de triomphe, et pliant tous sous le poids du butin. Walter, souillé de poussière et de sang, met pied à terre devant le palais, où ne se trouvent ni le roi, ni la reine, mais Hildegonde seule qui le reçoit. Après l'avoir embrassée et s'être assis, l'Aquitain lui demande à boire ; la jeune Burgonde, avec empressement, remplit de vin une coupe d'or et la présente au guerrier ; mais je laisserai parler ici le

---

1. Walt. Aquit., v. 124. — 166.

2.   Fraxinus et cornus ludum miscebat in unum.
                                            Ibid., v. 185.

poëte, en bornant pour l'instant mon rôle à celui de traducteur :

« Il vida la coupe et la lui rendit. La jeune fille avait senti la main de Walter presser la sienne : interdite, étonnée, elle restait muette, les yeux fixés sur ce visage belliqueux. Après un moment de silence, l'Aquitain lui dit : « Il y a bien assez longtemps que nous « supportons l'exil, tout en sachant ce que nos pères « ont voulu faire de nous. Pourquoi tarderions-nous à « nous expliquer ? » Hildegonde crut qu'il voulait rire[1]; elle se tut encore un instant, puis elle lui répondit : « Et vous, pourquoi feindre en paroles ce que vous « n'éprouvez pas dans le cœur ? Pourquoi me rap- « peler des choses que vous avez vous-même oubliées ? « Vous rougiriez assurément de reconnaître votre fian- « cée dans une pauvre captive. — Hildegonde, repart « vivement le jeune homme, rappelle ton bon sens. « Loin de moi l'idée de me jouer de toi ; je ne t'ai rien « dit que la pure vérité, sans déguisement et sans « nuages. Nous sommes seuls ici, et, si ta pensée « répondait à la mienne, si je pouvais croire que tu « m'as gardé la foi que tu me promis dans l'enfance, « je t'ouvrirais ici le mystère de mon cœur. » S'inclinant alors jusqu'aux genoux du guerrier, la jeune fille s'écrie toute tremblante : « Parle, ô mon seigneur, et « j'obéirai ; appelle-moi, je te suivrai ; ta volonté sera « désormais la mienne. — Eh bien donc ! dit Walter,

---

1.   Virgo per hironiam meditans hæc dicere sponsum,
Paulum conticuit..
                                Walt. Aquit., v. 233.

« notre exil m'ennuie ; je rêve sans cesse à mon pays ;
« et mon dessein bien arrêté est de fuir, comme Hagen,
« la terre des Huns; je serais déjà parti depuis plu-
« sieurs jours sans le chagrin que je ressens de laisser
« Hildegonde après moi. — Que mon seigneur com-
« mande donc, repart la jeune fille ; bonheur ou mal-
« heur, tout me sera doux pour son amour. »

Là-dessus, Walter se penchant vers son oreille, lui dit tout bas :

« Toi qui as les clefs du trésor royal, retiens bien ce que je vais te dire. Tu y prendras un casque du roi, une cotte de mailles et une cuirasse portant la marque de l'ouvrier; ne manque pas d'y ajouter deux coffrets que tu rempliras de bracelets et de bijoux, tant que tu en pourras porter. Prépare quatre paires de chaussures pour moi, autant pour toi, et place-les dans les coffres pour les remplir[1]. Procure-toi aussi secrètement près des ouvriers une provision d'hameçons de pêche, car poissons et oiseaux seront toute notre nourriture pendant la route. C'est moi qui serai le pêcheur et l'oiseleur aussi, si je peux. Je te donne huit jours pour achever ces préparatifs. Maintenant, comment fuirons-nous ? Écoute-moi bien. Sitôt que le soleil aura sept fois accompli son tour, j'offrirai un grand festin au roi, à la reine, aux satrapes, aux ducs, aux servants; je les ferai boire tellement que pas un ne sache plus ce qu'il fait : ceci sera mon affaire. Toi, ménage-toi bien, et ne bois de vin que ce qu'il faudra pour étancher ta

---

1. Inde quater binum mihi fac de more cothurnum ;
Tantumdemque tibi patrans imponito...
Walt. Aquit., v. 265.

soif[1]. Dès que les gens de service se lèveront, cours à ton office d'échanson ; puis, quand mes convives seront tous ensevelis dans l'ivresse, nous nous dirigerons vers les contrées de l'Occident. »

La semaine s'écoule, et le jour marqué arrive. Tout est joie et magnificence dans la maison de Walter ; des voiles peints décorent la salle du banquet et un trône de soie brochée d'or est préparé pour le roi. Attila paraît. Il place à ses côtés les deux plus hauts personnages, et le commun des convives va se ranger par ordre autour des tables : chaque table en reçoit cent. Les nappes de pourpre chargées d'ornements d'or et de plats se couvrent et se découvrent par intervalles; les mets exquis succèdent aux mets, le vin épicé écume dans les larges coupes. Walter, par ses paroles, encourage les convives et aiguillonne le zèle des serviteurs. Le repas fini, on dessert, et l'Aquitain, se tournant vers son maître, lui dit gaiement : « Il vous reste à nous faire une grâce, ô roi ! c'est de permettre que nous portions votre santé. » A ces mots, des officiers posent sous la main d'Attila un énorme vase richement ciselé dont les figures en bosse représentent les hauts faits des Huns : le roi le soulève, le vide d'une seule haleine et commande à tous de l'imiter. Les échansons passent, repassent, se croisent sur tous les points ; on ne voit que coupes pleines qu'on apporte, que coupes vides qu'on remporte, et l'hôte ne cesse de joindre ses

---

[1]. Tu tamen interea mediocriter utere vino,
Atque sitim vix ad mensam restinguere cura.
Walt. Aquit., v. 279.

exhortations à celles du roi; c'est à qui boira le plus vite et le mieux : une ivresse ardente règne bientôt dans la salle. « Toute tête se trouble, nous dit le poëte, toute langue balbutie, et les plus fermes héros ont peine à se tenir sur leurs pieds[1] ». L'orgie bachique, par les soins de Walter, se prolonge fort avant dans la nuit ; un convive fait-il mine de quitter la salle, il l'arrête et le force à se rasseoir jusqu'à ce que tous, chargés de sommeil et de boisson, aient roulé çà et là sur la terre. L'Aquitain, profitant alors du moment, se lève et s'esquive à pas de loup ; Hildegonde était absente depuis longtemps. « On eût mis le feu à la maison, que nul de ceux qui s'y trouvaient ne l'aurait senti, pas un n'aurait pu dire ce qui s'était passé. » J'espère qu'on me pardonnera d'avoir donné *in extenso* cette peinture d'une belle fête telle qu'on les rêvait au moyen âge ; d'ailleurs celle-ci ne manque point de vérité historique, c'est la poétisation du dîner de Priscus chez Attila.

Hildegonde était prête à partir, les coffrets et les armes étaient là. Walter prend lui-même dans l'écurie son cheval, le roi des chevaux, *Lion*[2], qu'il avait nommé ainsi à cause de sa force et de son audace ; il le selle et le bride, attache à ses flancs les coffrets pleins d'or, place sur la croupe de légères provisions, et remet aux mains de la jeune fille les rênes flottantes.

---

1. Balbutiit madido facundia fusa palato,
Heroas validos plantis titubare videres.
Walt. Aquit., v. 312 et seqq.

2. De stabulis victorem duxit equorum,
Quem ob virtutem vocitaverat ille *Leonem*.
Ibid, v. 323.

Lui-même, cuirassé, le casque ombragé d'une aigrette rouge, les jambes munies de grands jambards d'or, semblait un géant, nous dit le poëte [1]. Deux épées pendent à ses côtés, suivant l'usage des Huns : celle de gauche est double et celle de droite n'a qu'un tranchant. Dans cet équipage, ils quittent la terre d'exil; Hildegonde conduit le cheval; Walter tient dans sa main droite, avec sa lance, la ligne qui doit tromper le poisson et le saisir au sein de l'onde. Ils marchent toute la nuit gagnant de l'avance, et, quand l'aube paraît à l'horizon, ils se jettent dans les bois, cherchant les lieux déserts et l'ombre; mais la jeune fille ne sait pas surmonter ses frayeurs, le moindre bruit la fait tressaillir; un souffle l'inquiète, un oiseau qui vole, une branche froissée, font battre son cœur avec violence [2].

Que devenaient pendant cette fuite le roi et sa cour, ensevelis dans le vin? Il était midi qu'aucun ne s'était réveillé : ils dormaient encore pêle-mêle, jonchant le dessous des tables et le pavé des portiques. Enfin cette fourmilière se secoue; chacun cherche l'hôte du lieu pour lui rendre grâce et le saluer. Attila, soutenant à deux mains sa tête appesantie, descend lentement de son siége et appelle Walter; mais Walter n'est point là. On le cherche sous les portiques, on le cherche dans tous les coins de sa maison; nul ne l'aperçoit, ni dormant ni debout. Ospiru non plus ne voit point

---

[1] ... Lorica vestitus more gigantis.
    Walt. Aquit., v. 330.
[2] ... In tantumque muliebria pectora pulsat,
Horreat ut cunctos auræ ventique susurros,
Formidans volucres, collisos sive racemos.
    Ibid., v. 347 et seqq.

venir Hildegonde, toujours si exacte à lui apporter son vêtement : alors elle devine tout. « Festin maudit ! s'écrie-t-elle ; Walter, l'honneur de la Pannonie, s'est enfui, et il a emmené avec lui Hildegonde, ma chère élève [1] ». Ainsi la reine exprimait sa douleur ; mais la colère du roi ne connaît pas de bornes : il déchire sa tunique du haut en bas et reste comme frappé d'éblouissement. « Ses idées, dit le poëte, errent çà et là au gré d'un orage intérieur, comme les tourbillons de sable au gré des tempêtes de la mer [2] ». Il ne prononce que des mots sans ordre et sans liaison. Un jour entier il refuse toute nourriture, et, la nuit venue, il ne peut fermer l'œil ; il se tourne et retourne sur sa couche comme s'il avait un javelot dans le sein. Sa tête bat à droite et à gauche sur ses épaules. Tout à coup il se lève, court la ville comme un forcené, puis regagne son lit sans le trouver plus paisible. Telle fut la nuit d'Attila. Au point du jour, il mande à lui ses officiers : « Que l'on parte, leur dit-il, qu'on les poursuive ; qu'on me ramène Walter en lesse comme un chien méchant. Celui qui me le livrera, je le couvrirai d'or de la tête aux pieds, je l'enterrerai dans l'or [3] !.... »

[1]. O destestandas quas heri sumpsimus escas !
. . . .
Hiltgundem quoque mi caram deduxit alumnam.
                          Walt. Aquit., v. 375 et seqq.

[2]. Ac uti Æolicis turbatur arena procellis,
Sic intestinis rex fluctuat undique curis.
                          Ibid., v. 382.

[3]. ... O si quis mihi Waltarium fugientem
Afferat evinctum, ceu nequam forte lyciscam !
Hunc ego mox auro vestirem sæpe recocto,
Et tellure quidem stante hinc atque inde onerarem,
Atque viam penitus clausissem *vivo talentis*.
                          Ibid., v. 401 et seqq.

Le poëte nous dit que nul n'osa partir, ni ducs, ni comtes, ni chevaliers, tant le nom de Walter inspirait de frayeur ; mais un autre récit traditionnel fait foi qu'il se trouva douze guerriers déterminés qui se mirent en route au grand galop de leurs chevaux.

Arrêtons-nous un instant à cette peinture de la douleur d'Attila, sur laquelle le poëte insiste comme à plaisir. Dans ce désespoir qu'éprouve le Hun à la fuite d'Hildegonde et de Walter, désespoir dont toutes les angoisses nous sont détaillées avec une sorte d'affectation, faut-il ne voir que de la colère? Au contraire, la rage aveugle et insensée qui lui fait perdre un temps précieux pour la poursuite des fugitifs n'a-t-elle pas tous les caractères de la passion? Évidemment Attila aime Hildegonde, et c'est au moment où il voit qu'elle lui est ravie et qu'elle en aime un autre, c'est en ce moment où tout semble perdu, que sa passion se révèle à lui, et éclate au dehors avec une violence frénétique. Si le poëte ne nous le dit pas expressément, il nous le fait entendre assez, et il n'avait pas besoin d'une explication plus formelle avec des lecteurs qui connaissaient d'avance toute l'histoire comme on connaît un conte populaire. Il s'agissait ici particulièrement de la fuite de Walter et d'Hildegonde et de leur rencontre avec les Franks, et tout porte à croire que d'autres poëmes du même cycle étaient consacrés à la peinture d'*Attila amoureux*. Pour suivre le fil de notre histoire, nous dirons qu'Hildegonde et Walter passèrent en route quatorze jours, suivant la nuit les chemins battus, évitant le jour les villages et les champs en culture. Ils dormaient dans des cavernes ou sous des bois épais, côte à côte, mais comme frère et sœur, nous dit le poëte. Souvent, quand Walter dormait, Hildegonde faisait le guet. Rencontraient-ils un ruisseau, Walter y jetait sa ligne ; traversaient-ils un bois, il tendait ses gluaux, ou il abattait les oiseaux à coups de flèches. C'est ainsi qu'ils vécurent tout le long du voyage, car leurs faibles provisions avaient été bientôt épuisées ; mais, ajoute le poëte, ils allaient revoir leur doux pays, et cette pensée leur donnait des forces.

Des récits traditionnels différant du poëme affirment positivement qu'ils furent atteints par les hommes d'Attila, que Walter mit tous les douze hors de combat. Le poëme les fait arriver sans encombre jusqu'aux bords du Rhin, où ils tombent sous la main de brigands plus redoutables cent fois que les Huns, sous la main de Gunther et des guerriers franks. Un poisson du Danube donné par Walter à un batelier du Rhin pour prix de son passage[1], et que celui-ci court vendre à Worms dans le palais du roi, met Gunther sur la piste. Il accourt avec ses braves pour enlever au fugitif ses coffrets et sa femme[2] ; mais Walter, après avoir déposé son double trésor dans une caverne dont il défend l'entrée, les tue ou les met en fuite. Hagen lui-même ne rougit pas de se mêler à ce combat inégal contre un frère d'armes et un compagnon de captivité. Cette lutte, dans laquelle l'Aquitain montre

---

1. Illi pro naulo pisces dedit antea captos...
   Walt. Aquit., v. 432.
2. Ut cum scriniolis equitem des atque puellam...
   Ibid., v. 600.

sa supériorité sur tous les guerriers franks, est longuement détaillée dans le poëme; c'est même là, à vrai dire, la partie qui y est traitée avec le plus de complaisance, et j'en ai dit la raison probable. Le combat terminé ainsi à son honneur, Walter enfourche un cheval des Franks, replace Hildegonde sur son palefroi, et tous deux regagnent paisiblement l'Aquitaine, où ils se marient. Le moine de Fleury-sur-Loire finit ici son odyssée, tout en nous prévenant que son héros a traversé bien d'autres aventures qui ne sont pas de son sujet[1] : force à nous est donc de recourir aux autres poëmes et sagas sur Attila pour y suivre la trace d'Hildegonde.

Nous la trouvons d'abord avec son mari, devenu roi, dans une fête que donne Gunther au margrave Rudiger de Pechlarn, envoyé d'Attila. Franks et Visigoths se sont, à ce qu'il paraît, réconciliés, et Hildegonde brille au premier rang des beautés qui éblouissent Rudiger. Le galant margrave, qui se souvient de l'avoir vue près de la reine des Huns, demande à Walter la permission de l'embrasser, et, ajoute l'auteur du *Poëme de Bitérolf*, qui nous donne ces détails, « il pose un baiser sur ces douces lèvres fraîches comme la rose[2]. » Cependant la paix est de courte durée entre

---

[1]. Qualia bella dehinc, vel quantos sæpe triumphos
Cœperit, ecce stylus renuit signare retusus.
Walt. Aquit., v. 1446.

[2]. Die ging auch der von Spanielant
Die mynnicliche Hildegunt,
Ir suessen rosenroten mund
Bot sy im mynniclichen an.
Biterolf., v. 6854.

Attila et Gunther, et Walter vient au secours des Franks avec les guerriers d'Espagne et de France. Hildebrand, plein des colères d'Attila, s'emporte contre Walter, le ravisseur et le félon, et charge Rudiger de le provoquer au combat; Rudiger, qui estime le courage de Walter, n'obéit qu'à regret. Partout où il faut tenir tête aux Huns et à leurs alliés, Walter d'Espagne paraît au premier rang : c'est lui qui porte la bannière d'Hermanaric dans les guerres d'Italie[1]; il s'y mesure avec Dietlieb, le compagnon chéri de Théodoric, et, dans la rage qui les anime, les deux champions, transpercés mutuellement de leurs lances, restent pour morts sur le champ de bataille[2]. Hildegonde sans doute, à l'exemple de beaucoup d'autres héroïnes, avait suivi à la guerre Walter, dont elle semble avoir été inséparable. Faite prisonnière, fut-elle ramenée au roi des Huns comme otage en rupture de ban? Attila retrouva-t-il, à la vue de la jeune femme, la passion qu'il avait eue pour la jeune fille? La força-t-il à entrer dans son lit, et celle-ci vengea-t-elle, en le tuant, sa pudeur outragée et la mort de son mari? voilà ce que nous dirait peut-être la tradition, si nous la possédions complète, mais ce qu'à son défaut il est permis de supposer : Hildegonde de Burgondie serait dans ce cas une Ildico un peu plus complète qu'Hilldr la Danoise.

Je ne saurais quitter Walter d'Aquitaine sans rapporter une anecdote passablement étrange, que nous

---

1. Wilkinasaga, c. 307.
2. Wilkinasaga, c. 308.

lisons dans la chronique du monastère de la Novalèse, rédigée vers le x⁰ siècle, partie d'après des documents écrits, partie d'après la tradition du couvent. Le monastère de la Novalèse, situé au pied du Mont Cenis, avait été une des premières fondations de l'ordre de Saint-Benoît, et, dans le cours des vi⁰ et vii⁰ siècles, il avait donné asile à beaucoup de personnages importants qui venaient y chercher un port contre les agitations du monde : ruiné au viii⁰ pendant les guerres de Pépin, il se releva au x⁰, et c'est alors que, pour renouer la chaîne des souvenirs, quelques religieux zélés compilèrent la chronique de leur abbaye. Or voici un passage qu'on y rencontre.

« Autrefois vécut dans ce couvent un religieux d'une haute taille, d'une grande force et d'une figure martiale, malgré ses cheveux blancs. Il avait parcouru le monde entier, un bâton de pèlerin à la main, cherchant un monastère d'une discipline rude, où l'on pût se préparer convenablement au voyage qui suit cette vie mortelle [1]. Après avoir couru et cherché vainement bien des années, il lui arriva de visiter ce lieu, et il résolut de s'y fixer ; mais, dans son humilité extrême, il ne voulut que l'emploi de frère jardinier, qu'il sollicita et qu'il obtint. Ce moine était sombre et bizarre ; il ne se séparait jamais de son bâton, qui pendait comme une arme au mur de sa cellule. Des bandes

---

[1]. Qui cum in monasterio ubi districtior norma custodiretur monachorum explere melius animo deliberasset, continue quæritans baculum perpulchrum, sumensque habitum peregrini, atque cum ipso pene totum peragrans mundum... *Chron. Noval.*, vii.

ennemies ravageaient-elles la campagne, des brigands menaçaient-ils l'abbaye, il le détachait de son clou, s'absentait avec la permission de l'abbé, et alors le bâton jouait dans sa main d'une manière terrible. On se souvient qu'une fois il mit en fuite à lui seul toute une armée de bandits, et les habitants de la Novalèse parlent encore avec admiration de l'assommoir de Walter et de *ses bons coups*[1]. Près de lui vivait un jeune religieux d'une douce figure que l'on disait être son petit-fils. Tous deux ne songeaient qu'aux choses d'en haut, et leur plus chère occupation fut de se creuser dans le roc un sépulcre où ils devaient reposer l'un près de l'autre[2]. Ils y reposèrent en effet, et le moine qui traçait ces lignes avait maintes fois manié leurs ossements. Les habitants des environs visitaient cette tombe comme celle de deux saints, et un jour, pendant une épidémie, une dame d'un château voisin déroba la tête du plus jeune, qu'elle emporta en la cachant sous son manteau. »

On devine bien qu'il est question ici de Walter d'Aquitaine, et en effet le moine insère à ce sujet dans sa chronique un récit tout à fait conforme au poëme que nous analysions tout à l'heure, et qui n'en est même souvent que la reproduction textuelle. Le jeune compagnon de Walter était l'enfant du fils qu'il avait eu de sa femme Hildegonde au temps de leur jeu-

---

[1]. Percussio seu ferita Waltarii. *Chron. Noval.*, xi.
[2]. Fecit siquidem, dum vixit in summitate cujusdam rupis sepulcrum in eadem petra laboriosissime excisum... in eodem cum quodam nepote suo nomine Rathaldo cognoscitur fuisse sepultum. *Ibid*, xii.

nesse[1]. Ce fils n'était plus. La chronique se tait sur la catastrophe qui avait enlevé Hildegonde. Walter, laissé pour mort dans son combat avec Dietlieb, avait été rappelé à la vie et s'était guéri de ses blessures. Après d'autres traverses que nous ne savons pas, ayant perdu ce qui lui était cher, il était venu chercher le repos sous une règle qui pût dompter les violences de son âme; le vieux récit nous dit le reste.

Des scènes parfois gracieuses et riantes de la poésie du Midi, Gudruna nous transporte dans la poésie du Nord, aussi âpre et aussi sombre que son climat. La fille de Crimhilde et de Ghibic, l'inconsolable veuve de Sigurd, pleure jour et nuit la mort de son époux, et maudit ses frères Gunther et Hagen, qui l'ont assassiné. Elle repousse avec obstination le roi des Huns, qui demande sa main; mais Crimhilde lui fait boire le breuvage d'oubli, « breuvage amer et froid, » dit le poëte, et alors, le passé s'effaçant de sa mémoire, Gudruna oublie Siegfried et ses frères, et part joyeusement pour le royaume des Huns. Des guerriers franks l'accompagnent à cheval, des femmes gauloises la suivent en char. « Pendant sept jours elle gravit de fraîches montagnes, pendant sept jours elle fend l'onde sinueuse des fleuves, pendant sept jours encore elle traverse la terre sèche des campagnes; » elle arrive de cette façon à la citadelle élevée où le roi des Huns faisait sa demeure [2].

La première nuit de leurs noces fut assombrie par

---

1. Hic filius fuit filii Waltarii quem peperit ei Hildegund, prænominata puella. *Chron. Noval.*, xii.
2. *Quida-Gudrunar.*

des pressentiments et des rêves prophétiques : les Nornes (ce sont les Parques scandinaves) répandirent leurs enchantements sur Attila. Assailli d'images de meurtre, il se réveille épouvanté et dit à sa nouvelle épouse : « Oh! j'aime mieux l'insomnie que le sommeil avec de pareils rêves; j'aime mieux me rouler tout meurtri sur ma couche comme un malade que d'y rencontrer un pareil repos! » Elle aussi se trouva bientôt malheureuse. Les fumées du breuvage d'oubli, en se dissipant, lui ramenèrent l'image de Sigurd, mais elle ne ressentit plus son ancienne haine contre ses frères : elle avait pardonné.

Les chants de l'Edda nous montrent la jeune reine triste dans ce palais où le souvenir de son premier mari la poursuit jusque dans les bras du second. Elle y avait rencontré Théodoric, qui pleurait son royaume perdu; la communauté de tristesse les rapproche. D'un autre côté, Herkia, la reine Kerka de Priscus, qui ne figure ici que comme une concubine, épie Gudruna avec jalousie et remplit de soupçons le cœur de son maître [1]. Lui cependant ne cesse de réclamer le trésor de Sigurd, que Gunther et Hagen retiennent déloyalement, quoiqu'il soit la propriété de leur sœur; mais ni prières ni menaces n'ont d'effet sur eux. Cette partie de la fable est fort obscure, et on ne sait pas comment le roi des Huns parvient à s'emparer de la reine Crimhilde, l'enferme dans une caverne et l'y laisse mourir de faim. Beaucoup de chants épisodiques devaient se rattacher aux chants principaux et peindre les diverses

---

[1]. *Quida-Gudrunar.*

péripéties de ce mariage mal assorti ; la plupart sont perdus, mais un de ceux qui nous restent fera suffisamment apprécier leur caractère général.

« Gudruna. — Pourquoi donc, ô Attila, te montres-tu sombre et soucieux ? Le sourire n'effleure plus tes lèvres : tes hommes se demandent pourquoi tu ne leur parles plus, et moi, je me demande pourquoi tu me fuis ?

« Attila. — C'est qu'Herkia m'a tout révélé, ô fille de Ghibic ! Elle m'a dit qu'elle t'avait surprise avec Théodoric, dormant sous la même couverture de lin, l'un à côté de l'autre.

« Gudruna. — Je suis prête à te jurer, par la pierre blanche qui repose au fond du chaudron bouillant, qu'il ne s'est rien passé entre Théodoric et moi dont le gardien le plus sévère ou un mari puisse s'offenser.

« Une seule fois, vraiment, j'ai embrassé le roi honoré, le chef des peuples ; mais nos pensées n'étaient point à l'amour. Tous deux rongés de tristesse, nous nous racontions nos chagrins [1].

« Qui m'assistera dans ma cause ? qui m'accompagnera à l'épreuve du feu ? Théodoric est seul. Des trente guerriers qui le suivirent dans son exil, pas un ne lui reste ! Entoure-moi de mes frères en armes, entoure-moi de toute ma famille.

« Fais venir ici Saxo, le prince des hommes du Midi, lui qui sait par quels rites il faut consacrer le chau-

---

[1] Nisi collum amplexabar — populorum moderatori — unica vice - aliæ erant nostræ cogitationes, — ubi nos duo mœsti — descendebamu ad colloquia. *Quida-Gudrun.*, 4.

dron d'eau bouillante. — Sept cents hommes entrèrent dans la cour avant que la royale épouse eût plongé sa main dans le chaudron.

« A ce moment, elle s'écria avec angoisse : — Gunther n'est pas ici, je ne puis invoquer Hagen; mes doux frères, je ne les vois pas ! Je pense bien que l'épée d'Hagen aurait pu venger une si grande injure, mais je n'ai que moi pour me justifier de la calomnie.

« Aussitôt, plongeant au fond de la chaudière la blanche paume de sa main, elle saisit et rapporta les verts cailloux [1]. — Voyez maintenant, hommes, voyez que je suis innocente ; ma main est sans brûlure, et le chaudron bout à gros bouillons.

« Attila sourit dans son âme quand il vit intacte la main de Gudruna. — Qu'on m'amène maintenant Herkia ; je veux qu'elle subisse aussi l'épreuve du feu, elle qui a médité une si noire vengeance.

« Celui-là n'a vu de sa vie chose misérable qui n'a pas vu comment les mains d'Herkia furent brûlées. On entraîna la jeune fille pour la jeter dans un marais infect, et ainsi Gudruna eut satisfaction de son injure [2]. »

Plusieurs années s'écoulent, et Attila voit avec bonheur grandir sous ses yeux deux fils, Erp et Eitille, qu'il a eus de Gudruna, et sur lesquels il reporte toute sa tendresse ; d'un autre côté, sa passion pour l'or

---

1. Cito ea demisit ad fundum — volam candidam — atque ea sustulit — virides lapillos. *Quida-Gudrun.*, 8.
2. Nemo vidit rem miserabilem — qui id non vidit — quantum ibi Herkiæ — manus ustulabantur. *Ibid.*, 9.

s'est réveillée : il veut recouvrer à tout prix l'héritage de Sigurd que lui ont volé les Niebelungs. Le plus complet des poëmes scandinaves, l'*Atla-Mâl*, nous introduit dans un conseil où le roi des Huns et ses principaux chefs délibèrent sur les moyens à employer pour reconquérir ce trésor, leur bien légitime. On décide qu'Attila attirera Gunther et Hagen dans sa ville sous le prétexte d'une brillante fête qu'il veut donner; puis, quand les hommes de l'ouest seront sous sa main, il faudra bien qu'ils rendent le trésor, ou qu'ils déclarent dans quel lieu ils l'ont enfoui. Gudruna, l'oreille au guet, a tout entendu, et, résolue à tout déjouer, elle charge l'envoyé d'Attila d'une lettre pour Gunther et d'un anneau d'or pour Hagen. La lettre, écrite en runes, avertit ses frères de ne point venir; mais l'envoyé d'Attila, qui connaît les runes, falsifie les caractères, et rend la lettre en partie illisible. L'anneau était entrelacé de poils de loup; mais l'envoyé d'Attila ne les a point remarqués, ou n'a pas deviné ce qu'ils signifiaient. A son arrivée au palais des Niebelungs, lorsqu'il a remis la lettre et l'anneau, Glomvara, femme de Gunther, observe le message avec défiance. « Pourquoi, s'écrie-t-elle, Gudruna ma sœur, si habile dans l'art des runes, a-t-elle tracé des caractères que je ne puis lire? » En même temps, Costbéra, la femme d'Hagen, disait en examinant l'anneau : « Voici des poils de loup qui veulent dire : Garde-toi des piéges[1]. » Elles parlaient en vain : de riches

---

[1]. Pilos inveni lupinos — innexos annulo rutilo : — opinor eam cautelam indixisse. *Atla-Quida*, 8.

armures, présents d'Attila, suspendues au poteau de la salle, à la lueur d'un feu petillant, éblouissaient les yeux des Niebelungs, et l'image de cette course lointaine, de ces fêtes et de ces combats absorbait toutes leurs pensées.

La nuit qui suit le message et qui précède le départ des princes est remplie de sombres pressentiments. Costbéra, couchée à côté d'Hagen, se réveille en sursaut toute pâle de frayeur.

« — Hagen, lui dit-elle, j'ai rêvé qu'un ours entrait dans cette chambre et grimpait sur notre lit, qu'il secouait violemment avec ses ongles ; là, il nous saisit dans sa gueule, et nous ne pouvions nous défendre, car nous étions comme pétrifiés. — Laisse là tes visions, répondit Hagen ; un ours blanc vu en songe, c'est une tempête qui doit éclater vers le soleil levant.

« J'ai rêvé aussi qu'un aigle voltigeait au-dessus de nous dans la grande salle, et que le battement de ses ailes faisait égoutter sur nos têtes une pluie de sang. Je fixai mon regard sur cet oiseau : il avait la figure d'Attila [1]. — Préparons-nous donc à chasser le buffle, car rêver d'aigle, c'est signe qu'on rencontrera des buffles. Rêve tout ce que tu voudras, ma femme chérie ; tes rêves n'importent guère au roi des Huns. » Leur bavardage finit là, dit le poëte, car tout bavardage finit [2].

« La même scène se passait dans le lit de Gunther, où Glomvara, en proie à des visions funestes, cher-

---

[1]. Existimavi... eam esse formam Attali. *Atla-Mâl.*, 18.
[2]. Finem fecerunt ei colloquio. — Omnis sermo finitur. *Ibid.*, 19.

chait à empêcher son départ : — Gunther, lui disait-elle, j'ai cru voir en rêve un gibet où l'on te menait pendre[1]; les vers sortaient déjà de ton corps, et pourtant je te sentais vivant. Devines-tu ce que cela veut dire?

« Je rêvais aussi qu'on retirait de ton vêtement un poignard ensanglanté (quel rêve à raconter à un homme qu'on aime!); puis je vis une lance qui te perçait de part en part, et un loup hurlait à chaque extrémité. — Loups et chiens vus en rêve, répondit Gunther, c'est le présage d'un cruel massacre.

« Je rêvais, reprit Glomvara, qu'un fleuve débordé arrivait dans ce palais; il avançait en bouillonnant, et la voix de ses cataractes nous faisait frémir; il entra dans la salle en soulevant les bancs, et vous saisissant, Hagen et toi, dans un tourbillon, il vous brisa contre les murs; assurément cela n'annonce rien de gai.

« Je rêvais aussi que les filles de la mort, les cruelles Nornes, étaient venues ici la nuit dernière, dans leurs plus beaux atours, pour chercher un mari; elles étaient hideuses à voir! C'est toi, Gunther, qu'elles avaient choisi, et elles t'invitèrent à les suivre au banquet des trépassés[2]. — C'est trop me retarder par des discours, s'écria enfin Gunther; ce qui est arrêté est arrêté, nous partirons malgré tous les présages! »

Les présages n'étaient que trop véridiques, ainsi que la suite le prouva. Lorsque les hommes du Rhin,

1. Factum autumabam tibi patibulum — teque ad suspendium ire. *Atla-M.*, 21.
2. Fæminas existimabam defunctas... quæ te virum eligere cupiebant — te cito invitabant — ad sedilia sua. *Ibid.*, 25.

avec leur cortége de guerriers, arrivèrent à la demeure d'Attila, ils trouvèrent la ville barricadée comme pour un siége, et la porte rendit un bruit de verrous quand Hagen vint la heurter. « On n'entre pas aisément ici, lui dit en ricanant le messager qui les amenait : je vous conseille de retourner chez vous, ou plutôt attendez-moi un peu, afin que j'aille vous tailler une potence. » Les Niebelungs, pour toute réponse, lui fendirent la tête à coups de hache. La porte s'ouvrit et Attila parut : « Soyez les bienvenus parmi nous, leur dit-il, à la condition de me livrer le trésor qui appartient à Sigurd et qui est le douaire de Gudruna. — Tu ne l'auras jamais, répondit Gunther; et si nous devons mourir, vois par celui-ci, qui était un des tiens, que nous ne tomberons pas les premiers. » Et ils lui montrèrent le cadavre de son envoyé. Alors la bataille commença : les Huns saisirent leurs arcs, les Niebelungs leurs boucliers; les flèches et les javelots se croisaient et se heurtaient dans l'air. Tout à coup une femme se précipite entre les combattants : c'était la reine Gudruna, que le bruit avait attirée hors de son palais; sa chevelure était en désordre; elle avait arraché les colliers qui chargeaient son cou, et les anneaux d'argent roulaient brisés sur la poussière. Elle embrassa tendrement ses frères et essaya de les réconcilier avec son mari; mais elle n'y réussit pas.

Pendant la moitié du jour, la bataille dura sans se ralentir; le sang ruisselait sur la terre comme une rivière; enfin Gunther et Hagen, accablés par le nombre, sont faits prisonniers et enfermés tous les deux dans un cachot. Attila allait de l'un à l'autre, les menaçant de la mort s'ils ne lui déclaraient pas l'endroit où ils avaient caché son trésor ; mais ni l'un ni l'autre ne voulait parler. « Hagen et moi, disait Gunther, nous nous sommes juré entre nous de ne jamais révéler notre secret; je ne puis te le dire, tant que Hagen sera vivant. » Alors on lui apporta un cœur sanglant placé sur un plateau : « Oh! ce n'est pas là le cœur d'Hagen l'intrépide, s'écria Gunther, c'est le cœur du lâche Hialla ; il tremble sur ce plat, il tremblait deux fois plus fort dans la poitrine de son maître.[1] » On tua alors Hagen, et on lui arracha le cœur. « Je reconnais celui-là, s'écria Gunther en le voyant ; il ne tremble pas du moins, c'est le cœur de Hagen. Et maintenant, Attila, maintenant que je reste seul, écoute; cherche au fond du Rhin, le trésor y est tout entier : les anneaux et les bracelets d'or étincellent avec plus d'éclat sous les vagues du fleuve qu'ils ne feraient aux bras des Huns. » Attila, au comble de la colère, fait jeter le Niebelung dans une fosse remplie de serpents. Gunther avait sa lyre avec lui, il en frappe les cordes de son pied, et tous les hommes tressaillent, toutes les femmes pleurent, les serpents s'apaisent et les aspics s'engourdissent ; mais la mère d'Attila, changée en vipère, s'élance sur lui et lui ronge le foie. Gunther expire en riant et va boire la cervoise avec les Ases à la table d'Odin.

Maintenant c'est le tour de Gudruna : à chacun sa vengeance, à chacun son jour de triomphe. Elle re-

---

[1]. Hic habeo cor — Hiallii trepidi, — dissimile cordi — Högni intrepidi — quod multum tremit — jacens in patina; — tremuit dimidio magis, — cum in pectore jaceret. *Atla-Q.*, 24.

grette surtout Hagen, son jeune frère, son frère préféré. « Nous avions été élevés ensemble, dit-elle, deux sous un seul toit ; nos jeux étaient les mêmes, nous grandissions côte à côte comme deux jeunes arbres dans le verger de mon père ; c'était toujours de colliers semblables que ma mère Brunehilde aimait à nous parer. Oh ! je ne te pardonnerai jamais le meurtre de mes frères ! et quoi que tu puisses faire désormais pour moi, rien de toi ne me plaira plus. » Elle semble ensuite se résigner à la fatalité de son sort. « Que peut une faible femme contre la puissance des hommes ? La cime de l'arbre se sèche quand les rameaux lui sont enlevés, et la plante s'inclinera jusqu'à terre, si vous lui retranchez son tuteur. Règne donc tout à ton aise, Attila, et fais ici tout ce qu'il te plaît. » Attila crut l'avoir calmée : « il eut tort, ce roi prudent, dit le vieux poëme scandinave ; en se montrant oublieuse et gaie, Gudruna jouait un double jeu [1]. » En effet, les plus noirs projets roulaient dans son cerveau. Elle exige enfin une dernière concession à son chagrin : qu'elle puisse offrir un repas funèbre à la mémoire de ses frères et qu'Attila y assiste avec elle, elle se montrera satisfaite. Un banquet somptueux est préparé par ses soins... et Attila mange le cœur de ses deux fils accommodé avec du miel.

Dans le tableau de cette scène horrible que les scaldes groënlandais, auteurs de l'*Atla-Mâl* et de l'*Atla-Quida*, traitent tous deux avec complaisance, et dans laquelle ils accumulent tout ce que la poésie scandinave possède d'images féroces et de détails hideux, et elle est, comme

---

1. Male evenit consilium Attalo : — attamen ille possidebat animum sapientem... Edda. *Atla-Mâl.*

on sait, très-riche en ce genre, il éclate par-ci par-là
quelques traits vrais et touchants. Ainsi, dans l'*Atla-
Mâl*, Gudruna attire vers elle ses enfants par des paroles
caressantes ; puis, quand elle les tient, elle les attache
à un billot. « Ces lionceaux, dit le poëte, furent frappés
de surprise, mais ils ne pleurèrent point[1] ; se collant
au sein de leur mère, ils lui demandaient ce qu'elle
leur voulait. — Je veux vous tuer tous deux ; c'est une
fantaisie que je nourris depuis longtemps. — Mère, tue
tes enfants si tu veux, tu en as le droit[2], et personne
ici ne t'en empêche ; mais songe que c'est un grand
crime et que tu devras t'en repentir. Tes enfants
auraient grandi joyeusement, et mon frère serait devenu
un guerrier. » Dans l'*Atla-Quida*, elle adresse ces paroles à son mari : « Tu ne les appelleras plus sur tes
genoux pendant le repas, ton cher Erp et ton cher
Eitill, si gais tous deux et animant encore la gaieté du
festin. Tu ne les verras plus assis sur ce siége en face
de toi, distribuant des cadeaux à tes hommes, ou là-bas,
au milieu des guerriers, maniant la poignée des lances,
caressant la crinière des chevaux et excitant par leurs
cris l'ardeur des coursiers[3]. »

« A ces mots, reprend le poëte, un bruit confus
s'éleva sur tous les bancs : c'était une orageuse clameur
d'hommes dont les sifflements firent trembler les voûtes
de la salle. Tous les yeux versaient des larmes sur la

---

1. Ea adlexit parvulos — et trabi applicuit ; — consternabantur feroces
— neque tamen plorabant. *Atla-M.*, 73.
2. Macta tu, ut lubet, pueros ; — id nemo impedire potest. *Ibid.*, 74.
3. Non accies tu posthac — ad genua tua — Erpum atque Eitillum —
poculis alacres duo... Hastis manubria accommodare, — jubas demetere
— neque equos impellere. *Atla-Q.*, 39.

mort des fils du *Hun*, mais les yeux de Gudruna étaient secs. Cette femme ne connut jamais les larmes, pas plus pour ses frères au cœur d'ours que pour les doux enfants sans malice qui étaient les fruits de son sein. »

Je me hâte d'arriver au dénoûment. On ne comprend pas bien, dans les poëmes qui nous restent, comment, après une preuve si peu douteuse de son mauvais vouloir pour lui, Attila put garder encore Gudruna, et non-seulement la garder, mais l'aimer et désirer son amour. Les scaldes, il est vrai, ont soin de nous la peindre comme étant d'une beauté merveilleuse : « Elle avait, dit l'auteur de l'*Atla-Quida*, la blancheur du cygne, et quand elle circulait autour des tables du festin, faisant l'office d'échanson, on l'eût prise pour une déesse. » Enfin, il était dit, dans la donnée épique, qu'Attila serait aveugle dans son affection, afin que Gudruna pût couronner sa vengeance par un suprême attentat. En effet, elle le flatte, elle l'enivre de fausses caresses. « Souvent, dit le poëme déjà cité, on les vit s'embrasser comme deux amants sous les yeux des chefs. » Enfin, une nuit qu'il dormait profondément dans ses bras, appesanti par le vin qu'elle lui avait versé, elle se lève furtivement, introduit dans la chambre Aldrian, fils de Hagen qu'elle gardait près d'elle comme un instrument de meurtre, et à eux deux ils plongent une épée dans le cœur du roi. Au froid de l'acier, Attila se réveille, et, apercevant sa femme et le jeune neveu de sa femme :

« Qui de vous m'a frappé ? dit-il. Avouez-le-moi en toute franchise. Qui m'a tué ? car je sens que ma blessure est mortelle et que ma vie s'échappe avec mon sang.

« GUDRUNA. — La fille de Crimhilde ne te mentira pas. C'est elle qui t'a tué, et celui-ci l'a aidée à te faire une blessure dont tu ne dois pas guérir.

« ATTILA. — Qui t'a inspiré cette fureur, ô Gudruna ? Il est mal de tromper un ami qui se fie à vous [1]. Pourtant je t'aimais ! C'est avec l'espoir du bonheur que je briguai ta main, lorsque tu devins veuve et que je t'amenai régner avec moi dans mon royaume. On te disait altière, impérieuse, et je ne l'ai que trop éprouvé. Tu vins donc ici avec tout l'attirail d'une reine. Les plus illustres Huns te faisaient cortége. Des bœufs étaient échelonnés en abondance sur la route, et des moutons aussi ; les peuples s'empressaient de fournir toutes les provisions nécessaires à ton voyage.

« Je te donnai pour cadeau de noces trente cavaliers équipés et vingt belles vierges destinées à te servir ; ce que je te donnai en or et en argent, personne ne pourrait le compter. Et comme si tout cela n'était que néant, tu ne te montras point satisfaite ; c'était mon royaume que tu voulais, et c'est pour cela sans doute que tu m'as tendu ce piége. Rien de ce qui venait de moi ne semblait te plaire ; tu faisais sécher ta belle-mère de douleur. Ah ! depuis ce fatal mariage, aucun de nous n'a connu la paix !

« GUDRUNA. — Tu mens, Attila [2] ! Quoique je me soucie peu de récriminer sur le passé, je te dirai que

---

1. Tu furenter adgressa es necem, — etsi non esset congruum, — malum est fallere amicum — qui bene tibi confidit. *Atla-M.*, 90.
2. Nunc tu mentiris, Attale. *Ibid.*, 95.

c'est toi qui as troublé la paix. Ta maison était une maison de discorde : les frères s'y battaient contre les frères, les amis contre les amis, et la moitié de ta famille appartient déjà aux filles de l'enfer...

« Il n'en fut pas ainsi du temps de mon premier mari : quand celui-là mourut, un amer chagrin s'empara de moi. Il était triste assurément de porter à mon âge le nom de veuve ; mais ce fut pour Gudruna un affreux supplice d'entrer vivante dans la maison d'Attila. Un héros l'avait possédée, elle le pleure encore, et ses larmes ne tariront point...

« ATTILA. — Cesse, ô Gudruna, et écoute-moi. Si tu eus jamais quelque pitié dans l'âme, prends soin de mes funérailles, fais que mon cadavre ne reste pas sans honneurs.

« GUDRUNA. — J'achèterai un navire avec un cercueil peint, j'enduirai un linceul de cire afin d'y envelopper ton corps, et je te rendrai les derniers devoirs comme si nous nous étions aimés [1].

« Le corps d'Attila resta sans mouvement. Un deuil immense s'empara de ses proches, et l'illustre femme exécuta ce qu'elle avait promis. »

La tragédie dans l'*Atla-Quida* ne finit pas encore là. Gudruna, lorsqu'elle voit Attila mort, descend dans la cour, lâche les chiens de garde, et, prenant un tison allumé, met le feu au palais. Bientôt la flamme consume tous les nobles huns, grands et petits, hommes et femmes, auprès du cadavre de leur roi : c'est l'holo-

---

1. Navigium emero — atque arcam coloratam ; — probe ceravero stragulum tuo corpori involvendo ; — prospexero omne quod opus est, — haud secus atque essemus benevoli. *Atla-M.*, 91.

causte expiatoire qu'elle envoie aux mânes de ses frères. « Heureux, s'écrie avec un enthousiasme digne de la férocité de son héroïne l'auteur de l'*Atla-Mâl*, heureux le père qui a pu engendrer une telle fille, car il vivra dans la postérité, et Gudruna sera chantée sur toute la terre, partout où les hommes entendront raconter l'histoire de ces discordes acharnées[1] ! »

Si je ne me trompe, nous voici plus près d'Ildico que nous n'avons encore été ; elle nous apparaît ici sous une image beaucoup plus nette, sous une forme bien mieux arrêtée que dans Hilldr la Danoise ou dans Hildegonde de Burgondie. Ce qui différencie surtout les deux figures historique et traditionnelle, ce sont les nécessités du cadre dans lequel celle-ci est emprisonnée. La liaison de la fable de Sigurd avec la tradition d'Attila voulait qu'une veuve remplaçât la jeune fille de l'histoire, et qu'une mort lente, préparée par des péripéties nombreuses, amenée fatalement par l'héritage du trésor maudit de Fafnir, remplaçât pour Attila la mort précipitée qui l'avait frappé dans la nuit même de ses noces. Il faut se dire aussi qu'un simple meurtre, si atroce qu'il fût, n'était pas de nature à contenter les poëtes scandinaves, qui avaient besoin de tableaux un peu plus émouvants, tels, par exemple, que celui d'un père qui mange le cœur de ses enfants égorgés par leur mère. Malgré ces altérations, que le mélange du fabuleux et du réel peut expliquer, on ne saurait méconnaître, à mon avis, dans les poëmes de l'Edda, un souvenir direct d'Attila, une impression

---

1. Beatus est posterorum quisque — cui gignere contigit — talem puellam fortium factorum laude—qualem... *Atla-M.*, 103.

contemporaine poétisée, comme elle pouvait l'être, dans la patrie des Berserkers. Quoi qu'il en soit, cette poésie avait une grandeur qui saisissait l'imagination et qui assura sa vogue dans toute l'Europe germanique. Elle revint donc de la Scandinavie dans l'Allemagne du midi, rapportant sur les bords du Rhin et du Danube, avec les personnages réels qu'elle y avait empruntés, ses propres fictions et son cadre mythologique ; mais de nouvelles destinées l'y attendaient, et la tradition scandinave, bien qu'adoptée dans sa forme, reçut au fond des changements qui la rendirent méconnaissable. Cette espèce de révolution s'opéra au xe siècle, époque où commencent les poëmes germaniques du cycle des Niebelungs. Quel fut le caractère de cette révolution, et quelle cause historique peut-on lui assigner ? C'est ce qu'il me reste à examiner.

III   DERNIER ÉTAT DE LA TRADITION. — POEME ALLEMAND DES NIEBELUNGS. —ALTÉRATION DU MYTHE DE SIGURD. — FÉROCITÉ DES NIEBELUNGS ET DE LEUR SOEUR CRIMHILDE. — ATTILA AMI DES CHRÉTIENS ; IL FAIT BAPTISER SON FILS ORTLIEB. — PILEGRIN ÉVÊQUE DE PASSAU, AUTEUR DU POEME DES NIEBELUNGS — PILEGRIN FUT L'APOTRE DES HONGROIS. — SON ROLE POLITIQUE. — CARACTÈRE ET OBJET DE SON POEME.

Quand on compare les chants de l'Edda aux poëmes germaniques du cycle des Niebelungs, et surtout au beau et grand poëme de ce nom, le *Niebelungenlied*, astre de cette pléiade, on est frappé des différences qu'ils présentent ; mais l'étonnement s'accroît quand on approfondit la nature de ces différences. Ainsi, dans les uns et dans les autres, le cadre est le même, les personnages sont les mêmes, le fil conducteur de l'action est le même ; seulement l'intention poétique, les caractères sont tout autres, et le dénoûment est changé : la tradition scandinave se réfléchit bien dans la tradition germanique, mais elle s'y dessine à rebours. Ce n'est plus le meurtre du roi des Huns qui fait la catastrophe, c'est la mort de sa femme, que les poëmes allemands appellent Crimhilde, mais qui est évidemment le même personnage que Gudruna ; ce n'est pas Attila qui attire les princes du Rhin dans un piége pour leur arracher le trésor de Fafnir, c'est Crimhilde elle-même qui les enlace dans ses ruses et les immole ensuite à sa vengeance. Dès l'entrée en matière du *Niebelungenlied*, on s'aperçoit que la fiction odinique de l'Edda n'est plus comprise. Ces êtres symboliques, qui, dans l'épopée scandinave, dominent toute l'action se rapetissent ici aux proportions de personnages humains ridiculement invraisemblables. La valkyrie Brunehilde est remplacée par une femme de notre monde, douée d'une force prodigieuse on ne sait pourquoi, et le Volsung Sigurd, ce fils de la lumière jeté dans les aventures de la vie mortelle pour y tomber victime des enfants de la nuit, est remplacé par un géant. Cet amour mystique qui liait le Volsung à deux femmes, l'une d'origine terrestre et l'autre d'origine divine, se transforme, dans la copie allemande, en galanteries mondaines assez étranges. L'allégorie a fait place au conte : le vent du christianisme, qui a soufflé sur ces symboles vivants, les a glacés du froid de la mort.

Le contraste se continue dans la portion du drame

consacrée aux aventures réelles. Gudruna avait oublié le crime de ses frères : Crimhilde n'a point bu et ne boira jamais le breuvage d'oubli ; ce qui la fait vivre, c'est le désir de la vengeance et la haine, une haine incommensurable et patiente, parce qu'elle ne connaît point de fin. Si elle consent à épouser Attila, dont elle se soucie peu d'ailleurs, c'est que le margrave Rudiger de Pechlarn, envoyé du roi des Huns, lui a dit que ce mariage mettrait ses ennemis sous ses pieds, et que lui-même s'engageait à la soutenir contre tous : ce mot la décide, et elle part. Le trésor que lui avait légué Siegfried est presque tout entier aux mains de ses frères : elle veut du moins emporter ce qui lui reste ; mais Hagen s'y oppose insolemment et arrête les mulets déjà chargés. « Laissez-leur cet or, noble dame, dit Rudiger ; Attila n'en veut point et n'en a pas besoin ; il désire vous doter lui-même, et il vous couvrira de plus de bijoux que vous n'en pouvez porter. » Ni le désintéressement d'Attila, ni la tendre affection qu'il lui montre ne calment cette âme cruelle ; en vain elle met au monde un fils qu'elle fait baptiser [1] (car il y a dans Etzelburg une église où l'on dit régulièrement la messe) : aucun sentiment n'a prise sur elle, si ce n'est la vengeance. Elle arrête enfin son plan. Une nuit qu'Attila reposait dans ses bras, elle se lamente sur la longue absence de ses proches, comme si son cœur souffrait de ne les point voir. « J'ai d'illustres parents, disait-elle, mais nul ne les connaît dans ce royaume, et, quand

---

1.   Dasz da getaufet wurde des edlen Königes Kind,
Nach christelichem Rechte : Ortlieb ward es genannt.
Niebelungenlied, v. 5558.

je passe sur les chemins, on m'appelle, pour m'offenser, l'orpheline étrangère ! — O femme bien-aimée, s'écrie Attila, que toute ta parenté vienne nous visiter, je l'y inviterai cordialement, et ma joie égalera la tienne quand nous recevrons ces nobles hôtes. » C'était, on le devine bien, un piége que Crimhilde tendait à ses frères, à l'insu de son mari. Dès le lendemain, deux messagers partaient pour Worms, et une grande fête d'armes se préparait à Etzelburg.

Les frères de Crimhilde, Gunther, Ghiselher et Ghernot, n'acceptent pas sans hésiter l'invitation qui leur arrive d'Etzelburg; mais la loyauté d'Attila les rassure, car nul roi n'est plus fidèle à sa parole, nul roi n'exerce plus saintement l'hospitalité. Ils ont soin néanmoins de s'informer près des messagers s'ils ont vu la reine, leur sœur, et de quelle humeur elle était à leur départ. « D'humeur calme et joyeuse, répondent ceux-ci, et elle vous envoie le baiser de paix [1] ». Les hommes du Rhin se mettent en route, non pas seuls toutefois, leur suite se compose de soixante chefs ou héros, de mille guerriers d'élite et de neuf mille soldats. En tête se trouve Hagen, qui n'est plus ici leur frère, mais leur parent et leur compagnon inséparable. Dans le guet-apens tendu à Siegfried par les Niebelungs, c'est lui qui a frappé le héros, et après l'avoir tué, il lui a enlevé son épée, qu'il porte arrogamment à sa ceinture comme un trophée de sa victoire. L'épée de Siegfried est la meilleure qui ait jamais été trempée; elle se nomme Balmung, et on la reconnaît à son pommeau de

---

1. *Niebelungenlied.*, v. 6029 et suiv.

jaspe, vert comme l'herbe des prés. Les hommes du Rhin sont assaillis tout le long de leur route par des prédictions sinistres, et quand ils arrivent à la porte d'Etzelburg, Théodoric, qui vient au-devant d'eux, leur dit que la reine gémit toujours et regrette Siegfried : c'était un avertissement qu'ils se tinssent sur leurs gardes. Il n'était plus temps de reculer, ils entrent.

L'accueil que leur fait Attila, aussi cordial que magnifique, ne trouve chez eux que froideur et dureté ; tout entiers à la pensée des piéges que peut leur tendre Crimhilde, ils refusent de quitter leurs armes, et leur sombre préoccupation éclate par des propos insolents ou des menaces qui indignent leur hôte. Les Niebelungs sont représentés comme de dignes frères de Crimhilde, sur lesquels le poëte accumule tout ce qu'il peut imaginer d'énergie guerrière et de passion féroce : leur violence naturelle conspire avec la furie de leur sœur à transformer cette fête joyeuse en un champ de carnage. Voici la scène par laquelle ils forcent Attila à tirer l'épée malgré lui. Ils sont à la table du roi, les trois princes du Rhin et Hagen, lorsqu'une querelle excitée par Crimhilde met aux mains dans la rue les soldats burgondes et les Huns. Attila leur présentait avec affection le petit Ortlieb, son fils, que quatre vassaux portaient autour de la table et faisaient passer de main en main parmi les convives. « — Mes amis, disait le roi aux Niebelungs, vous voyez mon bien et ma vie, mon unique enfant et celui de votre sœur. Je veux le confier à vos soins pour que vous l'emmeniez à Worms, et qu'à votre exemple il devienne un jour un homme. — Faire un homme d'un pareil avorton !

reprit brutalement Hagen, ce n'est pas moi qui m'en chargerai, et j'espère qu'Ortlieb et moi nous ne nous rencontrerons pas souvent dans la ville de Worms ». [1] En cet instant un guerrier burgonde entrant dans la salle crie qu'on égorge tous leurs amis. A ces mots, le féroce Hagen se lève, tire son épée, et fait sauter la tête d'Ortlieb sur le sein de sa mère.

Alors commence entre les Huns et les Niebelungs une lutte implacable ; Attila, couvert du sang de son fils, leur a déclaré guerre pour guerre. Les Burgondes, retranchés dans une salle du palais, soutiennent l'assaut des Huns ; les morts succèdent aux morts, les blessés aux blessés ; on se bat avec du sang jusqu'aux genoux. Au plus fort de la mêlée, Crimhilde met le feu à la salle pour brûler ses frères. Épuisés de fatigue et cernés par les flammes, ils ont soif, et l'un d'eux demande à boire : « Bois du sang ![2] » s'écrie Hagen. Le Burgonde se baisse, entr'ouvre la poitrine d'un ennemi blessé et y trempe ses lèvres : tous font de même. Cette galerie de portraits sauvages en présente quelques-uns d'un effet grandiose, tels que ce barde Folker, dont l'archet est en même temps un glaive qui reluit tout ensanglanté sur les têtes des Huns.

Cependant, malgré le nombre des soldats d'Attila et malgré toute leur bravoure, les Burgondes conservent l'avantage. L'auteur des *Niebelungs* nous en dit la

---

[1]. Doch ist der König junge so schwächelich gethan :
Man soll mich sehen selten zu Hoff nach Ortelieben gahn.
Niebelung., v. 7735.

[2]. Da sprach von Tronege Hagen : Ihr edelen Ritter gut,
Wen der Durst nun zwinge, der trinke hie das Blut;
Das ist in solchen Nothen noch beszer danne Wein.
Ibid., v. 8549, et seqq.

raison : c'est qu'ils sont chrétiens et que les Huns sont païens ; il faut des chrétiens pour les vaincre. Cette gloire est réservée à Théodoric, que la violence des hommes du Rhin oblige à entrer enfin dans la lice, quoiqu'il s'y soit longtemps refusé. Son intervention termine la lutte ; attaqué par Hagen, il le blesse au côté, l'étreint de ses bras de fer, le lie et le porte à Crimhilde. « Laissez-lui la vie, noble dame, dit-il à la reine ; plus tard peut-être, il vous servira [1] ». Gunther restait seul de tous les Niebelungs (Ghernot et Ghiselher étaient morts) ; Théodoric l'attaque à son tour, le terrasse et l'amène garrotté aux pieds de sa sœur.

La scène suivante n'est qu'une pâle copie de l'*Atla-Quida*, mais elle dénoue l'action d'une manière tout-à-fait inattendue. Gunther et Hagen sont enchaînés dans deux cachots différents, et Crimhilde fait ici ce que fait Attila dans l'Edda : elle va de l'un à l'autre, demandant où est caché le trésor de Siegfried. « Reine, lui dit Hagen, vous perdez vos discours ; j'ai juré de ne jamais révéler ce secret tant que la vie restera à l'un de mes nobles chefs. — Eh bien ! voici venir les dernières vengeances, » s'écrie la reine hors d'elle-même, et elle ordonne qu'on lui apporte la tête de Gunther. Prenant par les cheveux cette tête dégouttante de sang, elle la montre à Hagen ; mais le farouche Burgonde continue à la braver. « Maintenant le trésor n'est plus connu que de Dieu et de moi, lui dit-il, et toi tu ne le posséderas jamais, furie de l'enfer ! — Pourtant,

---

[1]. Hagenen band da Dietrich und führt' ihn, da er fand
Die edele Chriemhilde, und gab ihr in die Hand.....
Niebelung., v. 9521 et suiv.

reprend-elle, il en reste quelque chose que je prétends bien conserver, c'est l'épée de Siegfried : il la portait, mon gracieux bien-aimé, lorsque vous l'avez lâchement assassiné et que je l'ai vu pour la dernière fois! » Elle saisit alors le pommeau de Balmung, qu'elle arrache du fourreau sans que Hagen puisse la retenir; puis, levant à deux mains la terrible épée, elle tranche la tête de son ennemi [1]. Attila et Théodoric, présents à ce spectacle, restaient immobiles de stupeur; Hildebrand, indigné, s'élance sur la reine, la frappe de son épée et la tue. Le poëme finit là.

Dans cette courte analyse, je me suis attaché à mettre en saillie la différence matérielle des faits et des caractères entre les deux traditions; j'y ajouterai quelques développements sur les différences morales. Non-seulement l'Attila du poëme allemand est innocent de tous les crimes qui forment les péripéties du drame et que la famille des Niebelungs se partage fraternellement, non-seulement il se montre comme un modèle de désintéressement et de loyauté, comme un hôte si strict observateur des devoirs de l'hospitalité, qu'il faut qu'on lui tue son fils pour qu'il lève l'épée sur ses hôtes; mais encore il est l'exemple des maris : il ne songe à convoler en secondes noces qu'après avoir enterré et dûment pleuré sa première femme. « C'est avec respect et loyauté, dit Rudiger à Crimhilde, que le plus grand roi du monde m'envoie vers vous, à cette fin de vous rechercher en mariage. Il vous offre amour infini :

---

[1] .... Das Haupt sie ihm abeschlug :
Das sach der König Etzel; es war ihm leide wahrlich genug.
Niebelung., v. 9607 et suiv.

aucuns chagrins ne vous atteindront, et il est disposé à ressentir pour vous la même tendresse qu'il eut jadis pour dame Helkhé, cette femme qu'il portait dans son cœur. Certes, il a passé des jours amers à regretter ses vertus [1] ». Cet Attila ressemble fort peu, on l'avouera, au furieux polygame dont nous parle l'histoire, et qui avait une légion de femmes et un peuple d'enfants ; il ne ressemble pas davantage à l'Atli des chants scandinaves, qui n'est guère plus réservé, et dont l'amour est toujours entaché de violence. Sans être chrétien, Attila a des vertus chrétiennes, et il montre même un grand penchant pour la vraie religion, il a fait construire une église à Etzelburg; sa femme Helkhé était chrétienne, ses plus chers amis sont chrétiens, et il permet que son fils Ortlieb reçoive le baptême; on espère qu'il consentira un jour à en faire autant pour son compte. C'est une perspective que Rudiger fait entrevoir à Crimhilde pour la décider : « Peut-être, lui dit-il, aurez-vous le glorieux bonheur de faire baptiser Attila [2] : que ce soit pour vous un nouveau motif d'accepter le titre de reine des Huns ! » Il y a mieux que cela encore dans le poëme de la *Lamentation* ou *Complainte des Niebelungs*, qui fait une suite naturelle

---

1. Er entbeut euch minniglichen Liebe ohne Leid;
Stäter Freundeschafte, der sei er euch bereit,
Als er eh thät Frau'n Helken, die ihm zu Herzen lag :
Wohl hat er nach ihr'r Tugende genuge unfröhlichen Tag.
Niebelung., v. 4933 et seqq.

2. Er hat so viel der Recken von christelicher Sitt'
Dasz euch da bei dem Künige nimmer veh geschieht.
Vielleicht ihr das verdienet, dasz er taufet seinem Leib :
Drum möget ihr gerne werden des Königes Etzelen Weib.
Ibid., v. 5053 et seqq.

au grand poëme, mais qui contient des détails empruntés aux documents originaux : Attila y raconte qu'il a été chrétien cinq ans, après quoi il serait retourné au paganisme sans que nous en sachions la raison. Enfin le roi des Huns recherche tout ce qui adoucit les mœurs et rehausse l'éclat de la paix ; il se construit un palais magnifique dont la grande salle est longue, large, haute, afin que la fleur des guerriers de l'univers entier puisse s'y réunir et y tenir à l'aise. Pour être un chevalier parfait, il ne lui manque que d'être chrétien ; mais il a près de lui deux amis chrétiens, Théodoric et Rudiger, qui n'ont point leurs égaux au monde, et qui font pour lui contre ses ennemis ce qu'un païen ne pourrait pas faire.

La mort de Crimhilde formant désormais le dénoûment de la tradition, que devient Attila ? Voilà ce qu'il est permis de demander aux poëmes germaniques, mais aucun d'eux ne contient la réponse. Le *Niebelungenlied* se tait prudemment, sans avouer qu'il ne veut pas le dire ou qu'il l'ignore ; le poëme de la *Complainte* est plus franc. « Je ne puis affirmer avec certitude, dit-il, ce qu'Attila devint par la suite ; on ne le sait pas, ni moi, ni personne [1]. Les uns disent : Il fut tué ; les autres disent non. Entre ces deux affirmations, mensonge ou vérité me sont également difficiles à saisir, et, pour cette raison, je reste dans le doute. Je ne m'éton-

---

1.   Wie es Etzelen seit erginge,
    Und wie er sein Ding anfinge,
    Da Herre Dietrich von ihm ritt,
    Deszen kann euch die Wahrheit nit
    Ich, noch jemand besagen.
        Die Klage. d. Niebelung., v. 4501 et seqq.

nerais donc pas si Attila s'était perdu, si le vent l'avait enlevé, si on l'avait enterré vivant, s'il était monté au ciel ou tombé dans quelque abîme, ou s'il s'était évanoui comme une vapeur, ou enfin si le diable l'avait emporté ; ces importantes questions, personne encore n'a su les décider[1]. » Ainsi les poëmes allemands du cycle des Niebelungs semblent repousser de la personne d'Attila cette tradition d'une fin tragique que les chants de l'Edda avaient adoptée avec tant d'enthousiasme, et qui a son point d'appui dans l'histoire. C'est encore une énigme à ajouter à toutes celles que renferment les poëmes dont je parle, énigmes qui ne sont peut-être pas insolubles. Peut-être qu'en cherchant quel fut l'inventeur de la fable germanique, le constructeur de l'épopée des *Niebelungs*, ce qui nous semble obscur s'éclaircirait ; peut-être comprendrions-nous mieux la révolution qui a bouleversé tout à coup la tradition d'Attila, en connaissant les circonstances au milieu desquelles elle s'est opérée.

C'est encore au poëme de la *Complainte* ou de la *Lamentation des Niebelungs* que je demanderai les explications dont j'ai besoin. Je l'ai déjà dit, ce poëme est très-curieux, et, quoique rédigé au XIVe siècle en vers fort médiocres, il s'appuie sur des rédactions plus anciennes, lesquelles se fondaient elles-mêmes sur les documents originaux. Or voici ce qu'il nous dit dans une espèce d'épilogue : « Ces récits, dont on ne

---

[1]. Ob er führe zum Abgrunde,
Oder ob ihn der Teufel verschlunde,
Oder ob er sonst verschwunden —
Das hat noch niemand erfunden.

Die Klage, d. Niebelung. v. 4522 et seqq.

doit point suspecter la vérité, car l'auteur en avait su
toutes les circonstances, l'évêque de Passau, Pilegrin,
les fit écrire en latin pour l'amour d'un sien parent [1].
Il fit écrire, sans rien omettre, tout ce qui s'était passé,
comment la chose avait commencé et fini, comment
les braves, après avoir dignement combattu, étaient
restés morts sur la place.» Le poëme ajoute que Pilegrin fut aidé dans son travail par son secrétaire,
maître Conrad, et que depuis lors ces aventures, tra-
duites en langue allemande, ont été chantées par tant
de poëtes, que tous, jeunes et vieux les connaissent par
cœur. Ainsi donc voilà un premier point éclairci. Pilegrin, évêque de Passau, en Autriche, personnage bien
réel, qui vivait dans la seconde moitié du xe siècle,
recueillit les chants populaires qui couraient l'Allemagne sur Attila et les Niebelungs, les refondit ensemble, et leur appliqua une forme épique dans un
livre écrit en latin. C'était la mode, à cette époque,
que des clercs, dans le silence du cabinet ou dans celui
du cloître, s'amusassent à donner aux sujets traditionnels qui intéressaient le public une unité et une composition littéraire qui manquaient aux chants des mé-
nestrels, dont la nature était de rester épisodiques.
C'est ainsi que nous voyons au xie siècle le moine auteur
de la chronique de Turpin esquisser le plan des romans
populaires sur Roland et Charlemagne. C'est ainsi

---

1.   Von Paszau der Bischof Pilgerein,
          Um Liebe der Neffen sein,
          Hiesz er schreiben diese Mähre,
          Wie es ergangen wäre.
                Die Klage., d. Niebelungen., v. 4538 et seqq.

encore qu'un roman latin sur Lancelot du Lac servit de guide aux romanciers français, et qu'enfin, au XIIe siècle, les compositions fameuses de Geoffroy de Monmouth fournirent un cadre aux romans poétiques sur l'histoire de la Bretagne. Ce parent de Pilegrin, pour l'amour duquel l'évêque de Passau composa son ouvrage, n'était autre que ce margrave Rudiger de Pechlarn, qui y figure si magnifiquement près d'Attila, mais qui, en réalité, mourut vers 916 gouverneur du duché d'Autriche. Il paraît que ce margrave présentait un des plus beaux caractères de cette époque, où l'esprit chevaleresque, rompant son enveloppe barbare, commençait à s'épanouir au jour, et l'évêque de Passau se plut à esquisser, au milieu de ses héros imaginaires, le portrait véritable d'un homme qu'il admirait.

Ce que Pilegrin avait fait pour Rudiger par affection de famille, les *Minnesingers* le firent pour lui par reconnaissance poétique : ils introduisirent le bon évêque dans le canevas de ses propres inventions avec un rôle conforme d'ailleurs à son caractère et à ses goûts. Le *Niebelungenlied* nous le dépeint, dans sa cour épiscopale de Passau, donnant l'hospitalité au cortége qui emmène chez les Huns la reine Crimhilde[1], sa nièce, car on fait de Pilegrin un frère de la reine Utta, femme de Ghibic. Dans le poëme de la *Complainte*, c'est le lettré curieux, le collecteur d'aventures héroïques qui se montre plus volontiers à nous. Les bardes d'Attila, chargés par Théodoric de porter en tous lieux la nouvelle des catastrophes d'Etzelburg, ne

---

1. *Niebelungenlied.*, v. 5187 et seqq.

manquent pas de s'arrêter à Passau et de raconter à Pilegrin tout ce. qui s'est passé. L'imagination de l'évêque se monte à leur récit ; il veut écrire ces mémorables aventures et fait promettre à Swemmel, l'un de ces bardes, qu'il le secondera dans son entreprise. « Swemmel, lui dit-il, mets ta main dans ma main et jure-moi que, si tu traverses de nouveau ce pays, tu reviendras me voir. Ce serait un grand malheur si ce que tu m'as conté venait à se perdre ; aussi je ferai tout écrire, les vengeances et les combats, les catastrophes et la mort des héros, et ce dont tu auras été témoin par la suite, tu me le confieras de même en toute sincérité. Outre cela, je veux savoir de chaque parent, homme ou femme, ce qu'il peut m'apprendre là-dessus ; mes messagers vont partir à l'instant pour le pays des Huns, afin de me tenir au courant de tout ce qui arrivera, car c'est bien là la plus grande histoire qui se soit passée dans le monde [1] ! »

Mais le lettré, le collecteur de traditions, l'amateur de poésie populaire était bien autre chose encore, en vérité : c'était un personnage politique important et un apôtre plein de courage. Évêque de Passau depuis l'année 971 jusqu'à l'année 991, époque de sa mort, il se trouva mêlé à toutes les grandes affaires de l'Allemagne, principalement à l'affaire par excellence, celle qui n'intéressait pas seulement l'Allemagne, mais l'Europe, mais la chrétienté tout entière : je veux parler de la conversion des Hongrois et de leur introduction

---

[1].   Es ist die gröszeste Geschicht',
    Die zur Welte je geschach.
          Klagenlied, v. 3714 et seqq.

dans la société civilisée, au moyen du christianisme. Depuis bientôt cent ans que ce peuple habitait la Pannonie, où le roi Arnulf l'avait imprudemment appelé pour détruire les Moraves ses ennemis, l'Europe n'avait pas eu un instant de repos : l'Illyrie, l'Italie, la Bavière, la Thuringe, la Saxe, la Franconie, l'Alsace, la France même, avaient été successivement ravagées, et comme nous l'avons fait voir plus haut [1], la terreur qui accompagnait les nouveaux Huns ne pouvait se comparer qu'à celle que le monde romain avait ressentie au Ve siècle vis-à-vis des Huns d'Attila. Après bien des efforts impuissants, l'Allemagne eut sa revanche, et les Hongrois tombèrent sous l'épée de l'empereur Othon le Grand à la fameuse bataille d'Augsbourg, livrée en 955, où leur armée fut presque anéantie. Il s'ensuivit un traité de paix dans lequel le vainqueur imposa au vaincu, pour première condition, l'obligation de recevoir chez lui des missionnaires, de laisser construire des églises et de ne gêner en rien l'exercice du culte chrétien sur son territoire. C'était un traité qui valait bien ceux que nous faisons aujourd'hui avec les barbares du monde moderne pour leur imposer, comme premiers éléments de civilisation, nos produits industriels et nos vices. Cette convention fut acceptée par le peuple hongrois, que la défaite d'Augsbourg laissait sans moyen de résistance, et l'affaire conclue, Othon pourvut à l'exécution. Voulant organiser, près de la frontière de Hongrie, un centre d'opérations où viendrait aboutir

---

[1]. *Histoire des Successeurs d'Attila*, Conclusion.

tout le travail de la propagande et d'où les missionnaires recevraient l'impulsion, il choisit la ville de Passau pour sa place forte, et l'évêque Pilegrin pour son général. Le pape investit à ce sujet Pilegrin de pouvoirs extraordinaires; il eut sous lui, comme ses lieutenants, Bruno qui fut plus tard l'apôtre de la Russie, et l'ardent moine Wolfgang, qu'il récompensa par l'évêché de Ratisbonne[1]. Lui-même payait courageusement de sa personne et réclamait les devoirs du soldat plus souvent que les droits du chef. Les deux objets de ce double apostolat marchèrent de front avec la même sollicitude, le christianisme se répandant au profit de la civilisation, tandis que, d'un autre côté, l'adoucissement graduel des mœurs, les pratiques de la paix, le sentiment du bien-être, amenaient naturellement les Barbares à la religion chrétienne.

L'occasion se montra d'abord favorable. Geiza, que les Hongrois élurent pour chef suprême en 972, soldat rude, mais intelligent, ressentait pour le christianisme une secrète propension que la conversion de la reine fit éclater, et là, comme en Angleterre, comme dans la Gaule franke, « l'épouse fidèle attira à la foi l'époux infidèle. » C'était, à vrai dire, une terrible femme que cette souveraine des Hongrois qui montait à cru les chevaux les plus rétifs, buvait comme un soldat, battait de même, et ne se faisait aucun scrupule de tuer un homme [2]; mais cette sorte de virilité fémi-

---

1. Mabillon., *Act. SS.*, *ordin.*, *S. Benedict.* sæcul., vi, p. 81. — Cf., Epist. Othon. ad. Pilegrin. Bataviens. episc.
2. Uxor supra modum bibebat, et in equo, more militis, iter agens, quemdam virum iracundiæ nimio fervore occidit. Ditmar., ap. Pray. *Ann. Hung.*, p. 373.

nine ne déplaisait point à ses sujets, et comme elle était en outre d'une taille et d'un visage remarquablement beaux, on avait ajouté à son nom de Sarolt le surnom de *Beleghnegini*, qui signifiait en slavon *la belle maîtresse*[1]. Telle fut la Clotilde du nouveau Clovis. L'histoire, il est vrai, a jeté quelques nuages sur sa qualité d'épouse légitime, en nous signalant une autre femme de Geiza vivant à la même époque, Adélaïde, sœur de Miecislas, roi de Pologne, mais il faut songer que la polygamie florissait chez ce peuple tartare, et que la réforme des mœurs ne fut pas l'entreprise la plus prompte et la plus aisée des prédicateurs chrétiens.

Quoi qu'il en soit, la *belle maîtresse* poussa vivement l'œuvre à laquelle elle s'était dévouée. Des églises furent construites sous sa protection. Geiza reçut le baptême en 973, et en 974 Pilegrin put écrire avec une heureuse fierté au pape Benoît VII qu'il venait de rendre à Jésus-Christ, par la purification du baptême, cinq mille nobles hongrois des deux sexes[2] : c'étaient deux mille néophytes de plus que n'en avait fait saint Remi après la bataille de Tolbiac. L'évêque ajoutait : « Païens et chrétiens vivent aujourd'hui en si grande concorde et familiarité, que ces paroles du prophète Isaïe semblent s'accomplir sous mes yeux : le loup et l'agneau brouteront ensemble au pâturage, le lion et le bœuf mangeront à la même

---

[1]. Beleghnegini, id est, *Pulchra domina*. Ditmar., ap. Pray. *l. c.*

[2]. Ex nobilioribus Hungaris utriusque sexus..... sacro lavacro ablutos circiter quinque millia... Epist. Pilegrin. S. Laureac. eccles. episc. ad Pap. Benedict.

paille [1]. » Mais le vieil et saint évêque anticipait ici sur l'ordre des temps, et ni la furie de la guerre, ni le fanatisme païen n'avaient déserté le cœur de la nation hongroise. Profitant de l'absence de l'empereur, que des affaires graves retenaient en Italie, elle court aux armes, reprend ses dieux, chasse les prêtres chrétiens, rase les églises, et, sans que le roi Geiza veuille ou puisse l'empêcher, déborde comme une mer soulevée au delà de ses frontières. De l'année 979 à l'année 984, ce ne furent en Autriche et en Bavière que dévastations, incendies et massacres. Les Barbares en voulaient surtout à la religion que la politique leur avait imposée. Le diocèse de l'apôtre Pilegrin, qui était proche, fut le but privilégié de leurs attaques : ils s'y jettent avec rage, tuent les hommes, enlèvent les troupeaux, pillent et démolissent les temples. Pilegrin lui-même eut peine à sauver sa vie, et il ne resta longtemps après lui sur sa terre épiscopale que des décombres et des landes. Nous lisons dans un diplôme de l'empereur Othon III, daté de 985, que le diocèse de Passau, entièrement vide d'habitants, n'avait plus que l'aspect d'une forêt [2]. Pourtant Pilegrin ne se découragea pas, et à sa mort il eut la joie d'entrevoir déjà au-dessus de la tête d'Étienne, fils de Sarolt, la couronne des saints unie à celle des rois [3].

L'apostolat de Pilegrin avait duré vingt ans, de

---

[1]. Lupus et agnus pascentur simul; leo et bos comedent paleas. *Ead. Epist.* — Cf. Hansiz. *German. Sacr.*, t. I.

[2]. Absque habitatore terra episcopi solitudine sylvescit. Diplom. Othon, III, prid. calend., octob. ann. CMLXXXV.

[3]. V. plus bas les traditions de la sainte couronne.

971 à 991, et l'on peut supposer que ce fut pendant cette longue suite de fatigues et de dangers que l'évêque, cherchant un délassement dans ses études favorites, mit la dernière main à son ouvrage : du moins, certains détails du livre présentent l'analogie la plus frappante avec les faits qui s'accomplissaient alors en Hongrie. Ainsi cette propagande chrétienne organisée autour d'Attila, cette mission donnée à sa femme de l'amener à la vraie foi, cette église en plein exercice à Etzelburg, ce baptême du jeune Ortlieb, qu'est-ce que tout cela, sinon littéralement l'histoire de Geiza et de sa famille? Il n'y a pas jusqu'au fait consigné dans la *Complainte des Niebelungs*, qu'Attila aurait été chrétien cinq ans, qui ne semble être une allusion aux fréquentes apostasies qui se passaient chez les Hongrois, dont l'histoire nous entretient, mais qui n'effrayaient pas des missionnaires opiniâtres. Quant aux traits sous lesquels est dessiné ce grand Attila dont le peuple hongrois réclamait la propriété comme une gloire nationale, ils semblent avoir été combinés pour offrir aux nouveaux Huns un modèle qui les attire à la civilisation et aux bonnes mœurs. Ils étaient sauvages, pillards, dédaigneux de toute autre occupation que la guerre : on leur donne un Attila courtois, désintéressé, pacifique. Ils étaient livrés à tous les désordres de la polygamie, et leur roi Geiza comptait au moment même deux femmes mentionnées par l'histoire : l'Attila qu'on leur dépeint est fidèle à l'unité du mariage et le plus accompli des époux : enfin il a déposé la guerre pour les arts et les fêtes, et son palais est le plus beau qui soit au monde. Pour faire concorder ce caractère si prodigieusement

adouci avec le drame traditionnel chanté dans toute l'Allemagne, et que les Hongrois avaient dû recueillir avec avidité, il fallut bien modifier l'action, changer le dénoûment, et charger de tous les crimes obligés de vieux Burgondes d'un christianisme fort douteux, et que d'ailleurs il ne s'agissait point de convertir.

J'ajouterai un dernier trait d'où ressort évidemment, à mon avis, l'intention morale de l'auteur des *Niebelungs* et le but qu'il se proposait. Dans la donnée primitive, et c'est un point fondamental dans cette donnée, les Huns ne peuvent point vaincre les Burgondes, parce qu'ils sont païens et que leurs ennemis sont chrétiens. Force leur est de recourir à deux amis chrétiens, Théodoric et Rudiger, pour avoir raison de leurs hôtes féroces ; et c'est Théodoric qui met fin à la lutte. Quand on réfléchit que l'un de ces protecteurs des Huns est le margrave de Pechlarn, gouverneur du duché d'Autriche, peut-on ne pas voir là une allusion manifeste aux nouvelles alliances des Hongrois avec les princes d'Allemagne et avec l'empereur Othon, alliances qui devaient les couvrir de toute la puissance inhérente à la foi chrétienne? Je multiplierais au besoin ces analogies, dont je n'indique que les plus saillantes. Il me semble donc, en résumé, que l'œuvre littéraire de l'évêque Pilegrin, influencée par les événements auxquels l'auteur prenait part, fut en outre dirigée vers un but d'utilité, et que c'est à bon escient que la tradition immémoriale, conservée par les chants de l'Edda, a reçu ici une déviation si considérable. L'apostolat se reflète dans le livre, et l'évêque explique l'auteur. Quoi qu'il en soit, la conception du caractère de Crimhilde apportait dans les aventures des Niebelungs une unité qui manquait aux poëmes précédents, et l'énergie avec laquelle ce caractère est tracé eut bientôt conquis tous les suffrages. A partir du xe siècle, la Germanie occidentale ne connut plus d'autres traditions sur Attila que celles qui avaient été formulées par l'évêque de Passau.

Ce que je viens de dire de Pilegrin, de son poëme et de son apostolat me conduit naturellement à l'examen des traditions hongroises.

LÉGENDES
ET TRADITIONS HONGROISES

I. Possibilité d'une tradition hunnique chez les hongrois. — Authenticité de leurs monuments traditionnels. — Chants populaires. — Chroniques et légendes. — Influence de l'éducation chrétienne. — Le notaire anonyme du roi Béla. — L'évêque Chartuicius. — Simon Kéza. — Chronique de Bude. — Thwroczi.

J'ai entendu dire bien des fois avec un accent d'incrédulité : « Est-ce qu'il peut y avoir des traditions hongroises sur Attila et sur les Huns? » Ma seule réponse a été celle-ci : « Serait-il possible qu'il n'y en eût pas? » Quoi! lorsque la France, l'Italie, les pays germaniques, la Scandinavie elle-même où jamais Attila ne mit le pied, ont rempli l'Europe de poëmes et de légendes destinés à perpétuer son nom, la Hunnie seule n'aurait pas eu les siens! Héros pour le reste du monde, Attila n'aurait rien été pour cette terre où il régna, où il mourut, et où ses ossements reposent encore! Un tel fait, s'il existait, serait plus surprenant que la continuité du souvenir, et il faudrait le prouver pour qu'on y crût. Or c'est précisément le contraire que l'histoire et les monuments, d'accord en cela avec la logique, nous démontrent sans peine.

L'histoire nous fait voir comment les Hongrois, appelés aussi *Moger* ou *Magyars* descendent des bords du Donetz sur ceux du Danube, culbutés, chassés par les Petchénègues; comment l'empereur grec, Léon le Sage, leur ouvre les plaines de la Bulgarie, et le roi de Germanie Arnulf, les passages des Carpathes; comment enfin leur duc Arpad, fils d'Almutz ou Almus, renverse la domination des Slaves-Moraves et conquiert l'ancienne Hunnie[1]. Les deux noms d'Almus et d'Arpad, et le rôle qu'on leur attribue appartiennent également à la tradition et à l'histoire; seulement la tradition passe sous silence le roi de Germanie Arnulf; elle donne pour unique mobile aux entreprises des Hongrois sur le Danube la revendication de l'ancien royaume d'Attila.

Devenus maîtres du pays situé entre les Carpathes et la Drave, les Hongrois s'y trouvent mêlés à des populations tout imprégnées, pour ainsi dire, du souvenir d'Attila : population pannonienne, population roumane ou valake, population avare, colonisée sous Charlemagne des deux côtés du mont Cettius, ou échappée au massacre des Slaves dans les hautes vallées des Carpathes. Les Avars possédaient sur les premiers temps de la domination hunnique en Europe la tradition directe, provenant des fils et des compagnons d'Attila; les Valakes et les Pannoniens, la tradition latine, grossie de nombreuses traditions locales : ce furent là deux sources d'information différentes où les Hongrois purent puiser. Peut-être aussi (c'est là leur grande prétention), apportaient-ils avec eux d'Asie certains souvenirs domestiques particuliers à la race

---

1. *Histoire des Successeurs d'Attila,* Conclusion.

d'Attila, ce qui constituerait une troisième source de tradition. Enfin, si l'on en croit une opinion reçue en Hongrie dès le xie siècle comme article de foi, les Magyars auraient trouvé dans la Transylvanie, une tribu qui se disait issue des premiers Huns, celle des Szekelyek ou Sicules, d'où découlerait une tradition plus directe encore que les trois autres. Sans m'expliquer sur ce dernier point, je me bornerai à dire que l'histoire ne repousse pas absolument l'hypothèse sur laquelle on l'appuie; mais que ne l'admettrait-on pas, il resterait encore assez d'éléments réunis pour qu'une tradition hongroise fût possible. Ajoutons à cela les importations germaniques, françaises et italiennes, qui, pénétrant peu à peu dans la tradition indigène, tantôt se sont incorporées heureusement avec elle, tantôt l'ont fait dévier de son sens primitif.

Ceci posé, et la possibilité d'une tradition hongroise une fois admise, que penser des documents auxquels on donne ce nom? quel est leur caractère? à quelle époque remontent-ils? Voilà la seconde question à examiner, et la question vraiment importante.

Établis définitivement en Europe vers 893, les Hongrois recevaient le christianisme en 972, et dès le milieu du xie siècle, des chroniques rédigées en latin commencèrent à fixer leurs souvenirs nationaux. Ils possédaient un mode de transmission populaire et certain dans la poésie chantée. La poésie semble avoir été d'institution publique chez les nations sorties des Huns. On a pu voir dans la vie d'Attila comment les jeunes filles qui marchèrent à sa rencontre aux portes de la bourgade royale, rangées par longues files, sous des voiles blancs, chantaient des hymnes composés à sa louange[1], et comment aussi, dans ce repas auquel assista Priscus, les chants des rapsodes, célébrant les actions des ancêtres, animèrent tellement les convives, que des larmes coulaient de tous les yeux[2]. Ces chansons, transmises de génération en génération, formaient les annales du pays. Le même usage exista sans doute chez les Avars, quoique l'histoire ne nous le dise pas positivement; mais elle nous dit qu'il existait chez les Hongrois. Arpad avait avec lui des chanteurs quand il arriva sur le Danube[3]. Tout le monde était poëte chez les premiers Magyars, et tout le monde chantait ses propres vers ou ceux des autres en s'accompagnant d'une espèce de lyre ou guitare appelée *kobza* au moyen âge[4]. Non-seulement on était poëte et chantre des actions des autres, mais on se chantait fréquemment soi-même, on chantait ses aïeux, et chaque grande famille eut ses annales poétiques. Voici un trait de l'histoire de Hongrie qui ne laisse aucun doute à cet égard. Sous le gouvernement du duc Toxun, aïeul de saint Étienne, une armée magyare avait envahi le nord de la France; mais au passage du Rhin elle fut surprise

---

1. Voir ci-dessus *Histoire d'Attila*, p. 97.
2. Duo viri Scythæ... versus a se factos quibus ejus victorias, et bellicas virtutes canebant, recitarunt. Alii quidem versibus delectabantur... aliis manabant lacrymæ. Prisc., *Excerp. legat.*, 46.
3. Epulabantur quotidie cum gaudio magno, in palatio Attilæ regis conlateraliter sedendo, et omnes symphonias atque dulces sonos cythararum et fistularum habebant... Anonym., *Gest. Hung.*, 46. — *Rer. Hungaric. Monument. Arpadian.* Sangall., 1849.
4. Canuntur adhuc fortium res gestæ resonanti lyra aut flebili chely, quam patria lingua *kobza* vocant... *Disquisit. de regn. hungar.* Auct. Martin. Schödel Hungar. Argentorat., 1629.

et enveloppée par le duc de Saxe, qui la guettait. Chefs et soldats furent massacrés ou pendus à l'exception de sept que le duc renvoya, le nez et les oreilles coupés, en leur disant : « Allez montrer à vos Magyars ce qui les attend, s'ils reparaissent jamais chez nous. » Les sept mutilés reçurent mauvais accueil dans leur patrie, pour ne s'être pas fait tuer comme les autres. Séparés de leurs femmes et de leurs enfants, et dépouillés de leurs biens par jugement de la communauté, ils furent condamnés à ne rien posséder le reste de leur vie, pas même des souliers pour garantir leurs pieds, pas même un toit pour s'abriter. Ils durent aller mendier de porte en porte leur pain de chaque jour : ils perdirent jusqu'à leurs noms ; on ne les connut plus que sous celui de *Hétu-Magyar-Gyák*, les sept Magyars infâmes. A ce comble de misère, soit désespoir et besoin d'exciter la compassion, soit orgueil et désir de braver la honte, ils mirent en vers leurs propres aventures, qu'ils allèrent chanter de village en village en tendant la main [1]. Après leur mort, leurs enfants en firent autant, puis leurs petits-enfants, et la descendance des Hétu-Magyar-Gyák formait, au XIe siècle, une puissante corporation de jongleurs que saint Étienne supprima [2].

L'histoire de Hongrie est pleine de faits qui nous montrent le goût des Magyars pour la poésie nationale,

---

[1]. Isti capitanei septem, de se ipsis cantilenas fecerunt inter se decantari, ob plausum sæcularem et divulgationem sui nominis... *Chron. Bud.* Edit. 1803, II, p. 46. — Thwrocz., II.

[2]. S. Stephanus omnes illicite prodeuntes corrigebat; istorum generationes vidit per domos et tabernas cantando, ad ipsorum sectas et trussas. Sim. Kéz., c. II, § 1, *cum not.* Bud. 1833.

et la permanence d'une sorte d'histoire chantée : ce goût triomphe de toutes les tentatives faites pour le déraciner. Il est général sous les ducs et rois de la dynastie d'Arpad. L'avénement de la maison française d'Anjou au trône de saint Étienne ne change rien à cet état des esprits, ou plutôt Louis Ier, le plus grand roi qu'ait eu la Hongrie et le plus national malgré son origine étrangère, se prend lui-même de passion pour ces chants traditionnels, qui étaient comme l'âme de sa patrie adoptive [1]. Jean Hunyade, fondateur d'une dynastie indigène au xve siècle, ne connaissait pas d'autre littérature, et Mathias Corvin, tout savant qu'il était, tout admirateur des poëtes grecs et romains, avait en prédilection les vieilles poésies magyares : il ne se mettait jamais à table sans qu'il y eût dans la salle du repas des jongleurs armés de leur kobza [2]. Un auteur contemporain de Mathias Corvin, maître Jean Thwroczi, nous parle des chansons composées et chantées de son temps en l'honneur d'Étienne Konth, de la maison d'Herderwara. Il serait superflu, je pense, de relever dans les chroniques et dans les légendes des saints tous les passages prouvant la popularité de ce genre de transmission, au moins jusqu'au xvie siècle.

La poésie nationale eut pourtant chez les Hongrois beaucoup d'ennemis, dont le premier et le plus redoutable fut le christianisme, qui la rencontrait en face de

---

1. Sa mère Elisabeth ne voyageait qu'accompagnée de jongleurs. Cromer. *Hist. Polon.*, p. 329.

2. In ejus convivio disputatur... aut carmen cantatur : sunt enim ibi musici et cytharædi, qui fortium gesta, in lingua patria, ad mensam in lyra decantant. Galeot. Mart. *De Dict. et Fact. Math. reg.*, 17 et 31.

lui comme une gardienne vigilante de la vieille barbarie et un adversaire de toute nouveauté. Les chants magyars, historiques et guerriers, étaient, par leur nature même, saturés de paganisme ; on y rapportait aux dieux les exploits et les conquêtes de la nation ; on y parlait sans cesse d'*aldumas*, festins religieux où petits et grands, confondus à la même table, s'enivraient en mangeant de la chair de cheval consacrée par les prêtres ; le mépris de l'étranger, la haine des croyances étrangères, respiraient dans la poésie d'un peuple qui était alors l'effroi de l'Europe. Aussi poëtes, chanteurs et chansons furent-ils l'objet des anathèmes de l'Église. Plusieurs conciles fulminèrent des menaces d'excommunication contre quiconque répéterait ces chansons ou les écouterait ; les ecclésiastiques eux-mêmes reçurent à ce sujet plus d'un avertissement des canons [1] ; mais anathèmes et menaces, tout fut inutile : pour détruire les chansons nationales, il aurait fallu refaire la nation. Tout se chantait chez les Hongrois, la kobza n'était de trop nulle part. On avait chanté la loi avant de l'écrire, et l'on consulta plus tard les chansons pour y retrouver les coutumes, les institutions politiques, la loi civile elle-même [2]. Enfin c'était au son d'une formule chantée que le héraut d'armes parcourait le pays, une lance teinte de sang à la main, pour appeler aux diètes de la nation tous les hommes valides. Les révolutions religieuses s'accomplissaient

---

[1]. Synod. Budens. Can. 8. ap. Peterffy, *Concilia Hungar.*, t. 1. — Katon. *Hist. crit. regn. Hung.*, t. III, p. 320.

[2]. Steph. de Werbewcz. *De Jur. tripart. Præfat.* — Schödel, *Disquisit. de regn. hungar. Proœm.*

encore au chant de poëmes composés pour la circonstance. L'histoire nous parle d'une révolte païenne, arrivée en 1064 sous le règne du roi Béla Ier. Le peuple, soulevé déterre les idoles, profane les églises, égorge tout ce qui porte un habit ecclésiastique, tandis que les prêtres païens, grimpés sur des échafauds, hurlent des chansons telles que celles-ci : « Rétablissons le culte des dieux, lapidons les évêques, arrachons les entrailles aux moines, étranglons les clercs, pendons les préposés des dîmes, rasons les églises et brisons les cloches ! ». Le peuple, en dérision du christianisme, répondait à cette épouvantable oraison : « Ainsi soit-il [1]. »

De cette lutte du christianisme avec la poésie populaire naquirent les chroniques hongroises. Impuissant à étouffer son ennemie, le christianisme chercha du moins à la désarmer ; il essaya de purifier et de s'approprier dans la mesure possible ces compositions traditionnelles, où l'esprit guerrier de la nation trouvait un stimulant heureux, et les familles nobles une satisfaction d'orgueil. Le peuple hongrois ou du moins ses hommes les plus intelligents s'étaient jetés avec ardeur dans les études dont le christianisme ouvrait la perspective aux nouveaux convertis. Les chapitres ecclésiastiques devinrent des institutions littéraires où l'on enseigna, outre le droit canon et l'exégèse des livres saints, quelques monuments des littératures romaine et

---

1. Plebs constituit sibi præpositos quibus præparaverunt orcistrum de lignis... Interim vero præpositi in eminenti residentes prædicabant nefanda carmina contra fidem... More paganico vivere, episcopos lapidare, presbyteros exinterare, clericos strangulare, decimatores suspendere, ecclesias destruere, et campanas confringere... Plebs autem tota congratulanter affirmabat : Fiat, fiat. *Chronicon. Budense.* Ad ann. 1061.

grecque. Multipliés, enrichis par les fondations des rois hongrois depuis l'an 1000, et dirigés soit par des évêques nationaux, soit par des docteurs appelés du dehors, ces chapitres organisèrent une guerre de critique littéraire et religieuse contre l'histoire traditionnelle, au nom de la foi chrétienne et de la belle littérature. Dès le règne de saint Étienne, deux écoles ecclésiastiques attiraient la jeunesse magyare dans les murs de Strigonie, aujourd'hui Gran, et d'Albe-Royale, nouvelle capitale de la Hongrie chrétienne et monarchique. Veszprim eut aussi la sienne, célèbre au xiiie siècle et richement dotée en 1276 par Ladislas le Cuman[1]. Louis le Grand de la maison d'Anjou érigea, sous le nom même d'*Académie*[2], dans le chapitre de Cinq-Églises, un gymnase littéraire calqué sur ceux de la France, et Sigismond son gendre un *Athenæum* dans la ville nommée Vieille-Bude[3]. Le mouvement d'instruction ne fit que s'accélérer et s'étendre à mesure qu'on approcha du xve siècle.

C'est dans ces écoles qu'aux xie, xiie et xiiie siècles, des clercs, savants pour leur nation, et plus pieux encore que savants, firent subir aux chansons traditionnelles une transformation importante, qui, les accommodant aux nécessités historiques du culte nouveau, les réconciliait avec lui et les amnistiait pour ainsi dire. Cette première transformation consista à relier la nation des Huns aux origines du genre humain, telles qu'elles sont enseignées par la Bible et développées

---

1. Joseph Podbradczky. *Præf. Sim. Kez. ed. Bude* 1833.
2. Urban. V. Bull. Cs. Paul Wallaszky, *Reg. litt. Hung*, p. 83.
3. Bonifac. IX, Bull. ann. 1395, ap. Ignat. Batthyan.

par ses commentateurs chrétiens ou juifs. Gog et Magog se trouvaient là fort à propos pour faire de Magog, fils de Japhet et roi de Scythie, le père de la race des Moger ou Magyars, et à travers une suite de patriarches, connus ou inconnus de la Bible, on arriva sans trop de peine au roi Attila, ancêtre du duc Arpad, et commun patron des Magyars et des Huns, double rameau issu de Magog par Hunnor et Mogor, ses fils[1]. On eut soin de comprendre dans la généalogie d'Attila le géant Nemrod, chasseur, guerrier et conquérant. Ce travail de conciliation sur les origines, qui rapprochait Attila des patriarches, fut suivi d'un second, qui le rapprocha de Jésus-Christ, et dont je parlerai plus tard. La foi chrétienne se trouvant ainsi à peu près désintéressée à l'existence des traditions magyares, des clercs les admirent dans l'histoire en les épurant, bien entendu, en les élaguant, surtout en les mettant en prose latine, comme tout ce qui sortait de ces doctes académies. Telle fut la pensée qui inspira les premières chroniques des Hongrois.

La plus ancienne que nous possédions date de la seconde moitié du xie siècle, mais elle avait été précédée par d'autres essais, plus imparfaits sans doute, puisqu'ils n'ont point survécu. Celle-ci est connue vulgairement sous le nom de *Chronique du Notaire anonyme*, l'auteur, dont on ignore le nom, ayant été notaire, c'est-à-dire secrétaire du roi Béla, ainsi que lui-même nous l'apprend. Plusieurs rois appelés Béla

---

1. V. *Monument. Arpadian.* Anonym. *Gest. Hung.* I. — Sim. Kez., 1. I c. I. — *Geneal. Attil. et Arpad.* — *Chron. Bud.* — Thwrocz. *Chron.*

régnèrent en Hongrie. Le premier occupa le trône de
1061 à 1063; le second, couronné en 1131, eut les
yeux crevés dans une révolte de magnats ; mais l'opinion la plus commune est que le notaire anonyme
écrivit sous Béla Ier, et c'est aussi ce qui paraît résul-
ter de son ouvrage. Nous avons donc là un témoin qui
sert à fixer la tradition hongroise dès l'aurore de sa
transformation, moins de trente ans après la mort de
saint Étienne. Une préface placée par l'anonyme en
tête de sa chronique explique clairement son but et ses
procédés de composition : c'est l'histoire même du
livre racontée par l'auteur dans une lettre à un ami sur
les instances duquel il l'a composé. Ce curieux morceau, qui nous fait pénétrer dans les chapitres acadé-
miques de la Hongrie au XIe siècle, mérite d'être rapporté ici presque dans son entier.

« P..., ayant le titre de maître, et autrefois notaire
du très-glorieux Béla de bonne mémoire, roi de Hongrie, à N..., son très-cher ami, homme vénérable et
profond dans la connaissance des lettres, salut et
obéissance à sa demande.

« A l'époque où nous siégions côte à côte sur les
bancs de l'école, tu lus avec un intérêt fraternel un
volume dans lequel j'avais compilé soigneusement l'histoire de Troie, d'après les livres de Darès le Phrygien
et des autres auteurs, ainsi que me l'avaient enseignée
mes maîtres ; puis tu me demandas pourquoi je n'écri-
vais pas plutôt la généalogie des rois et nobles de la
Hongrie, compilant notre histoire comme j'avais fait
celle des Grecs et du siége de Troie. Tu m'ordonnas

alors de raconter comment les sept capitaines que nous appelons *Hétu-Moger* (les sept Magyars) arrivèrent de la terre scythique, quelle était cette terre, comment le duc Almus y fut engendré dans un songe, et comment il fut élu premier duc de Hongrie; comment nos rois tirent de lui leur origine, et combien de peuples et de royaumes nos pères les Moger ont réduits sous le joug... Je te promis de le faire, mais, d'autres soins m'entraînant, j'avais presque oublié ma promesse, quand ton amitié est venue me rappeler ma dette... J'ai voulu écrire en toute simplicité et vérité, tâchant de suivre les traditions des divers *historiographes*, et m'assistant de la grâce divine, afin que les actions de nos pères ne périssent point dans l'oubli des générations futures. C'est, à mon avis, une chose inconvenante et honteuse que la noble nation hongroise n'apprenne qu'en rêve, pour ainsi dire, par les contes grossiers des paysans ou par les chansons des bavards jongleurs, quels ont été les commencements de sa génération, et quelles grandes choses elle a accomplies dans le monde [1].

« Heureuse donc la Hongrie, à qui tant de présents divers ont été octroyés ! Qu'à toutes les heures de son existence, elle se réjouisse du don que lui fait son *lettré* en lui enseignant l'origine de ses rois et de ses nobles ! Qu'honneur et louange soient rendus au roi éternel et à sainte Marie sa mère, par la grâce de qui

---

1. Si tam nobilissima gens Hungariæ primordia suæ generationis et fortia quæque facta sua ex falsis fabulis rusticorum, vel a garrulo cantu joculatorum, quasi somniando audiret, valde indecorum et satis indecens esset : ergo potius, a modo de certa scripturarum explanatione et aperta historiarum interpretatione, rerum veritatem nobiliter percipiat. Anonym., *Chron.* Præfat.

trouvent les rois et nobles de Hongrie règne et heureuse fin ici et à toujours ! Amen [1]. »

On le voit par son propre témoignage, ce que l'auteur a voulu faire en compilant cette chronique, c'est remplacer les chansons nationales, où le Magyar apprenait l'histoire de sa race, par une composition chrétienne et plus littéraire, à son avis. Toutefois, malgré son dédain pour les jongleurs et pour leurs chansons, il ne parvient à effacer de ses récits ni la couleur profondément païenne, ni la rudesse poétique des documents traditionnels sur lesquels il travaille. On trouve chez lui des retours de phrases et de pensées qui indiquent clairement la source où il puise. Il cite aussi parfois les formules ordinaires des chansons, mais pour s'en moquer : « Les Hongrois, dit-il, se conquirent bonne terre et bonne renommée, comme parlent nos jongleurs. » Au reste il se pique de discernement dans le choix des matériaux qu'il emploie. « N'attendez pas de moi, dit-il dans un endroit de son ouvrage, que je vous raconte comment Botond (espèce de nain hongrois) est allé jusqu'à Constantinople, et a fendu la porte d'airain d'un coup de sa doloire : n'ayant rien rencontré de pareil dans les livres des *historiographes*, j'ai rejeté cette fable du mien. Si vous en voulez davantage, croyez aux chan-

---

[1]. Felix igitur Hungaria, cui sunt dona data varia, omnibus enim horis, gaudeat de munere sui litteratoris, quia exordium genealogiæ regum suorum et nobilium habet. De quibus regibus sit laus et honor regi æterno et sanctæ Mariæ matri ejus, per gratiam cujus reges Hungariæ et nobiles regnum habeant felici fine, hic et in æternum. Amen. Anonym., *Chron.* Præfat.

sons des jongleurs et aux contes des paysans [1] ! » Le nom d'Attila revient sans cesse sous la plume de l'anonyme.

Après la chronique du notaire se présente, par ordre d'importance et aussi de date, celle de l'évêque Chartuicius, écrite pour le roi Coloman, entre les années 1095 et 1114, et intitulée *Chronica Hungarorum*. Coloman est ce bizarre roi de Hongrie qui, après avoir écrasé la troupe de Pierre l'Hermite à son passage pour la Terre-Sainte, fit si bon accueil à Godefroy de Bouillon, et qui lui adressa cette lettre de bienvenue : « Ta réputation, mon cher duc, m'a persuadé que tu es un homme puissant et riche dans ton pays, pieux et honorable partout où tu vas, estimé et glorifié par tous ceux qui te connaissent. Aussi t'ai-je toujours aimé, et mon grand désir en ce moment est-il de te voir et de te connaître [2]. » Les ouvrages de Chartuicius, auteur d'une des légendes de saint Étienne, furent en si haute estime aux XIIe et XIIIe siècles, qu'on les déposa dans le chartrier du royaume, où on les consultait comme des documents d'une autorité souveraine, lorsqu'il s'élevait quelque contestation entre le prince et les magnats. C'est dans la *Chronique des Hongrois* que se trouve l'indication du fil mystérieux au moyen duquel Attila se rattache à la Hongrie chrétienne. Chartuicius était fort âgé quand il composa ce livre sur l'ordre du roi Coloman, et il s'excuse avec bonhomie des fautes qu'on

---

1. Quidam dicunt... sed ego quia in nullo codice historiographorum inveni, nisi ex falsis fabulis rusticorum audivi, ideo ad præsens opus scribere non proposui... Si scriptis præsentis paginæ credere non vultis, credite garrulis cantibus joculatorum et falsis fabulis rusticorum. Anonym. *Gest. Hungar.*, 33.

2. Cs. J. Boldényi. *La Hongrie moderne*, 1851, p. 28.

pourra reprendre dans sa prose latine. « Je sens que le grammairien Priscianus, autrefois de ma connaissance assez intime, m'a depuis longtemps délaissé, dit-il. Je suis vieux et les brouillards de l'âge ont obscurci la lumière qui éclaira jadis mon esprit [1]. » Nous avons donc, dans les deux chroniques du notaire anonyme et de l'évêque Chartuicius, deux résumés des traditions nationales, écrits l'un trente, l'autre soixante ans après la mort de saint Étienne, premier roi de Hongrie.

J'arrive à la chronique de Simon Kéza, la plus célèbre de toutes, celle qui a servi de modèle aux chroniqueurs hongrois depuis la fin du XIIIe siècle jusqu'au milieu du XVe. Kéza nous dit lui-même qui il était : dans une dédicace assez bizarre, « au très-invincible et très-glorieux roi Ladislas IIIe » (Ladislas le Cuman), il s'intitule « son fidèle clerc, pour l'aider à contempler celui dont le soleil et la lune admirent la beauté [2], » c'est-à-dire son chapelain, et ce fut sur la demande expresse de ce roi qu'il rédigea son livre vers l'an 1282. Un grand pas a été fait depuis le notaire anonyme de Béla : l'église, mieux affermie sur ses bases, ne redoute plus les jongleurs, et l'histoire, écrite en prose latine par des clercs, s'ouvre plus largement aux données de la poésie populaire et de la tradition. Non-seulement elle se montre moins ombra-

---

[1]. Priscianus grammaticus mihi olim sat bene perspectus et cognitus, procul a me digressus, jam decrepito mihi, tanquam caligine quadam septus, faciem exhibet obscuratissimam... Chartuic., *Chron. Hungar.*, Proœm.

[2]. Fidelis clericus ejus, ad illum adspicere, cujus pulchritudinem mirantur sol et luna. Sim. Keza. *Dedicat.*

geuse à l'égard des chansons et des fables, mais elle leur demande des moyens de succès et de popularité. Ainsi le conte du nain Botond fendant d'un coup de hache la porte d'airain de Constantinople, et terrassant, sous les yeux de l'empereur, un géant grec, ce conte, dont l'anonyme refusait de souiller ses pages, le renvoyant aux paysans et aux jongleurs, Simon Kéza l'insère dans les siennes avec assez de détails[1]. En revanche, il dédaigne de raconter comment Léel, fait prisonnier par les Allemands, enfonça le crâne de l'empereur Conrad d'un coup de trompette. « Il y a des gens qui débitent cela, nous dit-il, mais je leur laisse de telles inepties qui ne prouvent rien que la légèreté de leur jugement[2]. »

Si le fidèle clerc de Ladislas se préoccupe moins que ses prédécesseurs de la guerre contre les chansons, il en soutient une autre dont l'anonyme ne se doutait pas; il attaque les écrivains allemands, qui déversaient, au profit de leur race, des injures savantes sur la race redoutable et redoutée des Magyars. Un historiographe de l'empereur Othon Ier avait reproduit, en l'appliquant aux Hongrois, l'ancienne opinion des Goths sur les Huns, exposée par Jornandès, à savoir qu'ils étaient issus du mélange des sorcières *Allrunnes* avec les esprits immondes errant dans les déserts scythiques[3] : là-dessus, l'auteur démontrait péremptoirement que les Hongrois avaient eu pour

---

1. Sim. Kez., lib. II, c. I, § 19.
2. Quæ sane fabula verosimili adversatur, et credens hujusmodi, leviate mentis denotatur. *Id.* l. II, c. I, § 15.
3. Voir ci-dessus *Histoire d'Attila*, t. I, c. I.

pères des démons incubes. Les chroniqueurs allemands, copiant leur compatriote à qui mieux mieux, enchérissaient encore sur ces injures. Il y avait là de quoi faire frémir des chrétiens moins fervents que le chapelain du roi Ladislas. Kéza prend la plume pour les réfuter, et, dans l'éblouissement de sa colère, il confond l'auteur allemand, qui vivait au x° siècle, sous les empereurs germaniques, avec Paul Orose, disciple de saint Augustin, lequel écrivait sous l'empereur Honorius, et n'a jamais rapporté ce conte, dont la responsabilité appartient au seul Jornandès. Ces paroles bien connues de l'Évangile selon saint Jean : « ce qui vient de la chair est chair, et ce qui vient de l'esprit est esprit », servent de texte à la réfutation de Kéza, qui, partant de là, n'a pas de peine à prouver que les Magyars, composés de chair et d'os, ne peuvent venir des démons, qui sont de purs esprits, mais qu'ils tirent leur origine, de même que les autres races humaines, naturellement d'un homme et d'une femme[1]. Ce raisonnement eut un tel succès, on y vit une réponse si décisive aux insinuations malignes des érudits allemands, que les chroniqueurs des époques suivantes, et même plus d'un historien du xv° siècle, en ont orné le frontispice de leurs livres. La chronique de Simon Kéza consacre une large place aux traditions sur Attila et sur les Huns; elle a le mérite d'avoir construit la première avec une certaine amplitude la période traditionnelle qui sert d'introduction à l'histoire de Hongrie.

---

1. Quocirca patet, sicut mundi nationes alias, de viro et femina Hungaros originem assumpsisse. Sim. Kez. *Prolog.*—Thwrocz. *Chron. Hungar.*

Elle fut lue avec admiration ; un clerc de la chapelle du roi Louis Ier la mit en vers léonins, et le xive siècle en vit paraître une imitation développée au moyen de chants nationaux que Simon Kéza, dans sa demi-réserve, avait cru devoir écarter. Ce fut un nouveau pas dans l'emploi de la poésie chantée pour construire l'histoire. De même que Kéza avait admis dans ses récits l'aventure du nain Botond et de sa doloire, si dédaigneusement proscrite par le notaire anonyme, de même la nouvelle chronique, à laquelle on donne vulgairement le nom de *Chronique de Bude*, parce que le manuscrit en fut trouvé au xve siècle dans la bibliothèque de cette ville, ne craint pas d'admettre le conte de Léel, dont Kéza avait fait si bon marché. Ce conte peut être donné comme spécimen de la manière dont l'histoire était accommodée dans les chansons magyares, et quoique résumé, tronqué, poli par le chroniqueur latin, qui le plie à son caprice, il conserve encore quelque chose de l'âpreté sauvage qui caractérisait cette poésie.

On est en 955. Les Hongrois campent devant la ville d'Augsbourg, dont ils font le siége ; mais ils se gardent mal, et pendant qu'ils ne songent à rien, l'empereur Conrad tombe sur eux à l'improviste avec une armée d'Italiens et d'Allemands. Serrés entre la ville et la rivière du Lech, dont les eaux sont profondes, ils n'ont que le choix d'être massacrés ou noyés. Deux fameux capitaines, Léel et Bulchu, sont faits prisonniers en essayant de traverser le fleuve à la nage, et on les conduit devant l'empereur. La chanson contient une erreur dont la rectification importe d'ailleurs fort peu pour l'objet qui nous occupe; l'empereur d'Allemagne à cette époque n'était pas Conrad Ier, mais bien Othon le Grand.

« — Pourquoi donc, leur dit l'empereur, êtes-vous si cruels aux chrétiens ? — Nous sommes, répondirent-ils, la vengeance du grand Dieu et le fouet dont il lui plaît de vous flageller. Quand nous cessons de vous poursuivre, c'est vous qui, à votre tour, nous poursuivez et nous tuez [1].

« — Puisqu'il en est ainsi, s'écrie le césar, choisissez le genre de mort qui vous convient, et je vous l'accorderai. » Léel reprit alors : « Permets, ô empereur, qu'on m'apporte d'abord ma trompette, afin que je joue un petit air avant de te répondre [2].

« L'empereur Conrad l'ayant permis, on apporta à Léel sa trompe de combat, et Léel se mit à l'emboucher : tout en sonnant, il s'approchait pas à pas de l'empereur. Quand il fut près de lui, il éleva la trompette en l'air et la lui abattit sur la tête avec tant de force, que le crâne fut enfoncé, et Conrad mourut du même coup.

« Alors Léel fit éclater une grande joie. — Tu meurs avant moi, lui cria-t-il : j'aurai donc un esclave pour me servir dans l'autre monde [3] ! » En effet, ajoute

---

1. Quos cum Cæsar requireret quare christianis essent sic crudeles, dicunt : Nos sumus ultio summi Dei, ab ipso vobis in flagellum destinati; tum enim per vos captivamur, cum persequi vos cessamus. *Chron. Budens.*, p. 11, ann. 955.

2. Quibus imperator : Eligite vobis mortem, qualem vultis — Cui Leel ait : afferatur mihi tuba mea, cum qua primum buccinans, post hæc tibi respondebo. *Ibid*, eod. ann.

3. Ipsum Cæsarem sic fortiter in fronte fertur percussisse, ut illo solo

la chronique, les Hongrois croyaient que ceux qu'ils tuaient pendant cette vie étaient condamnés à les servir pendant l'autre.

« Léel et Bulchu furent aussitôt mis aux fers, et on les pendit au gibet de Ratisbonne. »

Tels sont les trois ouvrages principaux, tous trois antérieurs au xve siècle, dans lesquels nous pouvons à coup sûr consulter les traditions hongroises. J'y joindrai volontiers les deux premières parties de la chronique de Thwroczi, qui écrivait en 1470, sous le règne de Mathias Corvin, mais qui nous dit lui-même qu'il a suivi la route tracée par ses prédécesseurs. Thwroczi est réellement le dernier des chroniqueurs hongrois. A côté de lui s'élevait, sous le patronage de Mathias Corvin, une littérature savante, importée d'Italie, qu'illustrèrent de beaux esprits, et qui a rendu à l'histoire de Hongrie des services incontestables, non pas pourtant en ce qui concerne ses origines. Ni Bonfinius, ni Ranzanus, ni Callimachus n'eurent le goût de la poésie populaire hongroise, qui aurait d'ailleurs assez mal figuré dans des décades composées à la manière de Tite-Live ; pour la sentir, il fallait être Hongrois. Ce fut là le mérite de Thwroczi.

De ce qui précède, il résulte, si je ne me trompe, que non-seulement il a pu exister des traditions hongroises, mais que ces traditions existent, et que nous en possédons les monuments dans des livres d'une authenticité incontestable, dont le plus ancien fut écrit trente ans après la mort de saint Étienne et cent

---

ictu imperator moreretur; dixitque ei : tu peribis ante me, mihique in alio sæculo eris serviturus. *Chron. Bud.*, p. 11, ad. ann. 955.

soixante ans seulement après l'établissement d'Arpad en Hongrie. Quelle est en Europe la nation qui a rédigé si tôt ses souvenirs ?

Il résulte encore de ces détails que la tradition, transmise d'abord par des chants nationaux, a éprouvé une double altération au xie siècle : altération du fond par suite des nécessités qu'avait créées le christianisme, altération de la forme par le passage d'une poésie libre et chantée dans le tissu de chroniques rédigées en latin. Ceci posé, je puis aborder sans hésitation (il me le semble du moins) l'examen des traditions magyares.

II. ÉPOPÉE MAGYARE. — ATTILA, ARPAD, SAINT-ÉTIENNE.

Si l'on aborde l'étude des traditions hongroises pièce à pièce, pour ainsi dire, et indépendamment de l'ensemble, on est choqué de ce qu'elles présentent, au premier coup d'œil, d'incohérent et de bizarre : de grossiers anachronismes y arrêtent le lecteur à chaque pas, et le rôle des personnages historiques y semble interverti comme à plaisir ; mais si, se plaçant dans une sphère plus élevée, on cherche à saisir, à travers ces fragments traditionnels, une pensée d'ensemble, on s'aperçoit qu'ils se relient effectivement les uns aux autres pour ne former qu'un tout. De ce point de vue, l'incohérence disparaît, les anachronismes s'expliquent, les antinomies se perdent dans une vaste unité, et l'on voit se dessiner comme l'esquisse d'une épopée dont les héros seraient Attila, Arpad et saint Étienne : Attila le père commun et la gloire de tous les Huns ; Arpad, le fondateur du royaume des Magyars, et Étienne, leur premier saint et leur premier roi, leur initiateur à la vie chrétienne et civilisée. Attila, Arpad et saint Étienne personnifient les trois époques dans lesquelles se divise l'histoire héroïque du peuple hongrois, et c'est avec ce caractère qu'ils nous apparaissent dans la tradition, concourant à une action commune malgré la différence des temps, et fils les uns des autres non pas seulement par la chair, mais par l'esprit.

Attila plane sur cette trilogie épique ; il la domine, il la remplit de son intervention directe ou cachée. Patron inséparable de la nation magyare, il ne reste étranger à aucune des péripéties de son existence ; quand elle change, il change avec elle ; il subit ses transformations, et il y préside. Qu'elle vienne d'Orient ou d'Occident, des bords de la mer Caspienne à ceux de la Theïsse, c'est lui qui l'appelle et la conduit dans le royaume qu'il a préparé lui-même à ses petits-fils ; que, cédant à une inspiration du ciel, les Magyars se fassent chrétiens, c'est aux mérites d'Attila qu'ils le doivent : Attila a préparé cette conversion à travers les siècles par sa docilité sous la main de Dieu, dont il était le fléau. Arpad n'est pas seulement son descendant, c'est le fils de son esprit ; Almus, père d'Arpad, est une incarnation d'Attila. Si un autre de ses petits-fils, Étienne, obtient du pape, avec des bénédictions et des grâces sans nombre, la sainte couronne de Hongrie, ce palladium de l'empire des Magyars, c'est en vertu d'un marché conclu entre Attila et Jésus-Christ, aux portes de Rome, pour la rançon de la ville éternelle et des tombeaux des saints apôtres. Il se peut que ceci soit étrange et nous enlève bien loin de l'histoire dans le domaine de la fantaisie ; mais s'il y eut jamais dans la pensée d'un peuple formulant son passé, une idée grande et poétique, c'est bien assurément celle-là.

Telle est l'idée systématique qui se montre au fond de ces traditions éparses, et en constitue pour ainsi dire le nœud. Autour des trois personnages principaux, des héros de la trilogie, se groupent, comme il arrive dans toutes les épopées, de nombreux personnages secondaires, dont les aventures, liées au plan général, composent les épisodes du poëme. Les héros inférieurs, on le devine bien, sont les fondateurs de la noblesse magyare, les ancêtres des magnats, qui dominaient la Hongrie aux XIe et XIIe siècles, quand la tradition revêtit sa forme définitive. C'est ainsi que les souvenirs domestiques des petits rois grecs, rattachés à une action commune, donnèrent naissance à l'Iliade, et que l'Énéide consacra dans un cadre national les prétentions de l'aristocratie romaine au temps d'Auguste. La Hongrie n'a pas eu ce bonheur de produire une Énéide ni une Iliade, mais elle a possédé au moyen âge ce que possédaient la Grèce et l'Italie avant Homère et Virgile, des chants nationaux, des traditions de famille et une pensée épique, qui pouvait y porter la vie. Les matériaux sont restés à l'état de chaos : l'Énéide hongroise est morte avant de naître ; mais on en peut retrouver le dessin dans les chroniques, dans les légendes, enfin dans quelques chansons encore reconnaissables sous les mutilations de la prose latine.

C'est de là qu'il faut dégager cette épopée qui ne fut jamais écrite, et qui se formait d'elle-même, parce qu'elle était dans l'esprit et dans le sentiment de tout le monde. En essayant de la reconstruire ici, je me conformerai au plan même des chroniques qui nous la donnent. Elles divisent la période héroïque de l'histoire de Hongrie en trois époques savoir : l'époque des Huns, celle des Magyars proprement dits, enfin celle de la conversion du peuple hongrois au christianisme et de la conquête de la sainte couronne. Je désignerai chacune de ces trois époques par le héros qui en est le symbole.

ATTILA.

La tradition nous introduit d'abord dans le *Dentu-moger*, berceau de la tribu de Magog, où demeurent les Moger ou Magyars, et près d'eux les Huns, avec lesquels ils se confondent comme enfants de la même race. Aucune contrée de l'univers n'égale en beauté la patrie des Magyars ; l'air y est plus salubre, le ciel plus pur, la vie humaine plus longue que partout ailleurs ; l'or et l'argent y naissent à la surface du sol ; les fleuves y roulent pour cailloux des émeraudes et des saphirs ; les hommes s'y nourrissent de miel et de lait. Là tout le monde est riche, et le bouvier fait paître ses bœufs en manteau d'hermine [1].

Vers le sixième âge du monde, les Moger, qui se sont multipliés comme le sable des rivages, veulent

---

1. Ibi ultra modum abundanter inveniuntur zobolini, ita quod... bubulci et subulci ac opiliones sua inde decorant vestimenta. Anonym., *Gest. Hung.*, I.

envoyer un essaim au dehors. Ils réunissent leurs cent huit tribus, qui fournissent chacune dix mille guerriers; c'est là l'armée d'émigration. Elle nomme ses chefs militaires, au nombre de six, trois dans la famille de Zémeïn et trois dans la famille d'Erd. Les trois chefs de la race de Zémeïn sont Béla, Kewe et Kadicha; les trois chefs de la race d'Erd sont Attila, Buda et Rewa. Les six chefs nomment à leur tour un grand-juge chargé de réprimer les crimes et de faire exécuter les criminels, sauf la décision souveraine de la communauté; son autorité va jusqu'à suspendre ou révoquer, en certaines circonstances, les chefs militaires eux-mêmes[1]. Ils élèvent à ce poste suprême, qui balance leur pouvoir et le dépasse quelquefois, Kadar, de la maison de Turda, souche d'une grande famille hongroise, ainsi que Zémeïn et Erd. L'Attila de la tradition a pour père Bendekuz, et non pas Moundzoukh, comme celui de l'histoire; son frère Bléda devient ici Buda, à cause de la ville de Bude, dont on le suppose fondateur, et le roi Roua ou Rewa n'est plus oncle, mais frère d'Attila.

Ce ne sont pas seulement les nobles de la Hongrie que la tradition place autour du futur conquérant, ce sont aussi ses institutions primitives. Attila n'y figure pas comme un roi, mais comme un simple chef, et les Huns y sont organisés en république militaire, à l'instar des premiers Magyars. Il n'est pas jusqu'à cette charge de grand-juge, dont est investi Kadar, qui ne soit une institution contemporaine de l'établis-

---

1. Sim. Kez. Chron., l. I, c. 2, § 1.

sement des Hongrois en Europe. La tradition nous parle encore d'une loi qu'elle appelle *scythique*, et qui aurait été en vigueur parmi les compagnons d'Attila. Chaque fois que la communauté devait se former en assemblée générale pour délibérer sur quelque objet important, tel qu'une expédition de guerre, une levée en masse ou le jugement d'un chef, un crieur public, quelquefois une femme, parcourait le pays de village en village, ou les campements de tente en tente, brandissant une lance trempée de sang et psalmodiant par intervalle la formule suivante : « Voix de Dieu et du peuple magyar! que tout homme armé soit présent tel jour, en tel lieu, au conseil de la communauté[1]! » Celui qui manquait à la convocation sans motif suffisant était traîné devant le juge et éventré avec un couteau. Quelquefois, par grande indulgence, on ne le condamnait qu'à la servitude perpétuelle, et il devenait esclave public[2]. Ces mœurs féroces subsistèrent chez les Hongrois jusqu'au temps de Geiza, père de saint Étienne.

Les Huns partent donc, côtoient la mer Noire et ne s'arrêtent qu'au bord du Danube. De l'autre côté de ce fleuve règne le Lombard Macrinus, tétrarque de Pannonie, de Dalmatie, de Macédoine, de Pamphylie et de Phrygie; ce royaume ne lui appartient pas en propre : il le tient de Théodoric de Vérone, que les Romains ont nommé roi d'Italie. A la vue des Huns,

---

1. Vox Dei et populi hungarici, quod die tali, unusquisque armatus in tali loco præcise debeat comparere. Sim. Kcz. l. 1, c. 2, § 1.

2. Quicumque ergo edictum contempsisset, prætendere non valens rationem, lex *scythica* per medium cultro, hujusmodi detruncabat, vel exponi in causas desperatas, aut detrudi in communium servitutem... *Id., ibid.*

qui se déploient sur la rive gauche du Danube, Macrinus pousse un cri de détresse, et Théodoric accourt à son aide avec une armée composée des nations de tout l'Occident. Il se réunit aux Lombards sous les murs de Potentiana; mais tandis que les deux chefs délibèrent sur le point où ils doivent attaquer les Huns, ceux-ci, arrivés pendant la nuit, traversent le Danube sur des outres et dispersent l'arrière-garde romaine. Théodoric se retire dans les plaines marécageuses où s'élèvera plus tard la ville d'Albe-Royale; il y attire les Huns, auxquels il livre à Tarnok-Welg une grande bataille dans laquelle ceux-ci sont vaincus : cent vingt-cinq mille de leurs guerriers restent sur la place, mais Théodoric a perdu deux cent mille des siens. Un des capitaines des Huns, Kewe, de la race de Zémeïn, était tombé parmi les morts : les Huns s'en aperçoivent dans leur fuite, et reviennent sur leurs pas pour chercher son cadavre, qu'ils enterrent au bord du grand chemin; puis ils élèvent sur sa fosse une colonne ou pyramide de pierres, à la manière des Huns[1], ajoute la tradition. Le canton prit dès lors le nom de *Kewe-Haza* (la demeure, le sépulcre de Kewe), qu'il conserva chez les Hongrois.

Cette pyramide sépulcrale, où doit un jour reposer Attila, commence la consécration d'un petit territoire qui deviendra, à mesure que les événements se déve-

---

1. Reversi ad locum certaminis, sociorum cadavera, quæ poterant invenire, *Cuvem*que capitaneum prope stratam ubi statua est erecta lapidea, more scythico, solemniter terræ commendarunt, partesque illius territorii dictæ sunt *Cuve-Azoa*. Sim. Kez. *Chron.*, l. 1, c. 2, § 4. — *Kewe-Haza*. Ms. Poson. — *Chron. Bud.*

lopperont, le champ sacré de la Hongrie, et réunira successivement dans ses limites la capitale païenne des Huns, Sicambrie, la capitale chrétienne des Hongrois, Albe-Royale, et les trois sépultures d'Attila, d'Arpad et de saint Étienne. On ne devine pas bien à quel événement historique on pourrait rapporter la bataille de Tarnok-Welg, car le tétrarque Macrinus est un personnage imaginaire, de même que sa ville de Potentiana est une ville imaginaire. Les Lombards, comme on sait, ne se sont établis en Pannonie que dans la première moitié du VIe siècle, et quant à Théodoric de Vérone, c'est le héros fantastique des poëmes allemands. Toutefois on rejetterait difficilement ces souvenirs à titre de pures inventions : il est probable au contraire que la bataille de Tarnog-Welg et celle qui va la suivre, livrées toutes deux sur la rive droite du Danube, antérieurement au règne d'Attila, appartiennent aux traditions locales de la Pannonie.

Les Huns avaient une revanche à prendre, ils la prennent glorieuse. A la poursuite de leur ennemi vainqueur, ils l'attaquent à quelques milles au-dessus de Vienne, dans un lieu appelé par la tradition Cézunmaur, et qui n'est autre que le défilé fortifié du Mont-Cettius. La bataille dure depuis l'aube du jour jusqu'à la neuvième heure. L'armée romaine et germaine est mise en pleine déroute, Macrinus est tué, Théodoric blessé. Une flèche qui l'atteint au front pénètre dans l'os et s'y fixe : son sang coule comme un déluge; mais il défend qu'on arrache le fer de sa blessure, tant il est impatient de regagner Rome pour instruire le sénat de son désastre. Il saute à cheval, il dévore l'espace, il arrive, il entre dans l'assemblée portant au front le fer et le bois de la flèche[1], sanglant témoin des luttes qu'il vient de soutenir. Rome apprend par ce narrateur muet et sa propre défaite et la vigueur d'un ennemi qui sait frapper de pareils coups. « Cette aventure, nous dit le vieux récit, valut à Théodoric le surnom d'*Immortel* que lui donnent les Hongrois dans leurs chansons, *Halathalon Detreh*[2]. »

Du côté des Huns, quarante mille guerriers jonchaient la plaine de Cézunmaur, et dans ce nombre les capitaines Béla, Kadicha et Rewa, qui furent inhumés sous la pyramide de Kewe-Haza. Des six chefs militaires qui avaient amené les Huns d'Asie en Europe, il ne restait plus qu'Attila et Buda : Attila est proclamé roi, mais il s'associe son frère, à qui il abandonne le gouvernement des pays situés à l'orient de la Theïsse, se réservant tout ce qui a été déjà conquis et tout ce qu'il doit conquérir lui-même à l'occident de cette rivière. Il pose de sa main la borne séparative des deux États, fixe sa résidence à Sicambrie et veut que cette ville porte désormais son nom. Les rois de Germanie, que la défaite de Cézunmaur a remplis de crainte, viennent lui rendre hommage, et Théodoric à leur tête se déclare son vassal. Flatteur insinuant et perfide, Théodoric déguise sa haine sous un faux semblant d'amitié, et pousse le nouveau roi à des expéditions

---

1. Cujus tandem sagittæ truncum ipse Detricus (Theodericus)... in curiam pro documento certaminis in fronte detulisse... Thwrocz., *Chron. Hung.*, c. 12.

2. Propter hoc immortalitatis nomen usurpasse narratur; Hungarorum que in idiomate, *Halathalon Detreh* dici meruit, præsentem usque diem. *Id. ibid.*

aventureuses où il espère le voir périr; ainsi il lui met en tête de subjuguer par ses armes tous les royaumes de l'Europe. Attila, enflé d'orgueil, ajoute à ses titres de roi des Huns, petit-fils de Nemrod, ceux de *fléau de Dieu* et de *maillet du monde ; flagellum Dei, malleus orbis* [1].

L'Attila de la tradition magyare est en grande partie celui de l'histoire : basané, court de taille, large de poitrine, la tête rejetée en arrière, il porte en outre une barbe longue et touffue comme les Huns blancs et les Turks [2], tandis que l'Attila historique est presque imberbe comme les Finno-Huns et les Mongols. On ne lui trouve point non plus dans la fiction traditionnelle cette fière simplicité que l'histoire remarque, et qui le distinguait entre tous les Barbares de l'Orient. Ici il a les allures somptueuses et l'attirail superbe d'un khakan turk. Sa tente d'apparat se compose de lames d'or articulées, qui s'ouvrent et se referment comme les branches d'un éventail ; elle a pour supports des colonnes d'or ciselé garnies de pierres précieuses. Son lit, qu'il emporte avec lui dans toutes ses guerres, est la merveille des arts ; sa table est d'or, son service d'or, ainsi que ses ustensiles de cuisine. La pourpre et la soie tapissent ses écuries, que peuplent les plus belles races de chevaux ; leurs harnais et leurs selles sont d'or incrusté de diamants ; c'est en un mot toute la féerie orientale. Attila a pour armes un épervier couronné : cet oiseau, appelé *Turul* en vieil hongrois, est peint sur son écu et brodé sur sa bannière ; il orna aussi le dra-

---

1. Sim. Kez. l. I, c. 1, § 5. — *Chron. Budens.*, p 17. — Thwrocz. c. 13.
2. Barbam prolixam deferebat. Sim. Kez. l. I, c. 1, § 6. — Cf. Jorn., *R. Get.*, 35. Voir ci-dessus *Histoire d'Attila*, c. 2, p. 52, not. 2.

peau des Magyars jusqu'au temps de saint Étienne [1]. L'épervier, dans la poésie traditionnelle hongroise, est le symbole d'Attila et sa personnification : Almus, arrière-petit-fils du roi des Huns, est qualifié d'*enfant de Turul* [2].

D'après le conseil de Théodoric de Vérone, Attila traverse le Rhin et entreprend la conquête des Gaules. Je ne le suivrai pas dans les détails du récit traditionnel, qui ne fait guère que résumer les légendes des pays latins, en les accommodant à sa guise et les tournant à la gloire des Huns. Il fallait s'attendre à y trouver Attila toujours vainqueur ; c'est ce qui arrive en effet, même au combat des champs catalauniques, qui ne se passe point en Champagne, comme le veut l'histoire, mais en Catalogne à cause de la ressemblance des noms. Là, un tiers de l'armée hunnique se sépare du reste, pour aller conquérir l'Espagne et le Maroc [3], tandis que les deux autres tiers ravagent la Gaule, parcourent la Frise, le Danemark, la Suède, la Lithuanie, et regagnent les bords du Danube par la Thuringe. Ces guerres épisodiques fournissaient aux rapsodes magyars des cadres commodes, dans lesquels la noblesse de Hongrie pouvait aisément intercaler ses aïeux.

Le retour d'Attila à Sicambrie amène entre son frère et lui la sanglante tragédie qui malheureusement appartient à l'histoire comme à la tradition. Buda, animé

---

[1]. Banerium quoque regis Ethelæ, quod proprio scuto gestare consueverat, similitudinem avis habebat, quæ hungarice *Turul* dicitur, in capite cum corona. Sim. Kez. l. ɪɪ, c. 2, § 6.

[2]. De genere Turul. Sim. Kez. l. ɪɪ, c. 1, § 4.

[3]. Sim. Kez. l. ɪ, c. 3, § 1. — *Chron. Bud.*, p. 21, 22. — Thwrocz., c. 15, 16.

d'une secrète envie, a déplacé la borne posée par Attila entre leurs deux gouvernements. Il a fait plus : au mépris des ordres de son frère, qui prescrivait que Sicambrie portât son nom, Buda l'a fait appeler *Budavar*, c'est-à-dire la ville, la forteresse de Buda. Irrité de ces actes de désobéissance, Attila le traite en rebelle et le tue. « Les Germains, frappés de crainte, dit à ce propos Simon Kéza, se hâtèrent de changer le nom de Sicambrie en celui d'*Ethelburg*, ville d'Ethel ou d'Attila; mais les Huns, qui n'avaient pas peur, continuèrent à l'appeler Budavar [1]. » C'est aujourd'hui la ville de Ó-Bude, Vieille-Bude.

Maître d'une grande partie de l'univers, Attila veut régler la police de son royaume. Il établit un service de surveillance et de guet qui, de Sicambrie comme d'un point central, se dirige vers les quatre points cardinaux. Des crieurs échelonnés d'espace en espace sur ces lignes, jusqu'à la portée de la voix humaine, se transmettent mutuellement les nouvelles, et chaque jour l'on sait aux extrémités du monde ce que fait le grand roi des Huns [2].

L'Italie lui manquait encore : il y conduit une armée innombrable. Tandis qu'il ravage d'abord la Dalmatie et l'Istrie, et rase au niveau du sol les magnifiques palais de Salone, Zoard, un de ses capitaines, descend, le long de la mer Adriatique, vers l'Apulie et la Calabre. Zoard parcourt ce pays le fer et la flamme en

---

1. Teutonici interdictum formidantes eam *Echulburc* (Etzelburg) vocaverunt, Hunni vero curam parvam illud reputantes interdictum, usque hodie eamdem vocant *Oubudam* (Ó Budam) sicut prius. Sim. Kez., l. I, c. 3, § 4.

2. Sim. Kez., l. I, c. 3, § 5. — *Chron. Bud.*, p. 24.

main ; il dévaste la terre de Labour et couronne son expédition par le sac de l'abbaye du Mont-Cassin [1]. Là s'enchaînait, suivant toute apparence, une série d'épisodes destinés à glorifier les grandes maisons hongroises, principalement celle de Léel, dont Zoard était réputé le fondateur.

La tradition éprouve ici dans les chroniques une sorte de bifurcation que je dois signaler. Celles qui sont postérieures au xiie siècle ne font guère que copier les traditions locales et les légendes qu'elles ont empruntées à l'Italie : ainsi le prétendu siége de Ravenne, la conférence d'Attila avec l'archevêque arien de cette ville, qui l'engage à marcher sur Rome pour exterminer le pape et la papauté, l'apparition de saint Pierre et de saint Paul armés de glaives et menaçant la tête du roi des Huns tandis que saint Léon le supplie à genoux, toutes ces fables italiennes, dont j'ai parlé dans l'exposé des traditions latines, sont reproduites presque sans variantes par Simon Kéza et par ses imitateurs. Mais les chroniques antérieures au xiiie siècle ne contiennent rien de ce bagage étranger. C'est donc à elles qu'il faut demander la vraie et pure tradition magyare sur la campagne d'Attila en Italie ; nous la trouvons en effet dans la chronique de l'évêque Chartuicius, empreinte d'une originalité et d'une grandeur poétique incomparables. Ce n'est plus ici la peur de deux fantômes qui arrête Attila aux portes de Rome, l'empêche de violer la ville éternelle et sauve de la profanation les tombeaux des apôtres ; ce n'est pas même la prière d'un

[1]. Sim. Kez., l. i, c. 4, § 1. — *Chron. Bud.*, p. 27. — Thwrocz. c. 20, 21.

pape agenouillé : c'est Dieu qui vient en personne changer la résolution du barbare. Jésus-Christ ordonne à son *fléau* de respecter les ossements de ceux qui furent ses vicaires, et il lui promet, pour prix de sa docilité, qu'un de ses successeurs recevra un jour d'un des successeurs de Pierre une grâce qui rejaillira sur toute sa race. Le grand marché est conclu par l'intermédiaire d'un ange, et l'on aperçoit en perspective, dans le lointain des siècles, la conversion des Magyars au christianisme, saint Étienne, le pape Sylvestre et la sainte couronne de Hongrie. Telle est la vraie tradition, ainsi qu'elle était formulée au lendemain de la mort de saint Étienne. Quelle différence n'y a-t-il pas entre cette inspiration vraiment épique et les grossières imaginations de la légende italienne ! En abrégeant le précieux récit de Chartuicius, je tâcherai de lui conserver son caractère de simplicité biblique et d'énergie parfois sauvage.

« Le roi Attila, dit le vieux chroniqueur, franchit les montagnes des Alpes, et parcourt la vaste plaine de Lombardie toute parsemée de villes florissantes, tout entrecoupée de murailles, toute décorée de hautes tours : il dévaste la campagne, il ruine les villes, il nivelle les tours, il disperse les pierres des murailles, et fait peser tant d'épouvante et de calamités sur les habitants que ceux-ci le surnomment *la plaie de Dieu*[1].

« Une seule idée le préoccupe, celle de parcourir l'univers entier et de fouler aux pieds l'empire romain ; il fait donc marcher son armée du côté de Rome ;

---

[1]. Terram vastavit, muros dissipavit, turres confregit, pro iniquitate autem tali, *plaga Dei* appellatus est. Chartuic., *Chron. Hung.* 3.

lui-même la précède, l'âme cuirassée de férocité[1]. A la première station de la nuit, comme il dormait sous sa tente, un ange du ciel lui apparaît et lui dit : — « Écoute, Attila, voici ce que te commande le Seigneur Dieu Jésus-Christ. N'entre pas avec ta colère dans la sainte cité, où reposent les corps de mes apôtres ; arrête-toi ici et retourne sur tes pas. Quand tu auras de nouveau traversé les Alpes, tu entreras dans la contrée des Croates et des Esclavons ; je te la livre, parce que les peuples qui l'habitent ont mérité ma malédiction en s'élevant contre un roi que j'aimais et le faisant périr traîtreusement, car ils ont dit dans leur cœur : Il n'y aura jamais de roi sur nous, mais nous-mêmes nous serons rois. Voici encore ce que je te promets pour prix de ta soumission : un jour viendra où ta génération visitera Rome en toute humilité, et un de tes descendants y recevra le don d'une couronne qui n'aura point de fin[2]. » L'ange disparut à ces mots.

« Quand le matin fut venu, Attila, se rappelant son rêve, obéit aux paroles de l'ange. Il replie ses tentes, donne à son armée le signal du retour, et reprend à travers l'Italie la route qu'il venait déjà de parcourir. On eût dit que ce n'était plus Attila, tant son cœur avait changé. Il entrait dans les villes et ne les pillait point ; il passa devant Venise et l'épargna. A quelques milles au delà, il fait halte sur le rivage de la mer et fonde une grande cité que de son nom il appelle

---

1. Armatus feroci animo procedebat. Chartuic., *Chron. hung.*, 3.
2. Generationem autem tuam post te in humilitate Romam visitare et coronam perpetuam habere faciam. *Id., ub. sup.*

Attileia : ce fut la ville d'Aquilée. Lorsqu'il la voit debout, il recommence sa marche et entre dans les Alpes carinthiennes, où le guide la vengeance céleste. Au revers des montagnes, il aperçoit, rangés en bon ordre, avec leurs hommes d'armes, les princes de Croatie et d'Esclavonie, qui cherchent à lui couper le passage. Leurs troupes innombrables couvrent à perte de vue la plaine, les vallées, les collines ; et le soleil, répercuté sur les boucliers d'or, embrase les montagnes comme d'un vaste incendie. Attila descend, et la bataille s'engage. Huit jours entiers on se bat sans repos ni trêve ; enfin le Seigneur livre aux mains d'Attila la terre des Slaves et des Croates, parce que ces hommes étaient infidèles[1], et que le roi des Huns avait obéi docilement aux ordres de Dieu.

« Maître de la Croatie et de l'Esclavonie, Attila passe la Drave. Plus il parcourt le pays qu'il a conquis, plus il l'aime. Du pied des Alpes au Danube, ce ne sont que prairies verdoyantes, tapissées de hautes herbes, peuplées de troupeaux et de pâtres, de juments et de poulains indomptés[2]. Au delà du Danube et de la Theïsse s'étend une contrée plus spacieuse encore et plus belle, plus riche en prairies, plus abondante en moissons. Longtemps il avait roulé dans son esprit le projet de retourner en Asie, au berceau de ses ancêtres ; il délibère de nouveau en lui-même s'il accomplira ce dessein, ou s'il se fixera dans le pays

---

1. Tradidit autem eos Deus in manus Attilæ regis propter regem eorum... quem tradiderunt et turpiter occiderunt. Chartuic., *Chron. Hung.*, 3.

2. Terram planam et campestrem herbisque superfluis virentem, pastoribus et pecudibus, jumentis et poledris indomitis plenam. *Id.*, *ibid.*

soumis par ses armes. Se souvenant alors de la promesse de l'ange, il se décide à rester, établit son armée à demeure, distribue la terre aux princes et aux barons, et, du consentement de tous, règle que son fils aîné sera roi après sa mort. »

Attila avait alors cent vingt-quatre ans[1], ce qui n'était pas chez les Huns un âge très-avancé, puisque son père Bendekuz vivait encore et gouvernait en Asie la tribu des enfants de Nemrod[2]. A cet âge, il n'a rien perdu de l'ardeur et des passions de la jeunesse. Un peuple de femmes qu'il augmente sans cesse par de nouveaux mariages remplit son palais : à leur tête figurent deux princesses de sang illustre, la Romaine Honoria, fille d'Honorius, empereur de Grèce, et la Germaine Crimhilde, fille du duc de Bavière. Chacune d'elles lui a donné un fils, déjà sorti de l'adolescence : le fils d'Honoria se nomme Chaba, celui de Crimhilde, Aladarius. Enfants de deux mères rivales, ces deux jeunes gens se jalousent, et leur inimitié menace l'empire des Huns de déchirements et de ruines. Nous trouvons ici un mélange bizarre de la tradition nationale avec la tradition allemande ; celle-ci a fourni Crimhilde, celle-là Honoria. La vanité asiatique n'a pas voulu que l'amour d'une fille d'empereur romain, si indigne qu'on la supposât, fût perdu pour un roi des Huns, et elle a marié Attila à la petite-fille de Théodose. Elle a fait plus : elle a voulu que sa descendance légitime se perpétuât seu-

---

[1]. Thwrocz. *Chron. Hungar.*, c. 22.

[2]. De consilio Bendekuz avi sui quem sanum sed nimis decrepitum dicitur invenisse. *Chron. Bud.*, p. 31. — Cf. Sim. Kéz. l. I. c. 4, § 5, 6. — Thwrocz.

lement par cette misérable folle qu'il ne réclama jamais sérieusement, et qu'il dédaigna quand il put l'avoir. Honoria, dans la tradition magyare, est la véritable épouse d'Attila, la souche féminine des ducs et rois de la Hongrie, l'aïeule prédestinée de saint Étienne.

Cependant arrive du fond de l'Asie à la cour d'Attila une jeune fille d'une incomparable beauté, que son père, roi des Bactriens, offre pour épouse au grand roi des Huns. Elle se nomme Mikolt[1], et tous les yeux sont éblouis en la voyant. Attila veut que son nouvel hymen soit inauguré par des fêtes splendides, des courses de chevaux, des combats simulés et un repas qui dure trois jours; mais des pronostics menaçants viennent se mêler aux éclats de sa joie. Son cheval favori meurt subitement le jour même des noces, et quand sa fiancée, le soir, veut entrer dans la chambre nuptiale, elle se heurte le pied droit contre le seuil de la porte si rudement qu'elle est obligée de s'asseoir. « Que tardes-tu? » criait Attila dans son impatience. — « Je viendrai quand il sera temps[2]! » répondit Mikolt. On vit dans cette scène un présage de mort. Le lendemain en effet, Attila est trouvé dans son lit, froid et tout baigné de sang : une hémorragie l'a enlevé pendant qu'il dormait. Nous reconnaissons ici la tradition hunnique directe, celle que propagèrent les fils mêmes du conquérant, lorsqu'ils firent chanter

---

1. Al. Mykolth. Sim. Kez., l. 1, c. 3, § 4. — Micolch., *Chron. Bud.*, p. 28.

2. Novæ nuptæ cubiculum intrantis pes dexter, sic limini impactus est, ut præ dolore aliquantisper assederit, auditaque est ejus vox dicentis : Si tempus est, veniam. Quibus verbis mortem in dolore compellasse credidere. Callimach., *Vit. Attil.*, in fin.

à ses funérailles que la mort de leur père ne réclamait point de vengeance.

A peine la tombe du roi des Huns est-elle fermée, que ses deux fils, Chaba et Aladarius, tirent l'épée pour s'arracher les lambeaux de son héritage. C'est Théodoric qui les pousse à la destruction du royaume de leur père[1]. Les Germains prennent parti pour le fils de Crimhilde, les Huns pour celui d'Honoria, et la lutte à mort va se vider sur un plateau qui domine Bude, ville fatale, déjà marquée par un fratricide. La bataille ne dure pas moins de quinze jours; quinze jours durant, la flèche siffle dans l'air, les boucliers se heurtent et les épées se croisent : on ne vit jamais pareil massacre dans le monde. Chaba est vaincu, mais Aladarius vainqueur meurt de ses blessures. Les Germains donnèrent à cette terrible journée le nom de *Crimhilt*, en souvenir de la princesse germaine, mère d'Aladarius, qui avait semé la haine dans le cœur des deux frères, et qui peut-être présidait à la bataille où périt son fils. « Tant de sang y fut versé, dit Simon Kéza, que si les Allemands ne s'obstinaient pas à mentir par vanité, ils confesseraient que pendant plusieurs jours ni hommes ni bêtes ne purent boire dans le Danube entre Potentiana et Sicambrie, attendu que le fleuve roulait dans son lit moins d'eau que de sang[2]. » Cette phrase nous prouve qu'il existait au moyen âge une rivalité patriotique entre les minne-

---

1. Ditrici astutia Veronensis. Sim. Kez., l. 1, c. 4, § 5.
2. In quo quidem prælio tantus sanguis effusus est, quod si Teutonici ob dedecus non celarent, et vellent pure reserare, per plures dies aqua bibi in Danubio non poterat, nec per homines nec per pecus, quoniam de Sicambria usque urbem Potentianæ sanguine inundavit. *Id. ub. sup.*

singers allemands et les rapsodes hongrois; chacun cherchant à exalter son pays aux dépens de l'autre : ce fut au milieu de ces joutes de l'orgueil national et de la poésie que la tradition revêtit sa dernière forme.

Chaba vaincu se réfugie en Grèce avec quinze mille Huns, débris de son armée. Honorius, son aïeul, d'après la tradition (car la similitude de nom a fait d'Honoria une fille d'Honorius[1]), le reçoit avec tendresse à Constantinople, veut le retenir près de lui, et lui offre pour ses sujets des terres et des femmes. « Non, répond résolûment le fils du Hun, j'ai en Asie, dans le pays des Moger, un autre aïeul que je dois revoir, j'ai une famille et une nation auxquelles je dois demander vengeance de la perfidie des Germains. » Il part donc après un court séjour en Grèce, et trouve dans le pays des Magyars son grand-père Bendekuz encore vivant, mais courbé sous les infirmités et le chagrin. Chaba le console, l'assiste dans le gouvernement de sa tribu et finit par lui succéder. Toutefois le fils d'Attila ne parvient pas à gagner l'affection des Magyars. Fier de sa descendance impériale, il affiche des prétentions blessantes pour sa nation. Les Magyars le rejettent à leur tour et le regardent comme un étranger; leurs filles mêmes s'éloignent de lui, aucune ne consent à le prendre pour époux, et il faut que Bendekuz aille chercher une femme pour son petit-fils chez les tribus du Korasmin[2]. Ce rôle de Chaba parmi les Magyars, son orgueil romain et le souvenir

---

1. Iste ergo Chaba filius Ethelæ est legitimus, ex filia Honorii imperatoris Græcorum genitus. Sim. Kez. l. 1, c. 4, § 6.

2. Propter quod ex Scythia uxorem non accepit, sed traduxit de gente Corosmina. *Id., ibid.*

de sa mère Honoria planant sur toute cette histoire, mais à peine indiqué dans les maigres chroniques qui nous restent, donnent lieu de penser qu'ici se développait dans l'épopée hongroise quelque grand épisode se reliant à des traditions asiatiques aujourd'hui perdues. Chaba néanmoins fait oublier son orgueil; sa lignée prend racine dans le Dentumoger, et continue le rameau direct d'Attila jusqu'à la naissance d'Almus, père d'Arpad. Ses fils sont parmi les Magyars les gardiens fidèles des vieux souvenirs et de la renommée de leur aïeul; ils ne cessent d'animer leurs compatriotes à la recouvrance du patrimoine des Huns, envahi par les Germains et les Slaves.

Mais Chaba et ses quinze mille compagnons fugitifs ne sont pas le seul débris du peuple d'Attila; un autre débris parvient à se maintenir en Hunnie. La chaîne des Carpathes, comme on le sait, est couronnée à l'orient par un grand cirque de montagnes abruptes qu'un défilé presque inaccessible ferme au midi, et qui s'ouvre et s'incline doucement du côté du nord. Les forêts séculaires dont ce plateau est couvert lui ont fait donner en langue hongroise le nom d'*Erdeleu*, terre des forêts, en latin *Transylvania*. Trois mille guerriers huns échappés au massacre de Crimhilt s'y sont retranchés comme dans une forteresse naturelle; mais comme ils voient les Germains acharnés à l'extermination de leur race, ils quittent leur nom de Huns, afin de se mieux cacher et prennent celui de Szekelyek [1] (*Siculi*),

---

1. Timentes occidentis nationes, in campo Chigle usque Arpad permanserunt, qui se ibi non Hunnos, sed *Zaculos* (al. *Siculos*) vocarunt. Sim. Kez, l. 1, c. 5, § 6.

qui ne signifie pas autre chose qu'*habitants des siéges administratifs* ou des *districts* [1]. A la faveur de ce subterfuge, ils se propagent et conservent leur indépendance, soit contre les Germains, soit contre les Valakes et les Slaves. Du haut des montagnes où il est campé comme en vedette, le Sicule a les yeux incessamment tournés vers l'Asie, d'où il attend Chaba et les Magyars, et avec eux la délivrance de sa terre natale ; mais son attente est vaine, il faut qu'il se passe quatre générations d'hommes avant que le temps marqué pour cette délivrance soit accompli, et c'est à lui, enfant des compagnons d'Attila, qu'est réservé l'honneur d'introduire les Magyars dans l'héritage des Huns. Le Sicule est en Occident ce qu'est en Orient la tribu de Chaba, le gardien officiel de la tradition. Ce rôle, il le revendiquait au moyen âge, et son langage était plein d'allusions à l'histoire du conquérant et de ses fils. Ainsi il donnait à une plante médicinale de ses montagnes le nom de baume de Chaba, « attendu que Chaba, instruit dans les secrets de la nature, avait employé cette herbe après la bataille de Crimhilt à guérir ses soldats blessés et à se guérir lui-même [2]. » On citait de lui, dès le XIIᵉ siècle, un proverbe plein de mélancolie patriotique et de tendresse. Un Sicule se séparait-il de l'ami qu'il craignait de ne plus revoir, il lui disait avec un doux reproche : « Oh ! tu me reviendras, quand Chaba reviendra de la Grèce [3] ! »

---

[1]. *Szek*, siége administratif, d'où *Szekelyek* habitant des siéges administratifs.

[2]. Pimpinella saxifraga *Chaba-Ire,* hoc est, Chabæ implastrum ; nam ferunt Chabam regem Attilæ regis minorem filium… Olahus. *Vit. Attil.*

[3]. Unde vulgus adhuc loquitur in communi : Tunc redire debeas,

Dans toutes ces traditions, il n'est pas question de l'empire avar. Les Avars y sont confondus avec les Huns; leurs guerres de Carinthie, de Dalmatie et d'Allemagne y sont attribuées à leurs devanciers ou à leurs successeurs, et les exploits de Baïan allongent la vie d'Attila. Si quelque vague souvenir du nom d'Avar reste encore dans le moyen âge hongrois, il s'applique à on ne sait quelle race de sorciers et de fées qui aurait construit ces grands remparts des kha-kans, dont les derniers vestiges ont disparu de nos jours [1]. Quant aux Sicules, l'opinion est unanime depuis le XIe siècle pour les considérer comme un peuple antérieur à l'arrivée des Magyars sur les bords du Danube. En admettant cette antériorité, qui paraît incontestable, on peut encore se demander si les Sicules, comme ils le prétendent, sont un reste des Huns d'Attila, ou simplement un reste des Avars. Historiquement leur descendance directe des Huns n'aurait rien d'impossible, car les faits démontrent qu'il resta parmi les Gépides, devenus maîtres de la Hunnie, plusieurs noyaux de population hunnique, et même un fils d'Attila [2]; toutefois il est plus raisonnable, plus conforme à la nature des choses, de voir dans le peuple sicule une tribu avare que les envahissements des Slaves n'ont pas eu le temps d'étouffer. L'une ou l'autre hypothèse est indifférente dans la question qui nous occupe. Le rôle attribué aux Sicules par la tradition, d'avoir été les introducteurs des Magyars

dicunt recedenti, quando Chaba de Græcia revertetur. Sim. Kez. l. I, c. 4, § 6. — Thwrocz., I, c. 24.

1. On peut consulter sur ces vagues traditions l'intéressant ouvrage de M. J. Boldényi, *la Hongrie ancienne et moderne*, 1851.
2. *Histoire des Fils et des Successeurs d'Attila*, c. I.

dans l'ancienne Hunnie et les gardiens des souvenirs d'Attila, s'expliquerait également bien, que les Sicules fussent des Avars, ou qu'ils fussent des Huns.

ARPAD.

Quatre générations se sont écoulées depuis la mort du grand roi des Huns, et Elleud, fils d'Ugek, fils d'Ed, fils de Chaba, fils d'Attila, règne sur la tribu d'Erd, au pays des Magyars. Elleud est sombre et chagrin, car il n'a point de fils, et sa femme chérie, Émésu, maudit nuit et jour sa stérilité. Une nuit que, lasse de pleurer, elle a cédé au sommeil, elle voit en songe l'oiseau *Turul*, l'épervier, symbole d'Attila, qui, planant au-dessus d'elle, semble l'enchaîner sous son vol, puis replie doucement ses ailes et vient dormir à son côté [1]. Elle rêve ensuite que son sein se brise, et qu'il en jaillit un torrent brillant et brûlant comme du feu, qui parcourt le monde en le couvrant de ruines. Neuf mois après, elle met au monde un fils qu'elle appelle Almus, mot qui signifie également *l'enfant du rêve* et *l'enfant sanctifié* [2]; les Magyars le surnomment *l'enfant de l'épervier* [3]. Cette incarnation d'Attila dans son petit-fils Almus n'a rien que de conforme aux idées orientales.

---

1. Matri ejus prægnanti per somnium apparuit divina visio in forma austuris quæ quasi veniens eam gravidavit... Anonym., *Chron. Hung.*, 3.
2. Quia ergo somnium in lingua hungarica dicitur Almu, et illius ortus per somnium fuit prognosticatus, ideo ipse vocatus est Almus; vel ideo vocatus est Almus, id est sanctus, quia ex progenie ejus sancti reges et duces erant nascituri. *Id.*, *ub. sup.*
3. De genere Turul. Sim. Kez. l. II, c. I, § 4.

Aujourd'hui encore les Mongols attendent la venue de Timour, qui doit s'incarner pour relever son peuple et lui rendre la domination de l'Asie. Almus ouvre un nouveau cycle de la poésie magyare, en même temps qu'une nouvelle période de l'empire des Huns.

Il grandit et se développe dans tout l'éclat de la beauté magyare. « Il était brun, tirant sur le noir, dit la tradition ; il avait de grands yeux noirs, une taille dégagée et souple, les mains grosses et les doigts longs [1]. Nul ne l'égalait en générosité, en bravoure et en justice, car, bien qu'il fût païen, le Saint-Esprit était avec lui [2]. » Il se marie, et son fils Arpad devient homme à ses côtés ; mais une inquiétude secrète tourmente Almus. Quelque chose l'entraîne hors de son pays, à la recherche des royaumes jadis conquis par Attila : cédant enfin à sa destinée, l'enfant de Turul se décide à partir et appelle à lui des compagnons. Il s'en présente sept, sept chefs braves et renommés que suit une armée innombrable, et qui portent, dans la tradition, le nom d'*Hétu-Moger*, c'est-à-dire les sept Magyars par excellence. Les Huns, à leur départ d'Asie, comptaient aussi sept chefs, six capitaines et le grand-juge Turda. Les Hétu-Moger choisissent Almus pour commandant suprême ou duc, et se lient entre eux et à lui par un serment terrible. Rangés en cercle autour d'un baquet, le bras gauche étendu, ils s'ouvrent la veine avec leur poignard, et, confondant dans le baquet leur sang qui jaillit, ils jurent de reconnaître pour leurs ducs à

---

[1]. Manus habebat grossas et digitos prolixos... Anonym., *Chron. Hung.*, 3.
[2]. Donum spiritus sancti erat in eo licet pagano... *Id., ibid.*

perpétuité Almus et ses descendants, de mettre en commun leur butin et leurs conquêtes, de se tenir tous pour égaux, ayant place au conseil du chef ; et tandis que leur sang tombe à gros bouillons dans le vase, ils prononcent ensemble ces mots : « Qu'ainsi coule jusqu'à la dernière goutte le sang de quiconque se révoltera contre le chef, ou tentera de diviser sa famille ! Qu'ainsi coule le sang du chef, s'il viole jamais les conditions de ce pacte [1] ! » Telle fut la première loi de la république des Magyars.

Les Magyars partent sous la conduite d'Almus. Ils traversent les steppes, évitant les lieux habités, mangeant le gibier des broussailles et le poisson des rivières, et ne touchant à rien de ce qu'a produit le labeur de l'homme. Quand ils rencontrent devant eux quelque large fleuve, ils le passent, assis sur leur *tulbou*, outre de cuir qui leur sert de nacelle [2]. Ils arrivent enfin aux bords du Dniéper, que domine la grande et forte cité de Kiew, habitée par les Russes. A la nouvelle que les Magyars approchent et que leur duc Almus est un petit-fils de cet Attila à qui la Russie payait jadis tribut [3], Kiew ferme ses portes, et les Russes appellent à leur aide les Cumans blancs leurs voisins ; mais le duc Almus n'a pas besoin d'aide,

---

1. Sanguis nocentis funderetur sicut sanguis eorum fuit fusus in juramento, quod fecerunt Almo duci. — Ut si quis de posteris ducis Almi et aliarum personarum principalium juramenti statuta ipsorum infringere voluerit... Anonym. *Gest. Hung.*, 6.

2. Super tulbou sedentes, ritu paganismo (*sic*) transnataverunt. Anonym., *ibid.*, 7.

3. Tum duces Ruthenorum hoc intelligentes, timuerunt valde, eo quod

car le Saint-Esprit combat pour lui [1]. La bataille commence avec une ardeur égale de part et d'autre, et les Russes poussent des cris féroces qui étonnent un moment les Magyars. « Rassurez-vous, dit le duc Almus à ses soldats : ce sont là des hurlements de chiens, et quand les chiens ont vu le fouet du maître, ils se couchent à plat ventre et se taisent. » La fureur des combattants redouble ; les Russes enfoncés sont mis en fuite, et les têtes tondues des Cumans roulent à terre comme des courges crues [2].

Kiew ouvre ses portes, et ses principaux habitants, les mains chargées de présents inestimables viennent trouver le duc Almus dans son camp. « Que veux-tu faire dans notre pays? lui disent-ils. Vois là-bas, au soleil couchant, par-delà la forêt des Neiges, c'est l'ancien royaume d'Attila, la terre de Pannonie [3] : il n'en est pas de meilleure au monde. Des fleuves remplis de poisson, le Danube, la Theïsse, le Vag, le Maros, le Temèse, la traversent, et des ruisseaux sans nombre la fertilisent. Cette bonne terre est actuellement aux mains des Slaves, des Bulgares, des Valakes et des bergers romains qui s'en sont emparés après la mort du roi Attila. Les Romains ont dit que la Pannonie était leur pacage : ils ont bien dit, car ils font paître leurs troupeaux sans trouble sur le patrimoine des

---

audiverunt Almum ducem filium Ugek de genere Athile regis esse, cui proavi eorum annuatim tributa persolvebant. Anonym., *Gest. Hung.*, 8.

1. Almus, cujus adjutor erat spiritus sanctus, armis indutus, ordinata acie... *Id. Gest. Hung.*, 6.

2. Tonsa capita Cumanorum Almi ducis milites mactabant tanquam crudas cucurbitas. *Id., ibid.*

3. Ut ultra sylvam Ho-vos, versus occidentem in terram Pannoniæ descenderet, quæ primo Athile regis terra fuisset. *Id.*, 9.

Magyars[1]. » Ces paroles excitent l'impatience d'Almus ;
il reçoit des Russes un tribut de dix mille marcs d'or,
des fourrures et de riches tapis, des chevaux harnachés
d'or et des chameaux ; puis il emmène leurs otages et
part. Sept chefs cumans, voyant sa vaillance, lui demandent la permission de le suivre.

Il traverse le pays de Lodomer sans s'y arrêter; il
entre dans la Galicie, mais il y fait halte. Partout on
lui livre des otages, partout on lui offre des présents.
On lui amène des bœufs harnachés pour porter son
bagage : l'or d'Arabie, l'hermine, les riches vêtements
remplissent ses chariots. « Pourquoi restes-tu si longtemps ici ? lui dit le duc de Galicie : là-bas, derrière
la forêt des Neiges, s'étend la terre de Pannonie, héritage du roi Attila. Les Romains, les Bulgares et les
Slaves la possèdent : les Romains l'ont occupée jusqu'au Danube et y ont placé leurs pasteurs; les Bulgares ont pris ce qui se prolonge au delà entre le
Danube et la Theïsse jusqu'aux frontières des Russes
et des Polonais, et les Slaves ont usurpé le reste.
Aucun pays au monde ne peut être comparé à ce bon
pays ; la terre y est grasse et féconde ; des fleuves
poissonneux l'arrosent, et d'innombrables ruisseaux le
fertilisent[2]. »

Almus crut à ces paroles, et reprit gaiement sa
marche. Le duc de Galicie lui a donné deux mille
archers pour le guider, et trois mille paysans armés

---

[1]. Et jure terra Pannoniæ pascua Romanorum esse dicebatur, nam et
modo Romani pascuntur de bonis Hungariæ. Anonym., *Gest. Hung.*, 9.

[2]. Dicebant quod terra illa nimis bona esset, et ibi confluerent nobilissimi fontes. *Id.*, 11.

de haches et de faux pour lui ouvrir une route dans la forêt des Neiges. Bientôt les Magyars commencent à franchir la pente des montagnes, et leurs guides les abandonnent. Ils montent toujours, et entrent dans un canton sauvage où les aigles perchent sur les rameaux des arbres, serrés comme des nuées de moucherons : à la vue des chevaux et des bœufs des Magyars, ces oiseaux s'abattent sur eux pour les dévorer [1]. Sorti de ce canton inhospitalier, Almus errait à l'aventure, quand il voit arriver des étrangers qui parlent la langue des Hongrois : ce sont les Sicules d'Erdeleu, qui, instruits par la renommée de l'approche d'un petit-fils de Chaba, sont descendus de leur plateau pour le recevoir [2]. Avec leur assistance, les Hongrois enlèvent la ville de Hung-Var, et s'établissent dans la contrée voisine : ils ont posé le pied sur la terre d'Attila pour n'en plus sortir. Magyars et Szekelyek célèbrent ce grand événement et la joie de leur réunion par un *aldumas* qui dure quatre jours [3] : pendant quatre jours, grands et petits s'enivrent en mangeant de la chair de cheval que les prêtres ont consacrée.

La mission de l'enfant du rêve se termine ici, Almus

---

1. De arboribus tanquam muscæ, descendebant aquilæ et consumebant devorando pecora eorum et equos. *Chron. Bud.*, p. 36, 37. — Thwrocz, II, c. I.

2. Siculi Hunnorum residui, dum Hungaros in Pannoniam iterato cognoverunt remeasse, redeuntibus in Rutheniæ finibus occurrerunt, insimulque Pannonia conquestrata, partem in ea sunt adepti, non tamen in plano Pannoniæ, sed cum Wlakis in montibus confiniis sortem habuerunt. Sim. Kez., I, c. 3, § 6. — Omnes Siculi qui primo erant populi Athile regis... obviam pacifici venerunt. Anonym., *Gest. Hung.*, 50.

3. Diis magnas victimas fecerunt, et convivia per quatuor dies celebraverunt. Anonym., 13. — More paganismo, occiso equo pinguissimo, magnum *aldumas* fecerunt. *Id.*, 16.

meurt, et son fils Arpad lui succède comme duc des Magyars. Campés au sommet des Carpathes, les Magyars ne possèdent que d'âpres vallées, tandis que les grasses plaines de Dacie et de Pannonie s'étendent près de là, sous leurs pieds. Elles appartiennent au duc Swatepolc, chef des Slaves Marahunes ou Moraves, qui réside sur la rive gauche du Danube, dans une ville baignée par les eaux du fleuve. Arpad fait venir vers lui Kusid, fils de Kund, homme intelligent et rusé. « Va explorer ce pays, lui dit-il, et rapporte-moi s'il est bon et si Swatepolc est notre ami. » Kusid, fils de Kund, part aussitôt avec une bouteille vide à la main et un sac de cuir sur le dos. Il va trouver Swatepolc dans son palais et lui adresse ces paroles : « Arpad, mon seigneur, te prie de lui accorder, pour y faire paître ses troupeaux, un coin de ce pays, que son aïeul, le très-puissant roi Attila, posséda jadis tout entier. » Swatepolc, supposant que les Magyars étaient une nation de bons paysans qui désiraient cultiver sa terre et faire paître leurs troupeaux moyennant tribut[1], accueille avec joie Kusid, fils de Kund. « Eh bien! dit alors l'espion, permets-moi de puiser dans cette bouteille un peu d'eau du fleuve, et de mettre dans ce sac un peu de terre des champs avec un peu d'herbe des prés, afin que les Magyars jugent si cette terre et cette herbe sont bonnes, et si cette eau vaut celle des fleuves de leur patrie. — Fais comme il te plaira, » lui répond le Morave.

Kusid descend vers le fleuve, remplit d'eau sa bou-

---

1. Putabat enim illos esse rusticos et venire ut terram ejus incolerent... *Chron. Bud.*, p. 38. — Thwrocz, II, c. 3.

teille et la rebouche ; il s'avance ensuite dans la plaine, prend une poignée de sable noir qu'il met dans son sac, et passe de là dans la prairie, où il en prend une autre de différentes herbes[1] ; puis, chargé de ce fardeau, il regagne le chemin de la montagne. Son récit enchante Arpad et les Magyars, on se presse autour de lui, on l'accable de questions ; chacun veut voir et goûter l'eau, la terre et l'herbe, que l'on déclare de bonne apparence et de bon goût. Alors Arpad, mettant de cette eau dans sa corne à boire, la verse solennellement sur la terre en prononçant par trois fois cette invocation : *Dieu! Dieu! Dieu!* que les Magyars répètent en chœur[2].

Quelques jours après, Kusid se remet en marche par le même chemin : il est chargé d'offrir à Swatepolc, au nom d'Arpad et des Magyars, un grand cheval blanc qu'il conduit par la bride. Le frein de ce cheval est d'or, et sa selle est dorée avec de l'or d'Arabie. «Tiens, dit-il au duc des Moraves, voilà ce qu'Arpad t'envoie pour le prix de la terre que tu lui permettras d'occuper. — Qu'il en occupe tant qu'il voudra[3]! » répond Swatepolc, toujours dans l'erreur, et s'imaginant qu'on lui envoie ce cheval en signe d'hommage et de soumission. Les Magyars, apprenant sa réponse, descendent de la montagne dans la plaine ; ils se

---

1. Kusid autem de aqua Danubii lagenam implens, et herbam periarum ponens in utrem et de terra nigri sabuli accipiens... *Chron. Bud.*, p. 38. — Anonym., 14. — Thwrocz, II, c. 3.

2. Arpad vero de aqua Danubii cornu implens... et omnes Hungari clamaverunt : Deus! Deus! Deus! *Chron. Bud.*, ibid. — Anonym., 14. — Thwrocz, *l. c.*

3. Habeant quantumcumque volunt... *Chron. B. Ibid.* — Thwrocz, *ub. sup.*

répandent par tout le pays, s'emparant de la terre et des villages, non comme des hôtes ou des fermiers, mais à titre de maîtres, en vertu d'un droit héréditaire de propriété[1]. Swatepolc, à qui ces violences sont rapportées, ne sait plus que penser de la conduite de ces étrangers. Il allait leur dépêcher ses ordres, quand un nouveau messager hongrois se présente et lui dit : « Voici ce qu'Arpad et les Magyars te déclarent par ma bouche : Il ne convient pas que tu restes plus longtemps dans ce pays que tu nous as vendu, car nous avons acheté de toi la terre au prix du cheval, l'herbe au prix du frein, l'eau au prix de la selle. — Eh bien ! donc, s'écria le Morave en poussant un grand éclat de rire, j'assommerai le cheval avec mon maillet, je jetterai le frein dans la prairie, et je noierai la selle dorée dans le Danube[2]. — Quel mal cela fera-t-il à mon maître ? reprit tranquillement l'envoyé. Si tu tues le cheval, ses chiens rencontreront le cadavre et en feront leur curée ; si tu jettes le frein dans la prairie, ses faucheurs le trouveront et le lui remettront ; si tu noies la selle dans le Danube, ses pêcheurs la retireront de l'eau, la feront sécher sur la rive et la reporteront à sa maison. Qui possède la terre, l'herbe et l'eau possède tout[3]. »

---

1. Sed sicut terram jure hæreditario possidentes. *Chron. Bud.*, p. 39.
2. Subridens dixit : Equum illum malleo ligneo interficiam, frenum autem in pratum projiciam, sellam autem deauratam in aquam Danubii abjiciam. *Ibid.*, p. 39. — Thwrocz, II, c. 3.
3. Si equum interficies, canibus suis victualia dabis : si frenum in herbam projicies ; homines sui, qui fenum falcant, aurum freni invenient ; si vero sellam in Danubium abjicis, piscatores illius aurum sellæ super littus exponent, atque domi reportabunt. Si ergo terram, herbam et aquam habent, totum habent. *Chron Bud.*, p. 39. — Thwrocz, *l. c.*

Instruit un peu trop tard du caractère de ses hôtes, Swatepolc essaie de les combattre, mais il est vaincu ; son armée est mise en déroute, et lui-même désespéré se jette dans le Danube la tête la première[1]. Arpad, possesseur de la rive gauche du fleuve, passe sur la droite, et bientôt Slaves, Bulgares et Romains sont chassés de la Pannonie ou forcés de se soumettre au nouveau maître. L'armée magyare se trouve grossie d'un nombre immense d'étrangers de toute race qui viennent partager sa conquête. Arpad fait enfin son entrée triomphale dans la ville de Sicambrie, restée déserte depuis la mort d'Attila. Il y retrouve les palais de son aïeul, les uns encore debout, les autres ne présentant plus qu'une grande ruine, et les Magyars remarquent avec admiration que tous ces édifices avaient été construits en pierre[2]. C'est au milieu de ces débris de la puissance des Huns qu'Arpad célèbre l'aldumas destiné à fêter sa victoire. Ce grand aldumas dure vingt jours entiers ; des troupeaux de chevaux blancs égorgés et consacrés par les prêtres passent de la boucherie sur des tables, où tous les Magyars sont assis, depuis le duc jusqu'au dernier soldat. Le bruit des instruments de musique et les chansons des rapsodes égaient les convives pendant le repas [3]. Arpad et les nobles sont servis dans des plats d'or, les simples soldats et le peuple dans des plats d'ar-

1. Præ timore in Danubium se jactavit. *Chron. Bud.*, p. 39.
2. Intraverunt in civitatem Athile regis et viderunt omnia palatia regalia, quædam destructa usque ad fundamentum, quædam non, et admirabantur ultra modum omnia illa ædificia lapidea. Anonym., 46.
3. In palatio Athile regis conlateraliter sedendo, et omnes symphonias atque dulces sonos cythararum et fistularum, cum omnibus cantibus joculatorum habebant ante se. *Id., ibid.*

gent. Enfin, pour couronner dignement les joies de ce long festin, le chef distribue le butin et les terres conquises à ses capitaines, à son armée, aux étrangers qui l'ont assisté.

L'ancienne Hunnie est reconquise ; la bannière de l'épervier flotte sur les murs ruinés de Sicambrie, et la pyramide funéraire de Kewe-Haza, qui recouvre les ossements des Huns, n'est plus sous la domination de l'étranger. La mission d'Arpad se termine là, comme celle d'Almus s'est terminée au sommet des Carpathes, à l'entrée de la terre promise. Il meurt, et les Magyars l'enterrent près de la source d'une petite rivière qui baigne le territoire où doit se fonder plus tard la cité chrétienne d'Albe-Royale[1]. La sépulture d'Arpad devient celle des chefs hongrois de la première période, ducs et païens : à la limite du canton se trouve celle d'Attila et des Huns, et entre les deux s'élèvera plus tard l'*Église-Blanche* où reposeront les rois chrétiens de la Hongrie. Le tombeau d'Arpad est un nouveau gage de consécration pour ce coin de terre, où se pressent les grands monuments de la nation magyare, les symboles de son passé et de son avenir.

A l'action principale que je viens d'esquisser se joignent dans les récits traditionnels beaucoup de détails, empruntés évidemment aux chansons domestiques. Si l'on en veut croire ces vieilles poésies, les violences et les cruautés des Magyars contre les Alle-

---

1. Castra fixit in monte Noë prope Albam, et ille locus est primus, quem sibi elegit in Pannonia : unde et civitas Alba per sanctum regem Stephanum... fundata est ibi prope. *Chron. Bud.*, p. 40.

mands ne sont que des représailles de famille, dont l'origine remonte aux guerres d'Attila et de ses fils. Ainsi Bulchu, un des plus épouvantables héros de l'histoire hongroise, que ses actions atroces firent surnommer de son vivant Ver-Bulchu, c'est-à-dire Bulchu le mauvais, commettait ses barbaries dans un esprit de vengeance héréditaire. « Il faisait rôtir à la broche, nous dit Simon Kéza, tous les Allemands qu'il pouvait rencontrer, et buvait leur sang en guise de vin, par la raison que les Germains avaient fait périr cruellement un de ses ancêtres à la bataille de Crimhilt[1]. » On aperçoit bien ici comment le lien épique, passant d'une époque à l'autre, formait un seul tissu de toutes ces traditions générales ou particulières. Enfin les documents traditionnels que nous possédons contiennent, outre les faits relatifs à la conquête, l'état du pays conquis et la désignation des lots attribués à chaque famille par droit de premier occupant ou par concession ultérieure. C'est le *Doomesday-Book* de la Hongrie : à chaque ligne on y retrouve la mention que le droit de propriété dérive du roi Attila.

SAINT ÉTIENNE ET LA SAINTE COURONNE.

Nous arrivons au dénoûment de l'épopée magyare, et quelques explications historiques préliminaires aideront à bien comprendre le sens profond de cette péri-

---

1. Pro eo enim Ver-Bulchu vocatus est, quia cum avus ejus in prælio *Crimildino* per Teutonicos fuisset interfectus, et id ei pro certo constitisset, volens recipere vindictam super eos, plures Germanos assari fecit super veru, et tanta crudelitate dicitur in eos exarsisse, quod quorumdam quoque sanguinem bibit, sicut vinum. Sim. Kez., l. II, c. I, § 11.

pétie, qui clôt les temps héroïques de la Hongrie ainsi que la tradition proprement dite.

De l'époque d'Arpad, nous sommes transportés aux dernières années du xe siècle. Il y a quatre-vingts ans que les Magyars ont fondé un petit État au midi des Carpathes, et quatre-vingts ans que le pillage et la dévastation partent de ce petit État pour aller atteindre jusqu'aux nations européennes les plus éloignées. Une haine instinctive du christianisme et le goût des profanations donnent à ces ravages un caractère particulièrement effrayant pour la chrétienté. On ne peut disconvenir que l'intrusion de cette république de brigands païens au cœur même de l'Europe n'ait été, pendant près d'un siècle, un vrai fléau pour le christianisme et pour la civilisation. L'Europe eut beau mettre ces brigands hors du droit des nations, attacher les chefs au gibet, et traiter les soldats sans quartier : ce triste système de représailles, en ravalant la civilisation au niveau de la barbarie, n'amenait que l'exaspération de la barbarie même. On songea enfin à l'emploi d'un remède essayé à diverses époques sur les peuples païens de l'Europe septentrionale, et qui consistait dans un certain mélange de coercition morale et de violence armée. Quand un de ces peuples qui gênaient le développement chrétien et monarchique des grands États européens se rendait par trop insupportable à ses voisins, on le pourchassait, on le mettait aux abois, et lorsque, à bout de ressources, il implorait la paix, on la lui accordait telle qu'elle le chargeât d'une double chaîne, au dehors et au dedans. Ainsi on l'obligeait par traité à recevoir des missionnaires chrétiens, à laisser construire des églises et des couvents sur son territoire, à reconnaître les évêques qu'on lui donnerait, et ces instruments d'une conquête religieuse, mis sous la foi des traités, asservissaient ce peuple en changeant ses mœurs. Dagobert avait usé de ce procédé, non sans succès, avec les Bavarois, Charlemagne avec les Saxons, et les empereurs germains de la maison de Saxe l'éprouvaient à leur tour sur les populations slaves de la Pologne.

La cour de Rome, comme on le pense bien, était toujours de moitié dans l'application de ce remède héroïque, et les armes qu'elle avait en main ne possédaient pas moins de puissance que l'épée temporelle des empereurs d'Allemagne, quoiqu'elles fussent d'une autre nature. La plupart des peuples susceptibles d'être ainsi convertis se trouvaient organisés en aristocraties militaires, sorte de gouvernement essentiellement favorable à l'esprit de turbulence et d'entreprise : tant que cette forme d'administration devait persister, il semblait impossible d'obtenir de ces peuples avec l'exécution sincère des traités un état de paix durable. Force était donc de ruiner le gouvernement aristocratique chez la peuplade qu'on voulait convertir, et d'amener celle-ci à une monarchie fondée sur des principes analogues à ceux des autres gouvernements européens; c'était là un des premiers soins de la politique chrétienne et civilisatrice. Le but n'était pas très-difficile à atteindre, l'ambition des hommes aidant. On faisait briller aux yeux de chefs avides de pouvoir et rivaux les uns des autres la perspective d'une royauté concédée au plus digne, c'est-à-dire à celui

qui aurait montré le plus de zèle pour la propagation
du christianisme parmi les siens, et c'était au pape,
dispensateur des couronnes en vertu du droit divin,
qu'appartenaient le choix et l'institution des nouveaux
rois. Les évêques et les missionnaires, agents du pouvoir pontifical près des nations en cours de conversion,
travaillaient incessamment l'esprit des chefs, et l'appât
d'une couronne manquait rarement son effet. Les
choses se passaient ainsi en Pologne dans les dernières
années du xe siècle. Commencée à grands coups
d'épée par l'empereur Othon Ier, la conversion des
Polonais se poursuivait sous des auspices plus pacifiques. Le duc qui les gouvernait alors, Miesco, autrement dit Miecislas, néophyte plus ambitieux que convaincu, s'agitait en tout sens sinon pour consolider
l'œuvre chrétienne, du moins pour faire croire au pape
qu'il l'avait consolidée, et déjà il réclamait ce titre
royal qui était l'aiguillon et la récompense des grands
succès.

Ce fut vers cette époque et dans des circonstances
à peu près pareilles que la foi chrétienne s'introduisit
en Hongrie à la suite d'un traité de paix. Les Hongrois
avaient lassé la patience de leurs voisins, soit en leur
faisant directement la guerre, soit en entrant comme
auxiliaires dans toutes les révoltes qui les déchiraient.
Enfin en 955 les Germains se concertèrent pour exterminer cette nation turbulente. Tandis qu'elle assiégeait la ville d'Augsbourg avec une armée qui renfermait toute sa jeunesse, l'empereur Othon Ier, accompagné de forces supérieures, cerna les assiégeants,
les culbuta soit contre la ville, soit contre la rivière du

Lech, qui la traverse, et, refusant de les recevoir à composition, ne leur laissa que le choix de leur mort. Leurs deux chefs, Léel et Bulchu, furent pendus au gibet de Ratisbonne[1], ainsi que je l'ai raconté plus haut. Cette terrible défaite abattit l'audace des Magyars qui demandèrent la paix en suppliant; mais l'empereur Othon, après de longs refus, ne l'accorda qu'à la condition qu'ils se feraient chrétiens, ou du moins qu'ils ouvriraient leur territoire au christianisme. Les féroces Magyars reçurent donc des missionnaires, laissèrent construire chez eux des églises, eurent des prêtres et des évêques, mais ne se firent point chrétiens. Leurs prédicateurs périrent presque tous de mort violente, et le duc Toxun, sous le gouvernement duquel avait été conclu le traité, mourut dans l'impénitence païenne. Sous Geiza, son fils et son successeur, le christianisme fit un assez grand pas. Ce duc hongrois, qui paraît avoir eu plusieurs femmes, en aimait une passionnément, et celle-ci, d'un caractère viril et décidé, qui montait à cheval, buvait et se battait comme un homme, avait pris sur lui un ascendant presque absolu. Elle était fille de Gyla, duc de Transylvanie, se nommait Sarolt, et avait reçu des Slaves, à cause de sa grande beauté, le surnom de *Beleghnegini*[2], c'est-à-dire la belle maîtresse. Un beau jour, elle se convertit, et bientôt après Geiza fut baptisé.

---

1. Mala morte ut digni erant mulctati sunt; suspendio namque crepuerunt. Witichind. *Chron.*, 3, ad ann. 955. — Suspensi patibulis. Hepidan. Monach. eod ann.

2. Voir plus haut les *Légendes et Traditions germaniques*. — Cf. Pray, p. 376 et seqq.

Jusqu'à quel point l'éclat de cette couronne royale qu'on faisait resplendir dans le lointain aux yeux des néophytes concourut-il, avec les séductions de la *belle maîtresse*, à déterminer la conversion de Geiza? On ne saurait le dire; mais on sait que Geiza, homme d'un caractère faible et incertain, s'il avait convoité la couronne, n'osa pas la mériter. Une révolte survenue parmi ses sujets pour le rétablissement du culte païen le trouve pusillanime et presque renégat; non-seulement il ne la réprime pas, mais il fait acte de paganisme, se rase la tête et mange du cheval pour sauver son autorité menacée. Il resta duc, mais il dut renoncer à être roi. Quant à Sarolt, d'une âme mieux trempée et d'une foi plus sincère, elle brava les menaces et ne broncha pas un instant. Si la couronne eût pu être donnée à une femme, Sarolt était digne de la recevoir et l'aurait noblement portée; par malheur, les institutions magyares ne le permettaient point encore, et plus malheureusement Sarolt n'avait point de fils sur qui pût se reverser la reconnaissance de l'église. C'est à ce moment critique pour la race d'Attila et pour les destinées chrétiennes de la Hongrie que nous allons reprendre le cours interrompu des traditions.

« Le temps marqué par les décrets de Dieu est arrivé, » nous dit sur le ton d'une prophétie la chronique de l'évêque Chartuicius [1]. Il fait nuit, et Sarolt, en proie au chagrin de sa stérilité, n'a cédé qu'avec

---

1. Adest tempus cœlitus dispositum. Chartuic. *Vit. S. Stephan. reg.* 3.

peine au sommeil, quand un jeune homme lui apparaît dans son rêve. Ce jeune homme tout resplendissant d'une beauté céleste porte le vêtement des diacres chrétiens. Il s'approche de sa couche et lui dit : « Femme, aie confiance en Dieu. Tu mettras au monde un fils, et à ce fils est réservée une couronne d'une durée infinie. Tu auras soin de lui donner mon nom. » — « Qui donc êtes-vous? » demande Sarolt étonnée[1]. — « Je suis, reprit la vision, le proto-martyr Étienne, le premier qui versa son sang en témoignage pour le Christ. » Neuf mois après cette apparition, Sarolt accouche d'un fils qu'elle nomme Étienne ou plutôt *Stephanos*, vrai nom du proto-martyr, et, suivant la remarque faite par le légendaire lui-même, ce mot signifie *couronne*[2]. Voilà donc le fils de Geiza prédestiné à cette royauté perdue par la faiblesse de son père, reconquise par les mérites de sa mère. Étienne est l'enfant de la femme forte, et l'enfant du rêve comme Almus. Nous retrouvons ici une contre-partie de l'histoire d'Émésu, avec une différence de forme en rapport avec la différence des religions : Almus est une incarnation païenne d'Attila; Étienne est l'enfant de la promesse de Dieu, le petit-fils couronné que l'ange montrait dans le lointain au roi des Huns comme le prix de son obéissance.

---

1. Apparuit ei beatus proto-martyr Stephanus, levitico habitu ornatus, in visionibus... Certa esto quia filium paries, cui primogenito corona debetur et regnum : meum quoque nomen illi impones. Chartuic., *Chron. hungar.*, 4. — *Id. Vit. S. Stephan.*, 4. — Quis es, Domine, et quo nomine nuncuparis? *Id., ibid.*

2. Stephanus quippe græce, coronatus sonat latine. Ipsum quippe in hoc sæculo Deus voluit ad regni potentiam, et in futuro corona beatitudinis semper manentis redimere. *Id. Vit. S. Stephan.*, 5.

Saint Adalbert reçoit Étienne des mains de sa mère pour le diriger et l'instruire. Il façonne au christianisme, il nourrit de sentiments charitables et justes l'adolescent, en qui éclatent déjà l'audace et l'inflexibilité maternelles. A quinze ans, quand il perd son père, Étienne est un homme avec qui les plus turbulents doivent compter. Enhardis par sa jeunesse, les magnats se révoltent, veulent enlever sa mère et le tuer, tandis que les prêtres païens entonnent la chanson des anciens dieux : « Rasons les églises, étranglons les moines et brisons les cloches. » Étienne fait face à tout ; il abat les nobles, il disperse les païens, intimide l'ennemi du dehors, qui envenimait les querelles du dedans pour en profiter, et sauve le christianisme d'une ruine presque assurée. A dix-neuf ans, toutes les bouches le proclamaient l'apôtre armé de la Hongrie [1].

Cependant un événement considérable allait s'accomplir sur la frontière même du pays des Magyars, et donner aux Polonais une sorte de suprématie chrétienne parmi les barbares du nord de l'Europe. Cet événement, c'était l'élévation du duc Miesco à la royauté qu'il ambitionnait si ardemment et depuis tant d'années [2]. Le siége de saint Pierre était alors occupé par un des plus savants hommes qui s'y soient assis, le Français Gerbert, autrement dit, Sylvestre II, à qui sa grande perspicacité, ses vastes études et son penchant pour les sciences occultes valurent au moyen âge un certain

---

1. *Vit. major. et minor. S. Stephan.*, in Monument. Arpadian. — Chartuic., *Vit S. Steph.* — *Chron. hungar.*

2. Meschco (Misca, *Vit. S. Stephan.*, 9) Polonorum dux, christianam roborare cum suis amplexatus fidem... apostolica fulciri benedictione ac regio postulaverat diademate coronari. Chartuic., *Chron. hungar.* 5.

renom de sorcellerie. Tout sorcier qu'il était ou qu'on le croyait, Gerbert se laissa abuser sur le caractère personnel de Miesco et sur la réalité des conversions que le néophyte prétendait avoir provoquées et obtenues parmi ses sujets. Dans son erreur, il promit au duc tout ce que le duc lui demandait, bénédiction apostolique, titre royal et diadème, et il fit fabriquer à son intention une couronne digne par sa richesse et sa beauté de la munificence du chef de l'église. Déjà même il avait fixé le jour où il recevrait l'envoyé de Miesco, Lambertus, évêque de Cracovie, à qui il voulait remettre de sa main le bref apostolique et le diadème : encore quelques semaines, et le duc des Polonais sera le premier roi chrétien des races du Nord.

Dieu se souvint alors que cinq siècles et demi auparavant la sainte cité de Rome avait été menacée d'une grande profanation, lorsque Attila s'avançait avec toutes ses forces pour l'anéantir. Il se souvint aussi qu'il avait envoyé un ange pour arrêter le barbare dans sa marche, et que l'ange avait promis au nom du Christ « qu'un jour viendrait où la génération du roi des Huns obtiendrait, dans ces mêmes murs de Rome et de la main du successeur des apôtres, une couronne qui n'aurait point de fin. » Le Seigneur comprit que le moment de remplir sa promesse était venu [1]. Aussitôt il inspire au duc Étienne l'idée de réclamer pour lui-même du souverain pontife la bénédiction apostolique et le titre

---

1. Quia novit Dominus qui sibi sint in futurum dilecti, idcirco præscius sanctum electum suum Stephanum, temporali statuerat feliciter insignire corona, postmodum felicius eum decoraturus æterna, sicut avo ejus Attilæ per Angelum sanctum suum promiserat. Chartuic., *Chron. hung.*, 5.

royal, en récompense de ses mérites et des fruits de son apostolat. Étienne convoque donc à une diète générale les évêques, les magnats et le peuple du duché de Hongrie ; il leur expose ses travaux, il leur confie son désir, et tous décident qu'il faut députer à Rome Astricus, évêque de Strigonie, pour mettre aux pieds du saint-père la demande d'Étienne et le vœu du peuple hongrois. Astricus part, et les deux ambassades cheminent sur la même route sans le savoir : une seule journée de marche les sépare ; mais par la volonté de Dieu, Lambertus s'est attardé, et Astricus a pris les devans. Tous deux ignorent qu'ils se rendent au même lieu, pour le même objet; leurs peuples l'ignorent aussi, et le pape Sylvestre ne sait rien, sinon que l'envoyé polonais doit se présenter devant lui au jour convenu, dès les premiers rayons du soleil. Parée d'ornements inaccoutumés, la salle du palais pontifical est disposée pour l'audience ; la couronne destinée à Miesco est là : les orfévres l'ont fabriquée de l'or le plus pur, incrustée des pierres les plus éclatantes [1]. Jamais l'art n'a rien produit de si beau, et jamais aussi la bénédiction du vicaire de Jésus-Christ n'a doté un objet matériel de plus de grâces et de promissions pour ce monde et pour l'autre.

Préoccupé de la cérémonie du lendemain, Gerbert commençait à céder au sommeil, quand une vision du ciel éblouit ses yeux. Un ange lui apparaît et lui dit : « Sache que demain, au point du jour, les envoyés

---

[1]. Coronam egregii operis operari (Papa) jam fecerat. Chartuic. *Chron. hungar.*, 5. — Miro opere præparata. *Id.*, 6. — Auro et lapidibus pretiosis fabricata. *Id., ibid.*

d'une nation inconnue, fille de la Hongrie orientale, mais dépouillée de la férocité du paganisme, viendront te demander à genoux une couronne royale pour leur duc [1]. Celle que tu destinais à Miesco, donne-la-leur, car elle leur appartient, et Miesco ne doit point la posséder. De lui sortira une génération maudite qui aura plus de souci de planter des forêts que des vignes, de semer de l'ivraie que du bon grain, qui multipliera les bêtes fauves plutôt que les brebis et les bœufs, les chiens plutôt que les hommes, pour qui l'iniquité sera justice, la trahison concorde, la tyrannie charité. Cette race ressemblera à une couvée d'animaux sauvages se nourrissant de chair humaine, à un nid de serpents rongeant le cœur de la terre [2]. Confiant dans la folie de leur puissance et rejetant comme des fables les saintes prophéties, ces hommes oublieront que je suis le Dieu fort, qui me venge sur la troisième et quatrième génération, qui afflige ceux qui m'affligent et ne laisse pas plus le mal impuni que le bien sans récompense. Quand cette génération aura passé, je prendrai en pitié celle qui suivra, je l'élèverai et je la couronnerai de la couronne des saints. Fais comme je t'ai dit. » Après avoir prononcé ces paroles, l'ange disparaît aux regards de Sylvestre.

Les premiers rayons du jour coloraient à peine le

---

[1]. Crastina die, hora prima, ignotæ gentis stirpis orientalis Hungariæ nuntios, ad te venturos esse cognovis, qui suæ gentilitatis abjecta ferocitate... Chartuic., *Chron. hungar.*, 6. — *Id.*, *Vit. S. Stephan.*, 9.

[2]. Generatio de ipso exibit quæ plus delectabitur in sylvis crescendis quam vineis... plus feras sylvarum quam oves et boves camporum, plus canes quam homines... Eruntque quasi belluæ vorantes homines, et quasi geminicca viperarum rodentes cor terræ suæ. *Id. l. c.*

faîte du palais papal, que les envoyés de Hongrie entraient à Rome, et ils sont bientôt devant le pontife. Prosterné aux pieds de son trône, l'évêque de Strigonie expose humblement les travaux du duc Étienne et le vœu du peuple hongrois qui réclame pour son chef la bénédiction apostolique et le titre de roi. Sylvestre en l'écoutant laisse éclater son allégresse, car il se rappelle les paroles de l'ange, et reconnaît la vérité de sa vision. Il l'encourage avec une bienveillance paternelle. Exécuteur des promesses du Christ, il livre, pour être remise au descendant d'Attila, cette couronne qu'il avait fait fabriquer avec tant de sollicitude, et qu'il avait enrichie de tous les dons du ciel et de la terre, gage mystérieux qu'il avait préparé à son insu, prix du marché jadis conclu entre Jésus-Christ et son fléau pour le rachat de Rome et des ossements des apôtres. Sylvestre, admirant les voies de Dieu, accorde une autre grâce encore au duc Étienne; il lui fait don d'une croix qui doit être portée devant lui comme marque de son apostolat[1]. « Je ne suis que l'apostolique, dit-il à l'évêque Astricus; Étienne est l'apôtre élu de Dieu pour la conversion de son peuple[2]. » Chargée de ces précieux trésors et d'une lettre qui renferme la bénédiction du saint-père, l'ambassade se remet en route sans perdre un instant, et regagne à toute vitesse les bords du Danube.

---

1. Valde gavisus romanæ sedis pontifex coronam prout fuerat postulatam, benigne cruce insuper ferendo regi velut in signum apostolatus misit. Chartuic., *Vit. S. Stephan.*, 9.

2. Ego sum Apostolicus, ille vero Christi apostolus. Chartuic., *Vit. S. Stephan.*, 11.

Le lendemain, c'était le jour de Lambertus et des envoyés polonais. Aux premiers rayons du jour, ils entrent dans le palais pontifical; mais le souverain pontife les accueille par les paroles d'Isaac à Ésaü : « Un autre est venu qui a dérobé la bénédiction de son frère[1]. » Lambertus à ces mots pousse un cri de surprise et de douleur : « Père très-saint, dit-il à Sylvestre, si la couronne a été enlevée à Miesco, qu'il conserve du moins ta bénédiction ! » — « Alors, reprend le pape d'un ton sévère, faites pénitence, car le seigneur est irrité contre vous. Il m'a ordonné par son ange de vous rejeter, et de couronner d'une couronne chrétienne le duc de la nation féroce et indomptable des Hongrois[2]. Cette nation sera grande, les apôtres Pierre et Paul la protègent, et quiconque s'élèvera contre elle encourra leur indignation. » Ainsi, par la vertu d'Attila, non-seulement les Hongrois possèdent cette couronne « d'une durée infinie » qui leur était promise depuis tant de siècles, mais ils l'enlèvent aux Polonais, leurs rivaux, leurs prédécesseurs dans la voie du christianisme. Le peuple magyar est l'*Israël* des peuples du Nord, conquis par l'Évangile à la civilisation.

La sainte couronne (c'est le nom qu'elle prit dès lors et qu'elle porte encore aujourd'hui) est reçue triomphalement par le peuple hongrois, accouru en foule au-devant d'elle, ducs et sujets, grands et petits.

---

1. Subripuit benedictionem... Chartuic., *Chron. hung.*, 9.
2. Stephanum in regem genti Hungarorum quæ ferox et indomita est, christianiter coronare et diademate honorare, per angelum sanctum suum mihi in visione præcepit. *Id.*, 6.

L'évêque de Strigonie la place avec respect sur la tête d'Étienne; puis, soustraite aux regards profanes, elle est déposée dans un sanctuaire comme un objet sacré. Le règne d'Étienne remplit toutes les espérances qu'il avait fait naître : par les soins du nouveau roi, le christianisme s'affermit et se propage ; d'autres révoltes des magnats, d'autres tentatives des prêtres païens échouent contre sa fermeté ; l'empereur d'Allemagne, qui cherche à profiter de ces troubles intérieurs pour dépouiller le royaume, est repoussé honteusement. Étienne, avec une confiance sublime en l'assistance de Dieu, défie tous les périls. On raconte qu'un jour, dans une circonstance désespérée, il fit don solennel du royaume et du peuple hongrois à la vierge Marie, « reine et impératrice du ciel et de la terre[1], » et que la Hongrie fut sauvée.

Étienne donne à son gouvernement des institutions en rapport avec la foi nouvelle. Il fonde à quelques milles au-dessous de Sicambrie, capitale païenne des Huns et des Magyars, la ville d'Albe-Royale, capitale de la Hongrie régénérée par le baptême. C'est là qu'il est enterré, dans l'*Église-Blanche* qu'il a dédiée à la mère de Dieu, « reine céleste des Hongrois[2]. » Sa tombe achève la consécration du petit territoire où tant d'événements se sont accomplis. Une grande réconciliation s'opère et embrasse tout le passé. Si les mérites d'Attila ont préparé la puissance d'Arpad et la sainteté d'Étienne, la sainteté d'Étienne rejaillit

---

1. Regina cœli, imperatrix mundi. Chartuic. *Vit. S. Stephan.*, 15, 21. — Domina imperatrix cœli et terræ. *Chron. hung.*, 8.
2. Chartuic., *Vit. S. Stephan.*, 12, 21.

sur ses deux glorieux ancêtres. La croix qui domine l'Église-Blanche éclaire au loin de ses rayons la sépulture du duc magyar et le cyppe funéraire de Kewe-Haza.

Ici se termine l'épopée traditionnelle des Hongrois avec l'époque héroïque de leur histoire, et c'est ici que nous nous arrêterons. Les traditions que les temps postérieurs voient naître n'ont plus ni la même poésie, ni le sens profond et mystique qui donne à celle-ci un caractère à mon avis si admirable. On n'y rencontre plus dès lors que des versions plus ou moins altérées de la réalité.

Qu'était-ce donc que cette sainte couronne, rançon du tombeau de saint Pierre, gagnée par le fléau de Dieu dans l'exercice de sa terrible mission, et exécutée par les soins d'un pape français tant soit peu sorcier? Ceux qui l'ont vue et décrite s'accordent à dire que c'était un ouvrage d'une rare perfection, fabriqué d'or très-fin, incrusté d'une multitude de pierreries et de perles. Elle présentait la forme d'un hémisphère ou calotte garnie d'un cercle horizontal à son bord et de deux cercles verticaux se coupant en équerre à son sommet, le tout surmonté d'une croix latine. Deux émaux quadrangulaires entourés d'une guirlande de rubis, d'émeraudes et de saphirs, et représentant le Christ et sa mère, étaient placés l'un au front de la couronne, l'autre à l'opposite, et l'intervalle était rempli par des figures d'apôtres, de martyrs et de rois chrétiens. Une suite de médaillons pareils, séparés par des lignes de brillants, recouvraient les cercles verticaux et se reliaient par en bas aux premières images. Vers la fin du XIe siècle, on gâta cette couronne de fabrique italienne et d'une noble simplicité en la superposant à une couronne ouverte de style byzantin, cadeau fait en 1072 par l'empereur d'Orient Michel Ducas au roi Geiza II, son protégé. Les deux diadèmes, également chargés de pierres précieuses, de figures d'anges et de saints, furent soudés ensemble, de manière à former une coiffure unique d'une grande richesse, mais d'une grande incohérence de style et d'un aspect assez bizarre. C'est dans cet état que la sainte couronne est arrivée jusqu'à nous. Des lettres grecques accompagnent les anges et les saints de la partie byzantine et leur servent de légendes. La croix latine se trouve courbée par suite d'un accident advenu au XVIe siècle, quand la reine Isabelle, sur le point d'être prisonnière, emballa précipitamment la sainte couronne dans un coffre trop étroit et la faussa pour l'y faire entrer. Depuis ce temps, on ne l'a point redressée, tant on craindrait de la profaner en y touchant, et elle a servi, ainsi infléchie, au couronnement de bien des rois[1].

La sainte couronne n'était pas chez les Hongrois un simple emblème de la royauté, c'était la royauté elle-même : elle contenait sous une enveloppe matérielle les droits divins et humains attachés au pouvoir suprême tel que l'entendait le moyen âge. L'ancien droit magyar la qualifiait de loi des lois et de source de la justice : y porter la main, s'en emparer, c'était crime,

---

1. Consulter Petr. de Rewa. Comit. *Commentar. S. Coron.* — M. Jean Boldényi, *la Hongrie ancienne et moderne*. Part. II, p. 7 et suiv.

non de lèse majesté seulement, mais de sacrilége[1]. Quoique les rois de Hongrie fussent électifs, l'élection ne constituait pour eux, d'après le droit du pays, qu'une préparation à la royauté, le couronnement seul les faisait rois[2]. Les actes émanés d'un prince élu, mais non couronné, ne devenaient légitimes qu'en vertu d'une sanction donnée par lui après son couronnement. Si, par suite de circonstances quelconques, même par l'effet d'un beau dévouement à la patrie, ainsi qu'il arriva au roi Wladislas sous les murs de Varna, le prince élu mourait sans avoir été couronné, ses actes étaient rescindés comme nuls, et son nom rayé de l'album des rois[3]. Plus d'une fois l'église, dans ses différends avec la noblesse et les rois de Hongrie, essaya de retirer de la sainte couronne les bénédictions qui la rendaient si précieuse, pour les transporter à une autre; ce fut toujours en vain. Les dons mystérieux dont l'avait dotée Sylvestre II étaient réputés inséparables du diadème de Saint-Étienne. Le peuple n'eut jamais foi qu'en celui-là. Les reliques mêmes du saint monarque, dont on essaya un jour de composer une couronne en l'absence de l'autre, furent impuissantes à faire un roi[4]; mais aussi, quand on

---

1. Tanta vis ejus est, ut non saltem in legem majestatis peccet, qui illam lædere præsumat : sed in ipsam religionem divinitatemque delinquat Petr. de Rew. *Comment. S. Coron.*, p. 50.

2. Nemo vel creatur, vel appellatur rex qui non eo coronetur diademate. Ranzan., *Hist. hungar.*

3. Nisi post coronationem per eumdem fuissent confirmatæ et stabilitæ. Petr. de Rew. *Commentar. S. Coron.*, p. 50. — Cassatæ, revocatæ et viribus destitutæ quæ nunquam teneantur. *Jus Consuet. hungar.*, Part. II, tit. 14.

4. Dominus Wladislaus qui non vera sacraque regni hujus corona,

avait reçu la sainte couronne sur la tête, il fallait mourir ou régner. Comme conséquence de cette doctrine, les épouses des rois de Hongrie qui n'exerçaient pas le pouvoir royal devaient être couronnées sur l'épaule droite; les reines régnantes l'étaient sur le front. Dans ce dernier cas la reine prenait le titre de roi : *Moriamur pro rege nostro Maria-Theresia.*

L'institution politique des Magyars faisait de la sainte couronne plus qu'une personne civile, comme nous disons dans le langage du droit ; elle en faisait presque un être animé. La sainte couronne avait sa juridiction, ses officiers, ses propriétés qui étaient inviolables[1], son palais, sa garde. Son palais était tantôt le château de Bude, tantôt la forteresse de Visegrade, tantôt celle de Posonie, suivant les nécessités des temps. A Bude, on la déposait dans un compartiment de l'église du château muni d'une épaisse et solide porte perpétuellement surveillée ; elle-même était serrée dans un triple coffre cuirassé de fer et sous une triple clef. Sa résidence de Visegrade était encore plus forte. Construite sur un rocher à pic et protégée à son pied par une seconde forteresse plongeant dans le Danube, la forteresse de Visegrade passait pour imprenable. Une petite chapelle murée y recevait la sainte couronne, toujours enfermée dans sa triple boîte. Deux gardiens, nommés *préfets*, passaient la nuit à tour

---

sed reliquiarum capitis sancti Stephani regis ornamento insignitus fuerat... *Jus consuet. hungar.*, P. ıı, tit. 14.

1. Tam condendæ legis, quam etiam cujuslibet possessionariæ collationis atque omnis judiciariæ potestatis, facultas in juridictionem sacræ regni hujus coronæ... simul cum imperio et regimine translata est. *Jus consuet. hungar.*, Part. ıı, tit. 3.

de rôle contre la porte murée de la chapelle, et ne la perdaient jamais de vue pendant le jour. Une milice nombreuse et bien armée, placée sous leur commandement, faisait le guet sans interruption, dedans et dehors. Deux grands dignitaires choisis par la diète elle-même dans la plus haute noblesse du royaume, et appelés *duumvirs* de la sainte couronne en étaient les conservateurs responsables[1]. Ils juraient de la défendre au péril de leur vie, et de ne point rompre ni laisser rompre la clôture de la porte, à moins d'un décret délibéré solennellement par l'assemblée des trois ordres.

Ces précautions indiquaient assez que le dépôt qu'on voulait garantir était menacé de bien des périls. Elles furent impuissantes à les écarter. Tantôt des gardiens ambitieux ou corrompus, tantôt la ruse, tantôt la violence armée, forcèrent l'hôte sacré dans le sanctuaire de sa résidence. Les aventures de la sainte couronne, dérobée, emportée même hors du royaume, reconquise ou rachetée, formeraient une curieuse histoire dans l'histoire de Hongrie. Une fois, elle fut perdue sur les chemins par un candidat errant qui l'avait mise dans un petit baril pour la mieux cacher; une autre fois, en 1440, elle fut donnée en gage par Élisabeth, mère de Ladislas le Posthume, à Frédéric III, empereur d'Allemagne, pour la somme de 2,800 ducats. L'acte passé à cet effet nous apprend qu'elle était alors ornée de cinquante-trois saphirs, quatre-vingts

---

[1]. Nous devons ces détails à l'un de ces duumvirs, Pierre de Rewa, qui composa, au xviie siècle, un curieux traité sur la sainte Couronne et sa juridiction.

rubis pâles, une émeraude et trois cent vingt-huit opales, et qu'elle pesait neuf marcs et six onces. Enfin en 1529, lorsque Soliman envâhit pour la seconde fois la Hongrie, l'empereur Ferdinand ayant voulu enlever les insignes royaux de Visegrade, les gardiens, par excès de fidélité, s'y refusèrent sans un décret de la diète, et pendant ces débats les Turcs purent prendre Visegrade et la sainte couronne, qu'ils donnèrent au duc de Transylvanie, leur protégé.

Chaque fois que, par un événement quelconque, la sainte couronne disparut, la vie politique sembla suspendue chez la nation hongroise. Un contemporain de Mathias Corvin nous raconte que lorsque ce roi la ramena de Vienne après l'avoir rachetée de Frédéric III, les Hongrois voulurent la traîner avec des rubans et des guirlandes comme si c'eût été Dieu même, et que les paysans accoururent des cantons les plus éloignés pour la reconnaître et se prosterner devant elle[1]. Aujourd'hui encore, malgré tant de révolutions et de si grands changements dans les mœurs, tout son prestige n'est pas évanoui. Durant la dernière guerre, les insurgés vaincus l'avaient enterrée au pied d'un arbre dans un lieu désert, pour la soustraire à la possession de l'Autriche. L'Autriche a tout fait pour la retrouver, et un Magyar l'a livrée à prix d'argent. Le jour où ce palladium de la Hongrie a pu rentrer dans la chapelle de Bude au milieu d'une armée autrichienne et au bruit des salves d'ar-

---

1. Singulari pompa, haud aliter quam rem cœlo demissam tæniis advehunt... Innumera multitudo agnovit, agnotamque adoravit. Bonfin. *Rer. Hungaric.*, Dec. III, 9.

tillerie, dans l'appareil d'un roi restauré, a été un beau jour pour l'Autriche. « D'aujourd'hui seulement, disait un ministre de cette puissance, nous recommençons à régner en Hongrie. »

Le souvenir du grand roi des Huns continua à se rattacher pendant tout le moyen âge aux destinées de la sainte couronne. Un annaliste hongrois rendant compte du couronnement de Rodolfe en 1572, et voulant donner une haute idée de l'appareil royal qui s'y déploya, en résume le tableau par ces mots : « On eût cru assister à une fête du roi Attila. [1] »

III. Épée d'Attila. — Dernières traditions en Hongrie et en Orient.

La Hongrie possédait au XIe siècle ou croyait posséder une bien précieuse relique d'Attila, son épée, qui, disait-on, n'était autre que l'épée de Mars, idole des anciens Scythes, découverte jadis par une génisse blessée, déterrée par un berger et portée au roi des Huns, qui en avait fait son arme de prédilection. « C'était, dit un vieux chroniqueur allemand, le glaive qu'Attila avait abreuvé du sang des chrétiens ; c'était le fouet de la colère de Dieu[2]. » On y attachait l'idée d'une force irrésistible et de la domination sur le monde[3], et les Hongrois, tout bons chrétiens qu'ils

---

1. Attilæ provinciarum domitoris victrices copias repræsentare videbantur armis atque vestitu; equorum nobilium colores atque picturæ... *Rudolph. Coronat.* ap. Scriptor. rer. hungaric.

2. Gladius... quo famosissimus quondam rex Hunnorum Attila, in necem christianorum atque in excidium Galliarum, hostiliter debacchatus fuerat... Gladius ipse vindex iræ Dei, sive flagellum Dei. Lambert. Schafnaburg., *Chron.*

3. Quod gladius idem ad interitum orbis terrarum atque ad perniciem multarum gentium fatalis esset... *Id. ub. sup.*

étaient, gardaient l'épée de Mars dans leur trésor national presque aussi religieusement que la sainte couronne. Or il arriva que le jeune roi Salomon, fils d'André Ier, ayant été chassé du trône par une révolte des magnats en 1060, et rétabli en 1063 avec l'assistance d'Othon de Nordheim, duc de Bavière, la reine-mère n'imagina rien de mieux, pour prouver sa reconnaissance au duc de Nordheim, que de lui offrir cette épée, qui promettait à ses possesseurs la souveraineté universelle. Othon, parvenu en peu de temps à une haute fortune, avait encore plus d'ambition que de bonheur ; il accepta le don avec empressement, le conserva toute sa vie et le légua en mourant au jeune fils du marquis Dedhi, qu'il aimait beaucoup. Des mains du jeune marquis, mort prématurément, l'épée passa entre celles de l'empereur Henri IV, qui en fit cadeau à son conseiller favori Lupold de Merspurg. Un jour qu'il allait dîner à la villa impériale d'Uten-Husen avec un brillant cortége de seigneurs, comme l'heure pressait, Henri poussa sa monture en avant, et les courtisans, aiguillonnant leurs chevaux, s'élancèrent sur sa trace à qui mieux mieux. Il y eut un moment de désordre, dans lequel le cheval de Lupold se cabra et lança à terre son cavalier, qui en tombant s'enferra de sa propre épée. On remarqua qu'il portait ce jour-là, par honneur, celle dont l'avait gratifié l'amitié de son maître[1]. Si le glaive du roi des Huns avait cessé d'être fatal au monde, il l'était encore au

---

1. Accidit ut Leopoldus de Merspurg caballo forte laberetur, et proprio mucrone transfossus, illico exspiraret : notatum est autem hunc ipsum gladium uisse..., Lambert. Schafnaburg. *Chron.*

profanateur qui osait le ceindre à son flanc comme une arme vulgaire.

Attila n'eut point à souffrir de la disparition de ses petit-fils, les rois hongrois de la dynastie arpadienne. La dynastie française qui les remplaça, loin de combattre les souvenirs traditionnels chers à sa patrie d'adoption, s'en montra, comme je l'ai dit plus haut, la gardienne intelligente et zélée. En même temps que Louis Ier introduisait chez les Magyars les institutions littéraires de la France au XIVe siècle, il faisait compulser sous ses yeux les documents relatifs aux origines de la nation; c'était s'occuper d'Attila. Jean Hunyade et Mathias Corvin, son fils, qui montrèrent sous le costume hongrois à l'Europe du XVe siècle, si peu chevaleresque et si froidement chrétienne, les deux derniers héros de la chevalerie, s'inspiraient sans cesse des chants magyars et du nom d'Attila. Attila et les Huns devinrent l'objet d'une véritable passion à la cour de Mathias Corvin. Sa femme, la belle et savante Béatrix d'Aragon, pour payer dignement le bon accueil des Hongrois, suscita, avec l'aide des érudits italiens qu'attirait sa protection, une sorte de renaissance des lettres hunniques, comme les papes à Rome et les Médicis à Florence suscitaient une renaissance des lettres latines. Et quand Mathias, vainqueur des Turks et le seul adversaire devant qui eût reculé Mahomet II, fut placé d'une voix unanime à la tête d'une croisade préparée par la chrétienté, l'Europe ne vit pas sans étonnement le nouveau Godefroy de Bouillon proclamé par son peuple un second Attila[1]. On trouve de temps

---

1. Novus Attila. Thwrocz, *Chron.*, *Præfat.*

à autre, dans les écrits du xve et du xvie siècles, la preuve certaine que les traditions sur Attila vivaient toujours, étaient toujours invoquées avec autorité.

Les longues et poignantes infortunes qui s'appesantirent sur la Hongrie après la funeste bataille de Mohâcz, l'occupation de Bude par les Turks et la transmission de la sainte couronne à une dynastie allemande, jalouse de la nationalité magyare, amortirent la tradition sans l'étouffer. Vint ensuite au xviiie siècle l'esprit novateur et moqueur, qui de France souffla en Hongrie comme partout, ébranlant dans bien des cœurs la foi aux traditions, le goût des chants nationaux et le respect filial du nom d'Attila. En vain chercherions-nous dans les livres hongrois du dernier siècle le sentiment traditionnel, si vif encore au xve ; s'il s'y trouve, il s'y cache soigneusement, car il rougit de lui-même et craint la raillerie. Il est fort douteux qu'aujourd'hui, malgré le retour aux études de l'antiquité et la mode des vieux blasons, les élégants Magyars de la cour de Vienne osent parler sans rire de leur grand-père Attila. Le peuple seul garde sa mémoire, qui fleurit dans les foires, où se vendent pour les campagnards de rustiques images des rois de Hongrie. Son nom est encore prononcé avec foi sous le chaume du paysan montagnard, principalement en Transylvanie. Là se perpétuent, par la bouche de quelques vieillards, des traditions de plus en plus vagues, qui nous rappellent les chroniques des xiie et xiiie siècles. Quant aux chansons nationales, elles semblent être entièrement oubliées : encore un demi-siècle, et le fil de la tradition orale sera rompu.

L'anecdote suivante nous fera voir quelle est encore parfois la susceptibilité du Sicule quand on attaque ses traditions. Un voyageur français parcourait, il y a quelques années, la Transylvanie, dont il se proposait d'observer à loisir les magnificences originales. Les auberges n'abondent pas dans ce beau pays; mais l'hospitalité y supplée, et notre compatriote fut reçu chez un paysan sicule avec la même cordialité et aussi peu d'apprêt qu'autrefois Ulysse chez Eumée. La maison était pauvre, mais assez propre. Sur la muraille, crépie à blanc, deux images grossièrement coloriées, clouées l'une en face de l'autre, attiraient tout d'abord l'attention. L'une d'elles représentait un général qu'à son uniforme vert, à son grand cordon de la Légion d'honneur, surtout à son petit chapeau, le Français reconnut aisément, et étendant la main avec vivacité il s'écria : « Napoléon ! » L'autre figure, d'un aspect farouche, était affublée d'une sorte de manteau royal et coiffée d'une couronne à longues dents; elle portait à sa main une bannière sur laquelle on distinguait un épervier. Ce fut cette fois le tour du Sicule, et comme le Français semblait embarrassé d'attacher un nom à cette figure grotesque, son hôte s'écria d'un air triomphant : « *Attila Magyarock kiralya !* » Attila, roi des Magyars ! — « Attila n'était point roi des Magyars; il était roi des Huns, » dit notre compatriote, choqué apparemment de l'anachronisme qui, confondant les Hongrois avec les Huns, plaçait Attila au IXe siècle. — « Il n'était pas roi des Magyars ? » reprit le Sicule d'un ton presque suppliant et en fixant sur son interlocuteur un regard qui semblait dicter la ré-

ponse. — « Non, » répliqua imperturbablement celui-ci.
A ce *non* articulé d'une voix ferme, le front du Transylvain s'assombrit ; il baissa la tête et se tut. Son hospitalité ne cessa point d'être attentive et polie, mais elle devint froide : la confiance avait disparu. Notre compatriote ne s'expliqua que plus tard le changement survenu dans les manières de son hôte : il avait blessé mortellement le préjugé filial et l'orgueil du Szekel. Au regret d'avoir affligé cet homme bon et naïf, il se promit bien de ménager désormais jusque dans ses erreurs de chronologie la fière nation qui prenait Napoléon pour le second de ses héros.

Voilà les traditions qui survivent encore parmi les Huns d'Europe : ceux d'Asie n'ont-ils pas les leurs? Les conquêtes du premier empire hunnique et le nom d'Attila ne sont-ils pas chantés ou racontés, soit dans les contrées de l'Oural, berceau des Huns noirs, soit dans les steppes de la mer Caspienne et du Caucase, ancienne patrie des Huns blancs? Pour répondre avec quelque assurance à cette question, il faudrait connaître les peuples de l'Asie septentrionale beaucoup mieux que nous ne les connaissons aujourd'hui. D'après le peu de notions que nous avons sur leurs mœurs, leurs croyances, leur histoire domestique, la question devrait se résoudre négativement. Oui, le nom d'Attila paraît oublié dans le pays qui pourrait avant tout autre revendiquer sa gloire. On dirait que ce monde mobile des nations nomades ne retient la mémoire que de ceux qui l'ont opprimé, ou qui ont frappé directement ses regards par de grandes catastrophes. Les catastrophes assurément n'ont point manqué à la vie d'Attila, mais les ravages de ses guerres et l'action violente de son gouvernement se sont portés surtout hors de l'Asie et loin de l'Asie. Il est arrivé aussi que, depuis lui, des conquérants sortis des mêmes races ont bouleversé ce grand continent et laissé après eux des successeurs pour perpétuer leur renommée. Tchinghiz-Khan et Timour sont aujourd'hui les héros du monde oriental : Attila ne l'est plus.

Si bonnes que semblent ces raisons, on a peine à se persuader néanmoins qu'un aussi grand événement que la destruction de l'empire romain d'Occident par les Huns, et une aussi grande figure que celle d'Attila, n'aient pas laissé chez des races pleines d'imagination quelques souvenirs, si vagues qu'on les suppose. La vie du roi des Huns, fertile en incidents romanesques, a dû fournir plus d'une anecdote à ce recueil d'histoires merveilleuses que les Orientaux se transmettent de génération en génération avec des variantes de temps, de lieux et de noms, et qui constituent le patrimoine littéraire des peuples pasteurs. Il n'est pas douteux qu'on n'en trouvât çà et là plus d'une, si l'on savait les chercher. Je n'en veux pour preuve que le conte suivant, que je prends presque au hasard dans un voyage publié à Paris il y a une vingtaine d'années. L'auteur de ce voyage est un Hongrois qui, à l'exemple de beaucoup de ses compatriotes, s'était mis en quête de la Magyarie orientale, le Dentumoger des traditions de son pays. Avant d'aller chercher comme certains autres, cette patrie imaginaire en Sibérie ou au Thibet, il voulut s'assurer si les steppes qui séparent la mer Noire de la mer Caspienne ne renfermaient pas quelques rejetons de la souche magyare antérieure à l'établissement des Hongrois en Europe. Son attente fut bien heureusement remplie, s'il rencontra dans la vallée du Kouban, ainsi qu'il nous le dit, une peuplade qui non-seulement connaissait le nom de Magyar, mais encore prétendait que ses ancêtres l'avaient porté autrefois : cette peuplade était celle des Karatchaï. La fraternité, ou du moins la similitude de nom, ayant créé entre notre voyageur et le chef ou *vali* de la tribu une sorte d'intimité, voici ce qu'il entendit sous la tente et de la bouche même de ce chef, un soir qu'ils buvaient ensemble le *tchaïa*, accroupis sur des tapis de Perse. Le voyageur ignorait l'idiome des Karatchaï, mais un interprète turk lui traduisait le récit phrase par phrase, et il s'empressa de le confier au papier dès qu'il fut rentré dans sa tente. Je le donnerai ici en l'abrégeant, et je le ferai avec d'autant plus de confiance, que l'écrivain à qui je l'emprunte semble n'y pas voir autre chose qu'une sorte de féerie orientale où il est question des Magyars.

« A Constantinople vivait jadis un empereur d'humeur bizarre et ombrageuse, pour qui l'honneur de son nom et la considération de sa couronne étaient tout, et qui eût sacrifié au désir de préserver sa gloire enfants, parents et amis. Le ciel lui avait donné une fille unique, chez qui éclata dès l'enfance la beauté la plus merveilleuse. Craignant que cette beauté n'attirât plus tard quelque catastrophe sur sa maison, il fit élever sa fille loin de Constantinople, dans une petite île de la Propontide, sous la garde d'une matrone sévère et en compagnie de quinze demoiselles attachées à son service. Il défendit aussi par un décret à tout homme, quel qu'il fût, d'approcher de l'île sous peine de la vie.

« Les charmes d'Allemely (c'était le nom de la princesse) se développèrent avec les années; on ne pouvait la voir sans l'aimer. Les éléments en devinrent épris : quand elle se promenait dans la campagne, le vent la caressait de son haleine; quand elle marchait sur le rivage de la mer, les flots accouraient baiser ses pieds: un jour qu'elle s'était endormie sur son sopha, la fenêtre de sa chambre ouverte, un rayon de soleil entra, l'enveloppa amoureusement, et la rendit mère. Bientôt des signes certains révélèrent sa grossesse à tous les yeux. Rien ne peut rendre la colère qu'éprouva l'empereur à cette vue; il résolut de perdre sa fille pour cacher le secret de son déshonneur, mais, n'osant pas la tuer de ses propres mains, il la fit embarquer avec la matrone qui l'avait si mal gardée et les quinze demoiselles, dans un navire rempli d'or et de diamants, qu'il abandonna aux caprices du vent et des flots.

« Mais le vent poussa doucement l'esquif vers le Bosphore, jusqu'à la mer Noire, et cette mer, d'ordinaire si courroucée contre ceux qui osent troubler ses eaux, le berça de rivage en rivage jusqu'aux contrées du Caucase, où dominaient alors les tribus des Magyars. Le hasard voulut que le jeune chef de ces tribus fît une grande chasse du côté de la mer. A la vue du navire orné de banderoles, dont le pont était couvert de femmes richement vêtues qui lui tendaient les bras en signe de détresse, le jeune khan, qui était vigoureux et adroit, décocha une de ses flèches, au bout de laquelle il avait attaché une longue corde de soie, et la flèche étant tombée sur le navire sans blesser personne, les jeunes filles nouèrent la corde autour du mât, et le khan, aidé de ses compagnons, les remorqua sur la plage.

« Allemely lui raconta toutes ses infortunes, sa naissance, son emprisonnement dans une île déserte, et l'aventure merveilleuse par suite de laquelle elle errait sur la mer avec ses compagnes. Le khan ne put se défendre de l'aimer et la conduisit dans son palais. Elle y mit au monde ce fils qu'elle avait engendré au contact du soleil, et ayant épousé le khan, elle lui donna aussi un fils. Ces deux enfants grandirent l'un près de l'autre, divisés par une haine mortelle. En vain, le chef magyar, qui les regardait tous deux comme ses fils, essaya de les réconcilier; en vain, sentant sa mort prochaine, il eut soin de régler sa succession : ces jeunes gens, quand il ne fut plus, se disputèrent le commandement, et les Magyars, prenant parti pour l'un ou pour l'autre, se livrèrent une cruelle guerre civile. Tandis qu'ils se déchiraient de leurs propres mains, les étrangers fondirent sur eux : ils furent vaincus, dispersés, et perdirent jusqu'à leur nom : c'est ainsi que finit la nation des Magyars. »[1]

Qui ne reconnaîtrait dans ce récit l'histoire d'Honoria arrangée à la manière orientale? Tout y est sous des noms différents et avec tous les enjolivements que la fantaisie peut imaginer : le célibat forcé de la petite-fille de Théodose, sa grossesse par suite d'une

---

1. *Voyage en Crimée, au Caucase*, etc., fait en 1830, pour servir à l'Histoire de Hongrie. — Paris, 1838.

intrigue avec son intendant Eugène, son emprisonnement par les ordres de son oncle Théodose II, sa délivrance ou sa fuite, et ses fiançailles avec Attila. On y retrouve de plus la donnée traditionnelle de son mariage avec le roi des Huns, de la naissance de son fils Chaba et des désastres que ce fils attira sur les Huns après la mort de son père. C'est là, je n'en doute point, un lambeau de la tradition asiatique dont j'ai parlé plus haut, et qui donnait un développement tout particulier aux aventures d'Honoria et de Chaba. Ainsi l'écho de cette grande tempête qui, partie de l'Asie au IVe siècle, démolit l'empire romain et couvrit l'Europe de ruines, revient mourir en Asie, comme un soupir d'amour, dans un conte digne des *Mille et une Nuits*.

FIN

NOTES
ET
PIÈCES JUSTIFICATIVES

PIÈCES RELATIVES
A L'HISTOIRE LÉGENDAIRE D'ATTILA

I

TRADITIONS LATINES.

Il existe, soit en latin, soit en vieille langue française, plusieurs romans composés au moyen âge sous le titre : *Attile flagellum Dei (Attila, fléau de Dieu)*; et qui sont ordinairement une compilation des traditions d'Italie et de Gaule, faite d'après l'ouvrage du Dalmate Juvencus Cœlius Calanus, auteur d'une histoire du roi des Huns, remplie d'enjolivements fabuleux. Un de ces poëmes ou romans se trouve parmi les manuscrits de la bibliothèque de Modène. Il est écrit en français, mais traduit du latin. En voici la description, telle que nous la donne M. Paul Lacroix, dans ses *Notices et Extraits des manuscrits concernant l'histoire de France et la littérature française, conservés dans les bibliothèques d'Italie*, in-8°, Paris, 1839.

« *Libri Attile flagellum Dei*, 2 vol. in-4, pap., miniature à la plume et en couleur, écriture du xive siècle.

« Le premier volume est intitulé : *Liber primus Attile flagellum Dei translatus de cronica in lingua franciæ per Nicolaum, olim D. Johannis de Casola, de Bononia.*

« Commencement du roman :

Deu fils la Vergen, li souverain criator,
Jeshu Crist verais il nostro redemptor...

« Ce roman qui paraît une traduction de l'histoire de Juvencus Cœlius Calanus, est rempli de notes marginales écrites de la main de J.-M. Barbieri, auteur d'un traité *Della Origo della Poesia rimata*, publié par Tiraboschi..... »

II

TRADITIONS GERMANIQUES

DESCRIPTION DE LA COUR D'ATTILA D'APRÈS L'HELDENBUCH.

ETZELS HOFHALTUNG.

1. Es sass in Ungerlande
Ein konick so wol bekant,
Der was Etzel genande;
Sein gleichen (man) nydert fant :
An reichtum und an milde
Was im kein konick gleich;
Zwelf konicklich kron und schilde
Dinten dem konick reich.

2. Er hat zwelf konickreich freye,
   Dye waren im underthan,
   Zwelf hertzog auch do peye,
   Dreyszt grafen wolgethan,
   Manck riter und auch knechte,
   Darzu manck edelman;
   Der konig was milt und gerechte :
   Sein gleich man nydert fant.

3. Konick Artus was auch reiche,
   Wol zu derselben zait,
   Er was Etzel nit gleiche;
   Auf aller erden weit
   Dorft niemant wider in thune,
   Er hat sein leib verlorn;
   Der konig hilt frid, gleit schune,
   Was seyner lant do worn.

4. Konick Etzel lies mit schalle
   Beruffen ein wirtschafft,
   Die konig und fursten alle,
   Die heten adels kraft,
   Und auch alle die recken,
   Die waren in seynem lant,
   Ein zil liesz er in stecken,
   Nach ydem er do sant.

5. Dasz er gen hof solt komen,
   Wol mit der frawen sein,
   Das mocht im wol gefrumen
   Gegen dem konig rein;
   « Und auch die gewaschte kinder,
   Pey firtzehen jaren wol,
   Dye las nimant dohinder;
   Der konig die haben sol. »

6. Er speist sunst alle tage
   Drew taussent menschen wol;
   Nach armen that er frage,
   Die musten sein gar vol.
   Auch speist die konigine
   Mit irer speisz so rein
   Arm frawen must man pringen,
   Der must vierhundert seyn.

7. Itlicher kong da nome
   Die werden frawen sein;
   Und mit den fursten kome,
   Manch furstin und greffein:
   Die komen alsampt dare
   Zu Etzel dem kong gut;
   Ir zukunft freut in gare,
   Er wurt gar hoch gemut.

8. Er entpfing die kong am ersten,
   Darnach die fursten gut,
   Die frawen allermersten,
   Als man zu hoffe thut.
   Der kong setzt sich zu tische
   Wol mit den recken fein,
   Man pracht wilpret und fische,
   Mocht nit zu teuer sein,

9. Kein tor mit was beschlossen,
   Und nye beschlossen wart:
   « Man sol mirs offen lassen; »
   Sprach Etzel der konig zart
   « Wan ich hab doch kein feinde
   Auf aller welte preit:
   Die tor mir fast auf leinde;
   Er darf nimant gelait. »

III

TRADITIONS HONGROISES

PRÉFACE DE L'OUVRAGE DE L'ÉVÊQUE CHARTUICIUS INTITULÉ

CRONICA HUNGARORUM.

E CODICE WARSAVIENSI SÆCULI XIII.

Domino suo Colomano regi excellentissimo, Chartuicius episcopus spirituale ministerium Dei benignitate adeptus, post huius uite terminum illud euge precatur sempiternum. Aggredior nunc opus serenissime rex jussu tuo mihi demandatum, a quo hactenus ingenioli mei impericia abhorruit, ob id presertim quod Priscianus grammaticus mihi olim sat bene perspectus et cognitus, procul a me digressus, iam decrepito mihi, tanquam caligine quadam septus faciem exhibet obscurissimam. Sed cum alia ex parte dignitatis tue attenderem autoritatem, uicit tandem anxie mentis dubitacionem omnem uirtutum omnium lux et gemma obediencia, cuius forti presidio fretus, tametsi mihi uires cernerem haud quaquam suppetere, operis inchoandi fiduciam suscepi. Cum sint autem plerumque inuidie obnoxie, que bona animi fiducia geruntur, supplex oro regiam sublimitatem tuam, uti opusculi huius suscipere ne graueretur patrocinium, nec offendatur parum commoda diccione aut ordinis et rerum gestarum confusione. Quod si occurrat quidpiam, quod fedam habeat offensionem, malim codicem ignibus absumi, quam livoris materiam cuipiam offerri. Et quia bona omnia ad nos ex diuina misericordia proficiscuntur, ipsius munere sic libet opusculum presens auspicari.

PREFACIO AUTORIS.

Omné datum optimum et omne donum perfectum desursum est descendens a patre luminum. Huius patris datum optimum, post passionem et gloriosam resurrectionem et ascensionem domini nostri Iesu Christi, omnes regiones proueniens, qui omnes homines uult salvos fieri, ad orientalem Hungarorum regionem usque defusum est, quos Jesus Christus, qui est deus optimus, non in propria regione, in aliena que Sclaviania nominatur, post multos labores et erumnas ad fidem catholicam mirabili sua prouidencia uocare dignatus est.

(1) *De Aquila rege.* Cum autem rex eorum qui Aquila proprio nomine nuncupabatur, esset locupletatus argento et auro et gemmis, hominorumque animalium uolucrum ac bestiarum siluestrium maxima multitudine, ita ut delicie mundi ex omni parte ei affluerent, exaltatum est et elauatum est cor eius, et decreuit in animo suo ut omnia regna terrarum et omnes naciones consurgeret et suo imperio subiugaret. Exit edictum ab ipso ut omnes naciones super quas timor eius erat ad bellum ualidum parati et armati congregarentur. Quod cum conuenissent et innumerabiles campos onerassent, elegit acies de uiris strenuissimis et ad bella promptissimis, a nemine consilium disquirens, ne quis sibi ob pigriciam, uel amore possessionum, uel dolore uxoris aut puerorum suorum dissuaderet, sed cum probitate cordis sui et corporis constancia consilium iniens, contra Lithuam acies mouit, quos statim oppressit et omnem terram uastavit. Quibus subiectis Scuciam, ubi sanctus Brandanus requiescit, intrauit, et sue potentie suppeditauit. Inde uero Daciam ingrediens cum ipsis conflictum habuit, quibus terga uertentibus multos occidit, reliquos suæ dominacioni subdidit. Congregatis autem carinis in Dacia mare ascendit, et ubi fluuius qui Rhenus dicitur mare intrat, per Rhenum exectis

remis Theutoniam ingressus est, et ad Coloniam ciuitatem egregiam ueniens tentoria fixit.

(2) *De occisione* XI *uirginum millium*. Mox illi contra occurrunt XI millia uirginum, uisitatis liminibus sanctorum apostolorum Petri et Pauli de Uerona ueniencium. Quas cum uidissent perterriti sunt custodes, et celeriter nunciant regi, quia nondum aliquis perturbauerat, postquam Allemaniam intrauerat. Rex et acies subito territi contra uirgines Christi exierunt, et eas cedere ceperunt. Cum autem fere omnes cese fuissent, et rex ipse ad uirginem christianam Ursulam appropinquasset, et eam intuitus fuisset, et quod uirgo non uir esset cognouisset, dixit ad eam : O si ad nostram regiam magnificentiam tam tua nobilis uirginitas nuncium direxisset, et nobis tuum gloriosum aduentum significasset, nunquam nostrum militum ferocitas tuas acies occidisset. Unde quia hoc per ignorantiam factum est, noli de tuis collegis tristari, sed magis consolari, quia mihi copulaberis et regina omnium regnorum eris. Cui respondens beata Ursula dixit : inique canis ferox et audax. Ego regi Cesari copulata sum, te autem qui est draco iniquus uorans christianos ut diabulum despicio. Quod cum uituperatum coram exercitu suo se cognouisset, rex iratus uehementer decollari eam percepit cum reliquis uirginibus suis. Una autem cui nomen erat Cordula, inter funera uiua latitabat. Cum autem media nox esset descendit Jesus Christus cum luce clara et angelis canentibus, et deportauit animam sancte Ursule et animas sanctarum uirginum ad regna celorum. Quod cum uidisset sancta Cordula lacrymari cepit amarissime, quod sodales suas dereliquisset. Mane autem facto statim surrexit, et per funa deambulare cepit. Quod cum uidisset quidam paganus, gladio caput ejus amputauit.

(3) *De uictoria Aquile regis*. Mouit autem de Colonia tentoria sua ad Austriam, et ibi pugnavit cum rege Theutonico. Quo deuicto Apuliam ingressus est. Ibi cum Normandis et Francigenis pugnam habuit, et eos deuinceus sue magnitudini subiugavit. Post hoc montes pertransiens, Lombardiam planam terram inueniens ciuitatibus multis repletam, muribus ornatam,

turribus altissimis decoratam, terram uastavit, mures dissipauit, turres confregit, pro iniquitate autem tali plaga dei appellatus est. Totum autem mundum peragrare uolens et romanum imperium sibi usurpare cupiens, Romam exercitum suum mouit, et armatus feroci animo procedebat. Cui in prima stacione nocturni, siue cum in cubiculo dormiret, per uisum angelus sanctus : precepit tibi dominus deus Iesus Christus, ut cum ferocicitate tua ciuitatem sanctam Romam, ubi apostolorum meorum corpora requiescunt, ne introeas, sed reuerte et meum electum regem Casimirum, qui in Sclauonie et Chruacie partibus toto cordis ac mentis affectu fideliter seruiuit, et in eis qui ipsum tradendo turpiter occiderunt, ulciscere. Quia dixerunt nunquam rex erit super nos, sed nos ipsi regnabimus. Generationem autem tuam post te in humilitate Romam uisitare et coronam perpetuam habere faciam. His dictis discessit angelus. Cum autem mane factum esset, rex mouit exercitus suos in ciuitatem quæ Uenetia uocatur, et inde progrediens uenit supra littus maris, ibidemque ciuitatem nouam edificauit, eamque ad honorem nominis sui et ad memoriam posterorum Aquileiam nominauit, unde ab Aquila rege Hungarorum nomen sumpsit. Mouit autem inde se et exercitus suos, et pertransiuit alpes Carinthie, et uenit in terminos Chruacie et Sclauonie inter fluuios Sauam et Drauam. Ibique occurerunt ei principes Chruacie et Sclauonie, et direxerunt acies, et refulsit sol in clypeos aureos, et resplenderunt montes ab eis. Et fecerunt conflictum magnum octo diebus. Tradidit autem eos deus in manus Aquile regis propter regem eorum Casimirum, quem tradiderunt et turpiter occiderunt. Cesi sunt autem Sclaui et Chruati, alii fugierunt, alii in captiuitatem ducti sunt.

Cum autem post uictoriam fluuium qui Draua dicitur pertransisset, et uidisset terram planam atque frugiferam, et post xxv annorum curriculum ab egressu terre sue orientalis Ungarie computasset, et post tantorum bellorum uictorias se debilitatum presensisset, quid agere deberet cogitare cepit, utrum in terram propriam redire, uel istam occupatam possideret. Unde cum multos dies in cogitatione et tristicia duceret rex, hoc ei bonum uisum est consilium, si uxores Sclauas et Chruatas copularet, ita terram in pace et quiete possideret. Quod cum retulisset exercitui suo, placuit omnibus consilium. Obambulauit autem terram et delectabatur in ea, quia terra promissionis, tanquam terra israelitico populo. Missis autem nunciis suis accepit a principe Sclauorum filiam de tribu eadem, et copulauit sibi eam in uxorem, similiter et exercitus ejus de eadem tribu uxoribus copulatus est. Pertransiens autem Danubium inuenit terram planam et campestrem, herbisque superfluis uirentem, pastoribus et pecudibus seu jumentis et poledris indomitis plenam. Nam in terra hac solum pastores et aratores morabantur. Rex uero Sclauonie et Chruacie circa mare delectabatur in ciuitate que Sipleth dicitur, quam sanctus Paulus apostolus ad fidem christianam conuertit, et ipsam episcopalem cathedram v annis tenuit, deinde ordinato episcopo Romam peciit.

IV

MAGISTRI SIMONIS DE KEZA, DE ORIGINIBUS HUNGARORUM LIBRI II.

PROLOGUS.

Cum nostro cordi affectuose adiaceret Hungarorum gesta cognoscere et id etiam ueraciter constitisset, nationis eiusdem uictorias, quæ diuersis sparsæ bellis per Italiam, Franciam, ac Germaniam sparsæ sunt et diffusæ, in uolumen unum redigere procuraui, non imitatus *Orosium*, qui fauore *Ottonis* Cæsaris, cui Hungari in diuersis suis præliis confusiones plures intulerant, multa in libellis suis apochrifa confingens, ex Dæmonibus incubis Hungaros asseruit generatos. Scripsit enim, quod Filimer magni *Aldarici* Regis *Gottorum* filius, dum fines *Scythiæ* armis impeteret, mulieres, quæ generationes nomine *Bal*-

tucme nominantur, plures secum in exercitu suo dicitur deduxisse. Quæ dum essent militibus infestissimæ, retrahentes plurimos per blandities a negotio militari, consilium Regis ipsas fertur, de consortio exercitus, ea propter expulisse. Quæ quidem peruagantes per deserta litora paludis *Meotidis* tandem descenderunt. Ibique diutius dum mansissent, priuatæ solatio maritali, incubi *Dæmones* ad ipsas uenientes, concubuisse cum ipsis, iuxta dictum Orosii, referuntur. Ex qua quidem coniunctione dixit Hungaros oriundos. Sed vt ejus assertio palam fiat falsissima, porro per textum comprobatur Euangelicum, quod spiritus carnem, et ossa non habent, *et quod est de carne, caro est, quod autem de spiritu, spiritus est.* Contrarium quoque naturis rerum dixisse iudicatur, et penitus aduersatur ueritati, vt spiritus generare possint, quibus non sunt concessa naturalia instrumenta, quæ uirtutem, ac officium dare possint generandi, ualentes perficere ueram formam embrionis. Quocirca patet, sicut mundi nationes alias, de uiro et femina *Hungaros* originem assumpsisse. In eo etiam idem satis est transgressus ueritatem, ubi solos sinistros prœliorum euentus uidetur meminisse ipsorum *Hungarorum*, felices præteriisse silentio perhibetur, quod odii manifesti materiam portendit euidenter. Uolens itaque veritatem imitari, sic improsperos, vt felices interseram, scripturus quoque ortum præfatæ nationis, ubi et habitauerint, quot etiam regna occupauerint, et quoties immutauerint sua loca. Illius tamen adiutorio, et gratia ministrante, qui rerum omnium, quæ sub lunari circulo esse habent, et ultra, uita quoque fruuntur creatione habita, est, Deus Opifex Creator idem et Redemptor, cui sit honor et gloria, in secula sempiterna.

V

QUO HABITU ATTILA FUERIT, EIUS INDOLES, POTENTIA ET PUGNANDI RATIO, TENTORIA, AC RELIQUA SUPPELLEX. MILITUM COPIA, ARMA HUNORUM. ATTILÆ INSIGNIA.

Erat enim Rex *Ethela* colore teter, oculis nigris et furiosis, pectore lato, elatus incessu, statura breuis, barbam prolixam cum Hunis deferebat. Audaciæ quidem temperantis erat, in præliis astutus, et sollicitus, suo corpore competentis fortitudinis habebatur. In uoluntate siquidem magnanimus, politis armis, mundis tabernaculis, cultuque utebatur. Erat enim uenerens ultra modum, in arca sua æs tenere contemnebat. Propter quod ab extera natione amabatur, eo, quod liberalis esset, ac communis. Ex natura uero seueritatem habebat, (ideo) a suis Hunis mirabiliter timebatur. Nationes ideoque regnorum diuersorum ad ipsum de finibus orbis terræ confluebant, quibus pro posse liberaliter affluebat. Decem enim millia curruum falcatorum in suo exercitu deferri faciebat, cum diuersis generibus machinarum, quibus urbes et castra destrui faciebat. Tabernacula etiam uariis modis, Regnorum diuersorum, habere consueuerat operata, unum habebat sic celebre et solemne, vt ex laminis aureis mirifice coniunctim solidatum modo solui, et nunc reconiungi ad tendentium staret uoluntatem. Columnæ eius ex auro laboratæ habentes iunctiones, opera ductilia, in medio tamen uacuæ, in iuncturis suis pretiosis lapidibus iungebantur mirabiliter fabricatæ. Sed etiam sua maristalla, dum pergeret in exercitum, equis diuersarum patriarum replebantur, quos quamuis (caros) uisus esset habuisse, largiter egentibus tribuebat, ita quidem, vt uix duos haberet aliquando pro usu equitandi : Ista ergo maristalla ex purpura et bysso habebant paraturam. Sellæ uero regales ex auro, et lapidibus pretiosis fuerant laboratæ. Mensa autem eius erat tota aurea, uasa etiam coquinarum. Thalamus quidem eius ex auro purissimo, laboratu mirifico, in exercitu secum ferebatur. Expeditio autem eius, præter exteras nationes, decies centenis armatorum millibus replebatur, ita quidem, vt si unum *Scythicum* decedere contigisset, alter pro ipso confestim ponebatur. Sed arma gentis eius ex corio maxime, et etiam metallis uariis diuersimode fuerant laborata, ferens arcus, cultros, et lanceas. *Banerium* quoque Regis Ethelæ, quod proprio scuto gestare consueuerat, similitudinem auis habebat, quæ *hungarice turul* dicitur in capite cum corona. Illud enim banerium Huni usque tempora ducis *Geiche* dum se regerent pro communi, in exercitu semper secum gestauere. In istis itaque, et aliis pompis huiusmodi, *Ethela* rex Hunorum, præ ceteris regibus sui temporis, gloriosior erat in hoc mundo. Ciuitatum, Castrorum, Urbium, dominus fieri cupiebat, et super illas dominari, habitare uero in ipsis contemnebat. Cum gente enim sua in campis cum tabernaculis, et bigis incedebat; extera natio, quæ eum sequebatur, in ciuitatibus, et in uillis (habitabat). Indumentorum uero ac forma sua, et gentis, modum *Medorum* continebat.

FIN DES PIÈCES JUSTIFICATIVES.

TABLE DES MATIÈRES

DU TOME SECOND.

TROISIÈME PARTIE.

HISTOIRE DES SUCCESSEURS D'ATTILA. — EMPIRE DES AVARS.

Pages.

CHAPITRE PREMIER. — SECOND EMPIRE HUNNIQUE : Domination des Avars sur le Danube. — Mœurs de ce peuple; son organisation politique. — Goût de Baïan pour le luxe. — Les Franks-austrasiens vaincus par les enchantements des Avars. — Baïan épargne la ville d'Augusta sur la demande de ses femmes. — Déclamation imprudente de l'ambassadeur Commentiole; Baïan le fait mettre aux fers. — Irruption des Slovènes jusqu'à la longue muraille. — Intrigue d'un Bocolabras avec une femme du kha-kan; il fuit sur le territoire romain; ses révélations à l'empereur Maurice. — Baïan ravage la rive droite du Danube et les vallées de l'Hémus. — Spécimen de la langue parlée en Pannonie au VIe siècle. — Hallucination de Baïan devant les murs de Drizipère. — Trompé par une ruse de Maurice, il fait la paix. — Campagne des Romains contre les Slaves; Baïan veut s'y opposer; discours de l'ambassadeur Kokh. — Le roi slave Ardagaste surpris par Priscus. — Histoire d'un transfuge gépide. — Le roi Musok est massacré avec son peuple. — Amitié de Baïan et de Priscus. — Conseils du médecin Théodore au kha-kan. — Baïan déclare que la rive gauche du Danube est sa province. — Nouvelle guerre; férocité de Baïan; profanation des os de S. Alexandre à Drizipère. — La peste éclate dans son armée; sept de ses fils périssent. — Il est battu plusieurs fois au nord du Danube; il perd quatre autres fils dans un marais. — Les Romains pénètrent au delà de la Theïsse; massacre d'une bourgade gépide. — Mort de Baïan et de l'empereur Maurice.......... 2

Chapitre deuxième. — Avénement d'Héraclius au trône des Romains. — Épuisement de l'empire sous Phocas; corruption de l'armée; guerre civile. — Phocas veut faire baptiser tous les Juifs; ceux-ci appellent les Perses à leur secours. — Tentative d'Héraclius pour rétablir la paix avec Chosroès; insolence du roi de Perse; invasion de la Galilée. — Les Juifs rachètent les captifs chrétiens pour les égorger. — Prise de Jérusalem par les Perses; enlèvement de la sainte croix, qui est emmenée d'abord en Arménie, puis au fond de la Perse. — La sainte lance et l'éponge sont apportées à Constantinople. — Deuil général des chrétiens; Héraclius jure d'aller reconquérir la croix en Perse ou de mourir; enthousiasme du peuple et du sénat. — Situation de l'empire du côté de l'Europe. — Résumé des affaires de la Hunnie jusqu'en l'année 610; les Avars envahissent le Frioul. — Le duc Ghisulf est tué; sa veuve Romhilde livre au kha-kan la ville de Forum-Julii. — Halte de l'armée hunnique au Champ-Sacré; les fils de Ghisulf s'enfuient; aventure du jeune Grimoald; massacre des prisonniers; châtiment de Romhilde. — Bonnes dispositions apparentes du kha-kan envers l'empire; il propose de venir trouver l'empereur dans Héraclée. — Héraclius prépare une grande fête pour le recevoir. — Trahison du kha-kan; il veut enlever l'empereur, qui s'échappe en laissant à terre son manteau impérial. — Course des Huns jusqu'au mur de Constantinople. — Explications du kha-kan. — Reprise des négociations; la paix est jurée. — L'empereur se prépare par la retraite et le jeûne à sa campagne contre les Perses; il règle le gouvernement de l'empire pendant son absence; sa noble conduite vis-à-vis du kha-kan des Avars. — La flotte impériale met à la voile.................... 45

Chapitre troisième. — Expédition d'Héraclius contre les Perses; il débarque en Colchide; les tribus du Caucase se joignent à lui. — Invasion de l'Atropatène; Héraclius détruit les Pyrées des mages et éteint le feu consacré. — La guerre se porte dans les hautes chaînes du Caucase et du Taurus; héroïsme d'Héraclius et de son armée. — Schaharbarz se concerte avec le kha-kan des Avars pour assiéger Constantinople par terre et par mer. — Le patrice Athanase député : . kha-kan pour sonder ses intentions est retenu prisonnier. — Plan hardi d'Héraclius pour déjouer la coalition formée contre lui; il partage son armée en trois corps, fortifie la garnison de Constantinople, et marche lui-même près de Tiflis au-devant des Khazars. — Entrevue du chef khazar Zihébil et de l'empereur romain; leur alliance; quarante mille Khazars auxiliaires entrent au service d'Héraclius. — Siége de Constantinople par les Perses et les Avars; Schaharbarz occupe

DES MATIÈRES.

la rive orientale du Bosphore, l'avant-garde avare arrive à Mélanthiade. — Le kha-kan renvoie Athanase à Constantinople pour la sommer de se rendre; Athanase mal accueilli par le sénat justifie sa démarche. — Arrivée du kha-kan devant la ville. — Ses troupes; son matériel; sa flotte. — Description de Constantinople. — Belle défense des assiégés; machine inventée par un matelot. — Ambassadeurs perses à l'armée du kha-kan; celui-ci demande à conférer avec quelques députés romains; singularités de cette conférence. — La flotte avare veut traverser le Bosphore à Chelæ; elle est dispersée par des galères romaines. — Colère du kha-kan; attaque nocturne de la ville par terre et par mer; sages dispositions du patrice Bonus. — Bataille navale gagnée par les Romains. — Déroute de l'armée avare. — Retraite du kha-kan. — Constantinople fête sa délivrance... 75

CHAPITRE QUATRIÈME. — Campagne d'Héraclius en Assyrie. — Bataille de Ninive. — Fin malheureuse de Chosroès; son fils Siroès lui succède : Héraclius devient l'arbitre de la paix. — Son entrée triomphale à Constantinople. — Des envoyés viennent le féliciter de la part de Dagobert, roi des Franks. — Invasion de l'islamisme sur le territoire de l'empire. — Conquêtes des khalifes Abou-Bekr, Omar et Khaled. — Perte de la Syrie. — Héraclius rapporte la sainte Croix de Jérusalem à Constantinople; changement opéré en lui par le malheur. — POLITIQUE D'HÉRACLIUS VIS-A-VIS DES AVARS : Affaires intérieures de la Hunnie. — Révolte des Slaves; un marchand frank nommé Samo les conduit au combat; ils le prennent pour roi. — Alliance d'Héraclius avec lui. — Les sujets de Samo attaquent une caravane de marchands franks. — Réclamations de Dagobert; sotte conduite de son envoyé Sicharius. — Victoire des Vendes-Carinthiens sur les Franks à Vogastiburg. — Mort du kha-kan des Avars; prétention de Cubrat, roi de Bulgarie, à lui succéder; scission entre les Avars et les Bulgares. — Cubrat sollicite l'alliance des Romains. — Héraclius appelle des colonies slaves au midi du Danube; fondation des deux royaumes de Croatie et de Servie. — Les Avars confinés dans leur territoire se livrent à un luxe grossier. — Apologue de Crumn, roi des Bulgares. — Décadence du second empire hunnique; ses dernières relations avec le roi des Lombards... 106

CHAPITRE CINQUIÈME. — Premières missions chrétiennes en Hunnie. — Saint Émeramme de Poitiers; saint Rupert. — Destruction de la ville de Laureacum et de l'œuvre de saint Rupert. — Les Huns sont repoussés derrière le mont Comagène. — Révolution survenue dans l'empire frank; une nouvelle dynastie remplace les rois mérovingiens; grandeur de la France sous Charlemagne. — Deux ennemis menacent l'empire frank; les Saxons au nord de l'Allemagne, les Grecs en Italie; situation intermédiaire des Avars. — Haine de Tassilon, duc de Bavière, et de sa femme Liutberg contre Charlemagne. — Apparition des Huns à la diète de Paderborn. — Défaite des Franks près du mont Suntal; exécution de quatre mille cinq cents Saxons. — Witikind se soumet; il est baptisé. — Tassilon négocie avec les Avars; mandé à la diète de Worms, il refuse de s'y rendre. — Une armée franke marche sur la Bavière; Tassilon renouvelle son serment de fidélité et livre des otages. — Alliance de Tassilon avec les Huns. — Dénoncé par ses leudes, il est jugé à Ingelheim et condamné à mort; Charlemagne lui fait grâce de la vie; Tassilon se fait moine. — Les Huns descendent en Italie pour se joindre aux Grecs; les Grecs et les Huns sont battus. — Les Huns envoient une armée en Bavière et sont défaits. — Charlemagne leur déclare la guerre. — Sentiment de la Gaule à cette nouvelle; préparatifs et plan de campagne de Charlemagne; la reine Fastrade le suit à Ratisbonne. — Fortifications du pays des Huns; ce que c'était que les *Hrings* ou *Rings*. — Charlemagne fait célébrer les litanies; sa lettre à Fastrade. — Il attaque le rempart du mont Comagène sur la rive droite du Danube; Theuderic attaque celui de la Kamp sur la rive gauche; double victoire des Franks. — Charlemagne pousse jusqu'au Raab, Theuderic jusqu'au Vaag; siége de la grande île du Danube. — Succès de l'armée d'Italie commandée par Pépin; le jeune roi pénètre dans la presqu'île sirmienne; il prend et pille un des rings intérieurs. — Une épizootie se répand sur les chevaux des Franks. — Fin de la campagne............ 132

CHAPITRE SIXIÈME. — Politique de Charlemagne à l'égard de la Hunnie; effroi de la cour de Constantinople. — Charlemagne veut joindre le Rhin au Danube par un canal; il commence l'entreprise sans pouvoir l'achever. — Les Saxons sollicitent les Avars de reprendre les armes; parti de la paix et parti de la guerre parmi les Huns; le parti de la paix l'emporte; le kha-kan et le ouïgour sont massacrés. — Nouvelle campagne des Franks en Hunnie; Héric, duc de Frioul, prend et pille un des rings intérieurs en Pannonie; le ring royal situé aux bords de la Theïsse tombe au pouvoir du roi Pépin. — Entrée triomphale de Pépin à Aix-la-Chapelle. — Charlemagne distribue le butin fait sur les Avars au pape, aux autres souverains, aux métropoles, aux églises des Gaules et à ses fidèles. — Le kha-kan Tudun et plusieurs nobles avars reçoivent le baptême à Aix-la-Chapelle; fête donnée à cette occasion ; vers de l'évêque Théodulf. — Construction de la grande cité d'Aix ; chasse dans les forêts voisines ; tableau de la cour du roi des Franks. — Retour de Tudun dans ses États ; les Pannonies sont incorporées à l'empire frank ainsi que la Hunnie septentrionale jusqu'au Vaag, le reste forme un royaume soumis aux Franks. — *Franco-Chorion.* — Colonies bavaroises et carinthiennes établies en Pannonie. — Révolte parmi les Avars ; Tudun abjure le christianisme. — Attaque de la frontière bavaroise ; le comte Gérold est tué. — Nouvelle campagne des Franks ; mort de Tudun ; conquête définitive de la Hunnie. — Organisation administrative des Pannonies. — Kha-kans devenus chrétiens ; procédé du comte Ingo pour gagner les nobles huns au christianisme. — Fanfaronnade d'un soldat gaulois ; conséquences nombreuses de la guerre de Hunnie. — Les Slaves et les Bulgares attaquent les Huns qui demandent à quitter leur pays ; Charlemagne les cantonne au midi du Danube. — Puissance des Slaves-Moraves. — Lettre du pape Eugène II au kha-kan et au peuple des Avars.. 174

Conclusion. — Arrivée des Hunugars en Europe. — Ils habitent la Lébédie d'où ils sont chassés par les Petchénègues. — Ils se divisent ; une partie retourne au pied du Caucase, l'autre s'établit au bord du Danube — Le kha-kan des Khazars institue Arpad prince des Hunugars danubiens. — L'empereur Léon le Sage achète leur secours contre les Bulgares. — Ceux-ci défont le roi Siméon et ravagent la Bulgarie. — Siméon appelle à son secours les Petchénègues qui se jettent sur les campements des Hunugars ; Arpad se retire dans les montagnes de la Transylvanie. — Les Hunugars se renforcent de huit tribus exilées de la Khazarie, parmi lesquelles figure la tribu des Magyars. — Berceau de la nation et de la langue hongroises. — Situation des contrées danubiennes depuis la destruction de l'empire des Avars ; faiblesse des successeurs de Charlemagne ; progrès de la domination des Moraves. — Le roi de Moravie Swatepolc se brouille avec le roi de Germanie Arnulf son seigneur ; caractère de ces rois ; Arnulf ouvre les Carpathes aux Hongrois. — Irruption des bandes d'Arpad ; défaite et disparition de Swatepolc. — Guerre des Hongrois avec ses fils ; conquête des plaines de la Theïsse ; chute du royaume des Moraves. — Arnulf se fait couronner empereur à Rome ; les Hongrois attaquent la Bavière et l'Italie. — Férocité de ce peuple ; épouvante des Italiens ; cri de malédiction contre Arnulf. — Progrès de la nation hongroise sur les deux rives du Danube. — Fondation d'un troisième empire hunnique.......................... 206

QUATRIÈME PARTIE.

HISTOIRE LÉGENDAIRE ET TRADITIONNELLE D'ATTILA.

LÉGENDES ET TRADITIONS LATINES. — I. Caractères divers de l'Attila légendaire chez les peuples latins. — Attila destructeur. — Attila fondateur. — Attila en face des évêques et du pape. — Attila flagellum Dei.. 229

II. Mythe du Fléau de Dieu. — Son origine dans les idées chrétiennes du v⁰ siècle. — Son développement au moyen âge. — Légende de saint-Loup. — Attila infernal. — Attila théologien. — Attila vertueux. — Fiésole et Florence. — Confusion de l'histoire et de la légende... 248

LÉGENDES ET TRADITIONS GERMANIQUES. — I. Sources de la tradition germanique sur Attila. — Elle prend naissance chez les Germains orientaux. — Les Germains occidentaux l'adoptent en la modifiant. — Traditions chez les Franks, chez les Anglo-Saxons, chez les Scandinaves, chez les Germains du Rhin.............. 272

II. Caractère d'Attila dans les divers poëmes germaniques. — Sa fin tragique de la main d'une femme. — Traditions sur Ildico. — Hildr la Danoise, Hildegonde, Gudruna, Crimhilde. — Poëme de Walter d'Aquitaine; Hildegonde chez Attila; son enlèvement par Walter. — Chants scandinaves sur Gudruna et Atli; leur mariage. — Atli tue les frères de Gudruna pour avoir leurs trésors. — Vengeance de Gudruna.. 297

III. Dernier état de la tradition. — Poëme allemand des Niebelungs. — Altération du mythe de Sigurd. — Férocité des Niebelungs et de leur sœur Crimhilde. — Attila ami des chrétiens; il fait baptiser son fils Ortlieb. — Pilegrin évêque de Passau, auteur du poëme des Niebelungs. — Pilegrin fut l'apôtre des Hongrois. — Son rôle historique. — Caractère et objet de son poëme......... 338

LÉGENDES ET TRADITIONS HONGROISES. — I. Possibilité d'une tradition hunnique chez les Hongrois. — Authenticité de leurs monuments traditionnels. — Chants populaires. — Chroniques et légendes. — Influence de l'éducation chrétienne. — Le notaire anonyme du roi Béla. — L'évêque Chartuicius. — Simon Kéza. — — Chronique de Bude. — Thwroczi........................... 359

II. Épopée magyare. — Attila, Arpad, Saint-Étienne............. 379

III. Épée d'Attila. — Dernières traditions en Hongrie et en Orient... 433

Notes et pièces justificatives........................... 445

FIN DE LA TABLE.

PARIS. — IMPRIMERIE DE J. CLAYE, RUE SAINT-BENOIT, 7.